TRANSFORMATIVE EDUCATION

지속가능하고 통합적인
액티브 러닝

스웨덴의 혁신교육 이야기

샬롯 그레이엄, 필립 롱샴 저
(Charlotte Graham and Philippe Longchamps)
정제영 역

박영story

스웨덴의 혁신교육 이야기
지속가능하고 통합적인 액티브 러닝

주요 내용

혁신교육은 교육의 세계를 변화시키고 다음 세대를 문제 해결자이자 창의적인 인재로 육성하여 세상을 더 나은 곳으로 만드는 데 필요한 기술을 갖추도록 하는 것을 목표로 합니다. 지속가능하고 통합적이며 능동적인 학습을 위한 실용적인 방법을 제공하고, 이러한 입증되고 효과적인 방법의 '왜'를 탐구합니다.

저자들은 학제 간 통합교육을 통해 학교 내 다양한 수준의 과목 통합에 대해 논의하면서 잠재적인 총체적 통합의 효과로 학습의 영향력과 지식 유지 효과를 제시합니다. 이 책은 점점 더 필요성이 높아지고 있는 비판적 사고를 가르치는 방법에 대한 실질적인 사례를 통해 첫째, 의도된 교수방법론에 대한 담론을 제시하였고, 둘째, 교사들이 수업 중에 시도해볼 수 있는 프로젝트의 아이디어를 직접적이고 꼼꼼하게 설명한 매우 실용적인 내용을 담고 있으며, 마지막으로 제안된 수업 방법이 어떤 효과를 가져올 수 있으며 학교 관리자가 학습 과정에서 교사와 학생을 어떻게 도울 수 있는지에 대한 토론과 분석을 제시하고 있습니다.

스웨덴에서 진행되는 교육 혁신의 노력이 전 세계 교육 전문가와 정책 입안자들에게 중요한 참고가 되기 바랍니다. 또한 학부모와 더 넓은 사회에서도 관심을 가져주시길 바랍니다.

저자 소개

샬롯 그레이엄(Charlotte Graham)은 스웨덴의 학교장이자 음악 교사입니다.
필립 롱샴(Philippe Longchamps)은 '2020년 스웨덴 최고의 교사상'을 수상했으며, '2021년 글로벌 교사상'의 최종 후보에 오른 바 있습니다.

COMPANION @ WEBSITE

이 책에는 본문의 내용과 관련된 전자 자료를 온라인에서 확인할 수 있습니다. 스마트폰 카메라로 책 곳곳에 표시된 QR 코드를 스캔하거나, 첨부된 웹사이트 주소를 인터넷 브라우저에 입력하면 추가적인 콘텐츠로 연결됩니다. 지속적이고 통합적이며 능동적인 학습을 지원하기 위해 실용적인 예시, 설명 및 동영상 자료입니다.

역자 서문

하이터치 하이테크 시대,
스웨덴 사례를 통해 우리 교육의 본질을 되묻다

전 세계적으로 디지털 전환이 가속화되면서 교육은 지금, 전례 없는 변화의 파고 앞에 서 있습니다. 인공지능, 빅데이터, 초연결 네트워크로 상징되는 시대적 변화는 단순히 기술의 진보를 넘어, 우리가 교육을 통해 무엇을 가르치고 어떻게 배움을 이루어갈 것인가에 대한 근본적인 성찰을 요구하고 있습니다. 교육의 구조, 방식, 내용뿐 아니라 교육의 목적과 철학까지 재설계를 요청받고 있는 지금, 우리는 더 이상 '기술' 그 자체만으로 미래 교육을 논할 수 없습니다. 이제 진정으로 중요한 질문은 이것입니다. "기술은 어떻게 사람을 도울 수 있는가?", "기술은 어떻게 배움의 관계를 지지하고, 교육 공동체를 더 깊이 연결할 수 있는가?"

'하이테크'는 분명 현대 교육의 필수 조건이지만, 그것만으로는 충분하지 않습니다. 기술이 뿌리내릴 수 있는 토양은 언제나 '하이터치', 즉 인간 중심의 관계, 신뢰, 존중, 공동체성이라는 교육의 본질이어야 하기 때문입니다. 이는 시대와 환경이 달라져도 결코 대체될 수 없는 가치이며, 앞으로도 교육이 지향해야 할 핵심 좌표입니다. 이러한 관점에서, 저는 스웨덴의 교육혁신 사례에 주목하게 되었습니다. 스웨덴은 오랜 시간에 걸쳐 다양한 제도적 실험과 교육 현장의 실천을 통해, 교사의 전문성과 학습자의 자율성을 동시에 존중하는 교육 문화를 구축해 왔습니다. 특히 '관계 중심의 교수법(Relational Pedagogy)'을 핵심에 둔 접근 방식은,

디지털 기술이 고도화될수록 오히려 인간적인 상호작용이 더욱 중요해진다는 명제를 실증적으로 보여주고 있습니다.

이 책이 특별한 이유는 여기에 있습니다. 이론이나 정책 차원의 해석이 아닌, 스웨덴 학교 현장의 교장과 교사들이 직접 집필한 교육 혁신의 기록이라는 점에서 그 의미는 배가 됩니다. 이 책은 탁상공론이 아닌 실천의 기록입니다. 기술 중심의 표준화된 담론을 넘어, 교사와 학생이 '실제 교실 안에서', '어떻게 관계를 중심으로 한 수업을 만들어가고 있는지', '어떤 도전과 시행착오를 겪으며 교육 혁신을 이루고 있는지'를 생생한 언어로 풀어내고 있습니다.

이는 단순히 좋은 사례를 소개하는 차원이 아니라, 교육의 본질에 대한 질문을 '현장의 목소리'로부터 다시 묻게 합니다. 특히, 교육 변화를 주도하는 '교장'과 그 비전을 구현해내는 '교사'가 각자의 역할에서 어떤 실천적 전략과 관계성을 만들어가고 있는지를 병렬적으로 보여준다는 점에서, 이 책은 교육 정책, 학교 운영, 수업 혁신을 모두 아우르는 드문 통합적 관점을 제공합니다. 이는 디지털 전환이라는 세계적 흐름 속에서 우리 교육이 참고할 수 있는 훌륭한 나침반이 될 것입니다.

저자 중 한 분인 필립 롱샴(Philippe Longchamps) 선생님과는 학술 교류를 통해 인연을 맺게 되었고, 그의 실천과 철학에서 받은 깊은 감동은 제 교육 철학의 방향성을 더욱 확고히 다지게 했습니다. 그는 단지 교과 내용을 잘 전달하는 교사를 넘어, 학생과의 상호작용에서 배움의 본질을 발견하고, 그 관계성을 교육적으로 설계해낼 줄 아는 교육자였습니다. 그러던 중, 4D프레임의 창립자이자 창의융합교육의 실천을 이끌어온 박호걸 대표님께서 이 책의 한국어 번역을 제안해 주셨고, 저는 이 작업이 단순한 번역을 넘어 한국 교육의 미래를 위한 실천적 담론을 여는 계기가 되기를 바라며 기꺼이 참여하였습니다.

오늘날 교육은 단지 도구의 혁신을 넘어, 교육의 존재 이유와 실천 방법을 전면적으로 재구성해야 할 시점에 있습니다. 인공지능 기반의 맞춤형 수업, 데이터 기반의 진단과 평가, 플랫폼 중심의 지능형 교육 환경은 이미 현실이 되었고, 그 영향력은 계속 확대되고 있습니다. 그러나 기술이 아무리 정교해져도, 진정한 배움은 사람과 사람 사이에서 발생합니다. 교사의 목소리, 학생의 표정, 공동의 탐색과 성찰, 함께 성장하는 경험, 이 모든 관계적 요소가 학습의 동력이자 지속가능성의 근거입니다. 기술은 그러한 관계를 보완하고 확장하는 도구이지, 그 자체가 목적이 되어서는 안 됩니다.

이 책은 그러한 문제의식을 가장 섬세하고 구체적으로 다룬 결과물입니다. 학생과 교사, 학생 간, 그리고 교사 간의 신뢰와 공감, 협력과 존중의 관계가 단지 '감정적인 분위기 조성'에 머무르는 것이 아니라, 학습의 질적 향상과 지속가능성에 직결되는 핵심 요소임을 수많은 실제 사례를 통해 설득력 있게 보여줍니다. 관계 중심의 교수법은 이제 선택이 아니라 필수이며, 그 관계를 어떻게 설계하고, 어떻게 운영하고, 어떻게 확장할 것인가는 곧 교육의 미래를 좌우할 것입니다.

저는 한국교육학술정보원 원장으로서, 지능형 학습 플랫폼, 데이터 기반 교육 정책 등 다양한 '하이테크' 기반의 교육 사업을 추진하고 있습니다. 그러나 그 중심에는 언제나 '교사와 학생의 몰입', '신뢰 기반의 교사 협력체계' 그리고 '배움의 관계성을 설계하는 디지털 환경 조성'이 놓여 있어야 한다고 믿습니다. 제가 강조하는 '하이터치 하이테크(High－Touch, High－Tech)' 전략은 기술과 관계를 병렬적으로 나열한 구호가 아닙니다. 그것은 기술이 어떻게 교사의 하이터치를 정교하게 보완하고, 새로운 교육적 가능성을 열어줄 수 있는지를 끊임없이 질문하고 실천하는 교육철학이자 정책적 방향입니다.

이 책을 한국어로 옮기며 저는 한 가지 간절한 바람을 품게 되었습니다. 기술이 더 똑똑해질수록 교육은 더 인간적이어야 한다는 이 단순하지만 중요한 진실이 이 책을 통해 더 널리 공유되기를 바랍니다. 교사, 예비교사, 교육 행정가, 정책 결정자, 학부모에 이르기까지, 이 책이 '관계 속에서 이루어지는 교육'의 가치와 가능성에 대해 다시금 생각해보는 계기가 되기를 소망합니다.

교육은 결국 사람을 만나는 일입니다. 배움은 관계에서 시작되고, 관계 안에서 완성됩니다. 『스웨덴의 혁신교육 이야기』는 이 근본적인 진실을 새로운 언어와 구체적인 실천 사례로 다시 이야기하는 책입니다. 하이터치와 하이테크가 조화를 이루는 교육의 미래를 꿈꾸는 모든 분들께, 이 책이 하나의 이정표이자 실천의 영감이 되기를 진심으로 바랍니다.

마지막으로 이 책의 번역을 흔쾌히 동의해 주시고, 편집의 작업에서 최선을 다해주신 박영스토리 대표님과 직원분들에게 감사드립니다. 무더운 대구의 더위 속에서 일과를 마치고 여가를 활용하여 즐겁게 책을 읽고 번역할 수 있어서 행복하고 보람을 느낍니다. 항상 사랑으로 곁에서 함께 해주는 가족에게 감사의 마음을 전합니다.

2025년 가을

행복한 번역자 **정제영**

(한국교육학술정보원 원장, 이화여자대학교 교육학과 교수)

추천사

파멜라 버나드(Pamela Burnard)

영국 캠브리지 대학교 예술, 창의성 및 교육학 교수

이 멋진 책은 엄청난 환경적, 교육적, 정치적 혼란 속에서 쓰였습니다. 토양, 생물 다양성, 해수면 등 기후 변화의 영향에 대한 보고는 인류 전체가 지구에서 번영할 미래에 커다란 도전을 던지고 있습니다. 점점 더 많은 젊은이들이 건강한 환경에 대한 자신의 전망과 권리뿐만 아니라 민주적 참정권을 훼손하는 것으로 보이는 정치적, 교육적 선택에 반대하는 '파업'을 위해 '거리로 나서는' 모습을 볼 수 있습니다. 거리의 대중 운동은 단순히 '반대'하는 것보다 더 강력하게 모든 사람들에게 선하고 진실하다고 알려져 있고 가정되는 것에 대한 일반적인 가정과 신념을 거부하는 행위를 하고 있습니다. 교사와 학습자, 사회적으로 정의롭고 해방적인 교육 관행의 생산과 정치에서 이 시의적절하고 통찰력 있는 책은 적극적이고 지속가능한 학습에 대한 혁신적이고 통합적이며 총체적인 접근 방식의 발전을 독특하게 보여주는 구체적인 사례들을 제시하고 있습니다.

이렇게 큰 영감을 주는 책의 중심에는 생산과 협상에 도움을 줄 수 있는 학습 환경, 지속가능한 교육 방법, 학습자 중심주의, 능동적 학습, 구체화된 인지, STEAM 교육의 재구성이 제공하는 기회에 대한 명확한 정의와 변화의 의제를 제시하는 명확하고 간결한 주장이 있습니다. 혁신의 중심은 우리가 살고 있는 변화하는 세상의 속도와 발전으로 인해 다양한 창의성을 발휘하여 변화를 주도하고 '새로운 표준'을 달성하기 위해 다르게 행동해야 하기 때문에 매우 중요하다고 봅니다.

21세기에 교사로 산다는 것은 의미 있는 여정이지만, 점점 더 복잡해지고 있습니다. 글로벌 보건 위기, 기후 변화, 지정학적 문제, 불평등의 심화 등 복잡한 사회 문제로 인해 어린이와 청소년을 긍정적이고 건강하며 참여적이고 적극적인 세계 시민으로 교육하는 일은 더욱 중요해졌습니다. 어린이와 청소년 교육이라는 과제를 해결하려면 새로운 관행, 새로운 공간, 새로운 형태의 리더십이 필요합니다. 교사들을 지원해야 합니다. 교사들이 새로운 교육적 만남과 새로운 창의성을 통해 변화를 이끌어내는 사회이기 때문입니다. 하지만 어떻게 해야 할까요?

이 책에서 교사들은 변화를 촉진하기 위해 연구를 더 많이 활용하고, 공동으로 변화를 이끌어낼 수 있도록 연구 결과를 활용하는 방법을 공동으로 창조하라고 말하고 있습니다. 연구에 기반한 혁신적인 변화를 만드는 초학제적 수업을 진행하면서 씨앗을 뿌리는 공동의 노력은 교사로서 사고하고, 행동하고, 존재하는 방식에 최소한 관행과의 단절과 가속화되는 변화를 요구합니다. 이를 위해서는 우리의 전문적 관행을 '땜질'하듯이 바꾸는 것이 아니라, 변화를 구현하기 위해 교사들을 행동적으로 구체화하고 내재화함으로써 윤리적, 정치적 이해관계를 높이고, 재배치하고, 추진력을 높여야 합니다. 이것이 바로 예리하면서도 다층적이고 다방향적인 이 책의 핵심적인 내용입니다. 우리는 복잡한 문제를 해결하기 위해 교사가 통합적이고 지속가능한 능동적 학습 프로젝트 아이디어를 다양하게 활용하는 것을 기대합니다.

우리는 어떻게 하면 가능한 미래를 위해 상호 연결된 '번식지(breeding grounds)'에 기반하여, 학습자를 관계적 만남과 지식 생성의 장으로 초대하는 다양한 교육과정, 교수법, 학습 방식을 실현할 수 있을까요? 이 영감을 주는 책에서 우리는 교사가 성취할 수 있는 역량에 대해 배우고, 더 대담한 미래에 대한 비전을 구상하며, '교사가 된다는 것'의 의미를 새롭게 정의하는 문화적 전환을 목격하게 됩니다. 이로써 교직은 더욱 자신감 있고 정보에 기반한 형태로 발전하여, 교사들이 사고하고 대응하며, 학습을 우선시하고 창의성과 상상력을 발휘할 수 있는 전문성을 인정받게 됩니다.

이 책은 교육과 교수의 미래에 대한 강력하고 설득력 있는 비전을 제시합니다. 이는 곧 우리 모두가 '평생 직업 학습'이라는 개념 아래 공동으로 소유하고 실천해야 할 과제이기도 합니다. 공동 저자인 샬롯 그레이엄과 필립 롱샴은 교사의 역할을 초기의 교사 양성과 짧은 경력으로는 도달할 수 없는, 복합적이고 장기적인 전문성의 여정으로 다시 바라보도록 우리를 이끕니다.

우리는 교육의 미래를 이야기할 때마다 통합적이고 개방적이며, 상호 관계적이고 협력적인 교육 생태계를 요구받고 있습니다. 인공지능(AI), 가상현실(VR), 증강현실(AR), 혼합현실(MR) 등 기술의 비약적 발전과 더불어 융합교육이 가속화되고 있습니다. 이러한 환경 속에서 교사들은 협업과 토론, 탐구를 통해 직관을 넘어서고, 타인으로부터 배우며 실천적 지혜를 축적해나갈 수 있습니다.

무엇보다 교사들이 교육의 본질에 충실하고 다중적 창의성을 발휘하기 위해서는 외부의 평가와 인정에만 의존하기보다는 내재된 동기에서 비롯된 에너지로 움직일 수 있어야 합니다. 이러한 내면의 동기는 교사에게 적절한 시기의 깊이 있는 성찰과 배움의 기회가 제공될 때 형성되며, 이는 곧 희망과 상상력, 무한한 가능성을 향한 사고방식에서 비롯됩니다.

동시에 학생의 학습을 진심으로 돕는 교사 개개인의 전문성을 쌓는 것과 함께, 무엇을 가르칠 것인가뿐 아니라 왜 그리고 어떻게 가르칠 것인가에 대한 확신을 갖는 일은 결코 쉽지 않은 과제입니다. 이는 우리 모두가 기존의 틀에 안주하지 않고, 사고하고 행동하며 실천하는 교육자로서의 자세를 갖출 때 가능한 일입니다. 그것이야말로 직업적 책무를 다하는 방식입니다.

이 책에서 저자들은 교직 전반에 걸쳐 신뢰, 협력, 포용, 교과 간 연계를 기반으로 한 통합적이고 심화된 학습을 가능하게 하는 핵심적인 교육적 태도를 강조합니다. 그리고 이를 '모든 아동과의 진정한 관계를 기반으로 한 창의적이고 윤리적인 리더십'으로 정의하며, 이러한 문화를 만들어가기 위한 초대형 접근법을 제안합니다.

그레이엄과 롱샴은 아이디어와 가능성에 대해 열린 태도를 보여줍니다. 이들의 입장은 '하나의 정답'이나 '예측 가능한 결과'에 의존하는 전통적 교육관과는 뚜렷이 대비됩니다. 이들은 다층적인 질문을 멈추지 않는 성향, 불완전함에 대한 수용, 다른 이들과 함께 걸어가는 교육 여정의 겸손함 속에서 새로운 교육의 가능성을 봅니다. 질문한다는 것은 곧 타인의 확신이나 기존의 해답에 의존하지 않고 스스로의 창의적 해법을 탐색하는 과정입니다. 이는 단순한 해결책을 거부하고, 윤리와 가치 중심의 교육을 실천하고자 하는 직업적 용기에서 비롯된 것입니다.

세계적 위기로 인한 일시적 혼란과 회복의 국면에서, 학교는 실험과 탐구, 놀이, 실패를 허용하는 공동체적 공간이 되어야 하며, 가르침과 배움에 대한 전인적이고 학제적인 접근이 절실히 요구됩니다. 중요한 것은 학교가 교정의 대상이 아니라 학생, 교사, 보호자 모두에게 즐거움과 소속감을 제공하는 공동체의 중심이 되어야 한다는 점입니다. 그레이엄과 롱샴은 교사가 학교라는 공간에서 아이들과 동료, 학부모와 함께 안전하고 신뢰할 수 있는 관계의 주체가 되는 방법을 다시 생각해 보도록 초대합니다. 이때 우리의 관심은 단순히 '따라잡기'가 아니라, 교육적 불평등을 줄이는 데 집중되어야 합니다. 학교는 스포츠, 예술, 무용, 드라마 등 우리를 하나로 묶는 문화적 매개를 통해 기쁨을 재발견하는 공간이 되어야 합니다.

창의성은 형태와 맥락, 범주에 따라 무수히 다양한 방식으로 나타납니다. 이 책은 미래의 교육, 교사, 학교의 역할에 대해 폭넓고 대담한 상상력을 담고 있으며, 우리에게 단순히 '지시된 일을 수행하는 존재'가 아니라, '마음을 울리는 일을 하는 존재'로서의 교사를 향한 여정을 제안합니다. 이 과정에서 우리는 교사로서 서로를 지지하고, 직업인으로서 함께 일하며, 통합적이고 지속가능하며 능동적인 학습을 이끌어가는 학교 리더십과의 협업을 통해 미래의 도전에 더 잘 대비할 수 있을 것입니다.

추천사

류희찬

한국교원대학교 교수

오늘날 학교교육은 전례 없는 도전에 직면해 있습니다. 우리는 학교가 초고속 네트워크 기반의 초연결 사회를 살아갈 학생들에게, 지속가능한 미래를 이끌어갈 역량을 제대로 제공하고 있는지 근본적으로 되물어야 합니다. 지능형 기계의 등장은 산업의 효율성과 생산성을 획기적으로 높이고 있으나, 이러한 첨단 산업 사회 속에서 인간과 기계가 공존하는 시대에 인간의 인성과 가치를 높일 수 있는 교육적 준비는 충분히 이루어지고 있는지 의문입니다.

사회 변화의 속도는 그 어느 때보다 빠르지만, 교육의 대응은 여전히 더디고 분절적입니다. 학생들은 다양한 소셜 미디어와 디지털 네트워크를 통해 필요한 정보를 즉각적으로 획득할 수 있으며, 기존의 지식 기반이 유지되는 시간은 점점 짧아지고 있습니다. 그럼에도 불구하고 많은 학교 현장에서는 여전히 단편적인 지식과 기능 습득에 초점을 맞춘 교육이 지속되고 있습니다.

이제 교육의 핵심 목표는 창의적 문제 해결력, 도전 정신, 모험심을 갖춘 사고력 있는 인재를 양성하는 데 있어야 합니다. 더 나아가 다양한 의견을 통합하고, 새로운 가치를 창출하며, 유연하게 변화에 적응할 수 있는 개방적 태도를 기르는 것이 중요합니다.

이를 위해서는 학교 시스템 전반에 걸친 혁신이 필요합니다. 지금까지 교육은 과목 간 칸막이 구조 속에서 운영되어 왔습니다. 그러나 미래 교육은 다양한 지식 간의 연결과 비교, 그리고 지식이 생성되는 맥락과 전제에 대한 깊이 있는 논의를 통해 융합적 사고를 기르는 방향으로 전환되어야 합니다. 이러한 점에서 최근 주목받고 있는 STEAM 교육은 변화의 시작점으로 매우 유의미합니다.

또한, 인공지능(AI), 사물인터넷(IoT), 증강현실(AR), 가상현실(VR) 등 새로운 기술 환경에서 학생들이 미래의 직업 세계를 이해하고 능동적으로 대응할 수 있도록 교육 내용과 학습 순서를 재구성해야 합니다. 예컨대, 현재 급속히 확산되고 있는 빅데이터 분석은 AI 기술과 결합되어 교육과 산업 전반에 큰 변화를 일으키고 있으며, 이에 따라 전통적인 통계 교육의 패러다임 또한 변화하고 있습니다.

기존의 통계적 사고 방식인 PPDAC(문제 – 계획 – 데이터 – 분석 – 결론) 모델은 더 이상 유효하지 않습니다. 오늘날에는 대부분의 데이터가 스스로 찾기보다는 우연히 마주치는 방식으로 수집되며, 핵심은 방대한 데이터 속에서 스스로 의미 있는 질문을 도출하는 능력입니다. 이에 따라 통계 교육 또한 새로운 방향으로 재설계되어야 합니다.

학생들이 학교교육에서 진정한 의미를 발견할 때, 그들은 더 큰 만족감과 행복을 느낍니다. 단순한 설명과 설득 중심의 수업은 학생 개개인의 고유한 재능 실현을 방해할 수 있습니다. 대신, 디자인 기반 교육을 통해 학습자 스스로 목표를 설정하고 문제 해결 전략을 수립하는 능동적 학습이 강조되어야 합니다.

특정 연산이나 탐구 과정을 통해 해결책의 효율성과 심미성을 고려하며 학습의 의미를 되새기고, 다른 사람과 협업하여 아이디어를 조율하는 협동학습의 경험은 매우 중요합니다. 이는 오늘날의 지식이 대부분

타인과의 상호작용 속에서 생성된다는 사실을 반영합니다.

교육 자료와 리소스 또한 더욱 역동적인 형태로 변화해야 합니다. 수십 년간 사용되어온 종이 교과서는 정적이며, 교사의 일방적 설명과 학생의 수동적 수용이라는 고정된 수업 방식에서 벗어나기 어렵습니다. 그러나 이제는 다양한 소재를 연결할 수 있는 기술 기반의 스마트하고 유연한 학습 도구들이 등장하고 있으며, 이에 따라 역동적인 디지털 교과서의 개발과 도입이 진지하게 논의되어야 합니다.

이와 함께, 복합적인 학급 경영 능력을 갖춘 교사 양성도 절실합니다. 현재의 교원 양성 체계는 산업화 시대의 요구에 맞춰 획일적인 인재를 길러내는 데 초점이 맞추어져 있습니다. 이로 인해 다양한 융합 교육, 다문화 환경에 대한 민감성, 관계 조정 능력, 미래 교육에 대한 통합적 비전 등을 갖춘 교사 양성은 현실적으로 한계를 지닙니다. 교육의 질은 교사의 질을 초월할 수 없습니다. 따라서 이제는 인식론적, 방법론적으로 새로운 교사 교육 체계를 구축해야 할 시점입니다.

그렇다면 우리는 앞으로 어떤 길을 가야 할까요? 교육은 단순히 시험 대비나 자격 취득, 일상생활의 기술 습득을 넘어, 복잡하고 혼란스러워 보이는 세상의 이면에서 질서와 규칙성을 발견하고 이를 통해 세계를 이해하고 통제할 수 있는 능력을 길러야 합니다. 본서는 교육과정, 교수법, 평가, 자료 계발, 미래 전망 등 다양한 측면에서 교육자와 정책결정자들에게 구체적 실천 방안을 제시합니다.

이 책의 핵심 키워드는 '통합적(integrated), 지속가능(sustainable), 능동적(active)' 학습입니다. 이는 오늘날 우리 사회가 절실히 필요로 하는 교육의 방향이며, 창의성 역시 이로부터 비롯됩니다. 창의성은 단순히 독창적인 아이디어에서 비롯되는 것이 아니라, 기존 지식의 융합과 재구성을 통해 탄생합니다. 변화의 속도가 가파른 오늘날의 고용 환경에서, 교육은 직업 변화에 대한 적응력과 함께, 학생 스스로 자신의 흥미와 역량에 따라 정보를 선택하고 활용하는 능동적 학습 역량을 길러야 합니다.

이러한 교육적 변화의 필요성은 최근 갑작스레 제기된 것이 아닙니다. 피아제(Piaget), 파퍼트(Papert), 프로이덴탈(Freudenthal), 비고츠키(Vygotsky), 브루너(Bruner)와 같은 교육학의 선구자들은 이미 오래전부터 이 방향을 강조해 왔습니다. 다만 과거에는 교육 현장의 긴급성이 충분히 인식되지 않아 실질적인 변화가 지연되었을 뿐입니다. 그러나 지금은 시대가 바뀌었고, 변화의 속도는 예측을 초월합니다. 더 이상 이론적 논의에 머무를 수 없습니다. 교실과 학교는 이제 실질적이고 급진적인 전환을 이뤄내야 합니다. 이는 단지 교육의 문제가 아니라, 우리 사회의 지속가능성을 좌우할 중대한 과제입니다.

마지막으로, 교육의 미래를 위하여 국제적 협력과 공동 연구의 중요성을 강조하고자 합니다. 빠르게 변화하고 불확실성이 높은 이 시대에, 우리가 설정한 방향이 타당한지 확신하기 어려울 수 있습니다. 그렇기에 배경과 관점이 다른 다양한 이들이 모여 함께 배우고 토론하는 과정이 무엇보다 중요합니다. 이 책이 그러한 협업을 위한 공통의 플랫폼이자, 범세계적인 공론의 장으로 활용되기를 진심으로 기대합니다. 다양한 교육 전통을 가진 여러 사회가 함께 발전해 나가는 데 있어, 이 책이 유의미한 기여를 할 것이라고 확신합니다.

목차

CHAPTER 01 **들어가며** 1

CHAPTER 02 **주요 용어의 정의 및 범위** 11

1. 지속가능한 학습 12
2. 능동적 학습 16
3. STEAM 교육 31
4. 4D프레임 등의 교육 자료 소개 34
5. 분절된 교육의 종언 39
6. 통합교육의 방법 42
7. 반학문적 및 대안적 형태의 통합교육 57
8. 체험학습(Hands-on Learning) 63
9. 연대기적 프레임워크의 활용 64
10. 자기주도성과 창의성 키우기 71
11. 관계적 교수법의 활용 78
12. 겸손한 교사 83
13. 학생의 재능을 발굴하는 교사 85
14. 우수한 교사를 만드는 요인 88

CHAPTER 03 방법론 95

1 능동적 학습 96
2 메타역량의 계발 117
3 지속가능한 비판적 사고 방법론 119
4 왜: 허위 정보에 대한 '백신 접종' 126
5 소스의 품질을 식별하고 평가할 수 있는 강력한 메커니즘 제공 127
6 가정, 논리적 오류 및 인지적 편향 139
7 어떻게 해야 하는가? 149
8 복잡하고 어려운 문제의 건설적인 해결 152
9 팩트 체크 역량의 계발 157
10 변증법적 접근 방식의 활용: 3단계 사이클의 반복적 순환 158
11 이미지 검사 소프트웨어 소개 165
12 신뢰할 수 있는 출처를 인식하는 방법 169
13 교수와 학습의 협업적 접근 방식 186
14 총체적, 협업적, 형성적 평가 193
15 총괄평가 206
16 표준화된 평가의 한계 211
17 평가에 대한 최종 의견 215
18 교육의 게임화 217

⑲ 시행착오를 통한 학습 219
⑳ 기억을 돕기 위한 전략(Mnemonics) 229
㉑ 진화적 접근 방식 235
㉒ 동료 관찰 236
㉓ 선구적인 협업 계획 및 교육 238

CHAPTER 04 **스웨덴의 교육혁신 사례** **243**

❶ 체험 학습 244
❷ 프로젝트 기반 학습 258
❸ 엑소플래닛 프로젝트 262
❹ 유토피아 프로젝트 268
❺ 초학문적 역사 블로그 269
❻ 변화에 영향을 미치는 학습 276

CHAPTER 05 **토론과 분석** **279**

1. 교사의 역할 280
2. 특수 교육 및 능동적 학습 296
3. 다문화 교육 298
4. 효과적인 학교 리더십 305
5. 미래의 교실 환경 314
6. 미래 교육의 과제 323
7. 유연한 교육 시스템의 구축 325
8. 디지털 자료와 인공지능 기술의 활용 329
9. 트랜스휴머니즘과 교육 344

CHAPTER 06 **맺음말** **351**

그림 목차

그림 2.1 통합의 수준 44

그림 2.2 학문 내 통합교육(Intradisciplinary) 46

그림 2.3 다학문 연계교육(Multidisciplinary) 48

그림 2.4 학문 간 융합교육(Interdisciplinary) 49

그림 2.5 교차학문 분야(Crossdisciplinary) 51

그림 2.6 초학문적 통합교육(Transdisciplinary) 53

그림 2.7 전인교육(Holistic Integration) 55

그림 2.8 기원전 69년에서 기원전 30년까지 살았던 클레오파트라 (클레오파트라 7세 필로파토르) 69

그림 3.1 더닝-크루거 효과 146

CHAPTER

01

들어가며

오랫동안 교육의 혁신 방향에 대한 다양한 예측이 제시되어 왔고, 이를 실현하기 위한 여러 노력도 지속되어 왔습니다. 특히 기술의 발전은 교육의 미래를 근본적으로 변화시킬 것이라는 기대를 불러일으켜 왔습니다. 그러나 실제로 교육의 변화 속도는 매우 느렸고, 여전히 교과 중심의 전통적인 수업 방식(한 명의 교사가 서서 여러 명의 학생에게 지식을 전달하는 형태)은 오늘날까지도 세계 여러 학교에서 보편적으로 유지되고 있습니다. 교육의 내용과 방법을 새롭게 구성해야 한다는 논의가 전 세계적으로 이루어지고 있는 지금, 교육자와 교사 집단 그리고 학교 리더들이 주도적으로 변화를 이끌어야 할 필요가 있습니다.

이 책은 하나의 보편적이거나 단일한 교육 방법을 제시하려는 데 목적이 있지 않습니다. 오히려 학습자가 지속가능하고 장기적인 역량을 기를 수 있도록 돕는 다양한 학습 방식과 그에 따른 실제 사례를 공유하고자 하는 데 그 의도가 있습니다. 이 책의 궁극적인 목표는 수많은 천재와 혁신가를 길러낸 전통적 교육 방식과 제도를 비판하는 데 있지 않습니다. 대신, 통합적이며 지속가능한 능동적 학습을 실현하기 위해 학생 간 협력을 증진할 수 있는 방안을 모색합니다.

특히 이 책은 학교가 직면하게 될 새로운 미래의 도전에 어떻게 대비해야 할지에 관한 문제를 중심으로 다루고 있습니다. 더불어, 학생들이 협력 학습에 적극적으로 참여할 수 있도록 교사가 모범을 보이는 협력적 접근 방식의 교육을 장려합니다. 학교교육의 핵심 과제는 이제 단지 지식 전달을 넘어, 협력을 통해 미래 사회에 필요한 역량을 길러주는 데 있습니다.

우리는 학교가 미래를 향한 새로운 도전에 어떻게 대응할 수 있을지를 고민하며, 이러한 변화의 중심에 교사가 있어야 한다고 믿습니다. 학생들이 집단 학습 전략에 효과적으로 참여할 수 있도록 이끄는 교사의 역할은 점점 더 중요해지고 있으며, 이에 대한 실천적 접근을 함께 제시하고자 합니다. 특히, 지속가능한 능동적 학습 환경에서 팀워크 역량을 기르는 것이 자기 훈련, 비판적 사고, 창의적 다양성, 자기주도성 등 미래 노동 시장에서 필수적인 역량을 함양하는 데 기여할 수 있다고 봅니다.

아울러, 전통적인 교과 내에서의 주제 통합을 넘어 다학제적, 초학제적, 전인적 학습으로 나아가는 보다 포괄적인 교육 모델에 대한 논의도 담고 있습니다. 이는 각기 분절된 지식 체계를 넘어서, 통합적 시각을 통해 학생이 주도적으로 사고하고 연결하며 실천할 수 있는 기반을 마련하는 것을 목표로 합니다. 이러한 이유로 우리는 교육의 파편화에 반대하며, 유기적인 통합교육을 지지합니다.

우리는 능동적인 학습 방법을 통해 교사와의 협력적 수업 계획을 장려하는 새로운 교육 방안을 모색하고 있습니다. 이 책은 학생들이 서로 다른 주제 간의 명확한 연관성을 파악하고, 전체적인 맥락 속에서 학습 내용을 이해할 수 있도록 주제를 통합함으로써 단절된 학교 교육과정을 극복할 수 있는 지속가능한 학습 경험을 제시하고자 합니다.

이 책에서 제안하는 융합적 교육 방식은 '21세기 교육을 위한 5C'를 핵심 요소로 삼고 있습니다. 오늘날의 교육은 단순한 지식 암기에 그치지 않고, 학생들이 복잡한 문제를 창의적으로 해결하고, 다양한 사람들과 효과적으로 소통하며, 협력적으로 일할 수 있는 능력을 갖추는 것을 목표로 해야 합니다. 이때 말하는 5C는 창의성(Creativity), 비판적 사고력(Critical Thinking), 의사소통 능력(Communication), 협업 능력(Collaboration), 문화적 역량(Cultural Competence)을 의미합니다.

특히 이 가운데 문화적 역량(Cultural Competence), 즉 역사와 문화에 대한 인식과 과거에 대한 연대기적 지식은 더욱 중요하게 다루어져야 합니다. 미래 사회에서 요구되는 핵심 능력은 비판적 사고, 협업, 창의성 그리고 효과적인 커뮤니케이션입니다. 이에 따라 학교 교육과정은 끊임없이 변화하는 세계를 이해하고, 지식의 파편화를 방지하기 위해 연대기적 관점에서 변화와 지속성을 통합적으로 개념화할 수 있는 방향으로 구성되어야 합니다. 학생들이 큰 흐름 속에서 '위대한 이야기'를 파악할 수 있도록 돕는 동시에, 그 이야기의 타당성과 신뢰성을 판단하기 위한 비판적 사고 역량은 필수적입니다. 여전히 문제 해결 능력과 창의성은 학교교육의 핵심 역량이지만, 최근의 국제 정치적 혼란과 코로나19 팬데믹과 같은 보건 위기가 불러온 변화 속에서 비판적 사고는 평생학습의 가장 중요한 요소로 부각되고 있습니다.

우리는 이 책의 여러 장에 걸쳐 교실 현장의 실제 사례를 통해 개별 교사뿐 아니라 협업을 개선하려는 교사 집단에게도 현실적인 조언을 제공하고자 합니다. 이러한 사례와 아이디어는 보다 통합적이고 적극적인 교수법을 개발하려는 교사, 강사, 교육 연구자 그리고 정책 입안자들에게 영감을 줄 수 있을 것입니다. 더불어, 학교 리더들이 조직 내에서 교사들이 협력하고 성장할 수 있는 환경을 조성할 수 있도록 정책적 인센티브를 마련하는 데에도 기여할 수 있을 것입니다.

이 책의 독자는 스웨덴 국내에만 국한되지 않습니다. 전 세계의 교육 정책 입안자들 또한 우리가 다다르고자 하는 주요 독자층에 포함되며, 이 책이 제안하는 실천 전략과 사례는 지역, 국가, 국제 수준 어디에서든 적용 가능한 확장성을 지니고 있습니다. 이미 여러 나라에서 성공적으로 적용된 교수법에 새로운 아이디어를 보완하고자 하는 교육자들에게도 유용할 것입니다. 이 책의 독자 중에는 자신의 교육 방식과 유사한 점을 발견하고, 이 책에 담긴 사례에 깊이 공감하는 분들도 있을 것입니다. 모든 국가에는 뛰어난 교사들이 존재하며, 이들이 이미 유사한 지속가능한 능동적 학습 방식을 실천해 온 경험을 바탕으로 이 책의 내용을 더욱 발전시키는 데 기여할 수 있으리라 믿습니다.

저자들은 이 책이 교사들이 소속된 조직과 팀 간의 생산적이고 건설적인 대화를 촉진하는 데 도움이 되기를 바랍니다. 또한 이 책의 내용이 학술 연구자들에게 논문 작성의 영감을 제공할 수 있기를 기대합니다. 전 세계의 교사들이 오픈소스 방식으로 자신만의 지속가능한 능동적 학습 경험을 공유하도록 장려함으로써, 장기적으로는 교육자와 학교 리더들이 참여하는 글로벌 교육 커뮤니티가 자연스럽게 형성되기를 희망합니다.

이 책은 통합된 능동적 학습 방법론의 네트워크 구축에 기여하고자 합니다. 특히 교육 분야에서 주목받고 있는 몇 가지 트렌드를 강조하며, 증강현실(AR), 가상현실(VR) 등 새로운 기술의 적절한 적용 가능성을 탐색하고, 원격 및 혼합 학습이 가까운 미래에 교육의 개념과 형태를 재정의할 수 있는 잠재력이 있는지를 면밀히 살펴보고자 합니다.

우리는 다재다능하고 다방면에 능통한 인재, 즉 '다재다능한 인간'을 양성한다는 명확한 목표를 지니고 있습니다. 이는 전통적인 교과 분류와 경계를 넘어서는 유연하고 통합적인 학습 환경 속에서, 각 분야의 전문가이자 집단적 경험을 지닌 유능한 교사들이 협력함으로써 가능해질 것입니다. 미래의 직업 세계는 과거 르네상스 시대의 인물들처럼, 다양한 분야에 걸쳐 깊이 있는 지식과 역량을 갖춘 새로운 유형의 '폴리매쓰(polymath)'[1]를 요구하게 될 것입니다. 대표적인 예로는 레오나르도 다빈치(Leonardo da Vinci, 과학자, 예술가, 철학자, 작가, 발명가), 아르키메데스(Archimedes, 천문학자, 공학자, 수학자, 물리학자), 후아나 이네스 데 라 크루즈(Juana Inés de la Cruz, 작가, 철학자, 작곡가, 시인), 아이작 뉴턴(Isaac Newton, 수학자, 물리학자, 천문학자, 철학자), 갈릴레오 갈릴레이(Galileo

1 (역자주) '폴리매쓰(Polymath)'는 한 분야에만 국한되지 않고 여러 분야에 걸쳐 깊이 있는 지식과 능력을 갖춘 사람을 의미합니다.

Galilei, 과학자, 철학자, 발명가), 그리고 벤자민 프랭클린(Benjamin Franklin, 정치가, 과학자, 발명가, 작가) 등이 있습니다.

이러한 맥락에서 말콤 글래드웰(Malcolm Gladwell)은 '10,000시간의 법칙'을 통해 조기 전문화[2]의 정당성을 주장했지만, 데이비드 엡스타인(David Epstein)은 『레인지: 전문화된 세계에서 왜 제너럴리스트가 성공하는가』(2019)에서 이와 반대되는 견해를 펼칩니다. 그는 조기 전문화보다는 다양한 역량과 경험을 두루 갖춘 일반주의적 접근이 오늘날과 같은 복합적 사회에서 훨씬 더 중요하다고 강조합니다. 엡스타인은 어린 시기에 특정 분야로 과도하게 좁혀진 교육보다는, 다방면의 경험을 통해 폭넓은 사고와 통찰을 기를 수 있도록 해야 한다고 주장합니다. 따라서 본서에서 제안하는 '폴리매쓰 개발'의 아이디어는 바로 이 일반주의적 관점에 기반하고 있습니다.

엡스타인은 자신의 주장을 설명하기 위해 스포츠 선수의 사례를 들어 설명합니다. 어린 나이부터 골프에 특화된 타이거 우즈(Tiger Woods)와 달리, 다양한 종목에서 기초 역량을 쌓은 후 테니스에 집중한 로저 페더러(Roger Federer)의 사례를 제시하며, 후자가 더 일반적인 성장 경로임을 강조합니다. 그는 뛰어난 전문성을 지닌 대부분의 인물들은 우즈처럼 일찍부터 한 길만 걸어온 예외적인 사례가 아니라, 페더러처럼 다양한 경험을 통해 자기만의 경로를 형성한 인물들이라는 점을 설득력 있게 보여줍니다.[3]

---

2 (역자주) '조기 전문화(Early Specialization)'는 어린 시기부터 특정 분야에 집중하여 교육이나 훈련을 받는 것을 의미합니다. 주로 운동, 음악, 수학, 과학, 예술 등 특정 능력이 요구되는 영역에서 사용되며, 개인이 특정 분야의 전문가로 빠르게 성장하기 위해 어린 나이부터 체계적이고 반복적인 훈련을 시작하는 접근입니다.

3 Epstein, D., Range: Why Generalists Triumph in a Specialized World, Macmillan, 2019, p.6.

또한 엡스타인은 조기 전문화가 유리하게 작용할 수 있는 유일한 조건은 그가 '친절한 학습 환경'이라 부른 상황에 한정된다고 주장합니다. 이는 체스나 골프처럼 모든 정보가 완전히 제공되며, 반복되는 패턴과 즉각적이고 정확한 피드백이 가능한 학습 환경을 말합니다. 반대로, 대부분의 현실 세계는 '사악한 학습 환경'이며, 이는 정보가 불완전하고 변화가 잦으며 예측 불가능한 특성을 지닙니다. 이러한 환경에서는 유연성과 적응력, 다각적인 사고와 협업 역량이 더욱 중요해집니다. 엡스타인은 다양한 분야의 지식과 경험이 축적되었을 때, 그것이 조기 전문화보다 훨씬 더 강력한 문제 해결 전략과 사고 도구를 제공한다는 점을 일관되게 강조하며, 일반주의적 인재 양성의 중요성을 효과적으로 뒷받침하고 있습니다.

대부분의 사람들에게 조기 전문화는 오히려 불리할 수 있습니다. 엡스타인은 후기 전문화를 통해 개인이 새로운 아이디어를 연결하고, 끊임없이 변화하는 다양한 맥락 속에서 일할 수 있는 역량을 기를 수 있다고 강조합니다. 이는 일반주의적 자질을 향상시키고, 보다 유연한 개념적 추론 능력을 길러 주기 때문에, 많은 사람들이 성장의 후반기에 전문화된 경로로 나아가며 다차원적인 역량을 효과적으로 계발할 수 있다는 사실을 뒷받침합니다.

이 책이 전달하고자 하는 핵심 메시지는 누구나 언제든지 자기 자신을 발전시킬 수 있으며, 무엇이든 더 잘할 수 있다는 믿음입니다. 물론 이를 위해서는 새로운 유형의 노력이 필요하며, 처음에는 그 과정이 버겁게 느껴질 수 있습니다. 그러나 어린 시절에 익힌 학습에 안주하며 정체되기보다는, 학문적·실천적으로 평생 학습을 이어가는 것이 훨씬 보람 있는 여정이 될 수 있습니다. 이러한 태도는 특히 교육 기관에 몸담은 모든 이들에게 우선적으로 요구되며, 우리는 학생들에게 다음과 같은 모범을 보여야 합니다. 즉, 우리가 여전히 배우고 있으며, 자기 자신을 발전시키는 일이 가장 흥미로운 도전임을 보여주어야 합니다. 새로운 것을 배우기에 늦은 때란 없으며, 특히 타인과 함께 배우는 과정은 언제나 가치 있는 일이라는 점을 행동으로 증명해야 합니다. 정보화 시대를 넘어, 인류가 자기 수양과 지속가능한 발전을 향해 나아가는 진정한 '교육의 시대'를 맞이하기 위한 이 여정에 독자 여러분도 동참해 주시기를 바랍니다.

교사들이 교육 콘텐츠를 통합하기 위해 협력하고 함께 배움의 과정을 실천한다면, 학생들 역시 그 모범을 따라 미래 사회에서 의미 있는 삶을 살아가게 될 것입니다. 교사는 물리학, 생물학, 형이상학, 논리학, 윤리학, 미학, 시와 연극, 음악, 수사학, 심리학, 언어학, 경제학, 정치 그리고 정부 등 다양한 분야를 넘나들며 통합적으로 사고하는 철학자의 역할을 수행해야 하며, 그 과정에서 가장 넓은 의미에서의 '팀워크의 롤모델'이자 아리스토텔레스적 교사의 전형이 될 수 있습니다.[4]

탁월한 교사들은 다차원적인 능동적 학습 경험 속에 다양한 주제를 효과적으로 통합합니다. 그들은 익숙한 개념과 사고의 틀을 창의적으로 전복하고, 교육학적으로 타당한 구성 요소들을 식별해내며, 이를 대담하고 혁신적인 사고 모델로 재조립할 수 있는 능력을 갖추고 있습니다. 이러한 접근은 직소 퍼즐(jigsaw puzzle)[5]처럼 분절된 학습 내용을 서로 연결해 하나의 완성된 그림을 그리는 활동에 비유될 수 있으며, 때로는 정해

---

4 See Aristotlelian definition of Donskikh, O., Significance of Aristotle's Teaching Practicefor Modern Education, Intec Open, February 2019.

5 (역자주) '직소 퍼즐(Jigsaw Puzzle)'은 조각난 그림 조각들을 올바르게 맞춰 하나의 완성된 그림을 만드는 놀이 또는 학습 도구입니다. 원래는 단순한 퍼즐 게임이지만, 교육에서는 협동학습 전략인 '직소 학습법(Jigsaw Method)'과 연결되어 언급됩니다.

진 설명서 없이 블록을 자유롭게 조립하는 '레고 조립'과도 유사합니다.

최고의 교사는 넘치는 에너지와 전염력 있는 열정으로 학생들에게 동기를 부여하며, 다양한 상황과 학생 개개인의 특수한 요구에 능동적으로 적응할 줄 압니다. 하지만 동시에 학습을 지나치게 세분화하거나 개인화하여 수업의 흐름과 공동체 학습의 가치를 훼손하지 않도록 균형을 유지할 줄도 압니다. 이러한 교사는 단순한 지식 전달자가 아니라, 학습을 함께 설계하고 경험하며, 학생의 삶과 연결된 깊이 있는 배움의 과정을 주도하는 진정한 교육자입니다.

우리가 추진하고 있는 교육 방법의 핵심적인 요소는 다음과 같습니다. 먼저, 학생들의 구체적인 인지 발달을 목표로 하는 다양한 활동 중심의 학습 사례를 통합하고 있습니다. 이를 위해 간단하면서도 과학적으로 검증된 노트 필기 기법, 마인드 맵을 활용한 시각적 사고 전략, 적극적인 듣기 훈련 그리고 의미 있는 놀이 기반 학습 활동을 위한 실용적인 팁과 아이디어를 제공합니다.

우리가 제시하는 이론적 관점을 뒷받침하기 위해, 전 세계의 교사들이 실제 수업 현장에서 쉽게 적용할 수 있도록 체험 중심의 학습 사례를 다수 수록하였습니다. 또한 협력적 교육 계획(collaborative curriculum planning)을 실현하기 위한 근거를 제시하는 동시에, 새롭고 창의적인 학습 활동을 지원하거나 기존의 방식을 재구성한 다양한 실천 사례들을 소개하고 있습니다. 예를 들어, 수학·과학·창의력 분야의 국제 경연대회 결승전과 같은 프로젝트 기반 학습 경험은 학습이 어떻게 지속가능하고 긍정적인 변화를 이끌어낼 수 있는지를 잘 보여주는 대표적인 사례입니다.

오늘날 교육 현장은 국제학업성취도평가(PISA)와 같은 표준화 시험을 통해 학생들의 학업 성취를 정량적으로 측정하고, 국가 간 성과를 비교하는 데 큰 비중을 두고 있습니다. 이러한 시험은 여전히 중요한 기능을 수행하고 있습니다. 왜냐하면 교육적 개선이나 개혁을 논의할 때, 출발 지점을 정확히 진단하지 않으면 올바른 목표를 설정하거나 성과를 평가하는 것이 불가능하기 때문입니다. 비교 가능한 데이터를 통해 현재 위치를 명확히 인식하는 것은 교육 개선의 첫 번째이자 필수적인 단계입니다.

그러나 이 책은 기술의 발전과 정보화 시대의 도래에 따라, 기존 표준화 시험이 학습의 성공을 평가하는 도구로서 갖는 의미가 일부 상황에서 약화되고 있음을 지적합니다. 예컨대, 학생들이 현실의 다양한 상황에서 언제든지 정보를 검색하고 활용할 수 있는 시대에, 학교 시험에서는 왜 그 정보 활용을 '부정행위'로 간주해야 하는지에 대해 합리적으로 질문해 볼 수 있습니다. 왜 시험은 일상과 동떨어진, 인위적인 환경에서 치러져야 할까요?

앞으로 수십 년 이내에 인공지능은 반복 학습과 암기로부터 인간을 해방시키고, 오히려 개념화, 구상, 실험, 협업, 성찰, 창조적 발명과 같은 고차원적 사고를 위한 시간과 에너지를 확보해줄 것입니다. 이에 따라 교육은 단순한 암기에서 벗어나, 학생들이 미래의 복잡한 도전에 능동적으로 대응할 수 있도록 준비시키는 방향으로 전환되어야 합니다.

마지막으로, 우리는 다음과 같은 본질적인 질문을 끊임없이 제기하고자 합니다. "왜 우리는 지속가능한 방식으로 가르쳐야 하는가?", "학생들은 어떻게 지속가능한 방식으로 배울 수 있는가?" 이 책은 이러한 질문에 답하기 위해 여러 장에 걸쳐 지속가능한 교수법의 구체적인 사례와 실천적 조언을 제시합니다. 특히, 혁신적인 학제 간 통합적 접근 방식이 학습자에게 어떻게 긍정적이고 장기적인 영향을 미치는지를 이론적으로 설명하고, 실제적으로 입증하고자 노력할 것입니다.

CHAPTER

02

주요 용어의 정의 및 범위

1) 지속가능한 학습

지속가능한 학습의 철학은 단순히 '지속가능성에 대한 교육'을 의미하는 것이 아니라, '지속가능한 학습을 위한 방법'을 탐구하는 데 있습니다. 이는 학습자가 지식을 장기적으로 유지하고, 실제 삶과 실천에 적용할 수 있도록 돕는 학습 경험을 설계하는 것을 목표로 합니다. 이 개념의 핵심은 단기적인 정보 습득을 넘어, 시간의 흐름 속에서도 유지될 수 있는 교육 내용과 기술의 지속성에 있습니다.

'지속가능한 학습'이라는 용어는 흔히 '환경적 지속가능성'과 연관되어 사용되는 경우가 많기 때문에, 개념에 대한 오해가 발생할 수 있습니다. 그러나 이 맥락에서의 '지속가능성'은 배운 지식과 역량이 사라지지 않고 체화되어 지속적으로 활용될 수 있는 학습 경험을 의미합니다. 즉, 지속적인 성찰과 분석 능력을 바탕으로, 학습자가 반복적이고 재생 가능한 학습 습관을 형성하는 것을 뜻합니다.

행동주의 심리학자인 스키너(Skinner)는 "교육이란, 배운 것 중에서 잊고 난 후에도 남아 있는 것이다"라고 말했습니다. 아인슈타인 역시 "교육이란, 학교에서 배운 것 중에서 잊고 난 후에도 남는 것이다"라는 비슷한 말을 남긴 바 있습니다. 이 두 명언은 교육계가 오랜 시간 동안 학습의 지속성, 즉 지워지지 않는 학습의 본질에 대해 고민해왔음을 보여줍니다.

예컨대 학습자가 라틴어 운율, 외국어의 시 또는 노래, 혹은 원주율(π)의 소수점 이하 100자리 이상을 암기할 수 있다 하더라도, 그 내용이 진정으로 내면화되고 체화되지 않는다면, 이는 지속가능한 학습이라고 보기 어렵습니다. 마찬가지로, 한 어린이가 어떤 사물에 대해 아무런 이해 없이 단지 그 명칭만을 여러 언어로 말할 수 있다고 해도, 그것이 깊이 있는 이해를 의미하지는 않습니다.

지속가능한 학습은 단순한 정보 저장을 넘어, 학습자가 습득한 지식과 역량을 평생에 걸쳐 실천할 수 있는 자기화된 능력으로 전환하는 것을 의미합니다. 이러한 지식은 쉽게 사라지지 않으며, 제2의 본성처럼 숙달되어 인지적 자동화로 이어질 수 있습니다. 예술가가 무대에서 춤을 추거나 노래를 부를 때처럼, 반복 훈련을 통해 정제된 기술은 고차원적 능동 학습의 모델이 될 수 있습니다.

또 하나의 과학적인 지속가능 학습 방법은 바로 '가르치면서 배우기(learning by teaching)'입니다. 이 방식은 지식의 장기적 유지에 효과적이라는 점에서 널리 입증되어 왔습니다. 교사가 학생들에게 적극적인 학습 참여 기회를 제공할수록, 학생들의 역량 계발은 더욱 촉진됩니다. 특히 최근 배운 내용을 또래나 어린 학생에게 설명하도록 요청받은 학습자는, 전달 과정에서 스스로 내용을 구조화하고 단순화하면서, 지식을 더 깊이 이해하고 체화할 가능성이 높습니다.

이 현상을 잘 설명해주는 말이 있습니다. 아인슈타인의 또 다른 명언이죠. "간단히 설명할 수 없다면, 그것을 충분히 이해하지 못한 것이다." 이처럼 누군가에게 설명할 수 있을 정도로 명확하게 이해하는 것은, 지속가능한 학습이 지향해야 할 본질입니다.[1]

지식 유지에 관한 이론적 학습 방법들의 효율성에 대해서는 여전히 학계 내에서 활발한 논쟁이 이어지고 있습니다. 그럼에도 불구하고, 능동적 학습에 능숙한 교사들 사이에서는 '학습 피라미드 모델(Learning Pyramid)'의 대중적 버전에 의해 강화된 지속적인 신경 신화(neuromyth)가 존재합니다. 이 모델은 1946년 에드가 데일(Edgar Dale)이 처음 제시

1 Withrow, G. J. Einstein, The Man and His Achievements: A Series of Broadcast Talks Under the General Editorship of G.J. Withrow, British Broadcasting Corporation. 1967. p.94.

한 '경험의 원뿔(Cone of Experience)' 개념에 기초한 것으로, 이후 수십 년 동안 다양한 오용과 불완전한 연구 설계, 일관되지 않은 해석, 내부 데이터의 부재에도 불구하고 시청각 또는 감각운동적 학습 방식의 우수성을 설명하는 도구로 널리 사용되어 왔습니다.[2]

데일이 처음 제안한 '경험의 원뿔'은 이후 다양한 방식으로 수정·확장되어 교육 현장에 적용되었으며, 그중 가장 널리 알려진 버전은 다음과 같은 수치를 포함합니다. 즉, 학생들은 평균적으로 강의를 통해 듣는 내용의 5%, 읽는 내용의 10%, 시청한 내용의 20%, 시연되는 내용의 30%를 기억하는 반면, 직접 실행하며 연습한 활동은 75%, 다른 사람을 가르치면서 학습한 내용은 90%까지 기억한다고 주장됩니다. 이러한 수치는 '학습 피라미드' 또는 '경험의 원뿔'의 다양한 버전에서 조금씩 다르게 나타나며, 일부에서는 이를 더욱 확장해 '멀티미디어 추상화 원뿔'과 같은 논쟁적이고 가상의 모델로까지 발전시키기도 했습니다.

우리는 교육에서 능동적 학습(active learning)의 중요성과 효과를 강력히 지지합니다. 그러나 듣기, 읽기, 보기 등 다른 학습 방식과 비교하여 능동적 학습의 효과성을 정량적으로 입증하기 위해 사용된 이 피라미드 모델의 비율은 그 방법론적 근거에 있어 회의적 입장을 견지합니다. 이 비율들은 자의적이며 지나치게 단순화되어 있어, 과학적 엄밀성과 경험적 증거에 기반한 교육 연구의 표준을 충족시키기 어렵습니다.

실제로, 미국 국립교육연구소(NTL)가 제시한 학습 피라미드 모델의 이론적 효과성은 레트루드(K. Letrud, 2012)[3]를 포함한 다수의 학자들에 의해 강하게 반박되어 왔으며, 랄리(J.P. Lalley)와 밀러(R.H. Miller)의 연구

---

2 Lee, S.J. and Reeves, T.C. Edgar Dale: A Significant Contributor to the Field of Education Technology, Educational Technology, Vol. 47, No. 6, 2007. p.56.

3 Letrud, K., A Rebuttal of NTL Learning Pyramid, Lillehammer University College, 2012, p.117.

또한 이러한 모델이 교사들에게 적절한 방향을 제시하지 못한다는 점을 지적하고 있습니다.[4]

따라서 우리는 이 책의 후반부에서, 이러한 피라미드 모델에 기반한 가정을 전제로 전 세계의 전통적인 교육 시스템을 전면적으로 개편할 것을 주장하지 않음을 분명히 밝힙니다. 우리는 교육과 학습 과학이 지속적으로 진화하고 있으며, 과거에는 학습 방법의 효율성에 대해 다양한 가정이 존재했지만, 오늘날에는 이를 반박하는 방대한 연구 결과와 새로운 통찰들이 존재함을 잘 알고 있습니다. 결국, 이 책의 주요 목적은 절대적인 해답을 제시하려는 것이 아니라, 교육자와 연구자들이 더 많은 탐구와 실천을 시도할 수 있도록 영감을 제공하는 것입니다. 과거의 통념을 무비판적으로 수용하기보다는, 이론과 실천의 균형 속에서 지속가능하고 근거 기반의 학습 모델을 함께 모색해 나가야 합니다.

이 책에 수록된 다양한 실습 및 통합 학습 경험의 사례를 통해 우리는 과학관이나 역사 박물관, 미술 전시회 관람, 도시 탐방, 자연 하이킹과 같은 현장 기반 학습이 어떻게 가장 목적 있고 지속가능한 학습 경험으로 이어질 수 있는지를 탐색하고자 합니다. 더불어, 라이브 시연, 연극, 기타 예술 공연과 같은 문화적 경험이 학습 효과를 어떻게 강화시키는지도 살펴볼 것입니다. 또한, 신기술과 다양한 교육 자료를 포함한 멀티미디어 활용이 교육에 미치는 영향에 대해서도 면밀히 검토할 계획입니다.

비록 다양한 '학습 피라미드' 모델이 과학적 엄밀성이 결여된 채 개발되었다는 이유로 학계의 신뢰를 얻지 못하고 있지만, 우리는 그 모델에 포함된 여러 측면들이 여전히 탐구의 가치를 지닌다고 봅니다. 모델에 나타나는 비율들이 자의적이라는 점에는 분명한 의문이 따르지만, 그러

---

4 Lalley, J.P. and Miller, R.H., The Learning Pyramid: Does it point the teachers in the right direction?, D'Youville College, Education, Vol. 128, No. 1, 2007, p.64.

한 구조들이 학습에 있어 일정 부분 진실을 반영하고 있을 가능성도 배제할 수 없습니다. 따라서 우리는 이들 모델에 내포된 교육적 함의를 신중히 검토할 것입니다.

우리는 또한, 교육이 보다 적응적(adaptive)이고 개별화된 접근을 필요로 한다는 점을 분명히 인식하고 있습니다. 다양한 요구와 배경을 지닌 학습자들을 수용하기 위해서는 학습의 이원화 및 맞춤형 설계가 필수적입니다. 그럼에도 불구하고, 타인에게 가르치면서 배우는 학습, 행동을 통해 습득하는 체험적 학습, 소그룹 토론 그리고 시청각 자료 및 첨단 기술 도구의 활용은 현대 교육에서 지식 습득을 심화하는 핵심 전략으로서 더욱 중요하게 자리매김하고 있습니다.

우리는 이러한 참여 중심의 학습 방식들이 기존의 강의나 텍스트 읽기를 대체하는 수단으로 기능해서는 안 되며, 오히려 기능적·비기능적 문학 자료를 포함한 다양한 교육 콘텐츠와 결합될 때 비로소 통합적이고 지속가능한 학습 경험이 이루어진다는 점을 강조하고자 합니다. 즉, 이러한 방법들은 즐겁고 몰입도 높은 학습을 가능하게 하는 보완적 요소로서, 교육적 다양성과 깊이를 동시에 확보하는 데 기여할 수 있습니다.

2) 능동적 학습

능동적 학습(Active Learning)은 학생들이 학습에 더욱 적극적으로 참여하도록 유도하는 것을 핵심 목표로 합니다. 이를 위해 반드시 특정한 자료가 필요한 것은 아니며, 단순히 듣고, 보고, 필기하는 활동을 넘어서는 학습자의 직접적인 참여와 실천이 포함됩니다. 교사가 사전에 계획한 활동들은 여전히 강의 계획서의 학습 목표와 밀접하게 연계되어 있으며,

교실 안은 물론 온라인, 야외, 가정 등 다양한 환경에서도 능동적 학습은 구현될 수 있습니다.

교육의 본질적인 목적은 학습자의 역량과 능력을 계발하여, 변화하는 사회와 직업 세계에 성공적으로 통합되도록 준비시키는 것입니다. 빠르게 변화하는 오늘날의 세계에서는 단순히 학교에서 지식을 습득하는 능력을 넘어서, 학교에서 배우고 가르치는 핵심 요소로서 평생학습의 중요성을 인식하고 실천하는 것이 필수적입니다.

교사는 언제나 모든 교육 계획과 의사 결정의 중심에 학습자를 두어야 합니다. 이는 학교 교육과정의 구성뿐만 아니라, 각 학습자가 학습 프로그램의 목표에 따라 필요로 하는 일련의 역량을 갖출 수 있도록 지원하는 데에서도 핵심적입니다. 진보적인 학교는 학생들이 교육 내용과 방식에 영향을 미칠 수 있는 기회를 제공하며, 교사는 각 학생의 발달 수준과 요구를 고려해 수업을 구성하는 관계적 교육 공간을 지향합니다.

이러한 관계적 교육학에 기반할 때, 교사는 학생의 관심, 재능, 능력, 사전 지식 등을 반영하여 학습자가 자신만의 발달 목표를 향해 나아갈 수 있도록 방향을 제시합니다. 즉, 능동적 학습의 핵심 요소인 관계 중심 교수법을 효과적으로 활용하기 위해서는 무엇보다도 교사와 학습자 간의 긍정적인 관계 형성이 필수적입니다. 이는 사용되는 교수법이나 자료만큼이나 결정적인 요소입니다.

능동적 학습 접근법을 실천하는 교사는 단순히 일반적인 교수 기법을 반복하는 사람이 아닙니다. 오히려 학생의 개별적 필요와 상황에 따라 수업 전략을 조정하고, 명확한 교육적 목표에 따라 다양한 결정을 내릴 수 있어야 합니다. 다시 말해, 교사는 상황에 따라 유연하게 교수법을 설계하고 조정할 수 있는 역량을 갖추고 있어야 하며, 이를 통해 학생 중심의 학습 환경을 실현할 수 있습니다.

이처럼 능동적 학습은 학생들이 학습에 능동적으로 참여하게 하여 학습을 행동으로 전환시키는 방식이기 때문에, 딥러닝(깊이 있는 학습)과 지속가능한 개념 정착에 있어 더욱 강력한 효과를 발휘합니다. 신체적 활동과 인지적 활동 사이의 연결은 실제 사물을 조작하거나, 동료와의 협업 및 상호작용을 통해 더욱 강화될 수 있습니다. 이러한 방식은 학습을 가시적이고 지속적인 경험으로 전환시킵니다.

이러한 논의는 중요한 사실 하나를 강조합니다. 지속적인 학습 결과를 좌우하는 것은 활동의 종류 자체가 아니라, 학습 과정에서 학생이 얼마나 깊이 참여하고 인지적으로 자극을 받는가에 달려 있다는 점입니다. 우리는 모든 사람의 사고력과 분석력을 향상시키는 진정한 열쇠는 참여형 학습 노력에 있다고 믿습니다.

이 책에서는 다양한 능동적 학습 활동의 사례를 소개하고 있지만, 모든 활동이 능동적이라는 이유만으로 학습적으로 가치가 있는 것은 아닙니다. 시간과 자원이 제한된 교육 현실 속에서, 능동적 학습 경험은 학습자가 실제로 습득해야 할 핵심 지식과 긴밀히 연계되어야 하며, 능동적 활동에의 참여는 목적이 아니라 학습이라는 본질을 향한 효과적인 수단이 되어야 합니다.

연구에 따르면, 학생들은 능동적으로 과제를 수행할 때 더 효과적으로 학습합니다. 이는 학생들이 자신이 왜 그 일을 하고 있는지, 그리고 사물 간의 상호 연관성에 대해 깊이 생각해보는 시간을 가짐으로써, 자신이 수행하는 과제를 더 잘 이해하게 되기 때문입니다.

존 하티(John Hattie)는 그의 저서 『보이는 학습: 성취와 관련된 800가지 메타 분석의 종합』에서 학습에 영향을 미치는 다양한 요소를 분석한 결과, 교육적 성과의 핵심 요인은 교사의 질과 수업의 질이라는 결론을 제시하였습니다.[5] 따라서 능동적 학습 접근법은 반드시 우수한 교사의 교수 전략과 결합되어야 하며, 이를 통해 학습자는 표면적인 학습을 넘어, 깊이 있는 지속가능한 학습의 영역으로 빠르게 진입할 수 있습니다. 반면, 수동적 학습의 얕은 수준은 지식을 일방적으로 전달하는 전통적인 교사 중심 수업 방식에서 흔히 발생합니다. 교사가 교실의 중심에 서서 주도하는 이러한 단방향적 교수법은 재검토, 수정, 그리고 혁신의 대상이 되어야 합니다.

진정한 학습자 중심 교육은 교사가 콘텐츠와 학습 자료에 학습자를 직접적으로 참여시키는 학습 활동을 설계하고 실천하는 것에서 출발합니다. 이러한 실천은 학습자에게 장기 기억을 자극하고 확장할 수 있는 기회를 제공함으로써, 지속가능한 능동적 학습 접근법으로 정의될 수 있습니다. 이는 학습자의 적성과 창의성, 그리고 능동적으로 학습 행위에 기여하려는 역량에 초점을 맞춘 참여적이고 역동적인 교수 전략이며, 심화된 실습 자료의 활용과 학습자가 직접 교육과정에 참여하는 참여형 학습법의 개발을 통해 구체화됩니다. 이러한 방식은 집단 간 상호작용을 통해 실행되는 교육 실습으로 발전하며, 이는 보다 지속가능한 학습 결과를 창출하는 데 효과적입니다.

참여적 학습은 지식과 기술이 점진적으로 축적되고 내면화되는 진화적 과정으로 묘사되며, 학생이 교재와 능동적으로 상호작용하고 협력적 참여를 통해 개념을 체화할 수 있도록 다양한 학습 경험을 제공하는 것이 핵심입니다. 결국, 지속가능한 능동적 학습은 포용성, 다양성, 유연성, 혁신성 그리고 풍부한 관계성을 기반으로 하는 교육적 접근법에 의해 가능해집니다. 학습은 단순히 지식을 습득하는 행위를 넘어서, 새로

---

5 Hattie, J., Visible Learning: A Synthesis of 800 Meta-Analyses Relating to Achievement, New York: Routledge, 2009.

운 역량을 계발하고, 태도를 함양하며, 가치관을 내면화하고, 지식에 대한 갈망을 키워나가는 과정입니다. 특히, 실제 경험은 학습자에게 지식의 효과적인 내면화를 가능하게 하며, 이는 교육의 핵심 원리 중 하나인 모방 학습을 통해 더욱 강화됩니다.

인류학적 연구에 따르면, 모방은 인류 진화의 핵심 요소로, 인간은 환경을 자신의 필요에 맞게 적응시키는 능력을 발전시켜 왔으며, 이는 다른 생명체와 구별되는 고유한 특성입니다.[6] 따라서, 모방을 통한 학습은 단순한 정보 축적을 넘어서 지속가능한 학습으로 나아가기 위한 중요한 발판이 됩니다. 반대로, 자극이 부족하고 실제적인 활동이 결여된 학습 환경은 학생의 학습 행동에 부정적인 영향을 초래할 수밖에 없습니다. 후천적 학습 행동은 학습자가 지식을 상황에 맞게 맥락화하고 개념화할 수 있도록 돕는 유연한 도구이며, 이러한 학습 행동이 완전히 내면화되었을 때, 더 넓고 깊은 학습으로 확장되는 토대를 마련해 줍니다.

능동적 학습에서 중요한 것은 단순히 눈에 보이는 행동 그 자체가 아니라, 학습의 주도권과 책임이 학습자에게 있다는 사실입니다. 학습자가 일정 수준의 자율성을 보장받는 다양한 능동적 학습 시나리오를 살펴보면, 타인과의 상호작용과 협력을 통해 역량을 키우는 과정이 결국 개인의 성장과 집단의 성공으로 이어지는 경향이 뚜렷하게 나타납니다. 특히 능동적 학습은 학생에게 일정한 구조 내에서의 자율성을 부여하며, 학생과 교사 간의 활발한 상호작용을 장려함으로써 이론과 실천이 통합된 학습 성과를 도출해냅니다. 학습자는 이미 알고 있는 지식과 보유한 기술을 기반으로 새로운 개념을 구성하고 이를 발전시켜 나갑니다.

이러한 맥락에서 교사와 학생은 서로를 도우며, 모든 참여자가 성취

---

6 Henrich, J., The Secret of Our Success: How Culture Is Driving Human Evolution, Domesticating Our Species, and Making Us Smarter, Princeton University Press, 2018.

감을 느낄 수 있는 학습 경험을 공동으로 창출합니다. 이는 교육에 부가가치를 더하는 동시에, 교사에게는 보다 유연하고 적응적인 교수법을 개발할 기회를 제공합니다.

우리는 지속가능한 능동적 학습의 핵심 요소 중 하나가 학생의 동기 수준을 높이는 것이라 믿습니다. 학습에의 참여 수준은 학습자가 어려움에 부딪혔을 때 그것을 극복하려는 인내심의 깊이에도 영향을 미칩니다. 내적 동기는 학습의 가장 강력한 추진력이며, 능동적 학습이 교사와 학습자 간에 신뢰와 상호성을 기반으로 할 때, 학습자에게 긍정적인 자극을 주는 유익한 교육적 관계가 형성됩니다.

이러한 관계 안에서 교사의 역할도 변화합니다. 기존의 실수에 대해 질책하던 역할에서 벗어나, 학습자가 스스로의 성장을 인식할 수 있도록 자기 평가 기술을 제공하고, 실수를 학습의 기회로 삼도록 장려하며, 지속적인 피드백을 통해 학습의 방향성을 조정해주는 촉진자의 역할로 전환되어야 합니다. 이는 곧 능동적 학습이란 학습자가 시행착오를 경험하며 자연스럽게 탐구하는 과정이며, 지속적인 자기 성찰과 평가가 필수적인 활동임을 의미합니다.

이런 관점에서 학업적 성공은 교사가 설계한 학습 활동에 대해 학습자가 보여주는 인내심과 인지적 몰입 정도에 달려 있습니다. 학습자가 문제를 해결하거나 개인적·집단적 목표를 달성하기 위한 학습 전략을 사용하기 시작하면, 점차 인내심을 키우고, 학습 내용을 되돌아보며 심화된 이해를 도출하는 역량을 기르게 됩니다. 이는 학습자 스스로 자신의 능력에 대한 인식을 변화시키고, 궁극적으로 학습에 대한 불안감을 줄이는 데에도 효과적입니다.

학습자의 인지적 몰입 수준은 협업의 질과 밀접하게 연관되며, 이는 다시 학습자가 자신의 학습 과정에서 어떤 결정을 내릴 것인지에도 영향을 줍니다. 학생들은 통합적인 체험 학습 활동을 통해 여러 영역에서 발전하고 있다는 것을 스스로 인식하게 되며, 동시에 여러 교과 간의 연계성을 발견하는 법을 배우게 됩니다. 이러한 전인적이고 다차원적인 접근은 학생 개개인의 자율성과 공동체적 소속감을 동시에 고양시킵니다.

능동적 학습 접근법을 실천하는 교사는 먼저 자신이 이루고자 하는 목표에 대해 현실적이고 구체적인 비전을 가져야 하며, 선입견이나 고정관념 없이 학습자를 이해하는 방법을 체득해야 합니다. 모든 학습자의 차이를 존중하고, 모두가 이해할 수 있는 수업을 구성하려는 태도는 능동적 교수법의 기본입니다. 다양한 기술, 역량, 관심사를 지닌 학습자들이 함께하는 교실은 그 자체로 학습 공동체에 유익하며, 교사는 그러한 다양성을 환영하고 포용해야 합니다.

교사는 과목에 대한 열정을 드러내거나, 최소한 학문적 호기심을 유도할 수 있을 만큼의 관심을 표현함으로써 학습자에게 동기를 부여할 수 있습니다. 그러나 무엇보다 중요한 것은 학생들에게 '경이로움'과 '호기심'을 자극하는 것입니다. 이러한 태도는 학생들이 교과와 직접적으로 연결되지 않는 주제까지 탐색하도록 유도하며, 이는 학생들에게 학습 통제력에 대한 인식을 변화시키는 계기가 될 수 있습니다.

우수한 교사는 학생들이 배우는 내용이 미래의 삶과 직업에 실질적으로 도움이 될 것이라는 확신을 심어줄 수 있으며, 나아가 모든 지식과 역량은 더 나은 삶, 더 행복한 삶으로 이어질 수 있다는 믿음을 공유합니다. 자기주도적 학습 능력을 키우도록 돕는 것 또한 교사의 중요한 역할로, 교사와 학습자가 함께 이러한 학습 습관을 형성해나갈 수 있습니다.

능동적 학습은 학생의 관심사를 수업에 반영하여 팀워크 기반의 참여형 학습으로 확장하고, '실행을 통한 학습'을 중시하는 직관적이고 체험 중심의 접근 방식입니다. 능동적 학습을 실천하는 교사들은 다음과 같은 학습 단계에 대한 믿음을 공유합니다.

- 학생이 단지 듣고 관찰한 것은 쉽게 잊히며,
- 듣고 관찰한 것을 약간은 기억하고,
- 듣고 관찰하고 토론한 것은 어느 정도 이해하며,
- 듣고 관찰하고 토론하고 실행한 것은 지식과 역량으로 체화되고,
- 마지막으로 다른 사람에게 가르칠 수 있는 내용은 비로소 진정으로 숙달된다.

협동학습과 협업 기반의 학습 경험은 암기력과 창의적 문제 해결 능력을 동시에 향상시킵니다. 특히 프로젝트 기반 학습은 능동적이고 지속 가능한 학습을 효과적으로 유도하는 과학적인 교육 방식으로 평가받고 있으며, 이는 학습 과정에서 필연적으로 마주치는 문제 해결, 이해, 통합, 재구성의 경험을 동반합니다.

이러한 관점은 존 듀이(John Dewey)의 프로젝트 기반 학습 철학을 반영한, '선택(selection), 제작(construction), 디브리핑(debriefing)'의 세 단계 구조와 깊은 관련이 있으며, 이를 통해 학생은 보다 내면화된 역량을 구축할 수 있습니다. 또한 능동적 학습은 비판적 사고를 자극하는 소크라테스식 접근법[7]과도 연결됩니다. 이 방식은 질문과 답변을 중심으로 한 대화를 통해 탐구와 사고의 심화를 이끌어내며, 학생들이 자연 현상을 조사하고, 가설을 수립하고, 철학적·인식론적 개념을 반영하고 분석하는 전문가로 성장할 수 있도록 도와줍니다.

---

7 여기서는 비판적 사고를 자극하기 위해 질문과 답변을 기반으로 개인 간의 협력적 대화의 형태를 나타내기 위한 것입니다.

체화된 인지

인지심리학에서는 신경과학과의 경계가 때로는 모호해지며, 이는 '체화된 인지(embodied cognition)' 또는 '마음의 내재성 이론(embedded mind theories)'에 대한 상이한 이론적 정의들 사이의 경쟁과도 맞물려 있습니다. 이 책에서는 체화된 인지를 "외부 세계와 상호작용하는 신체를 통해 마음속에 깊이 내재된 경험적 입력과 인지 과정, 그리고 그 결과로 구성된 것"으로 정의하고자 합니다. 어떤 정의를 따르든, 체화된 인지 이론에서는 신체를 지식과 노하우를 표현하는 핵심적인 매개체로 간주하는 것이 공통적입니다.

능동적 학습은 대개 참여적이고 실습 중심의 과제로 구성되며, 이는 물리적 조작이 개입되는 활동을 통해 보다 지속가능한 학습 경험을 가능하게 한다는 점에서 체화된 인지와 깊은 관련이 있습니다. 그러나 학습이론 간의 다양한 경쟁적 관점을 고려할 때, 모든 형태의 능동적 학습이 반드시 우수하거나 지속적인 학습 결과로 이어지는 것은 아니라는 점 또한 인식해야 합니다.

이 책에서는 학습에서 신체의 역할을 체화된 인지의 핵심 요소로 간주하며, 인간의 뇌를 단순히 컴퓨터에 이식 가능한 정보처리 장치로 환원하는 접근 방식에 경계할 것을 제안합니다. 실제로 능동적 학습은 컴퓨터가 현재는 물론 향후에도 모방할 수 없는 신체적 수행과 제스처, 발화 등 인간 특유의 행동 양식을 포함합니다. 다시 말해, 체화된 인지는 인공지능이 복제할 수 없는 인간 정신의 본질적인 요소임이 분명합니다.

펜베시(Fenyvesi) 등의 연구는 체화된 수학 학습 경험이 예술과 학문의 융합을 지향하는 STEAM 교육에서 핵심적인 역할을 수행할 수 있음을 보여줍니다.[8] 이 연구는 신체 활동을 기반으로 한 학습 경험이 아동

8 Fenyvesi, K., Lehto, S., Brownell, C., Nesiakou, L., Lavicza, Z. and Kosoa, R.,

의 학업 성취도를 높이고, 규칙적인 운동이 뇌의 구조와 기능에 긍정적인 영향을 미쳐 인지능력 향상에 기여할 수 있다는 증거를 제시했습니다. 즉, 온몸을 활용한 학습이 단순한 시각적 또는 언어적 정보처리보다 더 효과적인 학습 결과로 이어질 수 있다는 것입니다.

비슷한 맥락에서, 손으로 필기하는 것이 노트북 타이핑보다 더 높은 인지적 효과를 가져온다는 연구도 있습니다.[9] 프린스턴대학교의 팸 뮬러와 UCLA의 다니엘 오펜하이머는 다음과 같은 실험을 통해 이를 검증했습니다. 그들은 강의 및 동영상 시청 중에 노트북으로 타이핑한 그룹과 펜과 종이로 손 필기한 그룹의 정보를 얼마나 잘 이해하고 기억하는지를 비교했습니다. 타이핑 그룹은 거의 문자 그대로 정보를 받아 적는 반면, 손 필기 그룹은 지속적으로 정보를 정리하고 요약하는 방식으로 처리하면서 암기와 이해를 동시에 증진시켰습니다. 이는 디지털 도구의 사용이 체화된 인지를 자동으로 강화하는 것은 아니라는 점을 보여주는 대표적인 사례입니다.

기능주의나 연결주의와 같은 정체성 이론에서는 인간의 마음이 뇌의 물리적 작용과 동일하다고 보는 경향이 있습니다. 그러나 이 책이 기반하고 있는 관점은 인간의 마음이 뇌에서 일어나는 것 그 이상이며, 단지 신경 작용의 산물이 아니라 몸을 통한 주관적 경험에 깊이 뿌리내리

Learning Mathematical Concepts as a Whole-Body Experience: Connecting Multiple Intelligences, Creativities and Embodiments within the STEAM Framework, in Burnard, P. and Colucci-Gray, L. (eds), Why Science and Art Creativities Matter, (Re-)Configuring STEAM for Future Making Education, Brill, 2020, p.333.

9 Mueller. P.A. and Oppenheimer, D.M., The Pen Is Mightier Than the Keyboard: Advantages of Longhand Over Laptop Note Taking, Psychological Science OnlineFirst, published on 22 May 2014 as doi:10.1177/0956797614524581, https://cpb-us-w2. wpmucdn.com/sites.udel.edu/dist/6/132/files/2010/11/Psychological-Science-2014-Mueller-0956797614524581-1u0h0yu.pdf.

고 있다는 점을 강조합니다. 즉, 생각은 뇌에서 시작되고 뇌에서 끝나는 것이 아니라, 신체를 통해 외부 세계와 상호작용하고 그 과정에서 형성되고 표현됩니다. 이러한 사고방식은 학습이 어떻게 환경에 대한 인식과 행동을 유기적으로 동원하는지를 강조하는 본서의 핵심 전제와도 일치합니다.

'체화된 인지(embodied cognition)'라는 개념은 종종 계획되지 않은 방식으로 복잡한 결과를 산출하는 선천적이고 본능적인 과정으로 비유됩니다. 이를 설명하기 위해, 꿀벌이 어떠한 중앙 명령 없이도 집단적으로 벌집을 만드는 본능적이고 집단적인 능력을 예로 들 수 있습니다. 인간 역시 이와 유사하게, 신체적 경험과 감각의 통합을 통해 학습하며, 이는 단순히 이성적 사고에 의해 통제되는 것이 아니라 신체와 환경의 상호작용 속에서 형성됩니다.

우리가 학습이 어떻게 작동하는지를 이해하고자 한다면, 뇌가 단지 독립적인 정보처리 장치가 아니라, 항상 신체와 연결된 상태에서 감각적 자극을 수용하고 처리하는 존재라는 사실을 받아들여야 합니다. 인간이 정보를 획득하고 의미를 구성하는 방식은 거의 전적으로 경험적 학습과 감각 자극을 통해 뇌에 전달된 신호의 해석에 기반합니다. 신체는 뇌가 외부 세계와 소통할 수 있는 유일한 채널이며, 그 결과 뇌와 신체는 상호 의존적인 파트너십의 관계를 형성합니다.

이러한 관점은 컴퓨터의 작동 방식과는 본질적으로 다릅니다. 컴퓨터는 입력(input)을 받아들여 출력(output)으로 전환하는 반면, 인간의 정신은 신체를 통해 외부 세계로 확장되고, 신체는 정신을 통해 자신을 표현합니다. 즉, 신체와 정신은 서로를 매개하며, 분리될 수 없는 일체의 작용체로 존재합니다.

이처럼 학습의 지적 측면은 교육학적으로 상당히 문서화되어 있음에도 불구하고, 대뇌 활동과 신체의 통합적 역할에 대한 교육 연구는 상대적으로 간과되고 있는 실정입니다. 전통적으로 사고는 뇌 안에서 일어나고 끝난다고 가정해 왔지만, 보다 전체적인 관점에서 접근할 때, 인간의 인지 구조는 신체에 의해 지탱되고 감각적, 정서적 경험에 깊이 의존하고 있다는 사실을 분명히 인식하게 됩니다.

이를 설명하는 두 가지 심리 실험을 살펴보겠습니다. 첫째, 실험 참가자에게 토론을 들을 때 고개를 끄덕이도록 지시하면 해당 주장에 동의하는 비율이 높아지는 반면, 고개를 좌우로 흔들도록 지시한 경우는 동의 비율이 현저히 낮아지는 결과가 나타났습니다. 둘째, 참가자들이 연필을 이 사이에 물고 코미디 연설을 들을 때는 더 재미있다고 평가한 반면, 입술로 연필을 물고 들은 경우는 덜 웃기다고 평가했습니다. 이는 전자의 경우 미소에 가까운 얼굴 근육 움직임이 있었던 데 비해 후자는 그렇지 않았기 때문입니다.

이러한 실험 결과는 신체적 행위나 표정이 단순한 수동적 반응이 아니라, 인지와 감정의 형성에 영향을 미치는 능동적 요소임을 보여줍니다. 즉, 인간의 사고와 감정은 신체와의 상호작용을 통해 구성되며, 학습과 사고는 뇌에만 국한된 것이 아닌 몸 전체의 참여를 통해 실현되는 과정임을 강하게 시사합니다.

'학교를 다니는 것'과 '교육을 받는 것'의 본질적 차이

학교를 다닌다는 것과 교육을 받는다는 것 사이에는 본질적인 차이가 존재합니다. 많은 언어에서 "교육을 받는다"라는 표현은 때때로 어렵게 얻은 교훈이나 심지어 굴욕적인 경험을 의미하기도 하며, 단순히 제도권 교육을 수료했다는 의미를 넘어서는 함축을 지니고 있습니다. 그럼에도 불구하고 대부분의 국가에서는 여전히 '학교교육(schooling)'을 교육의 대표 개념으로 간주하며, 이를 국가 발전과 개인의 사회화 과정의 필수 요소로 인식하고 있습니다.

실제로 '학교교육'이라는 개념은 다양한 문화적 맥락에서 의심의 여지가 있는 측면이 있음에도 불구하고, 지난 한 세기 동안 대다수 인구에게 기초적이고 표준화된 기술을 제공하는 비교적 효율적인 수단으로 기능해 왔습니다. 특히 개발도상국에서는 빈곤 퇴치와 기초 문해력 향상을 위한 국가적 전략의 핵심 요소로 받아들여졌으며, 수많은 나라들이 동일한 방식의 학교 시스템을 벤치마킹해 왔습니다.

그러나 오늘날 우리는 이러한 산업화 시대에 기반한 표준화된 교육 시스템이 더 이상 효과적인 지식 전달과 창의적 역량 계발의 최적 경로가 아니라는 점을 분명히 인식해야 합니다. 단순 암기와 반복 학습 중심의 학교교육은 때로는 오히려 지속가능한 학습과 자율적 사고를 저해하기도 하며, 일부 국가에서는 학교교육이 산업적 구조를 띠면서 학습과 유리된 형태로 전락한 경우도 있습니다.

오늘날의 교육은 더 이상 교과서와 교실, 교사라는 삼위일체적 구조에만 의존할 수 없습니다. 교육의 핵심은 호기심, 탐구심, 창의성, 비판적 사고를 유도하고 지원하는 태도와 환경을 조성하는 데 있습니다. 이로 인해 많은 사회가 이제는 단기적 지식 전달이 아니라, 장기적 역량 배양과 지속가능한 학습의 구현을 위해 교육 시스템을 전면적으로 재구성하려는 움직임을 보이고 있습니다.

능동적이고 지속가능한 학습은 학습자의 내면에서 일어나는 사고와 성찰의 과정입니다. 이는 집단적 사고방식과 협업 문화에 긍정적인 영향을 미치며, 개인의 발전뿐만 아니라 사회적 진보를 촉진하는 핵심 수단이 될 수 있습니다. 진정한 교육은 호기심을 자극하고, 정보의 탐색과 비판적 평가를 장려하며, 단순 지식의 축적이 아닌 창의적 활용과 실천으로 이어지는 지적 여정을 설계해야 합니다.

한편, 전통적인 학교교육은 시험 성적과 졸업장 획득이라는 외적 동기에 지나치게 의존하는 경향이 있으며, 이는 학습 동기의 내면화나 평생학습 역량의 함양에 장애가 되곤 합니다. 예를 들어, 구구단은 일상에서 자주 활용되는 실용적 지식이지만, 역사적 사건의 연도나 과거 통계 수치, 악보를 기계적으로 외우는 것은 대부분의 사람들에게 일상적 유용성을 제공하지 못합니다.

결국, 과거의 학교교육은 창의성이나 자기 주도성의 계발보다는 표준화와 통제에 기반해 왔으며, 이제는 학습자의 주체적 참여와 지속가능한 기술 습득을 중심에 두는 새로운 교육 패러다임으로의 전환이 요구되고 있습니다. 이러한 전환은 단순한 제도 개선이 아니라, 교육이 인간의 성장과 사회의 미래에 어떤 역할을 할 것인가에 대한 근본적인 성찰과 재설계로 이어져야 할 것입니다.

현대의 학교는 학생들이 정해진 시간에 수업에 참여하고, 교사의 질문에 손을 들어 대답하며, 숙제를 제출하고, 시험을 통해 일정 수준의 정량적 성과를 달성하도록 훈육하는 체계로 작동하고 있습니다. 이러한 방식은 종종 평생학습의 역량을 기르는 것을 목표로 하기보다는, 단지 다음 단계의 교육기관으로 진입할 자격을 부여받기 위한 일종의 통과의례로 기능합니다. 정량화된 시험 결과는 지역 및 국가 단위의 성취도 분석, 나아가 국제 비교를 위한 메타 분석 자료로 활용되지만, 이 과정에서 창의성이나 비판적 사고와 같은 질적 요소는 거의 고려되지 않습니다.

전통적인 학교교육에서는 실수에 대한 과도한 강조가 일반적입니다. 빨간 펜으로 첨삭된 에세이, 채점 기준의 불투명성, 완벽한 정답을 전제하는 수학 문제 등은 학생들에게 평가란 '감점당하지 않는 것'이라는 부정적 인식을 심어줍니다. 숙제를 기한 내에 제출하지 않거나 지각한 경우에는 정서적, 행정적 처벌이 뒤따르며, 학생의 개별적 상황이나 재능, 자율성은 충분히 고려되지 않습니다. 이로 인해 학생들은 자기주도성과 창의성보다는 순응성과 규범 준수에 익숙해지며, 학습은 점차 형식화된 절차의 반복으로 전락하게 됩니다.

이러한 교육 모델은 컨베이어 벨트식 표준화 모델로 작동합니다. 교사는 해마다 유사한 내용과 방식으로 한 집단의 학생을 교육하고, 학생들은 정해진 시간표 속에서 제한된 시간 안에 최대한 많은 정보를 암기해야 합니다. 교실은 지식의 내면화가 아닌, 정보를 주입받고 재생산하는 기계적 공간이 되고 맙니다. 평가 역시 주로 암기된 지식의 양을 중심으로 진행되며, 창의적 응용력이나 문제 해결 능력 등은 충분히 반영되지 않습니다.

이러한 환경에서 교육을 마친 학생들은 정규 교육과정을 수료했음에도 불구하고 비판적 사고력이나 창의적 문제 해결 역량이 부족한 경우가 많습니다. 그들은 흥미로운 수업을 들을 기회는 있었지만, 그 수업이 자신의 사고를 자극하고 다층적 성찰을 이끌어 내지는 못했을 수 있습니다. 이러한 사고의 고착화는 틀에 박힌 사고방식이라는 인지적 굴레(cognitive confinement)로 이어질 수 있습니다. 또한, 교육의 기계화와 엄격한 시간표 중심의 구조는 학생들을 정해진 공간과 시간에 구속시키며, 교사는 그 개별성을 고려하기보다는 통제와 반복을 중심으로 학습을 설계하게 됩니다. 결과적으로 학교는 학생이 올바르게 행동하고 지시를 따르는 법을 배우는 기관일 뿐, 진정한 의미의 자율성과 창의성 계발은 뒷전으로 밀리게 됩니다.

심리학자 캐롤 드웩(Carol Dweck)의 연구는 이와 같은 문제를 보다 명확하게 조명합니다. 드웩은 『Mindset』(2006)에서 학생들이 성공을 바라보는 관점에 따라 '고정 마인드셋(fixed mindset)'과 '성장 마인드셋

(growth mindset)'으로 나뉘며, 성장 마인드셋을 지닌 학생들이 장기적으로 더 높은 성취를 이룬다고 설명합니다.[10] 이는 학습의 성과가 선천적 능력이 아니라 개인의 노력과 태도에 달려 있음을 시사하며, 표준화된 정량평가 중심 교육의 한계를 명확히 보여줍니다.

따라서 교육은 창의성, 비판적 사고, 자기주도성 등 새로운 시대에 요구되는 자질을 계발할 수 있는 방향으로 재편되어야 하며, 이를 위해서는 지속가능한 능동적 학습(sustainable active learning)으로의 전환이 절실합니다. 이 접근은 단순히 정보를 암기하는 것이 아니라, 교사가 학습자의 발달 과정을 질적으로 관찰하고 다양한 맥락에서 그들의 역량을 발현할 수 있는 기회를 제공하는 방식입니다.

결국 교육은 더 이상 점수와 졸업장을 획득하기 위한 도구가 아니라, 삶의 질과 사회적 책임을 높이는 인간 성장의 수단이어야 합니다. 이를 위해서는 기계적인 반복 학습과 일방적인 지식 전달에서 벗어나, 인간 중심의, 관계적이며 참여적인 교육으로 패러다임을 전환할 필요가 있습니다.

3) STEAM 교육

과학, 기술, 공학, 예술 및 수학

이 책에서 제안하는 지속가능한 능동 학습을 위한 통합적 접근은 다양한 형태로 구현될 수 있지만, 그 핵심은 여러 교과 영역 간의 융합,

10 Dweck, C., Mindset: The New Psychology of Success, New York: Random House, 2006.

특히 STEAM 교육에서 영감을 받은 통합적 커리큘럼 설계에 있습니다.[11] 과학(Science), 기술(Technology), 공학(Engineering), 예술(Arts), 수학(Mathematics)의 융합을 의미하는 STEAM은 단순한 교과 통합을 넘어, 상호 연결된 학문적 탐구와 교육의 총체적 재구성을 지향합니다. STEAM 이니셔티브의 창시자인 조젯 야크만(Georgette Yakman)은 이를 다음과 같이 설명합니다. "STEAM 교육은 전통적인 학문 영역인 과학, 기술, 공학, 예술, 수학을 기반으로 하여 통합적 교육 모델을 개발하고, 이를 통해 보다 총체적이고 연결된 교육을 가능케 하는 방법론입니다."[12] 이러한 모델은 교사에게 '르네상스형 인간'과 같은 광범위한 전문성과 다학문적 통찰을 요구하는 것으로 보일 수 있으나, 실제로는 모든 교사가 슈퍼 교사가 될 필요는 없습니다. 이 책은 STEAM 접근이 동료 간 협업을 통해 가능하다는 점을 강조합니다. 진정한 통합적 교수학습은 혼자서 모든 것을 아는 '전문가'가 아니라, 협력적 실천공동체 안에서 지식과 시각을 공유하고 확장해 나가는 과정에서 출발합니다.

STEAM은 기존의 학문 간 경계를 넘어서려는 시도입니다. 특히 예술(Arts)을 단순히 STEM에 '부가가치'를 더하는 요소로 접근하는 기존 시각을 넘어서, 예술 자체의 고유한 인식론적·미학적·도덕적 가치를 인정하는 방향으로 나아가야 합니다. 이와 관련하여 앤드류 피리(Pirrie)는 다음과 같이 주장합니다. "우리 시대에 필요한 것은 단순한 '부가가치'가 아니라, 학문 전반에 걸쳐 인간 탐구의 윤리적, 정치적, 도덕적, 미학적, 과학적 차원을 재구성하고 재매혹시키는 진보적 프로젝트다."[13]

---

11 https://en.wikipedia.org/wiki/STEAMSTEAM_fields

12 Georgette Yakman, STΣ@M Education: an overview of creating a model of integrative education, 2008, www.researchgate.net/publication/327351326_STEAMSTEAM_Education_an_overview_ of_creating_amodel_of_integrative_education

13 Pirrie, A., Where Science Ends, Art Begins? Critical Perspectives on the Development of STEAM in the New Climate Regime, in Burnard, P. and

따라서 이 책은 예술을 과학의 종속 개념으로 바라보는 환원주의적 시각을 경계합니다. 우리는 STEAM 담론 속에서 예술의 위상이 종종 수단화되는 현실을 비판적으로 조명하면서, 모든 학문 분야가 동등한 파트너십 안에서 상호 작용할 수 있는 가능성을 탐색하고자 합니다. 이 책의 궁극적인 목표는 STEAM 교육에 대한 결정적인 해답을 제시하려는 것이 아니라, 오히려 그 복합성과 모호성을 인정하면서 탐구와 질문의 여지를 열어두는 것입니다. 우리는 독자들에게 다음과 같은 방식으로 교육과학에 기여하고자 합니다. 관찰과 경험을 바탕으로 새로운 가설을 생성하도록 유도하며, 다양한 교과의 통합적 학습에 대한 실천적 증거를 탐색하고, 관련 주제에 대한 후속 연구와 실험적 접근을 장려합니다.

STEAM은 이제 단지 하나의 교육 모델이 아니라, 미래 사회를 위한 창의적 학습생태계 구성의 실천적 비전입니다. 이 통합적이고 다층적인 교육적 접근은 능동적 학습의 지속가능성을 강화하고, 학생들이 현실의 복잡성과 불확실성을 탐색하고 해석하고 변화시킬 수 있는 힘을 기르는 데 기여할 것입니다.

STEAM은 "모든 사물이 학교와 삶에서 서로 어떻게 관련되어 있는지를 가르치는 방법"으로 정의되며, 수학적 요소에 기반한 공학 및 예술을 통해 과학과 기술을 해석하는 통합적 접근으로 구성됩니다. "수학적 요소에 기반하여 공학 및 예술을 통해 해석된 과학 및 기술"이라는 Yakman의 정의는 STEAM이 단순한 교과 통합을 넘어서 삶의 맥락 속에서 지식과 기술, 창의성과 감성을 통합적으로 구성하려는 교육 철학임을 시사합니다.[14] 카메론(Deron Cameron)은 이를 다음과 같이 확장하여 설

Colucci–Gray, L(eds), Why Science and Art Creativities Matter, (Re–) Configuring STEAM for Future Making Education, Brill, 2020, p.19.

14 Definition by CEO Georgette Yakman, Founder of the STEAM Educational Movement 2006, https://steamedu.com.

명합니다. "STEAM은 표준화된 시험 점수에 기반한 전통적인 교육 철학에서 결과만큼이나 학습 과정을 중시하는 현대적인 이상으로의 패러다임 전환을 의미합니다. 본질적으로 우리는 학생들이 시험을 위해 단순히 사실을 암기하는 것이 아니라, 여러 아이디어를 시도하고, 다양한 의견을 듣고, 실생활에 적용 가능한 지식 기반을 구축하도록 장려합니다."[15] 이처럼 STEAM은 학습을 단순한 지식 습득이 아니라 경험 중심의 탐구 과정으로 재정의합니다. 학생들은 다양한 교과 간 경계를 넘나들며, 현실과 연결된 문제를 해결하고, 비판적 사고와 창의성, 협업 역량을 동시에 키우는 학습 경험을 얻게 됩니다. 따라서 STEAM은 오늘날의 복잡하고 다변화된 세계에서 학습자들이 단지 '정답'을 맞히는 것을 넘어서, 의미 있는 질문을 던지고 스스로 답을 찾아가는 능동적 사고의 틀을 갖추도록 돕는 새로운 교육 패러다임이라 할 수 있습니다.

4) 4D프레임 등의 교육 자료 소개

이 책에서는 교육 자료의 일환으로 '4D프레임'을 소개하고자 합니다. 이 교구는 건축가이자 모형 제작자이며, 발명가이자 혁신가인 한국의 박호걸 씨가 고안한 것으로, 플라스틱 튜브와 커넥터로 구성되어 있으며, 움직이는 3차원 형상을 구성하는 데 활용됩니다. 학생들의 상상력을 자극하고 창의력을 증진시키는 데 탁월한 효과가 있으며, 이 교구는 이를 사용하는 이들의 선도적인 혁신 정신을 더욱 확장하고자 하는 목적에서 발명되었습니다. 학습 전반에 걸친 사고 과정을 물리적으로 구현할 수

15 Cameron, Deron. Former UPES Principal - US's 1st STEAM Certified School. Current TCSS Curriculum Co-ordinator https://steamedu.com.

있도록 돕는 이 통합형 학습 도구는 지속가능한 교육 경험을 제공하며, 이를 활용하는 교사는 학생 주도의 자기 주도적 학습이 이루어질 수 있는 환경을 조성하게 됩니다. 또한 이 자료는 기초 과학 및 수학적 소양의 중요성을 강조하면서, 학습자의 논리적 사고력, 추론력, 분석력을 함께 함양하는 데 기여합니다.

이 책은 미래 교육이 창의성과 비판적 사고, 체험 기반 학습과 탐구 중심 접근을 지향해야 한다는 철학을 바탕으로, 4D프레임과 같은 극도로 다양하고 무한한 가능성을 지닌 재료를 중심에 두고자 합니다. 안타깝게도 현재 대부분의 교육은 여전히 종이처럼 2차원적인 매체에 의존하고 있으나, 디지털 도구의 보급은 점차적으로 3차원 수학 언어로의 접근 가능성을 확대하고 있습니다. 4D프레임은 움직임이나 기계적 작동을 구현할 수 있는 재료로 활용되며, 창작 과정에 시간과 공간이라는 차원을 더해줍니다. 이를 통해 학생들은 21세기 첨단 과학 및 기술 분야에서 필수적인 개념과 원리를 체득하며 더욱 높은 수준의 창의성을 발휘할 수 있습니다.

4D프레임의 소재는 플라스틱 튜브와 커넥터를 간단히 연결하고 접어 고정형 또는 동작형 부품들과 상호 연결된 기하학적 구조물을 구성할 수 있도록 설계되어 있으며, 모든 축을 기준으로 0도에서 360도까지 임의의 각도를 만들 수 있습니다. 학생들은 가위나 커터와 같은 간단한 도구를 사용해 다양한 커넥터를 필요한 크기로 측정하고 자르는 과정을 통해 창의성을 마음껏 발휘할 수 있습니다. 나아가 이 소재는 다양한 에너지원을 결합하거나 메카트로닉스 기술과 접목시켜 동작하는 기계나 로봇 장치를 제작하는 데에도 활용 가능하며, 이를 통해 거의 무한한 형태의 3차원 구조물을 구상하고 구현할 수 있습니다. 복잡한 기하학적 또는 기계적 장치를 설계할 수 있도록 돕는 이 재료는 저렴하고 재활용이

가능하며, 그 자체로 창의적 학습에 새로운 차원을 열어줍니다.

커넥터와 튜브를 결합하는 방식은 STEAM 교육의 다섯 가지 핵심 원리를 모두 반영합니다. 단순한 2차원 도형에서부터 프랙탈, 사면체, 피라미드, 다면체, 시에르핀스키 삼각형, 클라인 병에 이르기까지 상상 가능한 거의 모든 형태를 4D프레임을 통해 구현할 수 있습니다. 또한, 4D프레임 모델을 활용하여 생물학에서는 색이 있는 이중 가닥의 DNA 나선을, 지질학에서는 결정 구조를, 화학에서는 다양한 화합물이나 탄소 나노튜브를 표현할 수 있으며, 공학 영역에서는 풍차, 자동차, 다리 등을 제작하면서 과학과 공학의 핵심 원리를 실제로 구현할 수 있습니다. 이처럼 다양한 용도로 활용 가능한 이 재료는 수학에서도 복잡한 기하학적 개념을 구체화하는 데 매우 유용하며, 튜브와 커넥터를 자유롭게 조합하여 학습자의 상상력을 최대한 발휘할 수 있는 환경을 제공합니다.

이 재료는 단순히 기존의 물체를 모방하거나 미리 설계된 모델을 재현하는 데 머무르지 않고, 명확하고 기능적인 방식으로 완전히 새로운 프로토타입을 창조해내는 다양한 가능성을 제시합니다. 동일한 재료를 개별 학습뿐 아니라 협동 학습에도 활용할 수 있어, 학생들은 여러 구성 방식을 탐구하면서 물체의 구조, 형태, 강도에 대해 자연스럽게 배울 수 있습니다. 그룹 활동을 통해 학생들은 각자의 아이디어를 공유하고 협업하는 과정을 통해 팀워크를 익히며, 교사는 이론적 토론을 주도하고 다양한 문제를 함께 분석하며, 학생들이 스스로 해결책을 모색하도록 동기를 부여하는 동시에 필요한 기술적 도구를 지원할 수 있습니다.

세계 최고의 교육 시스템 중 하나로 평가받는 한국에서는, 국제 학업성취도 평가(PISA)에서 최상위권 성과를 보이는 학생들을 중심으로 4D프레임이 광범위하게 활용되고 있습니다. 매년 서울 근교의 국립과천과학관에서 열리는 대회는 한국뿐만 아니라 중국, 필리핀, 브라질, 핀란드,

인도네시아, 미국, 몽골, 스웨덴 등 다양한 국가의 학생들이 참가하는 국제적인 행사로 자리매김하고 있으며, 이 대회에서 수상하는 것은 학년과 관계없이 학생들에게 큰 영예로 여겨집니다.[16] 그뿐만 아니라, 4D프레임은 블루투스 기반의 메카트로닉스 부품과 통합되어 로봇, 기계, 자동차와 같은 복합적 장치를 제작하는 데에도 활용될 수 있습니다.

4D프레임의 발명자 박호걸 대표는 건축에 대한 전문 지식이 없는 고객들이 2차원 설계도나 청사진만으로는 3차원 구조물의 복잡성과 설계 의도를 이해하기 어렵다는 점을 깨닫고, 이를 해결하기 위한 물리적 구성 방식을 고안하게 되었습니다. 디지털 소프트웨어를 통해 3차원 설계를 수행할 수 있는 시대가 도래하기 전, 현실적으로 3차원 구조를 직관적으로 파악하고 구현하기 위한 도구의 필요성이 컸던 시기에 개발된 이 교구는 건축가들에게 실질적인 문제 해결 수단이 되었습니다. 건축은 수학과 과학, 예술과 자연이 어우러져 하나의 구조물로 구현되는 3차원의 퍼즐이며, 4D프레임은 이 통합적 예술을 실현할 수 있는 탁월한 도구로 평가받고 있습니다.

대체할 수 있는 자료

TED 강연과 영화 「바람을 이용한 소년」으로 세계적으로 알려진 말라위의 젊은 발명가 윌리엄 캄쾀바(William Kamkwamba)의 감동적인 이야기는 고가의 교육 자료에 대한 접근 부족이 창의성과 자기 주도적 학습의 장애물이 되지 않는다는 중요한 교훈을 전합니다. 그는 아프리카의 한복판, 쓰레기장에서 수집한 재료를 재활용해 장인의 손길로 풍차를 제

16 As described (in Swedish) by Vattenhallen Science Center in Lund; www.vattenhallen.lth.se/om-oss/support/samverkansprojekt/4dframe-enlighteningimagination.

작해냈습니다. 이 프로젝트는 문제 해결을 위한 창의적 접근의 전형이자, 환경 지속가능성에 기여하는 진정한 실천 사례로 기억됩니다.

앞서 4D프레임이라는 교재가 창의력 계발과 지속가능한 능동적 학습을 위한 이상적인 도구임을 설명하였지만, 이 책이 특정 상업적 교구를 홍보하려는 의도를 갖고 있지 않다는 점은 분명히 밝혀둘 필요가 있습니다. 대부분의 교육 자료는 약간의 상상력과 창의성을 발휘한다면 재활용품이나 저렴한 재료로도 충분히 대체할 수 있습니다. 실제로 4D프레임, LEGO® Education, Geoboard, Microbit, Brio, Lux Blox, Kappla, Play-Doh, Magna-Tiles, Meccano 등의 고가 교구들도 대부분은 저렴한 대안으로 유사한 학습 효과를 낼 수 있습니다. 핵심은 도구 자체가 아니라 그것을 활용한 학습 경험과 창의적 사고 촉진에 있습니다.

이 책의 후반부에서는 학습을 촉진하는 사람들에 대해 자주 언급하게 될 것입니다. 학습자의 배움에 기여하는 인물이 반드시 교사일 필요는 없습니다. 윌리엄 캄쾀바의 경우, 「바람을 이용한 소년: 전기와 희망의 흐름 만들기」[17]를 살펴보면, 그의 삶과 배움에 결정적 영향을 미친 인물은 바로 그 지역 학교의 사서였습니다. 윌리엄은 당시 학비를 낼 수 없어 학교에 정식으로 등록되어 있지 않았지만, 배움에 대한 그의 열정을 알아본 사서는 도서관의 책을 몇 권 빌려주는 친절을 베풀었습니다. 이 작은 배려는 그가 필요한 정보를 찾고 기술을 익히는 데 큰 도약이 되었고, 결과적으로 그의 인생과 지역 사회에 큰 영향을 미친 도미노 효과로 이어졌습니다. 이 사례는 교육자 또는 학습 촉진자의 역할이 얼마나 중요한지를 보여주는 대표적인 예입니다. 학생들의 문제 해결 능력과 자기주도적 학습 역량을 지원하는 작은 관심이 학생의 삶은 물론, 과학과 기

17 Kamkwamba, William, The Boy Who Harnessed the Wind: Creating Currents of Electricity and Hope. New York: Harper Perennial, 2010.

술의 발전에까지 이어질 수 있다는 점을 시사합니다. 영감을 주는 이러한 인물들은 젊은 창의적 인재들이 미래의 가장 시급한 문제들에 대한 해답을 모색해나갈 수 있도록, 적절하고 풍요로운 학습 환경을 조성하는 데 결정적인 역할을 합니다.

5) 분절된 교육의 종언

이 책의 목표 중 하나는 교육은 물론 사회 전반에서 만연한 파편화를 극복하고, 급변하는 세상 속에서 학습자의 장기적 요구에 더욱 효과적으로 대응할 수 있도록 전통적인 교육 방식을 전환하는 데 있습니다. 이러한 목표를 달성하기 위해서는 학생들이 불확실성이 상존하는 미래의 노동 시장과 변화무쌍한 삶에 대비할 수 있도록 커리큘럼 자체를 새롭게 구성할 필요가 있습니다. 우리는 인류의 오랜 역사 속에서 세상의 모든 것이 상호 연결되어 있다는 사실을 인식해왔음에도 불구하고, 청소년 교육에서는 여전히 과목들을 서로 무관한 개별 영역으로 나누고, 시간표에 따라 독립적으로 가르치는 방식을 고수하는 경향이 있습니다. 그 결과 학교교육은 실제 삶, 자연, 그리고 학생들이 마주하게 될 직업 세계와 단절된 방식으로 조직되었으며, 이러한 분절된 커리큘럼은 학습의 질에 부정적인 영향을 미치고 있습니다. 이 책의 주요 목적 중 하나는 지식의 지속성이 부족하고 전통적인 지식 전달 방식이 비효율적이라는 점을 지적하고, 이를 개선하는 데 기여하는 것입니다.

피터 센게(Peter Senge)는 『학습하는 조직(The Fifth Discipline)』에서 다음과 같이 말합니다. "우리는 아주 어린 시절부터 문제를 쪼개고 세상을 파편화하는 법을 배워왔습니다. 이것은 복잡한 문제나 과목을 더 쉽게 다룰 수 있도록 해주는 것처럼 보이지만, 그 대가로 우리는 행동의 결과를 더 이상 볼 수 없게 되며, 더 큰 전체에 대한 내적인 연결 감각을 상실하게 됩니다. 큰 그림을 이해하려 할 때, 우리는 마음속의 조각들을 재구성하려 애쓰고, 흩어진 조각들을 하나하나 정렬하는 데 몰두합니다."[18] 따라서 교사, 정책 입안자, 커리큘럼 설계자는 전통적인 과목 중심 접근에서 벗어나, 학생들이 미래를 준비하기 위해 진정으로 배워야 할 것들의 상호 연결성을 파악하고, 그 지점에서부터 교육을 시작해야 합니다.

지속가능한 학습을 위한 다학제적 접근이 성공하기 위해서는 학교 환경의 제약을 고려한 창의적이고 일관된 실행 전략이 필요하며, 그 실현 여부는 학교 조직 구조에 따라 달라질 수 있습니다. 만약 교육 시스템이 커리큘럼을 독립된 교과목의 영역으로 고립시키는 구획화된 구조를 유지한다면, 이는 지속가능한 학습의 확산을 저해할 수 있습니다. 반면, 학습을 총체적 관점에서 조망하고 장려하며 촉진하는 미래 지향적이고 보다 보편적인 교육 시스템은 사물 간의 연계성과 상호 작용을 이해하려는 교사와 학습자에게 더 큰 성과와 만족을 안겨줄 것입니다.

이러한 전체론적 교육 접근은 학생들에게 더 넓은 시야를 갖게 하고, 삶과 사회의 복합적인 문제를 이해할 수 있는 인지적 기반을 제공합니다. 예컨대 기후 변화와 같은 현대 사회의 심각한 문제는 단편적인 시각으로는 해결할 수 없는 복합적이고 다차원적인 문제입니다. 이처럼 복잡한 딜레마에 대한 해결책은 문제, 시스템, 사회적 도전 사이의 긴밀한 상호 연결성을 이해하는 데에서 비롯됩니다. 우리는 교육이 언제나 특정 전문 지식이 더 넓은 맥락 안에서 적용될 수 있도록 적응하고 그 타당성을 확보해야 한다고 믿고 있습니다.[19]

---

18 Senge, P., The fifth discipline: The art & practice of the learning organization, New York: Doubleday/Currency, 1990.

19 Graham, C. and Longchamps, P., Innovation in convergence education;

전통적인 교육 방법의 가장 큰 결함 중 하나는 학습자가 습득한 지식을 창의적으로 개념화하고 통합하지 못한다는 점에 있습니다. 이는 학제간 교육의 핵심 요소들이 종종 간과되고, 대신 단기 기억에 의존한 학습이 이루어지기 때문입니다. 그러나 지속가능한 학습을 위해서는 지식이 학습자의 장기 기억에 저장되어야 하며, 이를 실현하기 위해서는 지식의 종합을 가능케 하는 혁신적인 교수법과 접근 방식이 필요하다는 것이 이 책의 핵심 주장입니다.

워크숍, 실습 활동, 실험적 교수법, 경험 기반 학습, 협력 중심 학습 등 다양한 형식의 능동적 학습 접근법은 미래 사회의 전문성과 요구를 충족시키는 실용적인 대안이 될 수 있습니다. 이와 같은 접근은 학교 교과의 이론적 내용을 보완하며, 학습자에게 대인 관계 기술뿐 아니라 정신적·신체적·수작업적 활동을 통해 부가가치를 더하는 기회를 제공합니다. 능동적 학습은 학생들의 분석적 사고력과 자기 성찰 능력을 길러주며, 창의력을 증진하는 데 매우 효과적인 방식입니다. 이 과정은 학생들이 주도적으로 학습에 참여하게 만들고, 자연 현상이나 사회 현상을 탐구하는 데 있어서도 보다 대담한 태도를 취하도록 이끕니다. 교육의 초점을 단순한 정보 습득에서 학습 과정 그 자체로 전환하면, 학생들은 지속적인 평생학습에 필요한 자동화된 자기 주도 학습 기술을 습득하게 됩니다. 이러한 체험 중심 학습은 학습자에게 큰 동기를 부여할 뿐만 아니라, 교사의 교수 역량을 계발하고 수업 방식을 개선하는 데에도 효과적인 방법입니다.

4DFrame as a pedagogical tool for holistic active learning A case study from Bilingual Montessori School of Lund, Sweden, In S.H. Paik, K.H. Cho, M. Ha, and Y.H. Kim (eds), International Conference on the Advancement of STEAM 2020: Borderless Connectivity, pp.7-14, 2020.

이 책에서 소개하는 혁신적인 교수학습 접근은 학습자가 자신의 학습 과정을 주도적으로 설계하고 실행할 수 있도록 지원하는 것을 목표로 합니다. 이른바 '능동적 학습'이라 불리는 이 경험 중심 접근은 학습자가 얼마나 많은 지식을 기억하고 있는가보다 학습자가 어떤 방식으로 배우는지를 더 중요하게 여깁니다. 다시 말해, 이 새로운 접근법은 학생들을 단순히 정답을 외우고 되풀이하는 표준화된 시험의 데이터 저장소가 아니라, 창의적으로 사고하고 문제를 해결하는 주체로 성장시키는 것을 지향합니다.

6) 통합교육의 방법

학문 내 통합교육, 다학문 연계교육, 학문 간 융합교육, 초학문적 통합교육 그리고 전인교육

역자 해설

이 책에서는 통합교육(Integrative Education)의 개념을 'Intradisciplinary, Multidisciplinary, Interdisciplinary, Transdisciplinary, and Holistic education'으로 구분하고 있습니다. 역자는 이러한 개념을 다음과 같이 명확하게 구분하고 설명하고자 하였습니다.

- 'Intradisciplinary'는 '학문 내 통합교육'으로 번역하였습니다. 이는 하나의 학문 안에서 개념, 기술, 관점을 통합하여 교육하는 것입니다. 예를 들어, 수학 내에서 기하, 대수, 확률 등의 개념을 통합하여 실제 문제를 해결하는 것입니다.
- 'Multidisciplinary'는 '다학문 연계교육'으로 번역하였습니다. 이는 여러 학문이 병렬적으로 함께 활용되지만 통합은 없는 상태입니다. 예를 들어, 수학, 과학, 미술 선생님이 같은 주제로 각각 수업을 진행하는 것입니다.

- 'Interdisciplinary'는 '학문 간 융합교육'으로 번역하였습니다. 이는 두 개 이상의 학문 내용을 연결하고 통합하는 것입니다. 예를 들어, 기후 변화 모델을 분석하기 위해서 과학과 수학 교사가 통합적인 수업을 진행하는 것입니다.
- 'Transdisciplinary'는 '초학문적 통합교육'으로 번역하였습니다. 이는 학문 경계를 넘어 실제 삶의 문제 중심으로 통합하는 것입니다. 예를 들어, 학생이 주도하여 지역 환경 문제 해결 프로젝트를 진행하는 것입니다.
- 'Holistic education'은 '전인교육'으로 번역하였습니다. 이는 지식·감성·신체·도덕 등 인간 전체를 통합적으로 성장시키는 교육을 의미합니다. 예를 들어, 지적 성장과 함께 정서, 사회성, 윤리까지 포함한 교육을 시행하는 것입니다.

전 세계에는 다양한 전인적 교육 모델이 존재하며, 이들 중 일부는 서로 상당히 다르지만, 많은 공통점을 지닌 경우도 있습니다. 발도르프, 몬테소리, 레지오 에밀리아와 같은 교육 모델들은 수년에 걸쳐 그 공통점과 차이점에 대해 철저한 연구가 이루어졌으며, 이들 모델의 핵심 원칙은 전 세계 여러 국가의 학교 교육과정에서 필수 요소로 채택되고 있습니다. 그러나 지속가능한 총체적 능동적 학습 방법에 대한 실질적인 사례를 비교 분석하고 이를 성공적으로 제시한 연구는 아직 많지 않습니다.

이 책은 교육적 실천 역량을 강화하고, 빠르게 진화하며 지속적으로 변화하는 학생들의 요구에 맞추어 교수법을 조정하고자 하는 교육자들에게 다양한 탐구의 방향을 제시하는 것을 목표로 합니다. 또한, 다양한 수준의 통합적 교육 방식에 대한 설명을 통해 교사들이 서로의 전문성을 어떻게 활용하고 협력할 수 있는지를 보여주며, 학생들 역시 핵심 내용을 통합적으로 학습하면서 각 과목이 어떻게 유기적으로 연결되는지를 이해하고, 이를 통해 학교에서의 학습 경험이 더욱 가치 있게 느껴지도록 돕고자 합니다.

무엇보다, 이 책에서 다루는 다양한 유형의 인터랙티브 교육 방식을 명확히 정의하고, 각 방식의 상호작용 수준을 분명히 구분하는 것이 중요합니다. 사전적 정의만으로는 이 용어들이 지닌 의미적 범위를 충분히 구분하기 어렵기 때문에, 이 책에서는 상호 밀접하게 관련되어 있으나 서로 대체 가능한 개념이 아님을 강조하고자 합니다. 우리는 이 용어들에 대한 의미론적 논쟁을 제기하려는 것이 아니라, 오히려 이 책에서 사용되는 방식에 따라 각각의 통합 수준을 체계적으로 분류하고 그 범위를 명확히 규정하고자 합니다. 다음은 이러한 통합 수준에 대한 보다 구체적이고 심층적인 분석입니다.

통합교육 방법의 수준

이 책 전반에서 정의하고 있는 다양한 수준의 교과 통합을 보다 명확하게 설명하기 위해, 몇 가지 지리적 그래픽의 은유와 직유를 활용하여 개념을 구체화하고자 합니다. 통합의 수준을 '국가', '다국적', '양자', '국제', '초국적', '보편적'과 같은 익숙한 지정학적 용어에 비유함으로써, 통합 교육학의 핵심 아이디어를 시각적이고 직관적인 이미지로 제시하는 것이 목적입니다.

그림 2.1 통합의 수준

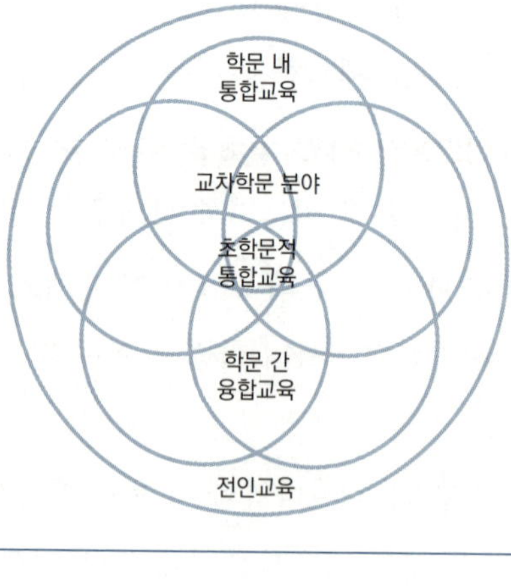

1단계: 학문 내 통합교육(Intradisciplinary)

통합교육의 출발점은 대부분의 사람들이 익히 알고 있는 전통적인 단일 학문 중심의 접근 방식입니다. 이는 학교 교육과정을 학문적 전문화에 따라 개별 학습 영역으로 나누고 구분하는 가장 오래되고 일반적인 방식으로, 전 세계적으로 오랫동안 보편화되어 왔습니다. 많은 사람들이 과거 이와 같은 방식으로 학교교육을 받았으며, 오늘날에도 여전히 대부분의 학생들이 이러한 비통합적 구조 속에서 교육을 받고 있습니다. 이처럼 각 교과목을 분절되고 독립된 단위로 가르치는 관행은 수세기 동안 교육의 표준 모델로 자리 잡아왔습니다.

이러한 학문 내 통합교육은 '내부'를 뜻하는 라틴어 'intra'에서 유래한 'intradisciplinary(학문 내 통합교육)'라는 용어로 정의됩니다. 이는 하나의 학문적 틀 안에서, 해당 학문이 포함하는 여러 하위 분야를 중심으로 작업하는 방식을 의미합니다. 예컨대 수학을 이 접근 방식으로 가르칠 경우, 대수, 산술, 기하학, 삼각법, 통계학 등 다양한 수학 분과를 포함할 수는 있지만, 관련 없는 타 학문과의 통합은 시도하지 않습니다. 이러한 방식은 마치 수학이라는 과목이 지식의 요새처럼 기능하며, 외부 학문으로부터의 '침투'로부터 자신을 보호하려는 경향을 보입니다.

실제로 많은 학교에서는 학습의 총체적 접근보다는 분야별 전문화를 추구하며, 대부분의 교과목을 이처럼 단편적으로 가르치고 있습니다. 이러한 학제 간 통합의 부족함을 설명하기 위한 적절한 비유는 국가 단위의 지정학적 개념과 비교하는 것입니다. 통합되지 않은 교과목들은 각기 다른 문화적·정치적 경계를 지닌 '독립 국가'에 비유할 수 있습니다. 이 맥락에서 수학이라는 교과는 하나의 '국가'를, 그 내부의 여러 분과는 해당 국가의 '주(state)' 또는 '지방(region)'에 해당한다고 볼 수 있습니다.

이처럼 비유적으로 고립된 국가는 때때로 국경 밖의 개념이나 내용을 포괄하기도 하지만, 이는 대개 자국의 응집력과 정체성을 유지하기 위해 외부 요소를 자기 영역으로 동화하거나 편입하려는 시도로 나타납니다. 예를 들어, 지리 과목에서 기후대별 생태계를 다루며 생물학적 주제를 포함하거나, 반대로 생물학에서 지리적 맥락을 설명하는 사례처럼, 특정 주제가 교차되는 경우가 있습니다. 그러나 이러한 경우에도 각 교과는 여전히 자신만의 경계를 명확히 하며 독립성을 유지하고자 합니다.

이러한 교육 방식은 학문 간의 고립주의적 성격을 띠게 하며, 많은 교사들이 자신의 과목을 최우선시하는 경향 속에서 학생의 전반적 학습 경험에 대한 책임감을 놓치기도 합니다. 안타깝게도 오늘날에도 많은 교사들이 교육이라는 '큰 그림'을 충분히 인식하지 못하는 주요 이유 중 하나가 이러한 단절적 구조에서 비롯된다는 점은 부정할 수 없습니다. 그렇기 때문에 우리는 지속가능한 학습의 핵심 요소로서 통합적이고 협력적인 교육 접근 방식의 개발을 강력히 지지합니다. 학문을 넘나드는 연결, 그리고 공동의 목표를 향한 융합적 실천은 단절과 파편화의 시대를 극복할 수 있는 교육의 중요한 전환점이 될 것입니다.

그림 2.2 학문 내 통합교육(Intradisciplinary)

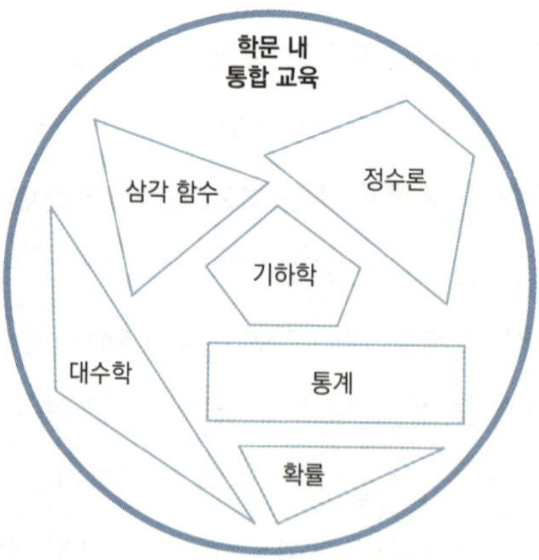

2단계: 다학문 연계교육(Multidisciplinary)

이 책의 목적에 따라 다학문 연계교육은 분절된 여러 학문 분야가 학습 환경 내에 병렬적으로 존재하지만, 상호 간의 본질적인 통합은 이루어지지 않은 상태를 의미합니다. 이러한 다학문적 접근은 지속가능한 총체적 능동적 학습을 위한 첫 번째 통합 단계로 간주될 수 있으며, 교과 간 협력과 과목 통합의 확장된 수준을 향한 필수적인 진화 경로로 작용합니다. 이 접근은 각 교과의 핵심을 통합하는 것이 아니라 그 위에 '추가'하거나 '병치'하는 방식으로 작동합니다.

'다학문적'이라는 형용사는 서로 다른 전문성을 지닌 개인들이 전체 학습 경험에 기여하고 특정 주제를 함께 다룰 때 사용되며, 이는 단어 자체가 '많은'을 의미하는 라틴어 'multus'에서 유래했음을 통해 알 수 있습니다. 즉, 관련 없는 교과목이나 핵심 학문들이 통합 없이 단지 병렬적으로 결합되어 특정 문제를 함께 탐구하는 것을 뜻합니다. 이러한 다학문적 교육에서 각 학문은 고유한 정체성을 유지한 채, 지식과 전문성을 교환하면서도 상호작용은 피상적인 수준에 머무릅니다.

캠브리지 영어사전은 다학문적 접근을 "하나의 활동에서 서로 다른 연구 주제를 포함하거나, 서로 다른 종류의 작업이나 지식을 가진 사람들과 관련된 것"이라고 정의하고 있습니다. 한편, 웹스터 콜린스(Webster Collins) 사전은 다학문 분야를 "보통 분리된 여러 학문 분야 또는 전문 영역이 함께 구성되거나 결합된 형태의 학문"으로 설명합니다. 이 두 정의는 다학문적 접근의 학문적 기반을 설명하는 데에는 도움이 되지만, 이 접근이 주제의 파편화 문제를 실질적으로 해결하지는 못한다는 점은 드러내지 못합니다.

이를 설명하기 위해 다국적(multinational)이라는 지리적 비유를 활용할 수 있습니다. 지정학적 관점에서 다국적 기업이란 여러 국가에 걸쳐 생산, 판매, 서비스를 수행하는 기업을 뜻합니다. 이와 마찬가지로 다학문적 접근 역시 다양한 교과목에서 한 가지 주제를 병렬적으로 다루는 방식이라고 할 수 있습니다. 예를 들어, 스웨덴 국가 교육과정에서는 비판적 사고력과 출처 비판 능력을 역사, 생물학, 물리학, 지리, 화학, 스웨덴어 등 여러 과목에서 강조하고 있습니다. 이처럼 동일한 교육 개념이 복수의 교과목에 걸쳐 등장하지만, 각 과목은 여전히 독립적인 정체성을 유지합니다.

이러한 접근은 양자 간 협정이나 자유무역협정 없이도 여러 나라에서 동일한 서비스를 제공하는 다국적 기업과 유사하게, 특정 개념이 복수의 과목에서 개별적으로 다루어질 수 있음을 보여줍니다. 다시 말해, 일본 기업이 인도와 브라질에서 각각 활동하더라도 본질적으로 일본 기업인 것처럼, 학생들은 지리나 생물 수업에서 수행하는 프로젝트에서 통계 분석을 수학의 고유한 기술로 인식하게 됩니다.

물론, 이처럼 다학문적으로 구성된 프로젝트나 수업은 지속가능한 학습을 위한 통합적 접근이라는 목표에는 다다르지 못할 수도 있습니다. 하지만 이는 분명 융합을 향한 올바른 방향으로의 진전이며, 보다 포괄적인 통합 교육을 준비하는 데 있어 중요한 이정표 역할을 합니다.

그림 2.3 다학문 연계교육(Multidisciplinary)

레벨 3: 학문 간 융합교육(Interdisciplinary)

학문 간 융합교육 접근법(Interdisciplinary Approach)은 두 개 이상의 학문을 결합하면서, 단순히 병렬적으로 나열하는 데 그치지 않고 각 학문 간의 경계를 허물고 상호 융합하는 방식의 통합을 의미합니다. 이는 다학문 연계교육(multidisciplinary approach)처럼 각 과목을 독립된 상태로 유지한 채 병치하는 것보다 더 높은 수준의 통합을 지향하며, 동시에 초학문적 접근(transdisciplinary approach)처럼 압도적인 수의 학문을 아우르는 새로운 메타 학문으로 재구성하지는 않습니다.

메리엄-웹스터(Merriam-Webster) 사전은 학제 간을 "두 개 이상의 학문, 과학, 예술 분야를 포함하는 것"이라고 정의하며, 캠브리지 사전은 "두 개 이상의 서로 다른 주제나 지식 영역을 포함하는 것"으로 설명합니다. 그러나 이와 같은 정의는 학제 간 접근이 지닌 실질적인 통합의 깊이를 충분히 설명해주지 못합니다.

이에 비해 하버드 사전은 "학문 간 융합연구(Interdisciplinary Research)"에 대해 보다 본질적이고 적절한 설명을 제시합니다. 이 책의 목적에 맞추어 해당 정의를 재구성하자면, 학제 간 연구란 두 개의 상이한 학문 분야에서 출발한 프레임워크를 결합·통합하여 하나의 새로운 이해 혹은 학습을 창출하는 과정이라 할 수 있습니다.

그림 2.4 학문 간 융합교육(Interdisciplinary)

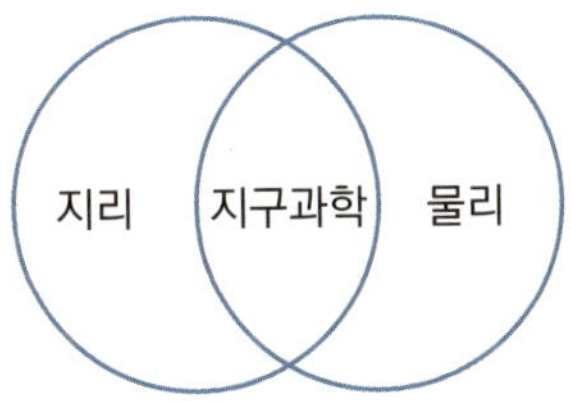

학문 간 융합교육이란 학습 과정의 여러 단계에 걸쳐 지식을 탐구하고, 학문적 개념이 중첩되는 두 과목 사이에 다리를 놓는 것을 의미합니다. 콜린(Collin)은 이를 "다학문적, 학제 간, 초학문적 협업이 직업 심리학에 미치는 함의"라는 글에서 설명하며, 이는 학문 간의 협업이 새로운 통찰과 응용을 가능하게 하는 방식임을 강조합니다.[20] '사이', '중간' 또는 '가운데'를 뜻하는 라틴어 'inter'에서 유래한 이 접근법은 니콜레스쿠(Nicolescu)에 따르면, 서로 다른 학문의 지식과 방법을 효과적으로 통합하고 종합하여 새로운 응용, 새로운 분석, 혹은 전혀 새로운 학문을 창출하는 것을 의미합니다.[21]

때때로 이 접근은 '교차 학문적'이라는 표현과 혼용되기도 합니다. 이는 학문 간의 지식이 서로 다른 관점에서 과도기적 단계에 있는 것으로 간주될 때 사용하는 경우가 많습니다. 일반적으로 관련이 없는 분야 간의 지식을 이전함으로써 협업의 수준이 높아지고 새로운 통찰이 가능해집니다. 앞서 언급했듯이, 학제 간 접근은 통합 수준을 한 단계 끌어올린 양방향 통합 학습 경험을 제공하지만, 지배적인 핵심 주제를 넘어서는 메타 학문을 창출하지는 않습니다. 이 점을 설명하기 위해 '국제적'이라는 용어를 비유로 사용할 수 있습니다. 지정학적으로 '국제'는 두 개 이상의 국가가 지역 파트너십, 통화 연합, 또는 양자 간 자유무역협정 등에 참여하는 경우를 의미합니다. 이와 같이, 두 개의 핵심 과목 간에 상호작용이 발생하고, 그 관계가 학습 과정의 중심이 될 때 진정한 융합이 이

20 Collin, A, Multidisciplinary, interdisciplinary and transdisciplinary collaboration: Implications for vocational psychology, International Journal for Educational and Vocational Guidance, Vol. 9, No. 2, pp.101-110.

21 Nicolescu, B., The transdisciplinary evolution of the university condition for sustainable development, 1997, http://perso.club-internet.fr/nicol/ciret/bulletin/b12/b12c8.htm.

루어진다고 볼 수 있습니다.

이 책의 후반부에서는 지리와 물리 과목의 주요 개념이 서로의 핵심 내용을 통합함으로써 교사가 이를 '지구물리학' 또는 '지구과학'이라는 보다 통합된 방식으로 가르칠 수 있는 사례를 제시할 예정입니다. 이러한 학제 간 융합은 보다 심화된 학습 경험으로 이어질 수 있으며, 학생, 교사, 학교 리더 모두에게 상당한 교육적 혜택을 가져옵니다. 이와 같은 융합적 실행이 확대될수록, 다음 단계로 나아가는 보다 통합적인 교수-학습 경험이 가능해지며, 이는 곧 학문 간 융합(interdisciplinary convergence)이라 부를 수 있는 전환점이 됩니다.

그림 2.5 교차학문 분야(Crossdisciplinary)

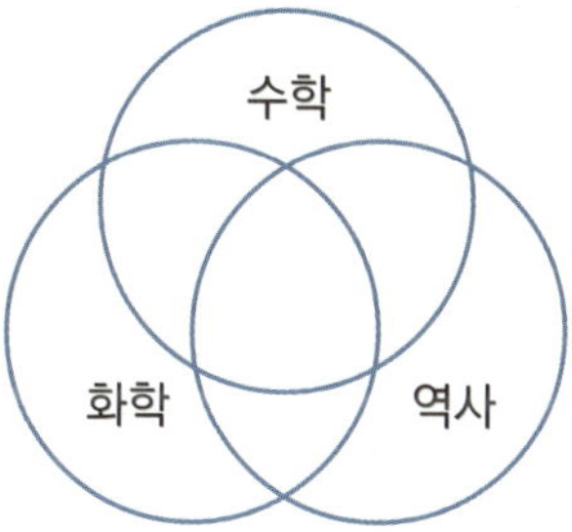

교차학문 분야(Crossdisciplinary)란 전통적인 핵심 교과의 경계를 넘어 특정 주제가 '거래'되며 적용되는 학문 간 융합 접근(interdisciplinary approach)과 초학문적 접근(transdisciplinary approach) 사이의 과도기적 단계를 의미합니다. 이 접근은 겉보기에 관련 없어 보이는 주제들 간의 상호의존성에 주목함으로써, 특정 콘텐츠를 보다 광범위한 맥락에서 깊이 이해할 수 있도록 하는 새로운 인식의 틀을 제공합니다. 즉, 교차 학문은 서로 다른 학문 영역 간의 상관관계를 탐색하고 이를 통해 학습자에게 더 넓은 시야를 제공하는 데 목적이 있으며, 이러한 시도는 지속가능한 통합적 학습을 향한 중요한 전환점이 됩니다.

4단계: 초학문적 통합교육(Transdisciplinary)

다음 단계의 통합 교수법은 앞서 설명한 협업 학습과 교수 상호작용에 기반한 방법들을 초월합니다. 초학문적 접근 방식은 기존에 정의된 모든 통합 수준을 포괄하며, 다양한 학문적 경계를 넘나들며 서로 얽혀 지속가능성을 극대화합니다. 이는 공동의 목표를 달성하거나 기술적, 환경적, 사회적 문제를 집단적으로 해결하려는 참여자 집단 내에서 각 개인의 참여와 기여도를 증진하는 데에도 기여합니다. 초학문적 통합은 다양한 학문적 관점을 유지하면서도 상호 대립되는 내용을 조화롭게 아우르며, 가장 가치 있고 지속적인 지식이 바로 이러한 융합의 영역에서 생성된다는 점을 강조합니다. 우리는 이러한 교육적 혼합의 개념을 핵심 주제를 나타내는 두 개 이상의 원이 겹쳐지는 벤 다이어그램의 교차 영역으로 표현할 수 있습니다. 초학문적 학습은 참여자들이 학제 간 이론을 통합하기 위한 개념적 틀을 공유하기 시작할 때 형성되며, 이는 학제 간과 융합적 실천에서 진화한 개념입니다.[22] '초학문적(transdisciplinary)'이라는 용어는 라틴어 전치사 'trans(건너, 넘어)'에서 유래했으며, 다학제 및 학제 간 접근법의 경계를 넘어선 메타학문의 출현을 개념화합니다. 다시 말해, 이는 학제 간 통합의 정점이자 집약체라고 할 수 있습니다.

수 맥그리거(Sue McGregor)에 따르면 "'지속가능성(sustainability)'이라

---

22 Burnard, P., Sinha, P., Steyn, C., Fenyvesi, K., Brownell, C., Werner, O. and Lavicza, Z., Reconfiguring STEAM through Material Enactments of Mathematics and Arts: A Diffractive Reading of Young People's Intradisciplinary Math–Artworks, in Burnard, P. and Colucci–Gray, L. (eds), Why Science and Art Creativities Matter, (Re–)Configuring STEAM for Future Making Education, Brill, 2020, p.172.

는 개념 자체가 본질적으로 초학문적"이라고 하며, 이는 겉으로는 이질적인 기관들이 공통된 목표를 설정하고 불평등을 해소하며 협력을 증진하고, 장벽을 허물어 아이디어의 자유로운 이동을 촉진할 때 실현된다고 설명합니다.[23] 이러한 의미에서 초학문적 접근을 가장 잘 설명할 수 있는 비유는 '국민국가' 개념을 넘어선 '초국가적(transnational)'이라는 지정학적 개념입니다. 초학문적 교수법이 학제 간 교수법의 개념을 초월하듯, 초국가적 개념은 주권국가의 개념을 넘어서는 통합의 형태로 이해할 수 있습니다.

그림 2.6 초학문적 통합교육(Transdisciplinary)

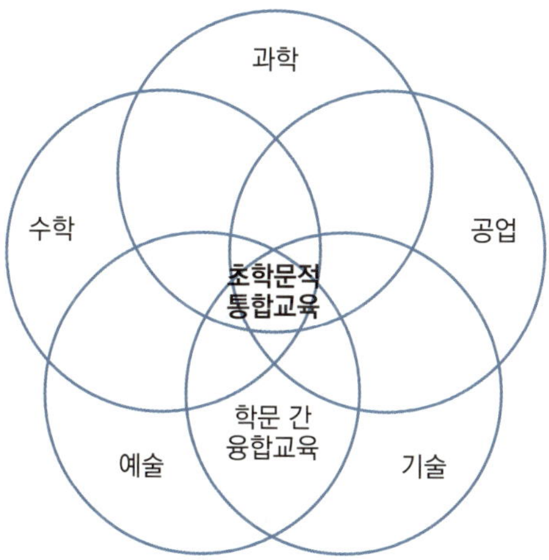

또한 초국가적 거버넌스라는 개념은 이 책 전반에서 '초학문적'으로 정의한 핵심 주제들의 다층적 융합 구조를 잘 보여주는 비유적 사례입니다. EU(European Union), 메르코수르(Mercosur), 아세안(ASEAN)과 같은

23 McGregor, S. L. T., The Nature of Transdisciplinary Research and Practice, 2004, Available at: www.kon.org/hswp/archive/transdiscipl.pdf.

여러 국가의 긴밀한 경제·정치적 통합체나, 유엔(UN)과 같은 진정한 글로벌 조직에서 볼 수 있듯, 초학문적 교수법 역시 조화와 협력을 중심에 둡니다. 여러 핵심 주제들을 중첩시켜 공통점을 강조하는 이러한 통합적 방식은, 국제형사경찰기구, 국제 앰네스티, 국제평화봉사단, 국경없는의사회(Médecins Sans Frontières)와 같은 다양한 초국가적 조직이나 협약, NGO, 국제기구들과도 비교될 수 있습니다. 이들 기관은 모두 '더 큰 그림'을 중심에 두며, 각자의 전문성과 경계를 넘나들며 협력합니다. 이러한 구조는 앞서 설명한 국민국가 개념 및 전통적인 학제 간 교육 접근 방식과 비교할 때, 단절과 고립주의라는 오래된 교육적 패러다임을 거부한다는 점에서도 유사합니다.

5단계: 네 가지 통합교육 수준과 사회·정서적 측면을 포함한 전인교육(Holistic)

이 궁극적인 수준의 상호작용 및 학문 통합은 전체 학제적 접근을 파노라마적으로 조망하며, 그 '큰 그림'을 구성하는 프레임 밖의 요소들까지 포괄하는 것을 목표로 합니다. 이 접근은 앞서 설명한 모든 수준의 통합을 아우르며, 여기에 사회적, 정서적, 신체적, 심리적, 심미적, 철학적, 영적, 도덕적, 윤리적 차원을 추가로 통합합니다. 인식론적으로 '홀리스틱(holistic)'이라는 형용사는 특수한 것과 개인에 대한 지식을 전체성과 보편성에 대한 인식으로 회복하려는 사상과 연관됩니다. 이는 학습의 본질을 단순한 경험적 지식 이상으로 간주하며, 앞서 논란이 된 학습 피라미드 모델이 제시한 제한적 아이디어를 넘어섭니다.

전인교육은 다양한 관점, 감정, 학습 경험을 적응적이고 포용적이며 유연한 방식으로 받아들여 전체 교육의 필수적인 구성요소로 간주합니다. 전인교육은 개인이 타인, 공동체, 자연계 그리고 연민과 평화 같은 인도주의적 가치들과의 연결을 통해 삶의 정체성과 의미, 목적을 발견한다는 전제 위에 세워져 있습니다. 이 접근은 초학문적 접근을 나타내는 복잡한 벤 다이어그램의 외곽을 탐색하는 일로 개념화될 수 있습니다.

전인교육은 모든 생명과 환경에 대한 본질적인 존중을 내면화하도록 유도하고, 학습자 내면에 평생 학습에 대한 열정과 애정을 자연스럽게 길러주는 과정을 지향합니다. 이 교육은 여러 형태의 능동적이며 체험적인 학습을 동시에 중시하며, 창의적인 학습 환경에서 인간 관계와 공동체의 공유된 핵심 가치를 중심에 둡니다.

또한 전인교육은 집단의 조화로운 발전에 기여하며, 교과 외 역량을 강화하고 긍정적 행동을 유도하며, 카리스마, 공감, 연민, 충성심, 겸손, 자신감 등 소중한 인성을 함양할 수 있는 기회를 제공합니다. 따라서 '전인교육'이라는 용어는 오늘날 지속가능한 통합적 대안 교육학을 지칭하는 보다 민주적이고 인본주의적인 교육 유형으로 널리 사용되고 있습니다.

그림 2.7 전인교육(Holistic Integration)

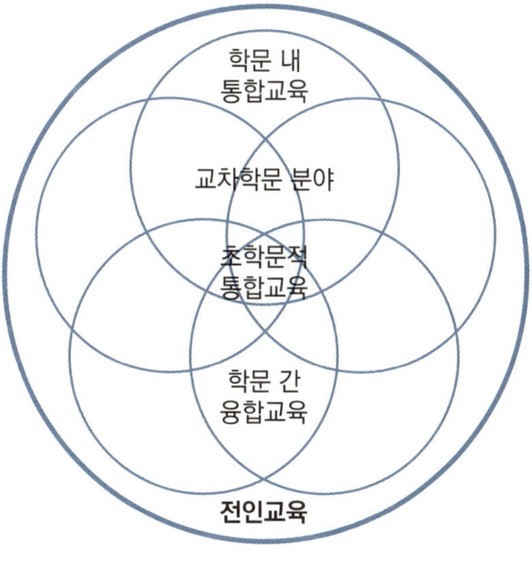

전체론적 수준의 통합을 설명하는 데 가장 적절한 비유는 '우주(Cosmos)' 또는 '보편(Universe)'이라는 개념과 연결짓는 것입니다. 이는 우리가 인지하고, 느끼고, 경험하는 모든 것을 포함할 뿐 아니라, 현재 인식되지 않거나 오해되고 있는 무형의 현상들, 나아가 아직 밝혀지지 않은 추가적인 감각적 차원의 가능성까지도 포괄합니다. 이러한 총체적 접근은 철학, 신학, 예술, 천체물리학, 양자역학 등 인간의 지적 탐구가 도달한 가장 극한의 학문적 경계들을 수렴하며, 인간 경험의 본질을 깊이 있게 탐색하는 방식이라 할 수 있습니다.

이처럼 감각을 자극하고 지성을 도전하는 통합적 접근을 대표하는 보편주의는, 이 책의 후반부에서 다룰 학제 간 그룹 프로젝트 사례를 통해 더욱 구체화됩니다. 이 사례들에서는 학생들이 지적 차원을 넘어 정서적·언어적·문화적 다양성 속에서 협력하며, 애초에 설정된 학습 목표를 개별적으로도, 집단적으로도 뛰어넘는 통합적 성취를 이루어 냅니다. 이는 단지 추상적인 이상이 아니라, 실제 교육 현장에서 구현 가능한 전인적 학습 경험임을 보여줍니다.

그러나 이러한 '보편주의적' 총체적 접근법이 어떻게 모든 유형의 통합교육에서 학습의 질을 근본적으로 향상시키는지를 명확히 보여주기 위해서는, 교사나 교육 연구자는 해당 수업에서 사용된 교수 전략의 독창성, 창의성, 전문성이 어떻게 작동했는지를 정확하게 관찰하고, 식별하고, 언어화할 수 있어야 합니다. 이러한 분석 역량은 단순한 수업 참관을 넘어, 지속가능한 학습 결과를 유도한 핵심 교육적 요인을 드러내고 설명할 수 있는 수준이어야 합니다. 그리하여 새롭게 발견된 교육적 통찰은 단지 한 사례에 머무르지 않고, 더 넓은 교육 공동체와 공유되고 전파됨으로써 교육 방법의 발전에 실질적으로 기여할 수 있습니다.

끝으로, 우리는 수많은 교육학 서적과 논문에서 교육적 이상과 결과는 명시되어 있지만, 실제로 '어떻게(how)' 그 결과에 도달했는지를 명확히 설명하지 않는 한계를 자주 목격합니다. 이는 흥미롭고 고무적인 비전만을 나열할 뿐, 지속가능한 학습 경험을 구현하는 구체적 방법론을 제시하지 못하는 문제로 이어집니다. 따라서 이 책에서는 우리가 제안하는 지속가능하고 전인적인 능동적 학습 접근법을 통해 학생의 사회정서적 역량, 긍정적 인성, 협력적 태도가 실제로 어떻게 발전되었는지를 구체적인 사례와 함께 풍부하게 제시합니다. 우리는 단지 학습 결과가 '무엇'인지가 아니라, 그것이 '어떻게' 가능했는지에 대한 실증적 통찰을 제공하는 데 집중하고자 합니다.

7) 반학문적 및 대안적 형태의 통합교육

핀란드는 오랫동안 성공적인 교육 시스템을 바탕으로 국제적인 명성을 쌓아왔으며, 문해력과 수리력 부문에서 지속적으로 국제 학업성취도 평가(PISA) 순위의 상위권을 차지해 왔습니다. 이러한 북유럽 국가를 앞서는 사례는 싱가포르와 중국 등 일부 동아시아 국가에 국한될 정도로 핀란드의 교육 성과는 눈에 띄는 수준입니다. 이러한 맥락에서 핀란드가 기존의 '과목 중심 교육(subject-based education)'을 폐지하고 '주제 중심 교육(topic-based education)'을 도입하는 급진적 교육 개혁을 추진하고 있다는 사실은 더욱 주목할 만합니다. 전통적인 형태의 수업, 예를 들어 오전에 역사, 오후에 지리를 배우는 과목별 시간표는 현재 일부 고등학교에서 16세 학생들을 대상으로 점진적으로 폐지되고 있습니다.[24] 이

24 See article in the British paper, The Independent, www-independent-co-uk.cdn.ampp roject.org/c/s/www.independent.co.uk/news/world/europe/

러한 과목별 수업은 점차 '현상 기반(phenomenon-based)' 수업으로 대체되고 있으며, 핀란드는 논리적이고 실증적인 교육 연구에 기반하여 전체 교육 시스템에 급진적이지만 일관된 변화를 적용하고 있습니다. 이는 PISA에서의 지속적인 우수 성과의 배경이기도 합니다.

저자는 2019년 12월, 스웨덴 말뫼(Malmö)와 덴마크 코펜하겐(Copenhagen)에서 개최된 '미래 교실(Future Classroom)' 실험실에 참여하는 기회를 가졌으며, 이 자리에서 본인의 학교 수업 방식을 발표하고, 성공적으로 운영된 전체론적 학습 프로젝트 사례들을 공유할 수 있었습니다. 더불어, 참가자들과 함께 다양한 세미나와 워크숍에 참여하여 레고, 스파이크 프라임, 마이크로비트, Shape Robotics의 Fable Droids, 스피로 로봇, 레이저 커팅 머신, 3D프린팅, 사진측량(Photogrammetry) 등과 같은 신기술을 체험하였습니다. 심지어 브레이커/메이커스페이스에서 재활용 자재를 활용한 루브 골드버그 기계 제작이라는 창의적 팀 활동에도 참여하며, 깊이 있는 탐구 기반 체험학습의 가능성을 확인하였습니다. 이틀간의 체험 중심 활동은 일정 수준의 통합적 요소를 담고 있었지만, 다루어진 비전통적인 주제들은 약간의 상상력을 더하더라도 대부분의 STEAM 관련 학교 과목에 포함될 수 있음에도 불구하고, 이 책에서 설명하는 통합 교육의 수준에 반드시 들어맞지는 않았습니다. 그러므로 이는 보다 대안적(alternative) 형태의 통합으로 간주할 수 있습니다.

이 책의 후반부에서는 인공지능(AI), 가상현실(VR), 증강현실(AR), 혼합현실(MR)과 같은 최신 기술의 급속한 발전이 교육 영역에 미치는 영향과 가능성, 그리고 그 한계를 다루며, 미래 교육의 다양한 경로를 모색할 것입니다. 이러한 기술들은 몰입형 체험 학습을 위한 새로운 기회

---

finland-schools-subjectsare-out-and-topics-are-country-reforms-its-education-system-10123911.html?amp.

를 제공하지만, 지금까지 설명한 통합교육의 분류 체계에 명확하게 포함되기 어려운 경우도 많습니다. 따라서 본서에서는 이러한 도구들을 통한 몰입 기반 학습 방식을 문맥에 따라 '반학문적(antidisciplinary)'으로 분류할 것입니다.

예를 들어, 게임이나 게임 기반 학습은 이미 일부 학교 과목 내에서 활용되고 있지만, 이 책은 구체적인 학습 맥락과 학습 환경에서 해당 도구들이 지닌 교훈적 잠재력(didactic potential)을 중심으로 분석할 것입니다. 여기서 '반학문적'이라는 용어는 단지 전체론적 접근이나 다차원적 개념의 연장선에서 사용된 것이 아니라, 새로운 학습 공간이 만들어내는 교육적 변화를 포착하기 위한 개념적 도구입니다. MIT 미디어랩의 이토 조이치(Joichi Ito) 디렉터는 VR, AR, MR 등 합성 학습 환경(synthetic learning environments)의 등장이 학생들을 기존의 규율 중심적(disciplinary) 교육에서 벗어나, 비개념적(noncognitive)이고, 시뮬레이션 기반의, 가상적 환경 속에서의 설계·제작·창작 활동으로 유도하고 있다고 언급했습니다. 이러한 환경은 규율의 경계를 넘어서며, 학생 주도적이고 탐구 중심적인 학습 활동이 이루어지는 '반학문적' 공간으로 정의될 수 있습니다.

결국, 이러한 새로운 학습 공간과 방식이 표준화된 교과 중심의 통합교육과 완전히 일치하지 않더라도, 대안적인 형태의 통합교육 방식과 함께 교육 현장에서 더 많은 반학문적 시네틱 학습 환경(synectic learning environments)이 출현할 가능성을 열어주고 있습니다. 이는 기존의 통합교육 논의에 새로운 방향성과 상상력을 제공하는 중요한 전환점이 될 수 있습니다.

이토 조이치(Joichi Ito)는 "교육이 나아가야 할 길은 자격증이나 시험 점수와 같은 최종 결과보다 학습 과정과 동료 간의 협업을 중시하는 방향으로 전환되어야 하며, 이러한 노력을 지원하는 방식이어야 한다"라고 제안합니다.[25] 일본 하코다테 미래대학(Hakodate Future University)의 연구자들 또한 다음과 같이 주장합니다. "이러한 합성 학습 환경(synthetic learning environments)은 학습자의 기술적 '몰입'을 심화시켜, 학습자가 실질적인 이점을 누릴 수 있게 합니다. 예를 들어, 멀티플레이어 게임이나 고난이도 훈련 시뮬레이션에서의 가상 소통, 혹은 신체 활동을 포함한 다양한 상호작용은 학습자를 진정으로 감각 기반의 영역으로 이끕니다."[26] 이들은 또한 이러한 비전통적인 작업 공간이 기존의 학문적 영역에 정확히 부합하지 않는다고 지적합니다. 이러한 주제는 이 책의 후반부에서 더 자세히 다루겠지만, '반학문적(antidisciplinary)' 접근법을 보다 단순하고 직관적인 방식으로 설명하기 위해 다음과 같은 가상의 사례를 제시하고자 합니다.

지금 이 순간, 한 청소년이 비디오 게임을 하고 있다고 상상해 보십시오. 겉보기에 단순한 오락 행위처럼 보이지만, 이 활동을 통해 이 청소년은 실제 교육적 맥락에서는 '반학문적(antidisciplinary)'으로 정의될 수 있는 기술과 사고력을 습득하고 있을 수 있습니다. 예를 들어, 그가 플레이하는 게임이 협동적 우주 시뮬레이션이라면, 그는 인류를 위협하는 대형 소행성이 지구와 충돌하는 위기 상황을 가정하고 그 해결 방안을 실험하고 있을 수도 있습니다. 오랜 시간 동안 컴퓨터 화면 앞에서 연습하고 익힌 인공지능 기반 전략이, 어쩌면 지금 우리가 상상하는 것보다 훨

25 Qian, Yufeng. Integrating Multi-User Virtual Environments in Modern Classrooms, IGI Global book series Advances in Educational Technologies and Educational Design, 2018, p.294.

26 Vallance, Michael., et. al., Development of a Synthetic Learning Environment in the Antidisciplinary Space, Conference paper from: The 11th European Conference on Game-Based Learning. FH JOANNEUM University of Applied Science, Graz, Austria, 2017, p.706.

씬 더 중요한 역할을 미래에 하게 될 가능성도 있습니다.

실제로 스티븐 호킹(Stephen Hawking)은 그의 저서 『큰 질문에 대한 간략한 답변(Brief Answers to the Big Questions)』에서 다음과 같이 말합니다. "지구상의 인류 생존을 위협할 가장 심각한 요인 중 하나는 또 다른 거대한 소행성이 지구와 충돌할 가능성이며, 이는 약 6,600만 년 전 공룡을 멸종시킨 대형 충돌처럼 충분히 일어날 수 있는 일입니다."[27] 물론, 소행성 충돌 회피는 천체물리학이나 로켓 공학처럼 고등 교육 혹은 대학원 수준의 전문 지식이 필요한 주제입니다. 그러나 그와 같은 관심의 불씨는 아주 다른 곳, 이를테면 청소년 시기의 비디오 게임이나 넷플릭스에서 접한 공상과학 시리즈 속에서 이미 자리잡고 있을 수 있습니다. 이러한 초기 경험은 특정 학생에게 전략적 사고, 분석력, 운동 능력을 향상시키는 계기가 되며, 나아가 언젠가는 인류를 구할 NASA 로켓 엔지니어가 되는 데 이르는 첫 걸음이 될 수도 있습니다. 그 청소년이 10대 시절 게임을 하면서 습득한 조종 능력과 프로그래밍 감각은, 훗날 인류의 생존을 위협하는 위기에 대응하는 원격 로봇 제어 시스템의 설계자로 이어질 수도 있는 것입니다. 이러한 사고 실험은 바로 이 책의 후반부에서 다룰 '놀이'와 '게임 기반 학습' 그리고 교육의 게임화(gamification of learning) 개념과도 긴밀히 연결됩니다. 우리는 이러한 맥락을 통해 반학문적 접근법의 가능성과 잠재력을 보다 심층적으로 탐구하고자 합니다.

교사 팀 내에서도 개인의 적성과 능력은 다양할 수 있습니다. 교사 개개인의 다재다능함은 각자의 교육 배경, 학력 수준, 경력, 경험 등 다양한 요인에 의해 영향을 받습니다. 그러나 이미 여러 차례 언급했듯이, 그리고 이 책의 핵심 주제 중 하나이므로 계속해서 강조하게 되겠지

---

27 Hawking, S., Brief Answers to the Big Questions, Hodder and Stoughton, London, 2018, p.256.

만, 유능하고 열정적이며 자질 있는 교사들로 구성된 팀은 개인의 역량을 집단적 노력으로 상호 증진시킬 수 있으며, 이는 단순한 개인 성취의 총합을 뛰어넘는 새로운 교육적 성과를 창출할 수 있습니다. 이러한 '슈퍼팀'은 학생들에게 협업의 중요성과 그 명확한 장점을 스스로 체감하고 학습할 수 있도록 강력한 영감을 제공하기도 합니다. 또한, 잘 정립된 역사적 사건이나 과학적 사실조차도 온라인상에서는 왜곡되거나, 잘못된 정보에 기반한 의견에 의해 무시될 수 있는 오늘날의 현실 속에서, 교사팀은 탄탄한 역사적·과학적 기반 위에 자신들의 교육 활동을 정립할 필요가 있습니다. 통합적 교수법은 이와 같은 정보 혼란에 효과적으로 대응할 수 있으며, 학생들이 비판적 사고 역량을 기를 수 있도록 하는 중요한 수단이 됩니다.

이러한 교육적 틀 안에서 학생들은 표면적으로 무관해 보이는 주제들 사이에서 연관성을 발견하고, 과학과 유사과학을 구분하며, 통합적 학습이 제공하는 다양한 관점을 통해 지식의 조각화 현상을 극복할 수 있게 됩니다. 예를 들어, 다양한 접근 방식을 융합한 교육팀은 각 통합교과의 핵심 개념에 대해 학생들의 이해와 내면화를 더욱 깊이 있게 이끌어낼 수 있습니다. 특히, 선사시대부터 역사, 현재, 미래로 이어지는 연대기적 프레임을 중심으로 수업을 설계한 협업 교사 팀은 전통적으로 연관이 없어 보이는 교과 간에도 진화적 연결고리를 형성하며, 학생들이 습득한 지식을 보다 체계적이고 명확하게 조직할 수 있도록 도와줍니다. 이는 이질적인 정보와 데이터를 보다 의미 있는 방식으로 연결하는 대안적 사고 경로(alternative cognitive pathways)를 제공하며, 학습자의 사고 확장을 유도합니다.

이처럼 교과 간 경계가 겹치는 모든 유형의 혁신적 통합교육 접근을 시작하고, 실행하며, 평가하고 개선하기 위해서는 무엇보다 교사 간의 협력과 소통이 핵심적입니다. 협력적이고 통합적인 교수 전략은 전통적인 과목 경계를 넘어, 과학적 탐구에 대한 이해를 심화시키고 과목 간 새로운 연결 지점을 발견하게 하며, 이를 통해 학생들의 비판적 사고를 과학적으로 계발할 수 있게 합니다. 이 책에서는 이러한 아이디어를 더 확장하여, 동료 간 긴밀한 협업과 통합적 수업 기획을 통해 시너지 효과를 이끌어낸 실제 수업 사례들을 제시합니다. 이를 통해, 동일한 수업 시간표를 유지하면서도 각 교과의 정규 교육과정을 넘어서는 지속가능한 학습 활동에 더 많은 시간을 할애할 수 있으며, 교육의 질적 향상을 실현할 수 있음을 보여줍니다. 궁극적으로는 학생들의 능동적인 참여와 몰입을 촉진하고, 흥미를 유도하는 실습 및 놀이 기반 학습 활동을 보다 풍부하게 제공할 수 있는 여지를 넓히는 데 기여하고자 합니다.

8) 체험학습(Hands-on Learning)

현재 스웨덴에서는 중학교 8학년 학생들이 2주간 직장 인턴십 프로그램에 참여하고 있습니다. 그러나 한국의 창업 교육에서 영감을 얻어, 기존의 직장 인턴십을 보다 적극적인 학습 형태로 전환한다면, 지역 기업 커뮤니티와 학생 간의 활발한 교류를 촉진할 수 있을 것입니다. 이를 위해 산업 인큐베이터나 기술 허브처럼 설계된 교육 기관을 상상해보십시오. 이곳에서 학생들은 소규모 창업 프로젝트의 책임자가 되어 직접 운영을 담당하고, 교사들은 조력자(facilitator)로서 이들의 활동을 지도하고 지원하는 역할을 수행합니다. 이러한 학습 프로젝트는 본질적으로 초학문적(transdisciplinary) 성격을 지니며, 학생들의 창의력을 계발하는 데 크게 기여할 뿐 아니라, 지역·국가·국제 시장에서 실제로 성공 가능한 비즈니스 아이디어가 출현할 수 있는 기반이 될 수도 있습니다.

스웨덴에서 개최된 온라인 전국 4D프레임 경연대회 'Enlightening Imagination 2020'의 성공은 앞으로 지역, 국가, 국제 수준의 온라인 체험학습 경연대회가 더욱 활성화될 가능성을 보여줍니다.[28] 또한 학생들에게 다양한 프로토타입을 제작하고 그 목적을 설명하는 동영상 튜토리얼을 직접 촬영하도록 권장하면서, 4D프레임과 같은 교육 자료를 활용한 디지털 창의 워크숍은 더욱 보편화되고 있습니다.[29] 기본적으로, 다양한 프로토타입을 제작할 수 있는 교육 자료에 접근 가능한 사람이라면 누구나, 강사가 제공하는 라이브 세션, 웨비나 또는 사전 녹화된 교육 영상을 통해 실습 기반 창의 워크숍에 원격으로 참여할 수 있습니다. 이로써 지역적 제약을 넘어서 창의적 학습에 대한 접근성과 참여 기회를 확장하는 글로벌 체험학습 생태계가 형성되고 있는 것입니다.

9) 연대기적 프레임워크의 활용

역사 교사의 경우, 수업계획서의 내용을 명확하고 일관성 있는 내러티브로 구성하기 위해 연대기적 사건 배열을 사용하는 것의 장점을 쉽게 이해할 수 있습니다. 그러나 수학, 자연과학, 언어 과목의 교사들은 특히 교사 협업 팀의 공동 기획에서 연대기적 프레임워크가 지속가능한 학습에 어떻게 기여할 수 있는지를 실질적으로 이해하고 이를 적극 활용하는 경우는 드뭅니다. 이 책의 다음 장에서는 연대기적 접근법이 지식의 파편화를 방지하고, 학생들이 고립된 주제에만 몰입하는 대신 전체

28 www.nordic4dframe.com/eng/N4DF%20News.html.

29 As an example, see www.youtube.com/watch?v=XYzvMaBrpCA.

적 맥락 속에서 큰 그림을 바라볼 수 있도록 하는 데 어떻게 기여하는지를 다양한 사례를 통해 구체적으로 제시할 것입니다.

협업적, 통합적, 성찰적, 구성주의적, 탐구 기반 학습 접근법과 연계하여, 연대기적 프레임워크가 지닌 다양한 교육적 목표를 정리하고 그 효과를 입증할 예정입니다. 이를 위해 가상의 교사 팀이 하나의 확장된 역사적 타임라인을 협업 기획의 캔버스로 활용하는 시나리오를 설정하고, 이 대담한 접근이 가져다주는 실질적 교육적 이점을 설명할 것입니다. 예를 들어, 스웨덴 교육 체제에 따라 중등교육 과정(12~16세 대상)의 3~4년 학습 주기를 상정하여 설명하겠습니다. 스웨덴에서는 7학년이 3년 중등부 학습 목표의 첫 출발점이며, 대부분의 학교는 선사시대부터 현대사까지의 역사 흐름을 존중하는 연대기적 순서로 교육과정을 구성하고 있습니다.

중학교 1학년인 7학년은 인류의 기원을 시작으로, 인간의 이동, 수렵 채집 사회, 유목민 생활, 동식물의 가축화, 최초의 도시와 문명의 등장까지 다룹니다. 이어 메소포타미아, 고대 이집트, 고대 중국 문명을 배우고, 고대 그리스 및 페니키아 문명, 로마 공화정과 제정으로 1년 과정을 마무리합니다.

중학교 2학년은 이슬람 황금기를 다룬 후 유럽의 중세 암흑시대로 진입하며, 이 시기에 병렬적으로 발생한 세계사의 주요 사건들을 간략히 비교 분석하는 것이 중요합니다. 예컨대 마야 문명의 고전기, 중국의 당·송 왕조, 인도 및 아프리카 왕국들, 고대 일본과 크메르 제국, 한국의 삼국시대 등을 다루며 유럽 중심주의의 편향을 완화합니다. 이후 유럽의 중세, 르네상스, 계몽주의, 미국·프랑스·아이티 혁명, 산업혁명, 민족의 봄, 미국 남북전쟁 등을 통해 학년을 마무리합니다.

중학교 3학년은 이데올로기의 출현으로 시작하여 제1차 세계대전,

러시아 혁명, 제국주의, 민족주의, 군국주의와 같은 배경을 다룹니다. 이어 제2차 세계대전, 냉전, 현대사로 이어지는 큰 흐름을 학습하게 됩니다. 이 같은 연대기적 구성은 비단 스웨덴의 교육과정에만 해당되는 것이 아니라, 세계 여러 국가의 교육 시스템에서도 충분히 적용 가능한 보편적 틀입니다.

이 책에서 제안하는 바는, 인류의 문화·과학·기술 발전을 아우르는 연대기적 프레임워크가 전체 학교 교육과정의 중심축으로 작동할 수 있도록 함으로써, 역사 과목뿐 아니라 모든 전통적인 교과목이 보다 유연하게, 주제별이면서도 통합적이고 지속가능한 협업 토대 위에서 운영되도록 하는 것이 이상적이라는 점입니다. 연대기적 프레임워크에 기반한 이 '시너지 커리큘럼'이라는 대담한 구상은, 이후 장에서 다른 교과와의 연계 사례를 통해 더욱 구체적으로 다루어질 것입니다.

의미있는 통합 학습을 실현하기 위해서는 교사 간의 협력적이고 학문 간 융합교육 계획이 반드시 필요합니다. 이를 위해 각 교과 담당 교사들이 정기적으로 모여 개별 계획을 검토하고, 학교 단계별 교육 목표에 부합하는 전체 교육 내용을 공동으로 구성하는 작업이 중요합니다. 특히 각 교과 영역을 서로 연계하는 작업은, 가능한 한 최소 3년 이상의 교육 주기를 기준으로 하여 연대기적이고 점진적인 방식으로 구성하는 것이 바람직합니다. 물론 국가에 따라 교육 주기는 중등이나 고등학교 기준으로 3년에서 5년까지 다양할 수 있습니다. 이러한 협력적 접근은 단지 교사 간 팀워크를 강화하는 데 그치지 않고, 학습 목표 간의 연결성과 일관성을 높이며, 학생들에게도 협업의 교육적 가치를 자연스럽게 보여주는 좋은 본보기가 됩니다.

각 과목의 학습 목표를 면밀히 분석한 후, 교사팀은 해당 주기 동안 중심이 될 수 있는 연대기적 주제를 설정하고 이를 토대로 유연하면서도 구조화된 학제 간 교육 계획을 설계해야 합니다. 마치 학생들이 기본 개념에서 시작해 점차 더 복잡한 개념으로 나아가는 진화적 지식 습득 과정을 거치듯, 교육과정도 내러티브적 응집력을 지닌 흐름 속에서 기획되어야 합니다. 이러한 협업 중심의 전체론적 계획은 유연성과 적응 가능성을 전제로 하면서도, 동시에 통합과 융합을 본질로 삼아야 합니다. 계획안은 학생들의 다양한 수준과 교육 맥락에 맞게 분기와 변형이 가능해야 하며, 개별 과목의 정체성과 목표를 해치지 않으면서도 서로 조화를 이룰 수 있도록 설계되어야 합니다.

이와 같이 복잡한 협력 구조 속에서 상충되는 아이디어가 과도하게 발생하는 것을 방지하기 위해, 3년 단위의 교육 주기를 계획하는 교사팀에게 줄 수 있는 가장 중요한 첫 번째 조언은 작업을 시간 순서에 따라 조직할 것입니다. 다시 말해, 팀 전체가 사용하는 교육적 '캔버스'가 일정한 순서를 따르도록 구성해야 하며, 이를 위해서는 역사적 타임라인을 출발점으로 삼는 것이 가장 효과적입니다. 이와 관련해 교육학자 데이지 크리스토둘루(Daisy Christodoulou)는 다음과 같이 강조합니다. "학생들이 사실을 배우지 않고도 연대기적 인식, 창의적 글쓰기, 혹은 과학자처럼 사고할 수 있다고 가정하는 순간, 우리는 학생들이 그러한 역량을 결코 갖추지 못하게 되는 결과를 낳게 됩니다."[30]

인간이 자신의 과거를 이해하는 능력은 현재에 대한 인식과 미래에 대한 전망에 깊은 영향을 받습니다. 이처럼 과거는 현재 우리의 삶은 물론 미래를 위한 선택에도 중대한 역할을 합니다. 모든 시대와 모든 연령대의 사람들은 현실을 해석하고 집단적 또는 개인적 정체성을 구성하기 위해 이야기, 즉 내러티브를 창조해 왔습니다. 이러한 내러티브는 우리가 세계와 주변 환경을 어떻게 인식하고 의미를 부여하는지를 형성하는

30 Christodoulou, D., Seven Myths of Education, Routledge, 2014, p.22.

데 결정적인 역할을 합니다.

명확한 역사적 관점을 바탕으로 한 풍부한 콘텐츠는 인류가 현재를 깊이 이해하고 미래에 대한 비전을 형성하는 데 필요한 중요한 도구를 제공합니다. 다양한 학교 과목에서 진화의 패턴을 재구성하는 기술을 습득하고, 타임라인과 연표를 활용해 주목을 끄는 의미 있는 내러티브를 구성하는 것은 지식의 유지력을 높이고 개념의 단편화와 파편화를 방지하는 데 기여할 수 있습니다.

또한 이러한 역사적 타임라인은 전통적인 역사 과목뿐만 아니라 모든 교과 영역에 적용될 수 있으며, 궁극적으로는 학제 간 통합 접근 방식을 채택함으로써 학생들이 과거와 현재, 미래에 대한 통합적이고 연속적인 관점을 갖도록 도울 수 있습니다. 이러한 목표를 달성하기 위해 교사는 시대착오적 설명이나 단절된 시퀀스를 피하고, 학생들에게 역사적 흐름을 정확히 파악하고 해석할 수 있는 능력을 길러주어야 합니다.

우리는 이 연대기적 접근을 수학 교과와도 연결시킬 수 있습니다. 예를 들어, 다양한 측정 단위와 척도를 이해하는 데 기여하는 수학의 잘 알려진 모델을 활용해 구성주의적 학습 전략을 적용하는 간단한 사례를 들 수 있습니다. 한 가지 흥미로운 비교는 다음과 같습니다. 21세기를 사는 오늘날의 인간이 티라노사우루스 렉스보다 스테고사우루스에 더 가깝다는 사실은 직관적으로 받아들이기 어려울 수 있습니다. 그러나 이러한 유형의 비교는 선사 시대의 거대한 시간 폭을 역사 시대의 시간 범위와 연결해 이해하는 데 매우 유용하며, 학생들에게 시간적 감각과 지식의 상대성을 효과적으로 전달할 수 있는 도구가 됩니다.

그림 2.8 기원전 69년에서 기원전 30년까지 살았던 클레오파트라 (클레오파트라 7세 필로파토르)

학습자가 티라노사우루스 렉스가 약 6,800~6,600만 년 전에 살았고, 스테고사우루스는 약 1억 5,000만 년 전에 멸종했다는 사실을 이해하게 되면, 흔히 모든 공룡이 한 시대에 함께 존재했다고 생각하는 잘못된 통념이 자연스럽게 무너지게 됩니다. 이처럼 시간적 거리감에 대한 오해는 고대 문명에 대한 인식에서도 마찬가지로 발견됩니다. 예를 들어, 오늘날의 우리는 대피라미드가 세워진 시기보다 클레오파트라가 살았던 시기에 더 가깝다는 사실 역시 많은 사람들에게 충격을 줄 수 있습니다. 이러한 시간의 재구성은 학습자에게 연대의 중요성과 우리가 무의식적으로 마음속에 갖고 있는 왜곡된 시간 감각에 대한 깊은 성찰을 가능하게 합니다.

이와 같은 통찰은 고대 이집트 문명의 방대한 역사적 스펙트럼과 그 중요성에 대한 학생들의 이해를 심화시키는 데도 큰 도움을 줄 수 있습니다. 예컨대, 클레오파트라 7세 필로파토르는 기원전 69년에서 기원전 30년 사이에 생존했으며, 그녀가 사망한 시점으로부터 오늘날까지는 약 2,050년이 지났습니다. 반면, 기자의 대피라미드는 기원전 2,560년에 완공되어 약 3,800년 동안 세계에서 가장 높은 인공 구조물로 남아 있었고, 건설에는 약 20년이 걸렸습니다. 이를 통해 우리는 고대 이집트 문명이 수천 년의 시간대를 아우르는 지속성과 규모를 가졌음을 실감하게 됩니다.

비슷한 방식으로, 인류 최고령 생존자로 알려진 일본의 타나카 카네(Kane Tanaka) 여사는 1903년 1월 2일에 태어났는데, 그녀의 출생 연도는 이 책의 초판 발행 연도인 2022년보다도 1789년 프랑스 대혁명과 조지 워싱턴의 미국 초대 대통령 취임에 더 가까운 시기입니다. 이와 같은 사례들은 우리의 왜곡된 시간 감각이 연대기적 이해에 어떤 영향을 미치는지 분명히 보여줍니다. 따라서 이러한 왜곡을 극복하기 위해서는 연대기적 접근을 바탕으로 한 지속가능한 학습 경험이 필요합니다.

다음 장에서는 이처럼 통합 학습에서 연대기적 접근법이 어떻게 아이디어와 개념의 분류를 돕고, 전체적인 지식 습득의 지속가능성을 향상시키는지 다양한 사례를 통해 살펴볼 것입니다. 예를 들어, 진화 과정과 이와 관련된 시간적 순서를 명확히 이해한 학습자는 '닭이 먼저냐, 달걀이 먼저냐'라는 오래된 인과관계의 역설에 주저하지 않고 대답할 수 있습니다. 만약 학습자가 다윈주의 진화 생물학의 연대기적 개념을 숙지하고 있다면, 이렇게 대답할 수 있을 것입니다.

"당연히 달걀이 먼저입니다. 달걀은 조류가 진화하기 훨씬 전인 약 3억 년 전부터 양서류나 파충류에 의해 존재해 왔습니다. 현대 닭, 즉 갈루스 갈루스 도메스티쿠스(Gallus gallus domesticus)는 약 8,000년 전 인더스 계곡에서 인간의 선택적 교배를 통해 길들여진 결과이며, 질문이 특히 '닭의 달걀'에 관한 것이라 하더라도, 그 기원은 그보다 훨씬 앞선 진화적 변화에 있습니다."

이처럼 겉보기에는 풀 수 없을 것 같은 고전적 질문조차도 연대기적 관점의 내러티브를 기반으로 접근하면 명확한 논리와 사실에 근거한 답변이 가능해집니다. 이는 연대기적 학습이 단순한 정보의 축적을 넘어서 사고력과 인식의 깊이를 확장시키는 강력한 교육적 도구임을 보여주는 예입니다.

저울 개념을 시각적으로 전달하는 또 다른 흥미로운 방법은 교실이나 학교 복도의 바닥 또는 벽에 7.8미터 길이의 마스킹 테이프를 붙이는 것입니다. 여기서 1미터는 10억 명의 인구를 나타내며, 전체 마스킹 테이프는 전 세계 인구 약 78억 명을 상징합니다. 이 활동은 전 세계 각 국가의 실제 인구 비중을 시각적으로 비교하고 설명하는 데 매우 효과적으로 활용될 수 있습니다. 학생들은 먼저 가장 인구가 많은 국가부터 시작하여 마스킹 테이프를 구간별로 나누고 색칠함으로써, 세계 인구 분포에 대한 감각적인 이해를 키울 수 있습니다. 예를 들어, 테이프의 왼쪽 끝 1.39미터를 빨간색으로 칠해 중국을 표시하고, 바로 옆 1.35미터를 녹색으로 칠해 인도를 나타내면, 두 인구 대국이 세계 인구에서 차지하는 압도적인 비율을 학생들이 직관적으로 체감할 수 있습니다. 이후, 미국은 약 33.1cm(파란색), 인도네시아는 27.3cm, 파키스탄은 22cm, 브라질은 21cm 등의 순으로 각 나라의 인구 비율을 나타내며 색을 추가해 나갑니다. 마지막에는 인구가 가장 적은 나라들을 합산한 구간을 작게 표시해 전체 스케일의 끝자락을 마무리할 수 있습니다.

이러한 활동은 단순한 숫자 암기나 통계 해석을 넘어, 세계 인구의 상대적 크기와 분포를 직관적으로 파악할 수 있도록 돕는 구성주의적 학습 전략입니다. 학습자들은 자신이 직접 참여하고 조작한 시각적 결과물을 통해 내용을 장기 기억에 정착시키는 효과를 경험하게 됩니다. 이처럼 물리적 공간을 활용한 활동은 학습의 몰입도와 지속성을 높이는 데 매우 유익합니다.

10) 자기주도성과 창의성 키우기

끊임없이 변화하는 세상에서 가장 중요한 역량 중 하나는 바로 '학습하는 방법을 배우는 능력'입니다. 자기주도적 학습자가 된다는 것은 시간이 지날수록 더 큰 개인적 자유를 누릴 수 있으며, 사회적 이동성을 촉진할 수 있는 기반을 마련하는 일입니다. 그러나 자기주도학습의 개념을 오해하거나 과도하게 강조할 경우, 학습자를 오롯이 자기 교육의 책임자로 몰아가는 위험한 결과를 초래할 수 있습니다. 현대 교육에서 나타나는 일종의 '교육적 다윈주의'는 자기 형성과 자기주도적 학습이라는 명분 아래, 충분한 자원이나 동기, 정보 접근성이 부족한 이들을 오히려 배제하거나 포기하게 만들 위험이 있습니다.[31] 그럼에도 불구하고, 자기주도학습은 평생 학습의 핵심이며, 학생들이 스스로 실험하고 탐구할 수 있는 능력을 길러주는 중요한 개념입니다. 그렇다면 교사는 어떻게 학생들의 자기주도성을 효과적으로 계발하고, 호기심을 자극하여 창의성으로 확장시킬 수 있을까요?

창의성이란 서로 다른 또는 겉보기에 무관한 요소들을 결합해 새로운 가치를 만들어내는 능력입니다. 일종의 정신적 '덕트 테이프'처럼 기능하며, 아리스토텔레스의 말처럼 "전체는 부분의 합보다 크다"라는 진리를 실현합니다. 과정 중심적 사고와 실험적 태도를 통해 학생들의 학습 곡선은 기하급수적으로 성장할 수 있으며, 학교는 이러한 실험과 자기 탐색이 자연스럽게 이뤄지는 공간이 될 수 있습니다. 이러한 자기주도성과 창의성은 단지 학문적 기술을 넘어서, 근면한 직업 윤리, 관찰을 통한 탐구 습관, 그리고 끊임없는 정보 탐색 능력으로 이어져야 합니다. 이 과정에서 노트 필기와 마인드 매핑 같은 능동적 학습 전략이 갖는 중요성은 결코 간과되어서는 안 됩니다.

인터넷의 등장 이후, 정보는 누구에게나 개방되어 있으며, 이제는 관

---

31 Carol Kasworm, New Perspectives on Post-Formal Cognitive Development and Self-Directed Learning, International Journal of Self-Directed Learning, Vol. 8, No. 1, Spring 2011 iii, https://oltraining.com/SDLwebsite/IJSDL/IJSDL8.1-2011.pdf#page=12, p.19.

심과 의지만 있다면 누구나 자기주도적 학습자가 될 수 있는 환경이 마련되어 있습니다. 그러나 우리가 습득해야 할 정보는 단지 온라인에 있는 데이터가 아니라, 자연 세계와 우리가 살아가는 사회·역사적 맥락 속에서 관찰하고 성찰하며 얻는 것이어야 합니다.

많은 사람들이 "어릴 때 악기를 배웠더라면 좋았을 텐데"라고 말하곤 합니다. 좋은 소식은 지금이라도 늦지 않았다는 것이지만, 늦게 시작할수록 더 많은 연습과 노력이 필요하며, 여유 시간도 부족해질 수 있습니다. 아무리 많은 음악 이론서를 읽어도, 실제 악기를 다루며 연주하는 능동적인 학습 경험을 대체할 수 없듯, 학습은 실천을 동반해야만 비로소 깊이 자리 잡습니다. 이러한 사실은 능동적 학습의 본질을 가장 잘 보여주는 사례 중 하나입니다.

어떤 분야든 독학으로 공부한 사람은 성공적으로 학습할 수 있으며, 다른 사람이나 특정한 사회적 배경에 의존하여 학습한 사람보다 기회 격차를 보다 효과적으로 극복할 수 있습니다. 진정으로 교육받은 사람이란 모든 것을 알고 있는 사람이 아니라, 어떤 정보를 어디서 어떻게 찾을 수 있는지를 아는 사람입니다. 알버트 아인슈타인도 "모든 것을 알 필요는 없고, 어디서 찾을 수 있는지만 알면 된다"라고 말한 바 있습니다.

그의 시대에는 호기심 많은 이들을 위한 장서 시스템이 잘 갖춰진 도서관이 있었지만, 오늘날 우리는 강력한 검색 엔진과 인터넷을 통해 전 세계 어디서나 방대한 정보에 접근할 수 있는 시대에 살고 있습니다. 그만큼 정보 접근의 장벽은 현저히 낮아졌고, 자기주도 학습을 위한 여건은 그 어느 때보다도 풍부합니다.

학생들로부터 종종 듣는 질문 중 하나는 "이 지식이 실생활에 언제 유용하나요?"입니다. 이를 반영하여, 한 가지 시나리오를 상상해 봅시다. 어린아이가 가족 모임에서 삼촌이 연주하는 악기를 10분 남짓 듣게 됩니다. 당시에는 아무도 그 장면의 의미를 알지 못하지만, 그 짧은 순간의 울림이 평생의 영감이 되어, 훗날 그 아이가 세계적인 바이올린 거장으로 성장할 수도 있습니다. 교육자로서 우리는 우리가 상상하는 것보다 훨씬 더 자주, 학생들의 인생에 결정적인 영향을 미칠 수 있습니다. 예를 들어, 한 그룹의 학생들과 함께 미술 전시회를 방문했을 때, 교사인 우리는 전혀 모르는 사이에 한 학생이 그림이나 조각의 아름다움에 깊은 감동을 받아, 자신의 삶을 시각예술에 바치게 될 수도 있습니다. 또 다른 예로, 인근 자연 보호 구역으로 떠난 학교 현장 학습이 있습니다. 이 경험이 자연과 멀어진 환경에서 살아온 한 학생에게 새로운 눈을 열어주고, 이후 생태계 보존과 멸종 위기 종 보호에 헌신하는 삶으로 이어질 수 있습니다. 또는 교사의 한마디 즉흥적인 발언이 계기가 되어, 지금까지 풀지 못했던 과학적 난제를 해결한 저명한 과학자가 탄생할 수도 있습니다.

'Autodidactic' 학습은 스스로 배우는 능력을 계발하는 과정입니다. 이는 단순한 삶의 경험 그 이상을 의미합니다. 자기주도적 학습은 학습자의 경험적 맥락과 맞닿아 있지만, 그 학습 행동을 실제로 시작하는 것은 대체로 학습자 자신의 선택과 특권에서 비롯됩니다. 앞서 논의한 경험 기반 학습(experiential learning)이 우연성과 상황에 의존하는 경향이 있는 반면, 자기주도적 학습은 의식적이고 목적 지향적인 학습 행위입니다. 이러한 학습은 수동적으로 지식을 흡수하는 것이 아니라, 능동적인 학습 방식으로 전환되는 것을 의미하며, 학습자가 주어진 상황을 활용해 스스로의 성장을 도모하고 학습 능력을 내면화(automate)하는 활동입니다. 다시 말해, 자기주도적 학습은 우연이 아닌 의도적인 태도와 실천에서 출발합니다.

로이스 람딘(Lois Lamdin)이 수행한 광범위한 연구 프로젝트에 따르면, 가장 선호되는 학습 방법 중 하나는 바로 '여행'이었습니다. 그는 이렇게 말합니다. "여행은 노화에 대한 최고의 복수다. 낯선 환경에 들어섰을 때, 우리는 어린 시절의 경이로움과 발견의 감각을 되찾으며, 뜻밖의 보너스를 마주하고, 시간이 느려지고 인생이 확장되는 경험을 하게 됩니다."[32] 이러한 여행의 가치는 단지 공간적 이동에 있지 않습니다. 그것은 만나는 사람들과의 상호작용, 즉 지식과 삶의 경험을 공유하는 데에 있습니다. 열린 마음으로 새로운 사람을 만날 때마다, 우리는 그들의 지혜와 경험의 일부를 자연스럽게 받아들이며, 혼자 공부해서는 얻기 어려운 배움의 확장을 이루게 됩니다.

이 책은 가장 지속가능한 학습은 사람과 사람이 함께하는 학습이며, 서로로부터 배우는 과정에서 발생한다고 강조합니다. 역사학자 유발 하라리(Yuval Harari)는 다음과 같이 지적합니다. "인류가 다른 종보다 우위를 점하고 지구를 지배할 수 있었던 이유는 바로 집단 학습의 능력 덕분이었다. 이것은 결국 지구의 전면적인 식민화와 자원 고갈로까지 이어졌다."[33] 인지과학자 스티븐 슬로만과 필립 펀백(Steven Sloman & Philip Fernbach)도 다음과 같이 말합니다. "인간은 실제로 스스로 생각하는 경우가 드물다. 우리는 대부분 집단적으로 사고한다. 대성당, 원자폭탄, 항공기를 만드는 데 필요한 모든 지식을 한 사람이 알고 있는 경우는 없다. 호모 사피엔스가 다른 동물들보다 우위를 점할 수 있었던 이유는, 개인의 이성이 아니라 집단적 사고를 통한 지식의 협업적 구성 능력 덕분이었다."[34] 이러한 집단 사고 능력은 고대에는 이야기와 신화, 근대에는 책, 그리고 오늘날에는 인터넷과 디지털 기술을 통해 한 세대에서 다음

---

32 Lamdin, L., Elderlearning, Phoenix, AZ: The Oryz Press, 1997, p.139.

33 Harari, N., 21 Lessons for the 21st Century, Penguin Random House, UK, 2018, p.254.

34 Sloman, S. and Fernbach, P., The Knowledge Illusion: Why We Never Think Alone, New York: River Head Books, 2017.

세대로 지식을 축적하고 전승할 수 있는 가능성을 열어주고 있습니다.

이러한 맥락에서 능동적 학습 방식은 학습자가 "행동, 성찰, 적응"이라는 세 가지 핵심 기술을 습득하도록 돕습니다. 첫째, '행동'은 학습자의 주도성에서 비롯되며, 학습 과정에 필요한 자원과 정보를 능동적으로 탐색하고 활용하려는 노력의 결과입니다. 오늘날 학생들은 온라인 튜토리얼과 같은 디지털 도구를 활용해 이전보다 훨씬 쉽게 새로운 기술을 스스로 습득할 수 있습니다. 이러한 지속가능한 학습 습관이 자리 잡기 위해서는, 교사가 학생들이 습득한 기술을 실제로 적용하고 심화하도록 지속적으로 자극하고 격려하는 역할을 해야 합니다. 교사는 자신이 익숙하지 않은 학습 맥락이나 기술(예: 특정 소프트웨어나 게임 등)이라 하더라도, 그 의미를 인식하고 학생이 해당 학습 기회를 최대한 활용할 수 있도록 지원할 수 있어야 합니다. 예를 들어, 많은 교사들은 마인크래프트(Minecraft)와 같은 비디오 게임이 학생들에게 지속가능한 학습 경험을 제공할 수 있다는 점을 점점 더 인식하고 있습니다. 마인크래프트의 교육용 버전은 화학 등 교과 내용 학습뿐 아니라, 공간 지각력과 시간 감각 같은 인지 기술을 계발하는 데에도 효과적입니다. 실제로 마인크래프트를 익힌 학생들은 '스케치업(Sketchup)'과 같은 건축 설계 프로그램을 배울 때 더 빠르게 적응하고 이해하는 경향이 있습니다. 둘째, '성찰'은 학습자가 자신의 경험을 인식하고 질문하며 평가하는 능력으로, 분석적 사고를 기르는 핵심 요소입니다. 이러한 능력은 나아가 독학에 필요한 자원과 전략을 보다 효과적으로 활용하게 해줍니다. 셋째, '적응'은 경험 기반 학습을 통해 자신에게 적합한 학습 전략을 찾고 조정하는 과정입니다. 이는 마치 다윈의 자연선택과도 같아서, 효과적인 학습 방법은 유지하고, 비효율적이거나 실패한 방법은 제거하는 식으로 점차 개선됩니다. 이런 과정을 통해 학생들은 자신만의 지속가능한 학습 스타일을 구축해 나갈 수 있습니다.

하지만 앞으로 나아가기 위해 우리는 때때로 고전 교육의 본질적 원칙으로 되돌아가야 합니다. 기술이나 도구의 선택에 앞서, 먼저 평균적인 인간의 두뇌는 어떻게 학습하는가에 대한 근본적인 질문을 던져야 합니다. 이러한 관점을 탐색하기 위해, 우리는 지난 수십 년간의 인지과학 연구 성과를 검토하고, 그 결과를 바탕으로 교육적 목적에 부합하는 지속가능한 학습의 핵심 기둥들을 파악하고자 했습니다.

크리스토둘로스(Christodoulou)는 『Seven Myths about Education』(2014)에서 다음과 같이 지적합니다. "뇌가 학습하는 방식에 대한 과학적 증거와 많은 교육 시스템의 실제 설계를 비교해보면, 우리는 그 시스템들이 설계 단계에서부터 결함을 지니고 있으며, 경우에 따라 학습을 촉진하기는커녕 오히려 교육을 지연시키는 역할을 하고 있다는 결론에 이르게 됩니다."[35]

"모든 사람은 서로 다른 방식으로 학습한다"라는 말은 이제 흔한 표현이 되었지만, 실제로는 생각보다 더 많은 공통점을 우리가 공유하고 있다는 사실이 점점 더 강조되고 있습니다. 학습 방식에는 분명 개인차가 존재하지만, 이러한 차이보다 더 중요한 것은 우리가 공유하는 인지적 기반과 학습의 보편적 원리입니다. 이 책은 바로 이러한 공통의 기반 위에서 보다 효과적이고 지속가능한 학습 전략을 모색하고자 합니다.

학생들이 진정한 혜택을 누리기 위해서는 전문 교사 집단 간의 협력이 핵심입니다. 교사들이 서로 협력하여 교과 간 통합을 실현할 때, 학생들은 단순한 지식 습득을 넘어 총체적이고 능동적인 학습 경험을 할 수 있습니다. 이와 같은 통합은 단일한 사건이 아니라, 점진적으로 발전하

---

35 Christodoulou, D., Seven Myths about Education, Routledge, New York, 2014, p.129.

는 단계적 과정이며, 그 궁극적인 목표는 시너지의 극대화입니다.

이러한 통합의 출발점은, 교사들이 특수 교육적 필요나 제약이 학제 간 교수 전략의 실행을 방해할 수 있다는 오해를 극복하고, 초등 및 중등 교육 단계에서 과감히 융합적 접근을 시도하는 순간부터 시작됩니다. 다학문 연계교육(multidisciplinary approach)은 개별 과목을 폐지하거나 약화시키지 않으며, 오히려 서로 중첩되거나 연결 가능한 주제들을 중심으로 교과 간 협력을 촉진합니다. 이때 일부 수업에서는 두세 개의 과목이 통합적으로 구성되기도 하며, 이를 통해 학습의 깊이와 맥락이 확장됩니다.

이와 같은 협업은 교사 팀 내에서 자연스럽게 발생하며, 통합의 경험이 축적되면 대부분의 교과가 포함되는 보다 넓은 범위의 학문 간 융합교육(interdisciplinary integration)으로 확장될 수 있습니다. 이때 학생들은 하나의 주제를 통해 여러 관점과 사고의 틀을 동시에 체득하게 되며, 학문 간 경계에 얽매이지 않는 사고 능력을 기르게 됩니다.

통합의 최종 단계는 사회정서적 발달, 학교의 철학과 가치 체계를 포함하는 전인교육(holistic)이고 지속가능한 교육 생태계로 이어집니다. 이 단계에서는 학생의 정체성, 공동체 의식, 비판적 사고, 협력 능력 등이 함께 다루어지며, 교육이 단순한 지식 전달을 넘어 인간적 성장의 기반이 되는 이상적 방향으로 발전하게 됩니다.

11) 관계적 교수법의 활용

학교 환경에서 가장 유익한 교육 유형 중 하나는 교사와 학생이 일상적인 상호작용을 통해 발전할 수 있는 신뢰 기반의 관계 형성입니다. 이러한 상호작용은 학생과 교사 모두에게 긍정적인 영향을 주며, 우리는 이를 관계적 교수법(relational pedagogy)이라고 부릅니다. 진정으로 총체적이고 지속가능한 교육학을 구현하고자 한다면 이 요소는 반드시 중심에 놓여야 합니다. 여러 연구에 따르면, 신뢰가 없는 환경에서는 효과적인 교수–학습이 사실상 불가능하다고 밝혀졌습니다.[36]

관계 형성을 위해서는 교실 밖에서도 의도적이고 지속적인 노력이 필요합니다. 예를 들어 점심시간이나 과외 활동 시간에 나누는 비공식적인 대화는 학업과 직접 관련이 없는 주제일지라도 학생들에게 개인화된 학습 경험을 구성할 수 있는 실마리를 제공할 수 있습니다. 훌륭한 관계 중심 교사는 우수한 경청자이며, 학생 개개인의 다양한 관심사를 파악하고, 이를 토대로 차별화된 소통 방식을 교육합니다. 예컨대, 어떤 학생은 승마, 그림, 요리, K–팝 음악을 좋아하고, 또 다른 학생은 음악, 포켓몬, 마인크래프트, 피아노 연주, 스키, 축구에 열정을 가질 수 있습니다. 교사가 이러한 개별적인 관심사에 대해 알고 있다면, 학생들과의 상호작용에서 보다 깊은 신뢰와 소통의 접점을 찾을 수 있게 됩니다.

이러한 정보는 교사가 학생에게 접근하는 방식에 유연성을 더해주며, 동시에 학생들도 교사를 단순한 지식 전달자나 평가자가 아닌 인간적인 존재로 인식하게 됩니다. 이처럼 관계 속에서 형성되는 '교사 자본(teacher capital)'은 강력한 관계적 교수법의 핵심 자원이 됩니다. 교사와 학생 사이의 정서적 유대는 학습자들의 내재적 학습 동기를 촉진시키며, 교사는 단순한 수업 진행자가 아닌 변화의 주체로 자리매김하게 됩니다.

이에 따라, 일부 연구에서는 매 학기마다 교사를 변경하는 것보다, 2~4년간 동일한 교사와 지속적으로 관계를 맺는 것이 학업 성취도에 긍정적인 영향을 미친다고 제안합니다. 예를 들어, 몬태나 주립대학의 힐(Andrew J. Hill)과 사우스캐롤라이나 대학의 존스(Daniel B. Jones)는 동일

36 Hattie, J. and Zierer, K., Visible Learning Insights, London: Routledge, 2019, p.101.

교사와 연속적으로 매칭되는 수업(일명 '루핑(looping)' 수업)이 수학 및 읽기 성취도에 긍정적인 영향을 미친다는 연구 결과를 발표한 바 있습니다.[37] 학생들은 일반적으로 교사의 인정을 받고자 하는 욕구를 갖고 있으며, 이로 인해 교사의 기대에 부응하고자 과제를 성실히 수행하거나 긍정적인 행동을 보이려는 경향이 강해집니다. 이때 학생은 교사를 반드시 '친구'로 인식하지 않더라도, 더 친근하고 존중할 수 있는 존재로 여기게 됩니다. 이러한 관계는 자기 통제력과 행동 개선으로 이어지며, 궁극적으로 학생 스스로의 성장과 책임감을 강화하는 데 기여합니다.

이처럼 긍정적인 관계 형성은 교실 안팎에서의 심리적 안전감과 친밀감, 공동의 목표에 대한 동기 부여를 이끌어 냅니다. 이는 학생들이 학교 안에서 교사와의 사적인 접촉 기회를 스스로 찾으려 하거나, 비공식적인 상황에서조차 교사와 의미 있는 관계를 유지하고자 하는 모습으로 나타납니다. 이러한 상호작용이 누적될 때, 지속가능한 배움의 공동체가 교실 안에서 실현됩니다.

학생과 교사 간의 관계는 학생의 학업적 성공에 있어 결정적인 요소가 될 수 있습니다. 교과목이나 교사가 사용하는 통합 교수법의 수준에 관계없이, 교사와 학생 모두는 관계적 접근을 통해 지식을 보다 의미 있고 지속가능한 형태로 내면화해야 합니다. 학습은 타인과 함께, 타인을 통해, 타인으로부터 이루어져야 하며, 이는 교육의 본질적인 사회적 성격을 반영하는 명제입니다. 따라서 관계적 교수법은 교사와 학생 간의 상호작용에 국한되어서는 안 되며, 학생들 간의 협력적이고 관계 중심적인 학습 문화를 육성하는 방향으로 확장되어야 합니다. 교사는 경청자(listener)로서 학생들을 격려하고, 각자가 자율성과 책임감을 바탕으로

---

37 See, for example, www.researchgate.net/publication/323842964_A_teacher_who_knows_me_The_academic_benefits_of_repeat_student－teacher_matches.

자신의 학습 과정을 주도할 수 있도록 도와야 하며, 민주적이고 효율적인 협업의 기술을 익힐 수 있도록 지도해야 합니다.

오늘날 디지털 교육 플랫폼의 급속한 발전은 오히려 이러한 관계 중심 교수법을 실현할 새로운 기회를 제공하지만, 일부 교사들은 이 변화에 대한 적응 속도가 느려 "편안히 앉아 있던 나뭇가지가 잘려 나가는" 위기에 직면하고 있습니다. 여전히 교과서 중심의 일방적 강의, 수동적 청취, 실습의 결여, 표준화된 시험과 사실 중심 발표에 의존하는 교수 방식은 학생들에게 융통성 없는 지식만을 제공하며, 깊이 있는 사고와 창의적 문제 해결 역량을 기를 기회를 박탈합니다. 변화에 대한 저항은 인간의 본성이지만, 적응은 생존의 핵심이라는 사실을 우리는 잘 알고 있습니다. 따라서 좋은 관계적 교수법을 개발하는 일은 어떤 교육 환경(온라인/오프라인, 대면/비대면)이든 관계없이, 전인적인 학습 경험을 제공하는 적응형 교육의 핵심 전략이라 할 수 있습니다.

교육의 디지털화가 가속화되면서, 최고의 전문가들이 온라인으로 강의하고, 우수한 학제 간 프로젝트가 원격으로 운영되는 시대가 도래하고 있습니다. 이러한 변화 속에서 전통적인 교사의 수는 줄어들 수 있지만, 반대로 학생들의 적극적인 참여를 이끄는 학습 조력자(facilitator), 멘토(mentor), 튜터(tutor)에 대한 수요는 더욱 증가할 것입니다. 이러한 감독 촉진자(supervised facilitator) 중심의 수업은 활동 중심 학습과 지속가능한 학습 역량을 키우는 데 필수적인 관계적 측면을 강화하며, 고도로 전문화된 교사는 학제 간 프로젝트나 다양한 교과에 필요한 이론적 내용을 '제공'하는 역할에 집중하게 될 것입니다. 이때 주의할 점은, '제공'이라는 표현이 자칫 '강요'로 오해될 수 있다는 것입니다. 따라서 원격 환경에서 전문가가 다소 '지루한' 이론을 제공하더라도, 이를 감독 진행자가 지속적인 피드백과 튜터링으로 보완함으로써 학습의 관계적 측면을 충분히 살릴 수 있습니다.

궁극적으로 이러한 역할 분화는 교사가 교육의 관계적·경험적 요소를 더 적극적으로 개발할 수 있는 기회를 확대하며, 교육이 단순한 정보 전달을 넘어 삶과 연결되는 총체적인 학습 경험이 되도록 돕습니다.

설명 중심의 강의, 연습 문제 풀이, 암기식 수업 등 전통적인 학습 방법을 강화하려는 시도는 여전히 존재하지만, 학생들이 단순히 수업계획서에 명시된 내용을 암기하고 반복해 상위권 성적을 받는 시대는 점점 저물고 있습니다. 이러한 방식은 종종 자녀의 교육 수준을 자신이 경험했던 방식과 비교하며 안도감을 느끼는 학부모에게 익숙한 모델이지만, 기존의 정량적 평가 방식은 보다 지속가능한 정성적 평가로 빠르게 전환되고 있습니다.

동시에, 웹 기반 튜토리얼이 오프라인 강의를 대체하는 반대 흐름도 뚜렷하게 나타나고 있습니다. 이러한 멀티미디어 강의는 일반 교사보다 더 우수한 장비와 자격을 갖춘 전문가 그룹에 의해 학제 간 맥락에서 제공될 수 있으며, 교실 수업을 보완하거나 아예 대체하기도 합니다.

이 장에서 '평균적 교사'라고 지칭하는 이들은, 교육적 자격은 충분히 갖추었으나 특정 과목의 전문성을 심화하거나, 학제 간 프로젝트를 이끌기 위한 다재다능함을 계발할 기회를 갖지 못한 경우가 많은 교사들입니다. 그러나 이들은 단순히 이론을 전달하는 역할에서 벗어나, 학생들의 학습 진도를 평가하고, 개별적인 학습 필요와 역량 수준을 파악하며, 학제적이고 총체적인 프로젝트 기반 학습을 이끄는 교육 프로젝트 리더로서 역할을 전환할 수 있습니다. 이와 같은 보다 '글로벌'한 성격의 학제 간 프로젝트는 팀워크, 관계 중심 교수법, 상호 지원 체계에 초점을 맞추며, 교육을 개별적 경쟁이 아닌 협력과 상호 작용의 장으로 전환합니다. 물론, 향후 원격 강의의 수준과 무관하게 학생들은 반드시 학교 시설과 물리적으로 연결되어야 한다는 점은 전제로 유지되어야 합니다.

학생들은 워크숍, 공동 프로젝트, 실험, 시험 또는 구두 발표 등에 참여하기 위해 정기적으로 학교를 방문해야 하며, 담당 교사, 멘토, 또는 프로젝트 리더와 만나 토론하고, 설명을 듣고, 질문과 응답, 그리고 건설적인 피드백을 주고받는 시간이 반드시 보장되어야 합니다. 이러한 변화는 창의성과 자율성을 보다 크게 자극하는 진정한 의미의 지속가능한 능동적 학습 방법론의 문을 여는 것이며, 교실이라는 공간을 단순한 지식 전달의 장에서 활발한 사회적 상호작용이 이루어지는 공동체로 변화시키는 데 기여할 것입니다.

12) 겸손한 교사

전통적인 학교에서는 교사의 실수를 지적하거나 의견에 반론을 제기할 여지가 거의 없습니다. 교실 내 위계질서가 학습자 중심의 비판적 사고를 제한하는 경우 지속가능한 교육을 위해 우리는 교사에게 '겸손'이라는 중요한 덕목을 장려해야 합니다. 이는 단순히 예의의 차원을 넘어서, 학생과 교사 간 신뢰에 기반한 관계적 교육을 실현하는 데 필수적인 요소입니다. 교사는 언제나 진리의 궁극적 원천이 아니라, 함께 탐구하는 학습 공동체의 일원이라는 인식에서 출발할 필요가 있습니다. 학생은 교사의 의견에 동의하지 않을 자유를 가져야 하며, 교사의 실수를 발견했을 때 정중하게 지적할 수 있도록 심리적 안전감이 보장되어야 합니다.

세계 최고 수준의 교사라 해도 실수는 피할 수 없으며, 오히려 교사의 실수를 수용하는 태도는 학생들에게 자기표현의 용기와 통제감(agency)을 부여하는 교육적 도구가 될 수 있습니다. 학생의 참여와 책임감을 북돋우는 이 같은 교사의 겸손은 학습자 중심의 교실 문화를 조성하는 핵심이 됩니다. 학생들이 교사의 설명에서 오류나 부정확함을 발견했을 때, 교사는 이를 부끄러워하거나 방어적으로 반응하기보다는 오히려 격려하고 보상해야 합니다. 더 나아가, 교과서, 기사, 논문 등 학습 자료에 제시된 정보도 절대적인 것으로 받아들이기보다는 비판적으로 검토하고 질문할 수 있도록 지도해야 합니다.

이러한 학습 환경은 학생이 추론의 결함을 발견하고, 논리적 오류와 확증 편향을 감지하며, 읽고 듣고 보는 모든 것에 비판적으로 접근하는 능력을 함양하는 데 기여합니다. 결국, 겸손한 교사는 지식의 전달자가 아니라 비판적 사고를 유도하고 지속가능한 학습을 지원하는 촉진자(facilitator)가 됩니다.

학생들과 긍정적인 관계를 맺어온 유능한 교사라면, 때로는 학생들이 여러 이유로 특정 주제에 대해 자신보다 더 잘 알고 있을 수 있다는 사실을 잘 알고 있을 것입니다. 이는 모든 교과에 해당되는 것은 아니지만, 많은 교과 영역에서 충분히 가능한 일입니다. 몇 가지 예를 들어보겠습니다.

- **음악**: 특정 학생은 특정 악기 연주, 음악적 감수성, 혹은 특정 아티스트나 작곡가의 작품에 대해 교사보다 더 높은 이해도를 지니고 있을 수 있습니다.
- **과학**: 일부 학생은 해당 분야 전문가인 부모로부터 가정에서 직접적인 교육을 받으며, 교사가 연수를 통해 습득한 지식보다 더 풍부하고 구체적인 내용을 접했을 수도 있습니다.
- **사회적 경험**: 어떤 학생의 배경 지식은 교사가 직접 경험하지 못한 삶의 맥락에서 비롯된 것으로, 특정 주제에 대해 더 넓고 깊은 관점을 제시해 줄 수 있습니다.

겸손한 교사란 이러한 가능성을 기꺼이 받아들이고 학생으로부터 배우는 것을 마다하지 않는 사람입니다. 이런 태도는 교사와 학생 모두에게 교육적 이점을 제공합니다. 교실은 더 이상 일방적인 지식 전달의 공간이 아니라, 아이디어를 자유롭게 표현하고, 사실을 재확인하며, 기존의 방식에 질문을 던질 수 있는 안전하고 열린 공간으로 탈바꿈합니다. 결과적으로, 훨씬 더 민주적인 학습 환경이 조성될 수 있습니다.

겸손한 교사는 학생들이 끊임없이 질문을 던질 수 있도록 격려하며, 그들이 제일 먼저 던져야 할 질문은 바로 "우리는 왜 모든 것에 의문을 가져야 하는가?"입니다. 이때 교사의 진정한 교육적 성공은 학생들이 냉소에 빠지지 않으면서도 높은 수준의 개방성과 날카로운 회의정신을 함께 갖출 수 있도록 이끄는 것에 있습니다.

진정으로 겸손한 교사는 학생들이 학습 내용을 단순히 수용하는 데 그치지 않고, 그 내용을 다시 점검하고 검토하도록 독려함으로써 비판적 사고 능력 향상에 실질적으로 기여합니다. 또한 교사는 학생들이 수동적인 학습자가 아니라 적극적으로 학습 과정에 기여하는 공동 창조자가 되도록 권한을 부여해야 합니다.

이러한 접근은 능동적 학습(active learning)의 새로운 차원을 열어줍니다. 궁극적으로는 더 지속가능하고 깊이 있는 학습 경험으로 이어지며, 교사와 학생 모두가 성장하는 교육 공동체를 가능하게 합니다.

13) 학생의 재능을 발굴하는 교사

훌륭한 교사는 학생들 사이에서 잠재적인 재능을 발굴해내는 데 탁월한 역량을 지닌 사람입니다. 교사가 다양한 기술과 교수 전략을 알고 있는 것도 학급 전체에 도움이 되지만, 무엇보다 중요한 것은 학생 개개인의 열정, 취미, 일반적인 관심사를 정확히 파악하는 것입니다. 학생의 강점과 다면적인 재능을 이해하는 능력은 관계적 교수법을 통해 길러질 수 있으며, 이전에 해당 학생을 지도한 동료 교사들과의 협업이나 가정과의 원활한 소통을 통해 더 심화될 수 있습니다.

교사가 학생을 평가할 때는 교과 외적인 요소들까지 포괄적으로 고려해야 합니다. 학생의 과외 활동이나 개별적인 관심사에 대해 더 많이 알수록, 학급 전체 또는 팀 내 학생들에게 적절한 자원을 효과적으로 배분할 수 있습니다. 이러한 '스카우트 능력'은 양질의 팀워크를 구성하거나 다양한 팀 빌딩 활동을 조직할 때 매우 중요하며, 재능 발굴에 능한 교사는 대개 팀 내 개개인의 장기적 성장 가능성을 고려한 역할 분담에 능숙합니다.

전문성을 갖춘 교사는 학생들의 이전 경험, 재능, 흥미를 바탕으로 적절한 역할을 설계하고 부여합니다. 이미 특정 분야에 능숙한 학생에게는 팀 내에서 리더십을 발휘할 수 있는 주도적 역할을 맡게 하여 다른 학생들을 이끌도록 유도할 수 있습니다. 반면, 일부 기술이 부족한 학생에게는 숙련된 동료로부터 간접적 학습 기회를 제공하는 식으로 팀을 구성할 수 있습니다. 이는 학습이 자연스럽게 이루어지는 '삼투(滲透)를 통한 학습'을 촉진하는 긍정적인 그룹 역학을 형성하게 됩니다.

이러한 방식은 학습자 개인의 몰입도와 노출 수준을 자연스럽게 조정해주며, 추가 자극이 필요한 학생에게는 도전을, 더 많은 도움이 필요한 학생에게는 동료로부터의 지원을 제공하는 구조를 만들어 냅니다. 팀 내 모든 구성원이 서로 가르치고 배우는 과정에서, 각자의 자신감과 소속감이 자라나고, 학생들은 "누구나 다른 사람에게 가르칠 수 있는 것이 있다"라는 사실을 체득하게 됩니다. 결과적으로 이러한 역할 기반, 팀 중심의 능동적 학습은 각자의 역량이나 기존 지식 수준과 관계없이, 모든 학습자에게 참여와 성장의 기회를 제공하며, 지속가능한 학습 문화를 조성하는 핵심 전략이 될 수 있습니다.

몇 가지 간단한 비유를 들자면, 교사는 마치 스포츠 팀의 코치처럼 학급 전체가 성장할 수 있도록 전략을 수립하는 역할을 맡습니다. 코치는 각 선수의 기술, 재능, 역량을 최대한 발휘할 수 있도록 적절한 위치에 배치하고, 전체 팀의 성과를 높이기 위해 상대적으로 약한 선수를 재능 있고 헌신적인 동료들과 함께 조화롭게 구성합니다. 이로써 팀 전체가 공동의 목표인 승리를 향해 나아가게 됩니다. 교실에서도 이와 마찬가지로, 교사는 학생 개개인의 잠재력을 고려하여 지속가능한 능동적 학습(sustainable active learning)이라는 공동의 목표를 향해 함께 나아갈 수 있는 환경을 조성합니다. 이런 접근법에서는 내부 경쟁이 필요하지 않습니다. 오히려 협업을 강화하고, 구성원 전체의 발전을 도모하는 데 초점을 맞춥니다.

그렇다고 해서 '경쟁'의 요소가 완전히 배제되는 것은 아닙니다. 오히려 외부와의 건강한 경쟁, 예를 들어 다른 학교나 다른 학급과의 그룹 콘테스트는 학생들에게 팀워크에 기반한 소속감과 목표 지향적 동기부여를 제공할 수 있습니다. 학생들은 마치 스포츠 팀의 일원이 된 것처럼 자신이 속한 그룹의 일원으로서 자부심을 느끼고, 이는 학급 공동체의 결속력을 강화하는 데 긍정적으로 작용합니다. 이러한 팀 기반 학습과 경쟁의 조화로운 병행은 학생들에게 협업 능력과 팀 정신(team spirit)을 기르게 해주며, 이 과정 자체가 하나의 의미 있는 학습 경험이 됩니다. 사실 많은 성인들이 학창 시절 가장 기억에 남는 순간은 교과 수업이 아니라, 정규 수업을 넘어서는 특별한 활동들입니다. 연극, 수학여행, 자선활동, 학교 디스코, 축제 공연, 학생 방송, 과학 박람회 등은 모두 그 예입니다.

스포츠 심리학의 교훈을 교육에 적용해보면, "모든 팀 빌딩 활동에서 서로를 끌어올려주면 모두가 성장할 수 있다"라는 인식을 심어주는 것이 중요합니다. "한 팀은 가장 약한 선수만큼만 강하다"라는 다소 진부한 말도, 교실 맥락에서 책임감과 상호 협력의 중요성을 강조하는 데 여전히 유효합니다. 학생들이 이러한 원리를 체화하면, 단지 성과만을 목표로 하기보다 서로의 성장과 공동의 성공을 추구하는 분위기를 형성할 수 있습니다.

결국 가장 중요한 학습 성과는 단순한 '결과'가 아니라, 그 결과에 이르는 과정 자체에 있습니다. 과정 중심의 학습 경험은 학생 각자가 도전하고, 배우고, 성장하는 기회를 제공하며, 이로써 모든 학생이 포용적으로 참여할 수 있는 진정한 의미의 지속가능한 능동적 학습 환경이 완성됩니다.

14) 우수한 교사를 만드는 요인

원격교육의 확대는 더 많은 학생들에게 탁월한 교수법을 갖춘 뛰어난 교사들의 수업에 접근할 수 있는 기회를 제공합니다. 이들은 지적 역량이 뛰어나고, 교육에 헌신하며, 학생들에게 깊은 영감을 주는 자질을 갖추고 있습니다. 전통적으로 대부분의 학생이 평범한 교사의 강의를 듣는 방식에서 벗어나, 가장 유능하고 효과적인 교사에게 더 넓은 청중을 연결함으로써, 여러 강좌의 이론 및 교육적 측면의 전반적인 질과 형평성을 동시에 제고할 수 있습니다. 이러한 접근은 웨비나, 동영상 튜토리얼, 실시간 온라인 강의 등 다양한 디지털 매체를 통해 이론적 내용을 집중적으로 전달함으로써 실현될 수 있습니다. 학생들은 이러한 탁월한 교사들이 진행하는 디지털 세미나에 참여하고, 이후 더 많은 시간을 체험적이고 실천적인 학습에 할애할 수 있습니다. 다시 말해, 가장 영감 넘치고 유능한 교사들이 이론 및 개념 교육을 담당하는 한편, 경험이 부족하거나 자격이 미흡한 교사들은 실습 수업의 진행자로서 역할을 수행할 수 있습니다. 이들은 특정 주제에 대한 전문성을 일일이 갖추지 않아도 되며, 실습 워크숍이나 창의적인 프로젝트에서 학생들을 효과적으로 지원할 수 있습니다. 이는 전 세계 수많은 교육기관에서 교육의 질과 형평성을 동시에 확보하는 데 기여할 수 있습니다.

제안된 시스템에서는 중요한 강의들이 '전문 교사(expert teacher)'라 불리는 이들에 의해 담당하게 됩니다. 이들은 보다 많은 학생들에게 고품질 강의를 제공함으로써 학습 효과를 극대화합니다.[38] 이러한 강의는 TED Talks, TED–Ed, Kurzgesagt와 같은 스타일의 교육용 인터랙티브 비디오로 구성될 수 있으며, 학생들은 이후 디지털 플랫폼과 그룹 활동을 통해 학습한 내용을 심화하고 실천적으로 적용할 수 있습니다.

학생들이 수업의 질과 교사의 교수 역량을 평가하도록 요청받았을 때, 그 평가 결과와 학생의 실제 학업 성취도 사이에는 분명한 상관관계가 나타납니다.[39] 이는 학생들이 교사의 우수성을 인식할 수 있으며, 효과적인 학습을 위해 교사에게 요구되는 것이 무엇인지를 명확히 알고 있음을 시사합니다. 해티(Hattie)는 교사가 학생의 입장에서 학습이 어떻게 이루어지는지를 이해하는 것이 핵심이라고 강조합니다.

---

38 For a definition of an expert teacher, see Hattie, J.A.C. (2003) Teachers make a difference: What is the research evidence? Paper presented at the Building Teacher Quality: What does the research tell us ACER Research Conference, Melbourne, Australia. http://research.acer.edu.au/research_conference_2003/4.

39 Hattie, J., Visible Learning: A Synthesis of 800 Meta–Analyses Relating to Achievement, New York: Routledge, 2009.

한편 뮤이스와 레널즈(Muij & Reynolds)는 학생 평가가 단순한 인기 투표(popularity contest)로 전락할 위험성을 경고하며, 평가가 효과적으로 기능하기 위해서는 구체적이고 명확한 문항으로 구성되어야 한다고 주장합니다.[40] 학생들이 평가 문항의 의도와 요구 사항을 정확히 이해한다면, 교사의 교수 실천에 대한 학생 평가는 중요한 피드백 도구로 활용될 수 있으며, 교수 역량 향상과 수업 품질 제고에 실질적인 도움을 줄 수 있습니다.

해티는 '전문가(expert)'와 '경험자(experienced)'를 명확히 구분하며, 전 세계 모든 학습자의 성취에 가장 큰 영향을 미치는 요인으로 교사에 주목해야 한다고 강조합니다.[41] 그는 전문 교사와 경험 많은 교사는 다음 세 가지 측면에서 명확히 구분된다고 말합니다. 첫째, 교실을 구성하고 표현하는 방식, 둘째, 학생들에게 부여하는 도전의 수준, 그리고 셋째이자 가장 중요한 요소는 학생들이 성취하는 학습의 깊이입니다. 단순히 교직 경력의 길이만으로 교사의 능력을 동일시하는 것은 타당하지 않으며, 실제로 "교직이 과연 차이를 보이지 않는 직업이 될 수 있는가?"라는 근본적인 질문을 던지게 됩니다.

예를 들어, 스웨덴에서는 전통적으로 '모든 교사는 동등하다'라는 전제를 바탕으로, 개별 교사의 자질이나 교직 수행 방식의 다양성보다는 교사라는 직업 자체와 경력 연차에 기반한 우수성 개념을 강조하는 경향이 있었습니다. 이에 따라, 자신보다 뛰어난 동료에게서 배우려는 노력보다는 형식적 평등이 강조되었고, 이는 교사의 질적 차이를 고려한

---

40 Muijs, D. and Reynolds, D., Effective Teaching Evidence and Practice, London: Sage Publishing, 2018.

41 Hattie, J., Teachers make a difference: What is the research evidence?, ACER Research Conference, Melbourne, 2003, https://research.acer.edu.au/cgi/viewcontent.cgi? article=1003&context=research_conference_2003.

제도적 장려에 장애 요인으로 작용해 왔습니다. 그러나 최근에는 스웨덴의 학교 감독 기관과 교원노조조차도 교사의 전문성 발달을 분석하고 정립하여, 더 많은 교사들이 '전문 교사(expert teacher)'로 성장할 수 있도록 격려해야 한다는 공감대를 형성해가고 있습니다.

국제 학업성취도 평가(PISA)[42]나 국제 수학·과학 성취도 추이 연구(TIMSS)[43]에서 스웨덴보다 훨씬 우수한 성과를 거두고 있는 국가들은 이 문제를 전혀 다른 방식으로 다루고 있습니다. 예를 들어, 인접국 핀란드는 교사 임용 전 사전 교육을 매우 중요시합니다. 모든 교사는 5년제 교육학 석사 과정을 이수해야 하며, 이는 초등교사에게도 동일하게 적용됩니다. 핀란드에서는 교사 양성 기준이 매우 높아, 교사 자격을 얻는 것 자체가 엘리트적 성취로 간주되며, 이러한 시스템은 교직의 높은 위상을 뒷받침하는 핵심 요소로 작용하고 있습니다. 물론, 사전 교육의 질이 현직 수행 능력에 미치는 상대적 영향에 대한 정량적 데이터는 아직 충분하지 않지만, 핀란드 교사의 사회적 위상과 직업 만족도에 긍정적인 영향을 미치고 있음은 분명합니다.[44]

이와 달리 일본은 핀란드와는 정반대의 접근 방식을 통해 유사한 결과를 도출해냈습니다. 일본에서는 교사를 중앙에서 채용하고, 모든 학교에 '최고의 교사'가 몰리지 않도록 교사의 배치 권한을 제한하며, 필요한 학교에 교사가 유연하게 이동할 수 있도록 합니다. 이러한 방식은 교사의 개별 선호보다 교육 전체의 균형과 형평을 우선시합니다. 또한, 일본은 '공개 수업(Lesson Study)' 중심의 전문성 계발 체계를 운영하여, 국가 차원에서 수업 계획을 설계·저장하고 이를 분석·평가·수정하는 시스템

---

42 www.oecd.org/pisa.

43 www.iea.nl/studies/iea/tims.

44 See, for example, https://learningportal.iiep.unesco.org/en/library/an-international-perspective-on-trends-in-the-quality-of-learning-achievement-1965-2007.

을 구축하였습니다. 모든 교사가 이 자료를 공유함으로써 지속적으로 서로의 수업에서 배우고 개선할 수 있는 토대를 마련한 것입니다.[45]

그렇다면 어떻게 하면 우수한 교육을 더 효과적으로 장려할 수 있을까요? 하나의 방법은 각 국가의 교육 조직이나 규제 기관이 자국 내에서 실제로 실현되고 있는 우수한 교육 사례들을 체계적으로 분석하고 식별하는 것입니다. 이때 확인된 우수 사례들은 단순히 '만족스러운' 수업이 아닌 '탁월한' 수업으로 간주되기 위한 기준과 특성을 매우 구체적으로 기술해야 합니다. 그렇게 함으로써, 관련된 모든 이해당사자가 무엇이 우수한 수업을 구성하는 요소인지 명확히 이해할 수 있도록 해야 합니다. 이러한 수업의 우수성을 분석하고 정의할 때 중요한 점은, 우수한 수업에는 다양한 형태가 있을 수 있으며, 성공적인 교사는 상황에 따라 적절한 교수 전략을 선택할 수 있는 다양한 전략적 레퍼토리를 보유하고 있어야 한다는 점입니다. 따라서 우리는 서로의 경험뿐 아니라 관련 연구와 문헌을 통해, 어떤 수업 전략이 수업의 질을 높이는 데 효과적인지, 반대로 어떤 전략은 효과가 떨어지는지를 지속적으로 배우고 공유하는 일상적 지원 방법을 정립해야 합니다.

하그리브스(Andy Hargreaves)는 고등학교 시절 한 교사의 영향을 떠올리며 다음과 같이 말합니다. "일, 가족, 혹은 여가에 대한 자신의 관심사를 떠올려 보세요. 그리고 누가 처음 그것을 소개했는지를 생각해 보세요. 아마도 선생님이었을 가능성이 큽니다. 우리는 훌륭한 교사는 학생의 관심사를 따라간다고 흔히 말합니다. 그러나 진정으로 훌륭한 교사란, 학생에게 새로운 관심사, 즉 평생 지속될 수도 있는 열정, 직업 선택으로 이어질 수 있는 동기, 미래 세대에게까지 전해질 수 있는 영향력을

---

45 www.researchgate.net/publication/228588884_Lesson_study_The_core_of_Japanese_ professional_development.

일깨워주는 사람입니다."[46]

탁월한 교수법이 실제로 무엇을 수반하는지에 대해 더 명확한 정의가 마련되면, 우리는 그것을 학생의 핵심 역량을 기르기 위한 전략과 마찬가지로 장려할 수 있게 됩니다. 즉, 우수한 사례를 명시적으로 칭찬하고, 동료 교사들이 이 성공적인 사례를 자연스럽게 모방하고 학습할 수 있도록 신중하게 유도하고 코칭하는 구조적 전략을 수립할 수 있는 것입니다. 이와 관련하여 캐롤 드웩(Carol Dweck)은 성취 자체보다 노력 그 자체를 칭찬하는 것이 더 강력한 동기를 부여한다고 강조합니다.[47] 마찬가지로, 우수한 교수법을 장려하기 위해서는 명확하고 구체적인 피드백 루틴이 필요합니다. 이러한 루틴을 통해 더 많은 교사가 우수한 교수법의 특성을 발휘할 수 있도록 지원하고, 이를 지속가능한 방식으로 확산시킬 수 있습니다.

많은 교사들이 교수법 개발에 어려움을 겪거나 실패하는 이유는, 단순히 노력이 부족해서가 아니라, 무엇을 향해 노력해야 할지에 대한 명확한 피드백과 방향성, 그리고 발전을 위한 구조적 지원이 결여되어 있기 때문입니다. 이는 마치 뉴턴이 말한 "거인의 어깨 위에 서서" 더 멀리 본다는 말처럼, 교사들이 성장하고 도약할 수 있도록 구체적인 모델과 체계적인 안내가 필요한 시점임을 시사합니다.

---

46 Hargreaves, A., #WorldTeachersDay | Lessons from the Pandemic: "A World Without Teachers", www.worldsofeducation.org/en/woe_homepage/woe_detail/16957/worldtea chersday－lessons－from－the－pandemic－%E2%80%9Ca－world－without－teachers%E2%80%9D－by－andy－hargreaves.

47 Dweck, C. S., Can Personality Be Changed? The Role of Beliefs in Personality and Change, 2008, https://journals.sagepub.com/doi/abs/10.1111/j.1467－8721.2008.00612.x.

CHAPTER

03

방법론

1) 능동적 학습

놀이형, 참여형, 프로젝트 기반 학습

이 장에서는 보다 지속가능한 학습 과정을 위해 능동적이고 프로젝트 기반의 교수 학습을 장려할 것입니다. 이러한 접근은 훨씬 더 오래 지속되는 학습에 기여할 수 있습니다. 능동적인 학습을 달성하기 위해 교육자는 지속가능성에 대한 아이디어를 학습 과정에 적용할 것을 제안합니다.

가장 큰 문제는 대부분의 교실에서 전통적인 방식으로 학습한 내용을 시험을 치르고 나면 바로 잊어버리는 경우가 많다는 점이라고 할 수 있습니다. 습득한 지식이 학생에게 남지 않는 이유는 단기간에 단순히 사실을 암기하는 것에 지루함을 느껴 학습을 마친 후에는 해당 주제에 대한 흥미를 잃을 수 있기 때문입니다. 영감을 주지 않는 전통적인 방법을 사용하면 교사는 다감각적 참여형 접근 방식에서처럼 학생들을 자극하지 못할 수 있습니다. 때때로 이러한 유형의 학습을 인지 학습이라고도 하는데, 옥스퍼드 학습 웹사이트에 따르면 인지학습의 개념은 다음과 같습니다:

> "학생들이 두뇌를 더 효과적으로 사용하도록 장려하는 학습 스타일입니다. 이 학습 방식은 학생들이 학습 과정에 완전히 참여하도록 장려하여 학습, 사고, 기억이 차츰 더 쉬워집니다. 인지 학습은 암기나 반복에 관한 것이 아닙니다. 결국 학습하는 방법을 배우는 것입니다."[1]

교사로서 우리는 종종 지속가능한 전인적 교육을 실천하기 위해 끊임없이 틀을 깨고 스스로를 재창조해야 한다고 생각하지만, 그보다는 이

1 www.oxfordlearning.com/cognitive – learning.

미 존재하는 학습의 개념과 이론을 재구성하는 것이 더 필요한 것은 아닌지 자문해 보아야 합니다. 혁신적인 교수법의 선구자가 되려면 순수한 실험보다는 다양한 방법을 수정하고 결합할 수 있는 역량에 더 큰 영향을 받을 수 있습니다. 우리 삶에서 학습에 대한 중요성은 점점 더 커지고 있지만 평생학습을 촉진하고 달성하기 위해 어떤 방법이 가장 좋은지에 대한 합의가 아직 거의 이루어지지 않고 있습니다.

학교 교과 영역을 통합하거나 연결하는 커리큘럼 개념은 최근 몇 년 동안 교수와 학습에 대한 보다 적절한 접근 방식을 개발하기 위한 그럴듯한 해결책으로 큰 주목을 받고 있습니다. 위클라인과 셸(Wicklein & Schell)은 "다학제적 교수법의 성공 요인은 첫째, 각 교사가 집단적 노력의 합이 단순히 여러 교과목을 추가하는 것 이상이 될 수 있다는 것을 이해해야 하며, 둘째, 참여, 혁신, 정보 접근, 책임성이 장려되는 조직에서 교사들의 권한 강화가 가장 잘 일어날 수 있다는 것"[2]이라고 결론을 내렸습니다. 또한 성공적인 다학제 교사는 일정이나 장소 문제 등으로 인해 방해를 받지 않도록 학교 리더십과 행정 직원의 지원이 필요합니다.

교육에서 학제 간 접근법을 과학적으로 사용한다는 것은 서로 다른 학교 학문 간의 연결 고리를 만드는 것이며, 이는 진정한 총체적 학습을 위한 중요한 열쇠입니다. 이 책에서 우리는 이 접근법이 전체에 대한 폭넓은 이해를 과학적으로 보장하는 동시에 세부적인 부분을 맥락에 맞게 강화할 수 있는 유일한 방법 중 하나라고 주장합니다. 초학문적이고 통합적인 교육은 모든 학교 과목이 상호 의존적이며, 커리큘럼을 여러 과목으로 세분화하는 대신 각 과목이 어떻게 겹치는지, 핵심 원리가 어떻게 여러 가지 방식으로 얽혀 있는지에 초점을 맞춰야 한다고 굳게 믿습

2 Robert C. Wicklein and John W. Schell, Case Studies of Multidisciplinary Approaches to Integrating Mathematics, Science and Technology Education, Journal of Technology Education, Vol. 6, No. 2, Spring, 1995.

니다. 미래에 가장 필요한 것은 예리한 비판적 사고력을 갖춘 창의적인 인재와 독립적으로 학습하는 방법을 배울 수 있는 인재입니다. 이 책에서 제시하는 협업 계획 유형은 창의성을 키우고 학생들에게 보다 지속 가능한 학습을 보장하는 추가적인 실습 학교 활동을 위한 훨씬 더 많은 여지를 제공합니다.

> "시험에 합격하기 위해 공부하고, 시험에 합격하기 위해 다른 사람을 가르치지만 아무도 아무것도 모르는 이 자기 전파적 시스템으로는 교육받을 수 없습니다. 직접 해보고, 질문하고, 생각하고, 실험하면서 무언가를 배워야 합니다."
>
> \- 리처드 파인만(Richard Feynman)

앞서 설명한 것처럼 강의를 하거나 용어집, 공식, 날짜, 레시피를 암기하는 전통적인 교육 방식이 여전히 필수적이라고 주장할 수도 있지만, 컴퓨터 기반 학습의 등장과 유튜브 및 기타 인터넷 플랫폼에서 수천 개의 관련 튜토리얼을 포함한 수많은 정보를 온라인으로 이용할 수 있게 되면서 코로나19 위기 동안 모든 온라인 강의, 강연 및 화상 회의가 녹화되고 게시되었음에도 불구하고 전통적인 강의가 예전만큼 중요하지 않을 수 있습니다. 그러나 우리는 이러한 교육 방법이 여전히 필요한 이론적 지식을 습득하는 데 매우 중요한 역할을 할 수 있다고 주장하고 싶습니다.

다양한 물리적 및 디지털 자료를 사용하면서 능동적인 학습 접근 방식을 적용하여 학생들이 교육에서 필수적인 것으로 간주되는 개념을 동화할 수 있도록 많은 실습 활동과 수업 토론과 같은 협업 팀워크를 위한 여지를 제공해야 합니다.

> "이것이 바로 지속가능한 학습의 요점이라고 생각합니다. 하지만 가장 좋은 것은 [이론적으로] 공부하는 것과 실제로 그것을 실현하는 것 사이의 일종의 조

합입니다. 왜냐하면 구축만 하면 그 뒤에 있는 이론을 제대로 배우지 못하고 이론만 배우면 구축하는 법을 배우지 못하기 때문입니다. 따라서 이 둘의 균형을 맞추는 것이 가장 좋습니다."[3]

균형 잡힌 계획을 세우려면 사실에 대한 이론적 학습과 보다 실용적인 접근 방식 사이의 적절한 균형을 찾는 것이 필수적입니다. 학생들이 이론적인 측면을 충분히 숙지하지 않은 상태에서 능동적인 학습을 하게 되면 학습의 모든 단계에서 다시 시작해야 할 것입니다. 그러나 교사가 지속가능한 교육 계획을 세우려면 학교 콘텐츠의 능동적 측면과 이론적 측면 사이에서 적절한 균형을 찾으려고 노력해야 합니다. 누구나 클릭 몇 번으로 대부분의 관련 정보를 온라인에서 찾을 수 있고 올바른 비판적 사고력만 있다면 누구나 항상 온라인에서 가장 상세한 사실 정보에 접근할 수 있기 때문에 사실에 대한 학습은 현재 수십 년 전과 같은 중요성을 갖지 않습니다. 그렇기 때문에 교육의 주된 목적은 다양한 출처를 해석하는 조사적이고 탐구적인 방식으로 혁신될 것이며, 따라서 우리가 학생들에게 계발하고자 하는 자질은 예전과 같지 않을 것입니다. 다음 장에서는 실습 학습의 다양한 예가 소개될 것입니다.

수십 년 동안 "학생들이 학습 과정에 참여하도록 설계된 수업 기법이 거의 모든 수준과 연령대에서 더 나은 교육적 결과를 낳는다는 증거가 있습니다."[4] 능동적 학습의 주된 주장은 정보를 분석하고 실제 딜레마에

---

3 Matilda, Year 8 student, explaining the benefits of combining different kinds of learning, www.youtube.com/watch?v=XYzvMaBrpCA&feature=youtu.be&fbclid=IwAR1mMAeNqf3Y7dxhVDVjKm60S7qdiqFl1LvWwqRnOYBIIcWABPopb8MJrzM.

4 Freeman, Scott, Sarah L. Eddy, Miles McDonough, Michelle K. Smith, Nnadozie Okoroafor, Hannah Jordt, and Mary Pat Wenderoth, "Active learning increases student performance in science, engineering, and mathematics." Proceedings of the National Academy of Sciences of the United States of America, Vol. 111,

적용하는 학생의 역량을 계발하는 것을 목표로 한다는 것입니다. 학생들의 부족한 부분을 개선하고 학습 과정을 보다 생산적이고 즐겁게 만들기 위해서는 다양한 과목과 각 커리큘럼 간의 연관성을 경험해야 합니다. 또한 학생들이 스스로 연결고리, 질문, 해결책을 만들어낼 수 있을 때 능동적인 학습이 이루어집니다. 학습 과학에서 가장 강력한 연구 결과 중 하나는 "학습자가 강사나 교과서에서 정보를 독점적으로 받아들이는 것보다 아이디어를 자주 생산해야 할 때 기억력과 이해력이 더 높아진다"라는 것입니다.[5] 즉, 능동적 학습은 기억뿐만 아니라 마음을 자극하는 과학적인 방법이라고 할 수 있습니다. 무엇보다도 능동적 학습 전략의 전수는 "긍정적인 학습 환경을 조성하고, 강사와 학생 간의 직접적인 상호작용을 가능하게 하며, 열린 사고를 장려하고, 다른 사람의 의견을 존중하고 의사소통 기술을 향상시키는 동시에 참가자가 학습 활동에 개인적으로 참여할 수 있도록 하는 데 도움이 되기 때문에"[6] 유익한 것으로 입증될 수 있습니다.

수업의 기술

교사를 매력적이고 흥미롭게 만드는 것은 가르치는 내용이나 주제에 대한 이해도 및 전문성 수준에 국한되지 않습니다. 수업 기술의 비결은 주로 전달력에 있습니다. 수업의 규모에 관계 없이 각 과목의 가장 중요

No. 23, 2004, pp.8410-8415.

5 Bertsch, Sharon, Bryan J. Pesta, Richard Wiscott, and Michael A. McDaniel, "The Generation Effect: A Meta－Analytic Review." Memory & Cognition, Vol. 35, No.2, 2007, pp.201-210.

6 Jamila Shaaruddin, Maslawati Mohamad, Identifying the Effectiveness of Active LearningStrategies and Benefits in Curriculum and Pedagogy Course for Undergraduate TESL Students, Creative Education, 8, pp.2312-2324, 2017.

한 이론적 내용을 강의하는 교사는 강의를 지속가능하고 통합적인 능동적 학습 경험으로 전환할 수 있는 구체적인 기술을 개발해야 합니다. 교사는 설득력 있고 흥미를 유발하면서 효과적으로 소통하는 기술을 습득해야 합니다. 수업의 기술은 경험을 통해 기르게 되지만, 여러 연구에 따르면 대중 연설 기술은 학습이 가능하며, 연습을 통해 교사는 훌륭한 강사에서 뛰어난 강사로 변신할 수 있습니다. 프레젠테이션 기술을 향상시키면 몇 가지 간단한 기법을 배우면서 학생들의 성과가 크게 향상되는 것을 종종 볼 수 있습니다.

이러한 기술은 언뜻 보면 당연하고 단순해 보이지만 너무 당연하게 여겨져 간과하기 쉬운 경우가 많습니다. 말할 때 특정한 자세를 취하거나, 고개를 숙이지 않고 위를 쳐다보거나, 미소를 지으며 큰 숨을 들이마시거나, '멀리'라는 단어를 말할 때 손등으로 간단한 제스처를 취하거나, 두 손가락을 V자 모양으로 모으는 것만으로도 큰 차이를 만들 수 있습니다. 이러한 기술은 종종 매우 미묘하여 수행하는 사람만 의식적으로 인식할 수 있지만 듣는 사람의 잠재의식에 미치는 영향은 부인할 수 없습니다.

첫 번째 조언은 교실의 의자에서 일어나라는 것입니다. 중요한 정보를 학생들에게 전달할 때 가장 먼저 해야 할 일은 일어서서 자세를 잡고 교실 전체 공간을 사용하는 것입니다. 교사는 목소리 크기와는 상관없이 발성법을 알아야 합니다. 때로는 말할 때 한 발짝 앞으로 나아가는 것만으로도 듣는 사람에게 상당한 영향을 미칠 수 있습니다. 이러한 기술은 실제로 학습자의 마음 상태를 바꿀 수도 있습니다.

믿기 어렵겠지만, 학생들은 종종 구두로 말하는 내용보다 눈앞에서 벌어지는 일에 더 많은 주의를 기울이기 때문에 강의자의 몸동작이 학생들의 능동적 경청에 필수적인 요소가 됩니다. 일부 연구[7]에 따르면 청

---

7 Hossain, M., Teaching Productive Skills to the Students: A Secondary Level

중은 강사가 말하는 내용보다는 강사가 하는 행동에 거의 전적으로 집중하면서도 강의에서 가장 중요한 정보를 기억할 수 있다고 합니다. 제스처를 사용하여 말의 효과를 더하면서 열린 몸짓으로 자세를 취하면 성공적인 강의에 큰 도움이 될 수 있습니다. 적절한 제스처를 사용하여 움직임이 지식 습득 과정의 일부라는 사실은 학습 내용의 지속성을 높이는 동시에 수동적인 청취자를 능동적인 청취자로 변화시켜 교사가 말하는 것에 반응하여 더욱 몰입감 있는 청취 환경을 조성할 수 있기 때문입니다.

강의할 때는 의도적으로 손을 사용하고, 주머니에서 손을 꺼내서 표현하는 내용을 향상시키기 위해 모든 노력을 기울여야 합니다. 우리는 일반적으로 제스처가 시청자에게 실제로 보이는 것보다 훨씬 더 생생하고 표현력이 뛰어나다고 느낀다는 점을 기억하는 것이 중요합니다. 강의의 효과를 높이려면 크기나 가치가 증가하는 것에 대해 이야기할 때는 손을 들어 올리고, 떨어지거나 감소하는 것에 대해 이야기할 때는 손을 아래로 내리고, 평지에 대해 이야기할 때는 수평 제스처를 취하거나 '산'이라는 단어를 말할 때는 두 손을 서로를 향해 역(V)자 모양으로 합치는 등의 제스처를 취할 수 있습니다. 또한 구멍을 파는 것에 대해 이야기할 때는 삽질하는 제스처를 흉내 내고, 바다에 대해 이야기할 때는 팔과 손을 이용해 파도 제스처를 취하고, 무엇보다도 프레젠테이션을 돋보이게 하는 소품이나 액세서리를 손으로 들어 올려 청중의 초점을 손에 든 물건으로 옮기는 것이 좋습니다. 또 다른 간단한 아이디어로는 손가락으로 숫자를 세거나 구름에 대해 말할 때 하늘을 가리키거나 비행기를 모방할 때 날개가 있는 시늉을 하는 것입니다. 체리 따기라는 단어를 말할

Scenario, MA Thesis, BRAC University, Dhaka, Bangladesh, 2015, https://core.ac.uk/download/pdf /74352632.pdf.

때 물건을 집는 시늉을 하거나, 흥미로운 줄거리가 곧 드러날 때 손을 비비고, 학생들에게 의도적으로 기대감을 조성하고 싶을 때 주저하지 말고 손가락을 들어봅시다.

이러한 손동작을 반드시 연습할 필요는 없으며, 교사가 전달되는 정보 전달에 더 큰 효과를 줄 수 있는 일련의 제스처를 사용하면서 즉흥적인 기술을 개발했다는 사실만으로도 발표자가 더 진정성 있고 신뢰감 있게 보일 수 있습니다. 강사가 단순히 책을 읽거나 파워포인트의 텍스트를 반복해서 읽는다면 이러한 효과를 기대하기는 어렵습니다. 훌륭한 강사는 대본이 필요 없을 정도로 몸짓을 사용하고, 자신이 무슨 말을 하는지 알 수 있을 만큼 충분한 지식을 습득하고, 연습을 통해 학습자의 집중력과 흥미를 높이는 데 도움이 되는 거의 연극적인 공연을 만들 수 있는 뛰어난 스토리텔러가 될 것입니다. 이 모든 것이 학생들의 이해와 개념 습득에 도움이 되므로 지식 유지력을 높일 수 있습니다.

강사의 제스처에서 손과 팔 외에 또 다른 중요한 부분은 머리입니다. 여기서는 두뇌를 사용하는 것과 같은 명백한 방식이 아니라 실제 머리와 얼굴 표정을 활용하는 방식이 더 중요합니다. 입뿐만 아니라 눈으로도 미소 짓는 법을 배우고, 전쟁, 인권 침해, 대량 학살 또는 기타 감정이 격해지는 주제에 대해 이야기할 때 감정을 표현하고 행동하고 분노하는 소리를 내는 것을 두려워하지 마세요. 말하는 동안 고개를 기울이거나 눈썹을 올리는 것과 같은 간단한 행동만으로도 듣는 사람에게 슬픔이나 공감을 불러일으킬 수 있습니다. 연설이나 강의를 시작할 때 중립적인 자세로 시작하면 발표자는 자신이 다루고자 하는 가장 흥미로운 주제에 대해 몇 걸음 앞으로 나아갈 수 있는 기회를 얻게 됩니다. 특정 방향으로 몇 걸음 나아가는 것과 같은 기본적인 것만으로도 흥미를 더하고 학습자의 관심을 끌 수 있습니다. 또한 높은 위치에서 낮은 위치로 수직으로 이동하면 교사와 학생 사이에 친밀감을 더하고 자신감을 높일 수 있습니다. 학생의 책상 옆에 낮은 자세로 앉아 학생을 도와주면 자연스럽게 학생의 신뢰가 깊어질 것입니다. 교사는 교실 앞, 원한다면 무대에서 학생들과 눈을 맞추면서 학생들이 집중하고 관심을 가질 수 있도록 항상 중심을 잡는 것이 중요합니다.

학생들의 집중력을 높이는 또 다른 매우 효과적인 방법은 강의 전달 속도에 변화를 주는 것입니다. 강의 내용에 따라 템포에 변화를 줄 수 있으며, 말의 속도를 줄이거나 늘리면 강의 내용의 중요도나 내용이 달라질 수 있습니다. 또한 말의 속도를 변화시킴으로써 청중이 강의 내용에 집중할 수 있는 능력과 준비성을 높일 수 있습니다. 일류 강사는 강약이나 변형을 만들어 특정 단어나 모음을 강조하는 방법을 배울 뿐만 아니라 손가락을 딸깍거리는 소리나 손뼉 치는 소리와 같은 음향 효과도 학생들의 집중력에 원하는 효과를 줄 수 있으므로 이러한 청각적 도구도 사용할 수 있습니다. 전달 속도에 있어 또 다른 중요한 요소는 일시정지를 능숙하게 사용하는 것으로, 최고 수준의 나레이터라면 누구나 예상되는 일시정지 사용으로 강의실을 절대적으로 통제할 수 있을 것입니다. 수사학자가 말하는 동안 일시정지를 최대한 활용하는 방법을 안다면 화자가 청중의 주의를 사로잡고 유지하는 데 매우 강력한 효과를 더하기 때문에 평범한 강의를 기억에 남는 강의로 바꿀 수 있습니다. 이러한 정확한 유형의 일시 정지는 강의에서 적절한 순간에 수행하면 듣는 사람의 감정을 유발하는 데 도움이 될 수 있습니다. 어떤 사람들은 연설을 할 때 이러한 순간적인 침묵을 두려워하여 어색한 침묵의 상황에서 더 많은 단어나 고전적인 '음' 또는 '으음' 같은 소음으로 침묵을 대체하는 경향이 있지만, 이러한 유형의 결함으로 인해 발표자의 정신이 실제로 영향을 받을 수 있으며 해당 주제에 대한 전문 지식 수준에 관계없이 발표자의 신뢰도가 떨어질 수 있다는 점을 고려할 필요가 있습니다. 이는 화자가 정보를 정확하게 전달할 수 있을 만큼 간단한 용어로 말하는 내용을 제대로 이해하지 못하고 있다는 신호를 보낼 수 있기 때문입니다. 조용히 멈추는 대신 소리가 나는 것은 실제로 화자의 불안감을 전달할 수 있습니다.

효과적인 강의를 전달하기 위해 청중이 말하는 내용에서 스스로 결론을 도출하도록 하는 방법을 선택할 수 있으며, 적절한 주관적 접근 방식을 사용하면 고전적인 소크라테스의 아이러니처럼 청중이 그 생각의 저자라는 인상을 갖게 되어 전달되는 메시지가 더욱 강화될 수 있습니다. 이 기법은 듣는 사람의 머릿속에 있는 생각을 강화하는 데 사용되므로 생각의 영향력이 오래 지속되는 데 기여합니다. 결과적으로, 학생의 자아실현을 유도하는 행위는 누군가가 명시적으로 무엇을 생각하라고 말하는 것보다 훨씬 더 지속가능합니다. 훌륭한 강사는 적시에 적절한 질문을 하고 의도적으로 잠시 멈출 수 있는 적절한 순간을 선택함으로써 청중이 '올바른' 답을 찾도록 유도하기 위해 가능한 모든 기술을 사용할 것입니다. 전문 강사는 소위 생각의 일시 정지를 통해 교사와 학습자 모두 자신의 생각을 정리하고 중요한 모든 것을 요약할 수 있는 짧은 순간을 가질 수 있다는 점을 명심해야 합니다. 학습을 완료하고, 앞으로 시작될 추가 학습으로 진행할 수 있습니다.

가장 과학적인 발성 기술 중 하나는 말할 때 적절한 순간에 속도를 바꾸는 방법을 배우는 것입니다. 느린 속도로 말하는 것이 빠른 속도로 말하는 것보다 더 중요한 것으로 여겨지는 경우가 많습니다. 예를 들어 버락 오바마가 매우 차분한 속도로 연설을 하면서 항상 중요한 개념을 강조하고 적절한 순간에 멈춤을 사용하는 방식과, 미국의 특정 정치 평론가가 지나치게 빠른 속도로 앞으로 돌진하면서 동시에 고개를 엎으로 흔드는 것으로 유명한 방식과 비교할 수 있습니다. 그가 말할 때 실제보다 주제에 대해 더 많이 알고 있다는 인상을 주기 위해 논쟁의 속도를 높여 청중을 자극하는 것으로 간주됩니다. 이런 식으로 그는 청중이 그가 말하려는 전체 내용에 현혹될 정도로 빠르게 진언처럼 반복되는 일련의 아이디어를 가지고 있지만 팬들에게는 일종의 깨달음의 순간으로 여겨지는 잘 연습된 몇 가지 펀치라인만 남기는 스핀 닥터의 완벽한 예입니다.[8] 그러나 그가 의심할 여지 없이 뛰어난 수사학적 능숙함을 갖춘 숙련된 토론자라는 사실에도 불구하고 그의 발표 솜씨와 일정한 빠른 속도는 전달되는 내용을 향상시키기 위해 속도, 목소리 및 신체 언어를 사용하는 기술을 마스터하는 사람보다 훨씬 덜 흥미롭고 설득력 있는 연설가로 만듭니다.

교사는 목소리 톤을 낮추거나 속삭이기 시작함으로써 학생들에게 기대감을 조성할 수 있습니다. 자신을 비웃거나 얼굴에 미소를 짓는 것만으로도 기대감을 조성할 수 있습니다. 때로는 자기 조롱이 청중을 사로잡는 좋은 방법이 될 수도 있습니다. 앞서 언급했듯이 뛰어난 교사는 적절한 타이밍에 재치 있는 농담과 말장난을 하거나 스스로 웃어 학생들의 관심을 끌 수 있는 사람, 심지어 입만큼이나 눈으로도 웃을 수 있는 사람입니다. 웃는 모습과 웃는 모습을 보는 것이 주는 심리적 이점은 절대 과소평가되어서는 안 되며, 웃어서 주름이 생기는 것을 두려워하지 말고 모든 개인의 아름다움에 더해지는 것이기 때문이죠.

발표자의 목소리는 무언가를 설명할 때 적절한 감정을 전달하는 데 사용할 수 있는 가장 강력한 도구입니다. 하지만 학생들 앞에서 여러 시

---

8 (역자주) '펀치라인(punchline)'은 이야기나 농담에서 가장 핵심적이고 인상적인 마지막 한마디를 뜻합니다. 청중의 웃음이나 충격, 깨달음을 유도하는 결정적 문장이죠. '스핀 닥터(spin doctor)'는 정치인이나 기업 등의 이미지나 메시지를 유리하게 포장해주는 전문가를 의미합니다.

간 동안 수업을 진행하는 교사의 목소리는 때때로 피곤하거나, 긴장하거나, 여러 번의 연속 수업으로 인해 과도하게 긴장된 상태일 수 있습니다. 이를 예방하기 위해 교사들은 올바른 자세 정렬, 호흡, 적절한 순간에 성대를 이완하는 등의 기본적인 요령을 익혀야 스트레스가 목소리에 미치는 영향을 줄일 수 있으며, 이는 성대의 긴장과 피로를 효과적으로 최소화할 수 있다는 것이 성대 전문의[9]들의 일치된 의견입니다. 예를 들어 바그너식 소프라노(Wagnerian soprano)라고도 하는 드라마틱 소프라노(dramatic soprano)는 80명 또는 100명 이상의 대규모 오케스트라를 압도할 수 있는 매우 큰 목소리를 가졌음에도 불구하고 네 개의 오페라로 구성된 다소 부담스러운 '니벨룽겐의 반지'와 같은 오페라를 공연할 수 있습니다. 마지막이자 가장 긴 곡인 "괴테 데메룽" 또는 "신들의 황혼"은 5시간 30분이 걸립니다. 이 목소리는 중후하고, 음색이 밀도가 높으며, 매우 강력하고, 이상적으로는 성대 전체에 걸쳐 고르게 균형을 이룹니다. 드라마틱 소프라노는 타고난 재능이 아니라 성대를 손상시키지 않으면서도 끈질긴 목소리를 지속하고 공연할 수 있도록 훈련합니다. 따라서 모든 교사는 성대 손상의 위험을 거의 최소화하면서 최대의 효과를 내기 위해 목소리 사용을 개선할 수 있습니다.

강의할 때 극화하기는 다국어에 대한 장에서 더 자세히 설명하는 것처럼 아이디어를 미리 전달하는 매우 재미있는 방법으로 종종 여겨집니다. 외국어에 대한 지식이 있는 교사는 학생들이 반드시 이해하지 못하는 단어를 사용하는 것을 두려워해서는 안 되며, 장소와 사람의 이름을 모국에서 발음하는 대로 발음하는 것을 목표로 삼아야 합니다. 마찬가지로 발표력은 타고나는 것이 아니며 재능에 의존하는 것이 아니므로 약

---

9 See for example US Department of Health and Human Services, www.nidcd.nih.gov/health/taking-care-your-voice.

간의 연습과 최소한의 자신감만 있으면 위에서 언급한 모든 기술을 빠르게 습득할 수 있습니다. 대신, 이것은 후천적인 기술이며 이러한 기술을 개발하기 위해 연습하는 좋은 방법은 예를 들어 반대, 부정적인 제스처를 취하면서 긍정적인 말을 하거나 그 반대의 제스처를 취하는 것입니다. 말과 반대되는 행동을 하는 멘탈 체조를 연습하면 발표자가 제스처의 힘을 더 잘 인식하는 동시에 올바른 제스처를 거의 직관적으로, 즉흥적으로 만들 수 있도록 두뇌를 향상시킬 수 있습니다.

각 교사가 자신만의 강의 스타일을 개발하는 것도 중요하지만, 가장 영향력 있는 프레젠테이션 기술에 대한 기본적인 이해는 놀라운 속도로 발전하는 데 도움이 될 수 있습니다. 칠판에 그림을 그리는 기술을 개발하는 것과 같은 기본적인 것만으로도 큰 영향을 미칠 수 있으며, 몇 가지 핵심 단어나 간단한 그림, 기호, 표의 문자 또는 그림문자를 사용하여 말하고자 하는 내용을 증폭시킬 수 있는 충분한 대칭성을 확보하는 데 그림 기술이 적절한지 확인하면 큰 도움이 될 수 있습니다. 또한 용어와 아이디어를 개념화할 때 색상을 사용하는 것도 도움이 될 수 있는데, 예를 들어 더운 것은 빨간색, 차가운 것은 파란색을 사용하거나 정치에 대해 이야기할 때 좌파 성향의 정치 아이디어에는 빨간색, 우파 성향의 정치 아이디어에는 파란색을 주로 사용하는 식입니다.

이를 완전히 숙달하기 위해 교사는 거울 앞에서 연습하거나 실제로 강의를 진행하는 동안 자신을 촬영하여 나중에 자신의 동작을 관찰할 수 있도록 할 수 있습니다. 대부분의 교사, 사실 대부분의 사람들은 거의 움직이지 않는데도 큰 제스처를 하고 있다고 생각하기 때문에 처음에는 제스처와 관절을 과장할 필요가 있기 때문입니다. 사람들은 때때로 자신의 연기가 충분하다고 생각하지만 원하는 효과를 얻기 위해 모든 것을 증폭하는 법을 배워야 하는 경우가 많습니다.

적극적 경청(Active Listening)

학교에서 연습해야 할 매우 중요한 기술은 적극적 경청입니다. 아이들이 새로 습득한 읽기 기술을 연습하는 2학년 수업을 참관하는 동안 교사는 타이머를 5분으로 설정했습니다. 아이들이 두 명씩 짝을 지어 앉아 각자의 책에서 책을 읽어주어야 하는 세션이었습니다. 한 아이가 책을 읽는 동안 다른 아이는 적극적으로 경청하고 5분마다 역할을 바꿔가며 책을 읽었습니다. 이 연습은 총 20분 동안 진행되었습니다. 이 관찰에서 가장 인상적이었던 것은 학생들이 어떻게 책을 읽는지를 연습하는 것이 아니라, 매우 다양한 읽기 능력을 보였음에도 불구하고 상대방을 존중하고 주의 깊게 듣는 법을 연습하고 배웠다는 점입니다. 능동적인 학습 상황을 만드는 이 간단한 방법은 의심할 여지없이 참여하는 학생 모두에게 유익합니다. 아이가 앉아서 읽기만 할 수 있는 반 친구의 말을 주의 깊게 듣고 있으면 적극적으로 듣는 습관을 기를 수 있습니다. 큰 소리로 책을 읽고 읽는 내용에 주의를 기울이는 데 필요한 집중력은 여러 가지 기술을 동시에 발달시키는 데 기여합니다. 또한, 이 상호 학습 방법은 학습자들에게 협력적인 노력을 넘어 실제로 아이들이 서로의 말을 진정으로 경청하는 법을 배우면서 서로를 인격적으로 존중하도록 가르칩니다. 이러한 유형의 협동학습의 심리사회적 측면은 전인적 교육학의 가장 필수적인 요소 중 하나를 개발할 수 있는 탁월한 방법입니다. 종종 교사들은 이러한 활동이 학생 발달의 여러 측면에 기여한다는 사실을 깨닫지 못한 채 학생들과 함께 이러한 활동을 하는 경우가 많습니다. 적극적 경청 또한 매우 능동적인 학습의 한 형태입니다. 상대방의 말에 주의를 기울이는 것은 특히 요즘처럼 사람들의 주의 집중 시간이 짧아지고 휴대폰, 태블릿, 컴퓨터로 인해 끊임없이 알림을 받느라 주의가 산만해지는 시대에 매우 중요한 기술입니다.

능동적 학습으로서의 마인드 매핑

강의에 앉아 강의 내용을 필기할 때, 우리는 때때로 단순히 말한 내용을 필사하고 자신이 쓴 내용에 대해 깊이 생각하지 않을 때가 있습니다. 정보를 필사할 때 우리는 뇌가 인식할 수 있는 특정한 방식으로 정보를 정리하지 않을 수도 있습니다. 하지만 우리는 정보를 정리하고 기억에 저장해 두었다가 필요할 때 또는 어떤 식으로든 다시 생각하면 바로 꺼내어 학습합니다. 마인드 매핑 기법을 사용하는 것은 매우 시각적이고 운동 감각을 사용하는 것으로, 현명하게 사용한다면 기억력 유지에 큰 도움이 될 것입니다. 수업 중 노트 필기를 위한 적극적인 도구로서 마인드 매핑의 장점에 대해 광범위하게 글을 쓴 헤이젤 웨그너(Hazel Wagner)는 "마인드맵은 주제를 주요 구성 요소로 정리한 다음 키워드를 사용해 모든 하위 구성 요소를 추가하는 데 도움이 됩니다. 그러면 전체 주제를 한 장의 다이어그램으로 볼 수 있습니다."[10] 마인드 매핑 기법을 사용할 때는 중심부에서 시작하여 기억하고자 하는 아이디어나 사실의 외곽과 주변부로 발전시켜 나가는 것이 중요합니다. 많은 경우, 그림을 그리는 기술은 구조의 중심에서 그림을 시작하여 주변을 향해 그리는 방사형으로 가르치기도 합니다. 마인드맵을 그리는 동안 사람들은 자신에게 중요한 내용을 적어 나갑니다. 이때 작성자에게는 너무 익숙해 주목하지 않을 수 있는 내용이, 다른 사람에게는 중요한 의미를 지닐 수 있습니다. 따라서 마인드맵은 개인적인 맥락 속에서 구성될 때 가장 의미가 깊습니다.

학습한 내용을 노트나 마인드맵에 적는 행위를 통해 동화시키는 행위는 이전 장에서 설명한 것처럼 종종 구체화된 인지라고 정의됩니다. 여기에는 행위를 통한 학습도 포함되며, "마음은 우리 몸과 연결되어 있을 뿐만 아니라 몸이 마음에 영향을 미친다는 생각은 인지 과학에서 가

10 See for example https://powerbrainstorming.com/critical-thinking.

장 반직관적인 생각 중 하나"입니다. 구체화된 인지의 한 형태인 마인드맵은 세부 사항을 큰 그림으로 가져와서 다시 볼 때 탐색할 수 있는 방식으로 정리하는 방법입니다. 때로는 매우 복잡하고 혼란스러워 보이는 노트 페이지가 될지라도 한 페이지에 개념 마인드맵을 유지하는 것이 중요할 수 있습니다. 책의 첫머리에 있는 콘텐츠 페이지는 때로는 매우 방대한 내용을 한 페이지에 압축적으로 정리한 일종의 마인드맵입니다. 이를 통해 독자는 책의 내용과 맥락을 더 쉽게 이해할 수 있습니다. 또한 상세한 역사적 연대표는 일련의 사건을 정리하거나 계보 가계도로 사용하거나 서로 다른 지리적 영역에서 서로 다른 유사 시기를 맥락화하기 위해 관련 없는 역사적 사건 사이의 평행선을 그리는 데 사용할 수 있으므로 일종의 마인드맵이 될 수 있습니다.

이 책에 소개된 한국의 뛰어난 교육 자료와 유사하게 4D프레임도 여러 면에서 비슷한 방식으로 구성되어 있습니다. 각 커넥터가 아이디어이고 튜브가 서로 다른 아이디어 사이의 연결고리인 마인드맵으로 구성되어 있습니다. 각 개인은 자신만의 구조를 만들 수 있으며, 실험과 변형의 가능성은 무한해 보입니다. 오늘날 우리 모두에게 친숙한 고전적인 별자리가 된 별자리의 패턴을 인류가 오랫동안 고안해낸 방식과도 유사점을 찾을 수 있습니다. 이러한 연결은 다소 임의적이지만, 그럼에도 불구하고 인류가 패턴을 찾는 방법을 통해 개념화에 기여하며, 이는 반드시 서로 연결되어 있지 않은 사물을 이해하기 위해 인류가 사용해온 방법입니다. 아포페니아(apophenia)[11]라고도 하는 무작위 정보에서 연관성을 찾

---

11 (역자주) 아포페니아(Apophenia)는 인간의 뇌가 우연한 사건들 사이에 의미 있는 관계가 있다고 착각하는 심리적 경향입니다. 이 개념은 독일의 정신과 의사 클라우스 콘라드(Klaus Conrad)가 1950년대에 처음 사용했으며, 원래는 정신질환 초기 증상을 설명하기 위해 등장했습니다. 그러나 이후 정상적인 인지 과정에서도 흔히 나타나는 현상으로 널리 인식되고 있습니다.

는 인간의 성향은 모든 종류의 착각에 빠지는 경향을 일으키는 중요한 요소이므로 비판적 사고에 관한 장에서 이 주제에 대해 더 자세히 다룰 것입니다. 대부분의 언어에서 단어가 가로로 배열되어 있기 때문에 마인드맵은 항상 가로축으로 작성하는 것이 좋습니다. 핵심 단어와 짧은 문구를 쓰는 것으로 시작하여 나중에 이해가 될 간단한 스케치와 기호를 위한 공간을 남겨두는 것이 좋습니다. 그 후에 마인드맵을 자유롭게 구성하고 자신만의 스타일을 개발할 수 있습니다.

다시 정리하자면, 누군가가 알려준 내용을 단순히 종이에 적는다면 마인드맵처럼 어떤 식으로든 바꾸어 표현하는 것과 같은 방식으로 이 정보를 내면화하지 못할 가능성이 높습니다. 그렇기 때문에 마인드맵 시나리오에서 지식을 연결하면 이해에 도움이 되고 사실, 현상, 그리고 체화된 인지를 통해 처리하면서 장기 기억에 저장하는 방법이기 때문에 결론을 훨씬 더 오래 지속할 수 있습니다. 다른 모든 것과 마찬가지로 이 역시 연습이 필요합니다. 하지만 시간을 들여서 다른 사람에게도 가르친다면 정말 뛰어난 능력을 발휘할 수 있을 것입니다. 따라서 교사는 시간을 내어 학생들에게 학습을 돕기 위한 방법으로 위에서 설명한 마인드매핑을 사용하도록 가르치는 것이 좋습니다.

능동적 학습을 위한 음악 수업의 교훈

전통적으로 미술–음악 분야에서는 음악적 역량과 작곡을 가르치는데 필요한 기술을 스승에서 제자로, 종종 개별적으로 전수하는 방식으로 교육해 왔습니다. 학생들은 스승의 기술을 정확히 습득할 때까지 단순히 모방하는 방식으로 배웠고, 경우에 따라서는 다른 방식으로 스승을 뛰어넘거나 이미 모방한 기술을 재창조하기도 했습니다. 작곡가들은 선대의 음악을 다양한 방식으로 모방하면서 훈련해 왔으며, 그중 가장 성공한 작곡가들은 자신만의 독창적인 스타일과 음색을 개발하는 데 성공했습니다. 이 교육 방법론의 핵심은 최근의 역사를 통해 사람에서 사람으로 전수된 일련의 기술을 전수하는 것이었습니다. 많은 기발한 기법, 특이한 방법, 심지어는 오해, 매우 성공적인 팁과 영업 비밀도 이러한 방식으로 전수되었을 수 있으며, 오늘날까지도 의심하지 않는 젊은 음악가들에게 이 중 일부를 가르칠 수 있을지도 모릅니다.

학교가 존재한 만큼이나 오랫동안 학교에서 음악이 가르쳐져 왔고, 많은 경우 그 내용은 다양한 종류의 노래였습니다. 노래를 잘 부르지 못하는 아이는 반에서 뒷전으로 밀려나거나 심하면 음악 수업에서 배제되어 음악적이지 않다는 낙인이 찍혔을 수도 있습니다. 하지만 최근 스웨덴에서는 학교에서 음악이 다양한 과목과 주제를 아우르는 종합 과목으로 자리 잡았습니다. 스웨덴의 일반 학생들은 모두 아주 기본적인 수준에서 멜로디 악기인 '코드' 악기를 연주할 수 있어야 하고, 베이스라인과 타악기를 연주할 수 있어야 하며, 노래도 할 수 있어야 합니다. 또한 학생들은 음악과 음악적 경험에 대해 추론할 수 있어야 하며, 음악 작곡 분야에 대한 아주 기본적인 경험을 가지고 있어야 합니다. 이러한 커리큘럼 요건을 보면 스웨덴 학교에서 음악 과목이 16세까지 필수 과목으로 지정된 의도가 매우 활동적이고 실용적인 과목이 되게 하려는 것임을 쉽게 알 수 있습니다. 예를 들어 다양한 교재를 접할 수 있는 등 많은 자원이 필요하고, 상당히 어린 나이부터 교사에게 높은 수준의 전문성을 요구하는 과목이기도 합니다. 이러한 유형의 음악 교육 방법은 통합적이고 능동적인 교수 전략의 훌륭한 예로서, 참여형 및 교차 강의 계획서를 위한 청사진을 개발하는 데 영감의 원천이 될 수 있습니다.

음악을 성공적으로 가르치는 방법에는 여러 가지가 있지만, 성공적이지 못한 방법도 있습니다. 빠지기 쉬운 주요 함정 중 하나는 실제로 학생들에게 필요한 기술을 가르치는 대신 전문가의 도움 없이 소규모 그룹에서 스스로 실험할 시간을 주거나 학교 밖에서 이미 습득한 기술을 바탕으로 기껏해야 일부 관심 있는 학생이 또래 학생들을 이끌지만 새로운 음악 지식이나 학습이 많이 도입되지 않은 상태에서만 기술을 익히도록 하는 것이 좋습니다. 따라서 교사로서 모든 학생이 습득하도록 목표로 하는 능력에 대해 매우 명확하고 장기적인 계획을 세우고, 그 후 실제로 이러한 모든 기술과 능력을 특히 어린 학생들에게 가르치는 것이 훨씬 더 유리할 수 있습니다. 예를 들어 30명 규모의 수업에서 멜로디 악기 연주를 가르치는 것은 쉽지 않지만, 좋은 계획과 자료가 있다면 전혀 불가능한 일은 아닙니다. 이러한 경우, 자료를 다양하게 바꾸고 실제로 모든 사람의 인내심과 웰빙을 절약하기 위해 합리적으로 들리기 시작할 때까지 전체 수업 시간 동안 악기를 연주하지 않는 것이 매우 유익할 수 있습니다(초기 시간을 5분 정도로 제한하고 그 이후에는 훨씬 덜 성대한 것을 원활하게 수행하는 것이 현명할 수 있습니다).

마찬가지로, 학생들에게 음악과 관련된 다양한 문제에 비판적 추론을 적용하도록 가르칠 때, 전문가(교사)가 실제로 그 방법을 가르쳐 주지 않는 한 학생들이 건전하고 상호적인 관찰과 분석을 하고 음악적 차이점과 유사점을 해석할 수 있기를 기대할 수 없습니다. 이 문제에서 음악 교사는 학생들이 필요한 기술을 습득할 수 있도록 자신의 안전 지대를 벗어나 언어 교사가 더 정기적으로 다루는 문제를 가르치고 보조 쓰기와 같은 방법을 사용해야 합니다. 또는 이 책의 과정에서 여러 번 논의하겠지만, 두 명 이상의 교사가 이러한 전이성이 높은 기술을 계획, 개발 및 완성하는 학제 간 교수법을 사용하면 학생과 교사 팀 모두에게 매우 유익할 수 있습니다.

음악 프로그래밍의 4D프레임

음악, 역사, 기술, 공학과 함께 사용되는 학제 간 방법을 설명하기 위해 컴퓨터 없이 4D프레임으로 프로그래밍을 배우는 경우를 예로 들어보겠습니다. 음악, 역사, 수학, 기술, 공학을 결합한 학제 간 수업을 개발함으로써 디지털 음악 프로그래밍의 이면에 있는 기술 발전에 대해 자연스럽게 가르칠 수 있습니다. 다음 예시는 앞서 설명한 대로 STEM 교육에서 예술의 'A'를 추가하여 STEAM 교육으로 만드는 실질적인 방법을 보여 주며, 이러한 접근 방식을 가장 성공적으로 만들기 위해 교사 간의 협업 계획을 강력히 권장합니다.

학생들이 4D프레임으로 만든 첫 번째 실험은 음악 선생님과 협업하여 학생들이 바람으로 작동하는 원통형 오르골을 만들어 팔을 움직여 글로켄슈필을 연주하는 것이었습니다. 이 음악 실험의 목적 중 하나는 학생들에게 컴퓨터를 사용하지 않고도 프로그래밍을 할 수 있다는 것을 가르치고 아날로그 방식으로 음악 프로그래밍을 수행하면 음악적 감각을 강화할 수 있다는 것을 가르치는 것이었습니다. 디지털 음악 프로그래밍에 대한 이해도를 높였습니다. 학생들은 4D프레임으로 만든 풍동 기계 실린더로 연주하는 간단한 3음 멜로디를 사용하여 샘플링한 다음 이를 Soundtrap, ProTools 또는 Logic Pro와 같은 디지털 음악 제작 프로그램을 이용해, 이전에 작성한 간단한 멜로디에 다양한 악기를 덧붙여 하나의 짧은 징글(jingle)[12]을 완성했습니다.

음악 교육에서 얻을 수 있는 몇 가지 아이디어는 보다 능동적인 교육 방식을 시도하는 다른 과목들에도 유익하게 적용될 수 있습니다. 그 핵심은 아마도 '연습이 완벽을 만든다'는 점일 것입니다. 지속가능한 어떤

---

12 (역자주) '징글(Jingle)'은 광고, 방송, 팟캐스트, 라디오 등에서 브랜드나 메시지를 효과적으로 전달하기 위해 사용하는 짧은 멜로디나 음악입니다.

기술이든 오래도록 유지되기 위해서는 반복적인 연습을 통해 몸에 배도록 익혀야 한다는 사실입니다. 이러한 반복은 자칫 학습의 즐거움을 줄일 것이라 생각할 수 있지만, 오히려 학습의 즐거움을 더해주며, 무언가를 진정으로 숙달하고 잘할 수 있다는 성취감을 높여줍니다.

배워야 할 또 다른 중요한 교훈은 주제 영역에 대한 정서적 참여가 중요할 수 있으며, 이러한 종류의 정서적 애착을 가지고 자료를 선택하려는 시도는 학습을 훨씬 더 참여하고 재미있게 만들 수 있을 뿐만 아니라 훨씬 더 오래 지속되는 지식으로 이어질 수 있으므로 훨씬 더 지속가능하고 총체적인 결과를 낳을 수 있다는 것입니다. 음악과 다른 과목의 학습을 추구할 때에도 마찬가지로 중요한 것은 초기 시험용 실험이 경우에 따라 유용할 수 있지만, 개별 실험은 필요한 기술이 교사로부터 학생에게 전수된 후에 이루어져야 한다는 점을 기억하는 것입니다. 예를 들어 경연 대회, 공연 및 기타 실제 환경이나 프레임워크에 참여하는 것은 음악과 같은 다른 많은 과목에서 매우 유용할 수 있습니다. 실제로 적용할 수 있는 설득력 있고 그럴듯한 학습 상황에 가까워질수록 학생들은 더 효과적이고 총체적으로 학습할 수 있습니다. 마지막으로, 지금까지 살펴본 다른 모든 것에서와 마찬가지로 음악의 성공적인 교육은 두 명 이상의 교사 간의 모든 형태의 협업이 진정으로 학생까지 포함할 때 성공적이고 지속가능한 학습에 다양한 부가가치를 제공한다는 것을 보여주었습니다.

2) 메타역량의 계발

학생들의 메타역량을 계발하고자 하는 바람은 종종 언급되며, 국가 교육과정과 같은 다양한 관리 운영 문서에서 기대하는 바이기도 합니다. 메타역량은 "문제 해결, 임상적 추론, 자기 계발과 같은 기본적인 능력을 포함하는 일반적인 역량"으로 설명할 수 있습니다.[13] 많은 연구자와 과학자들이 메타역량의 형성에 대해 연구해 왔으며, 이새바(Isaeva)에 따르면, 메타역량은 "문제 해결, 임상적 추론, 자기 계발과 같은 기본적인 능력을 포함하는 일반적인 역량"이라고 정의합니다. 이새바에 따르면 메타역량은 "자아실현과 자아 정체성을 위한 사람의 준비, 사람의 내면 세계를 창조하고 풍요롭게 하는 수단, 사람을 인식하고 이해하는 능력, 감정 상태, 자신의 마음과 감정을 관리하는 능력"입니다.[14]

학생들이 잠재력을 최대한 발휘할 수 있도록 돕기 위해서는 다음과 같은 두 가지 메타역량을 계발하는 데 상당한 노력을 기울이는 것이 필수적입니다. 학생들의 일상 생활에 적용할 수 있는 몇 가지 기술이 있습니다. 이를 경험을 통한 이해와 학습 방법의 학습이라는 표현으로 설명할 수 있습니다. 다시 말해, 이러한 메타역량은 능동적 학습과 자동 학습의 '자동화'라고 할 수 있습니다. 앞서 설명했듯이 체험 학습은 경험을 통한 이해 그 이상입니다. 무엇보다도 현실을 더 잘 이해하기 위해 자신의 삶의 경험을 활용하는 능력입니다. 따라서 삶을 변화시키는 활동이나 삶을 변화시키는 사건은 지속가능한 지식의 축적에 기여합니다. 이러한

13 www.igi-global.com/dictionary/distance-learning-health-professions-education/18429.

14 Isaeva, T.I., Competencies of University Students and Teachers: Forming and Evaluating Methods, Rostov-On-Don: Rostov State Transport University, 2019, p.152.

유형의 학습은 독학과 달리 '우연히' 또는 무의식적으로 발생할 수 있으며 학습자의 장기 기억에 '저장'됩니다. 이러한 종류의 참여 학습은 종종 학교 밖에서 이루어지지만, 상호 의존적인 여러 주제와 학교 과목에 사용되는 '기술 도구 상자'의 일부가 될 수 있습니다. 예를 들어, 학생들은 장작불을 피우는 것을 도운 후 불의 속성을 더 잘 이해할 수 있으며, 그 과정에서 불을 피우고 시작하기 위해 얼마나 많은 노력이 필요한지, 불이 붙으면 얼마나 강력하고 꺼뜨리는 것이 얼마나 어려운지 깨닫게 될 수 있습니다.

또한 체험 학습을 통한 정보 동화는 다음을 필요로 합니다. 학생의 머릿속에서 이론에서 실천으로 일종의 '이동'이 일어나고, 결과적으로 체험 학습 활동 내에서 창의적 사고 과정의 내재적 복잡성을 더 잘 이해할 수 있게 됩니다. 예를 들어, 학생들이 창의적인 과정이나 문제 해결 상황에서 막다른 골목에 반복적으로 부딪힐 때, 메타역량을 계발하면 학문적 지식의 한계를 더 잘 인식할 수 있습니다. 메타인지란 자신의 사고 과정에 대해 생각하는 것을 가리키는 용어입니다. 존 해티는 광범위한 메타 분석을 통해 학습 성과에 대한 메타인지 전략 계발에 상당히 높은 효과 점수를 부여했습니다. 자신의 학습에 의문을 제기하고, 스스로 학습을 가시화하려고 시도하고, 실수를 통해 자신의 행동의 구조와 일관성을 성찰하는 등의 전략은 모두 교사와 학습자 간의 대화를 촉진하기 때문에 학습에 큰 영향을 미칩니다. 따라서 주요 목표는 학생들에게 교사의 피드백을 구하고 해석하는 이러한 기술을 가르쳐 학습의 필수 요소가 될 수 있도록 하는 것 입니다.[15]

메타역량을 계발하여 유능하다는 것은 정확성과 신속성을 동시에 갖

---

15 Hattie, J. and Zierer, K., Visible Learning Insights, London: Routledge, 2019, p.85.

추는 것입니다. 예를 들어, 레스토랑의 유능한 웨이터는 테이블에 앉은 고객의 주문을 정확하게 받을 수 있을 뿐만 아니라 많은 테이블을 서빙하면서도 실수 없이 이 모든 것을 빠르고 신속하게 처리할 수 있어야 합니다. 이러한 역량을 계발하기 위해서는 먼저 문제 해결이나 업무 수행을 위한 올바른 전략을 이해하고 적용할 수 있어야 하며, 궁극적으로 이러한 전략이 자동적으로 이루어질 수 있어야 합니다. 메 타 역량을 최적화한다는 의미에서 자동화는 절대적인 핵심입니다.

3) 지속가능한 비판적 사고 방법론

비판적 사고는 학교 커리큘럼에서 가장 필수적인 요소 중 하나로 성장함에 따라 그 어느 때보다 중요해졌습니다. 지속가능하고 능동적인 학습의 형태입니다. 여러 면에서 비판적 사고는 모든 교육적 노력의 중요한 요소가 되어야 하며, 학생들의 문제 해결 능력이나 창의성을 계발하기 위한 모든 시도에 선행되어야 합니다. 건강한 회의주의와 잘 발달된 비판적 사고력이 없다면 문제 해결 능력과 창의성이 저하될 수 있으며, 독창적이지 않거나 단순하거나 잘못된 아이디어로 변질될 위험에 처할 수 있습니다. 비판적 사고의 도움으로 우리는 학생들에게 창의력과 문제 해결 능력을 보다 실용적인 방식으로 발휘할 수 있는 실제적이고 중요한 문제를 식별하고 집중하도록 가르칠 수 있습니다. 입증되지 않은 '대안적 사실'을 믿는 경향이 있는 개인은 중요하지 않은 상상의 문제에 너무 많은 자원과 귀중한 시간, 에너지를 할당할 위험이 있고 현실에 근거하지 않은 문제를 해결하려는 헛된 시도에 시간을 허비할 수 있기 때문에 적절한 비판적 사고 능력이 없으면 건설적인 사람이 되기 어렵다고 주장합니다. 출처 분석의 필수 기술이 없다면 누구나 정말 중요한 긴급한 일에 귀중한 시간과 에너지, 돈을 할당하는 대신 존재하지 않는 문제를 해결하려고 많은 노력을 낭비할 수 있습니다.

학생들의 비판적 사고력을 키우고자 하는 교사는 허위 정보 사례의 예를 많이 제공하고 학생들이 오래 지속되는 조사 능력을 갖출 수 있는 다양한 활동에 참여하도록 해야 합니다. 그러나 무엇보다도 교사는 학생들이 어렸을 때 비판적으로 사고하고 출처의 신뢰성과 정확성을 분별하는 법을 배우면 평생 동안 모든 노력에서 자신이 원하는 것을 성취할 수 있는 더 나은 기회를 얻을 수 있다는 것을 확신시킬 수 있어야 합니다. 교사는 학생들이 비판적 사고를 연습하는 이유가 불신이라는 방어 메커니즘을 갖추기 위해서이며, 이를 지속적으로 습득하면 앞으로 다른 방식으로 쉽게 조종당하지 않을 수 있다는 점을 이해하도록 해야 합니다. 학생들이 회의적이고 탐구적인 사고방식의 필수 도구를 습득하면 사이비 과학, 신화, 거짓말 또는 '대안적 사실'에 근거한 기만적인 개인, 조직 또는 정부의 주장에 속거나 그들의 목적에 부합하는 방식으로 사고, 행동, 행동할 가능성이 줄어든다는 것을 이해하게 됩니다. 학생들은 비판적 사고가 다음과 같은 상황에서 항상 선택의 무기가 될 수 있음을 이해하도록 가르쳐야 합니다.

모든 교사에게는 인터넷과 미디어의 허위 정보를 믿기 쉬운 학생들이 있으며, 이러한 학생들 중에는 음모론을 믿기 쉽고 사이비 과학 사상에 능숙한 친구나 가족이 어느 정도는 있는 경우가 많습니다. 좋은 관계적 교수법을 개발하는 교사는 이러한 음모론에 취약한 사고방식이 인간 두뇌의 정상적인 메커니즘이며 누구나 어느 정도는 이러한 유형의 사고를 할 수 있다는 것을 알고 있는 경우가 많습니다. 우리의 뇌는 처음부터 음모를 믿도록 연결되어 있으며, 이는 누구에게나 발동될 수 있는 방어 메커니즘이며, 다음 단락에서 언급했듯이 그 기원에서 벗어나는 것은 불가능합니다. 어떤 사람도 항상 100% 객관적이고 논리적으로 사고할 수 있는 정신적 능력을 가지고 있지 않습니다. 비판적 사고 능력은 모든 학교 커리큘럼의 필수적인 부분이 되어야 하며, 실제로는 적극적으로 가르칩니다. 교사는 학생의 배경을 존중하면서 자신의 편견과 한계를 자각하고 세계관, 신념, 이념, 신화, 심지어 도시 전설에 대해서도 항상 사려 깊은 토론을 할 수 있는 열린 자세를 가져야 합니다. 동시에 이를 위해서는 양측 모두의 높은 수준의 관용과 이해가 필요하지만, 교사는 진실이 반드시 진실과 거짓의 중간 지점에 있는 것은 아니며, 진실과 거짓의 중간은 대개 여전히 거짓이라는 점을 인식해야 합니다. 교사는 어떤 아이디어는 너무 터무니없어 진지하게 받아들이기 어렵지만 반드시 저지해야 한다는 것을 이해할 수 있는 적절한 추론 능력을 계발해야 합니다. 이 책에서는 지속가능하고 통합적인 능동적 학습이 경험적이고 관계적인 교육학을 통해 예리한 비판적 사고력을 계발하는 도구를 제공하여 학생과 교사 모두에게 도움이 될 수 있다고 주장합니다.

진화 생물학자들은 인간이 패턴을 추구하는 생물이며 이 요소가 호모 사피엔스 종의 생존과 상승에 기여한 진화 과정의 필수적인 부분이라는 사실을 밝혀냈습니다. 예를 들어 원시인들이 자연 환경의 패턴을 관찰하여 잠재적인 위협을 식별하기 위해 추상화하고 상상력을 발휘할 수 있는 지적 능력을 계발해야 했다는 것은 쉽게 상상할 수 있습니다. 순전히 다윈의 자연 선택 과정을 통해 위험에 대한 조기 경고를 빠르게 식별할 수 있는 정신 능력을 계발할 수 있었던 인간은 대개 오래 살아남아 유전자를 번식하고 전달할 수 있을 만큼 오래 살아남은 사람들이었습니다. 따라서 의심하고 조심해야 한다는 지적 성향은 말할 필요도 없이 '삶의 게임'에서 '승자', 즉 유전자를 전수할 만큼 오래 살아남은 사람들로부터 문화적으로 전승되고 유전되어 왔으며, 실제 위험이나 실제 패턴이 없더라도 잠재적 위협의 패턴을 볼 수 있는 노하우와 능력을 우리에게 제공했습니다. 즉, 실제 위협이 없더라도 경계하고 신중하게 행동하는 법을 배운 사람들이 생존과 성공 확률이 더 높았습니다.

옥스퍼드 대학교의 리처드 도킨스(Richard Dawkins) 교수는 "우리 조상들은 사자와 악어, 비단뱀과 검치로부터 치명적인 위험 속에서 많은 시간을 보냈습니다. 따라서 각 사람이 세상을 의심스럽게, 심지어 편집증적인 시각으로 바라보고, 풀잎이 바스락거리는 소리, 나뭇가지가 꺾이는 소리에서 위협을 느끼고, 자신을 죽이려는 의도적인 요원이 있다고 가정하는 것은 당연한 일이었을 것입니다. […] 이것이 오늘날까지도 많은 사람들이 세상이 자신을 노리고 있다는 미신적인 믿음을 갖는 이유 중 하나일 수 있습니다. 이것이 너무 지나치면 '편집증'이라고 말합니다."[16]

누구나 우리에게 친숙한 다양한 형태를 떠올리게 하는 구름의 모양을 본 적이 있기 때문에 주변 환경의 패턴을 관찰하는 이러한 경향에 공감할 수 있습니다. 우리 모두는 어렸을 때 부모님께 어떤 구름이 미키 마우스처럼 생겼다거나 용처럼 생겼다거나 자동차처럼 생겼다고 말했던 기억이 있습니다. 이는 살아남아 유전자를 물려받은 패턴 추구자들의 유산 중 일부입니다. 이는 회의주의와 비판적 사고의 발달에 가장 중요한 요소이지만, 다른 한편으로는 인간이 사기, 도시 전설, 신화, 가짜 뉴스를 믿게 만들 수 있는 잠재력을 가지고 있습니다. 극단적인 형태의 편집성 인격 장애를 앓는 사람들은 타인에 대한 과장된 불신, 지속적인 위협감, 박해에 대한 예감 등을 느낄 수 있습니다. 더 가벼운 형태의 경우, 일부 사람들은 다양한 수준의 냉소주의가 나타나고 자기 희생양이라는 카드를 사용하기 시작할 수 있습니다.

---

16 Dawkins, R., The Magic of Reality, Bantam Press, London, 2011, p.241.

자각이 있거나 '정상적인' 추론을 하는 사람이라면 관찰된 여러 패턴 사이에 연관성이 있는지 궁금해할 수 있지만, 대부분은 증거를 살펴보고 자신의 한계를 어느 정도 인식한 후에 대부분의 잠재적 위협이 가상의 것이라는 결론을 내립니다. 사람들은 이러한 패턴 간의 연관성이 대부분 순전히 우연이라는 결론을 내립니다. 반대로 음모론적 추론 패턴을 발달시킨 사람은 사건이나 데이터 간에 동일한 유형의 연결 고리를 관찰하여 완전히 다른 결론을 도출하는데, 이는 진실이 대중에게 숨겨져 있으며 자신들이 다른 사람들보다 더 잘 알고 있다고 믿는 것입니다.

학생들은 실제 패턴을 구성하는 것과 순전히 우연에 의해 주관적으로 유도된 패턴의 차이를 구분하는 법을 배워야 하며, 이는 매우 어려운 일이지만 우리가 반드시 노력해야 하는 부분입니다. 특히 온라인에 수많은 정보가 있는 만큼 어릴 때부터 다양한 유형의 관찰 접근법을 개발하는 것은 필수적입니다. 모든 교사는 허위 정보의 바다에서 등대나 등대가 되어야 합니다.

건전한 비판적 사고 능력이 발달하지 않은 사람들은 적절한 추론 능력을 키우지 못한 경우가 많기 때문에 음모론에 빠지기 쉽습니다. 이러한 사람들은 성급하게 결론을 내리는 경우가 많으며, 자신의 신념이 자신의 성격이나 정체성의 일부가 되는 경향이 있습니다. 이들은 스스로를 회의론자로 인식하고 비판적 사고의 옹호자라고 생각할 수 있지만, 안타깝게도 그들 중 상당수는 자신이 비판적이기보다는 냉소적이라는 사실을 인식하지 못합니다. 이들은 자신의 세계관과 모순되는 어떤 것도 신뢰하지 않으며, 일단 이러한 음모론적 사고방식을 갖게 되면 그들을 돕는 것은 거의 불가능합니다. 일단 사실 저항적 사고방식의 희생양이 되면, 신념이 확신으로 바뀌었기 때문에 아무리 확실한 증거나 논리적 논증을 제시해도 설득할 수 없습니다. 학생들에게 필요한 사고와 비판적 사고 능력을 계발할 수 있는 도구를 조기에 제공하지 않으면, 이러한 나쁜 사고 습관이 고착화되어 이를 무시하거나 그들이 홍보하는 아이디어가 최대한 눈에 띄지 않도록 하는 것 외에는 할 수 있는 일이 거의 없게 될 것입니다. 우리는 종종 늙은 개에게 새로운 재주를 가르치기는 어렵다는 말을 듣곤 하는데, 음모론을 믿는 경향이 있는 학생의 경우에도 마찬가지입니다. 교사가 가장 속기 쉬운 학생들에게 교육을 마치기 전에 적절한 비판적 사고 능력을 제공하지 못하면 건전한 주장, 과학적 증거 또는 철학적 관점을 제시해도 학생들이 성장한 후에 마음을 바꾸지 못할 위험이 있습니다. 그러나 교사가 학생들과 함께 비판적 사고 능력을 키우기 위해 할 수 있는 일은 사고 과정에서 음모의 메커니즘 또는 음모의 부족에 대해 교육하는 것입니다.

학생들에게 음모론의 개발과 확산에 관련된 메커니즘에 대해 가르치는 것은 지속가능한 다학제적 학습 활동의 필수 요소가 되어야 합니다. 학제 간 접근 방식을 취함으로써 교사는 허위 정보의 물결에서 비롯되는 비생산적인 냉소주의의 발전을 제시하면서 진정한 과학적 회의론을 발전시킬 수 있는 더 많은 도구를 제공합니다. 블룸과 와이스버그(Bloom & Weisberg)는 그들의 저서 '과학에 대한 성인 저항의 어린 시절 기원'에서 "특정 과학적 아이디어에 대한 저항은 대부분 어린 아이들에게서 실험적으로 입증될 수 있고 성인이 되어서도 지속될 수 있는 가정과 편견에서 비롯된다"라고 말합니다.[17] 이를 설명하기 위해 우리는 이 격동의 시기에 학생들의 비판적 사고력 발달에 기여했다고 생각하는 의심 가능한 학습 활동의 예를 제시할 것입니다.

여기서 우리의 목표는 특정 음모론을 폭로하는 것이 아니라 학생들

---

17 Bloom P. and Weisberg D., Childhood Origins of Adult Resistance to Science, 2007.

이 확증 편향과 논리적 오류의 함정에 빠지지 않고 스스로 결론을 도출할 수 있는 올바른 지적 도구를 갖추도록 돕는 방법을 보여주는 것입니다. 음모론적 사고방식의 확산으로 이어지는 다양한 메커니즘에 대한 추가 연구가 필요하며, 이는 최근의 연구 분야이므로 불필요하게 양극화되지 않도록 노력하면서 중립적인 접근 방식을 취하고자 합니다.

이어지는 섹션에서는 비판적 사고를 가르쳐야 하는 이유와 방법을 설명하고, 학생들이 이러한 필수 기술을 습득하도록 돕기 위해 무엇을 해야 하는지에 대한 몇 가지 실용적인 예를 제시할 것입니다. 이러한 예는 중등 또는 고등학생의 상황에서 가져온 것이지만, 어린 연령층은 물론 대부분의 연령층에 똑같이 적용될 수 있도록 조정하고 수정할 수 있습니다. 청소년에게, 아니 누구에게나 비판적 사고를 가르치는 것은 미래를 위해 가장 중요하고 지속적으로 요구되는 유일한 기술 중 하나로 떠오르고 있으며, 그 중요성은 거의 전적으로 확신할 수 있습니다. 또한 비판적 사고의 교육이 가장 효과적이려면 어떤 의미에서는 자극적이면서도 도발적이어야 합니다. 그러나 대부분의 교사가 비판적 사고를 가르치는 것이 중요하다는 것을 알고 있지만, 이를 효과적으로 가르치는 방법과 학생들에게 가장 유익한 자료를 제시하는 방법에 대해 명확하게 알고 있는 교사는 거의 없습니다. 또한 전 세계 교육 훈련 기관에서 비판적 사고를 효과적으로 가르치고 있는지도 의문입니다. 결국 많은 교사들이 비판적 사고와 출처 비판을 가르치는 데 립서비스만 하거나 특정 참조 스타일을 배우는 등 올바른 출처 참조를 강조하는 데 그치는데, 물론 이 역시 매우 중요하지만 학생들이 훗날 알곡과 쭉정이를 구분하는 데 필요한 중요한 삶의 기술이 되지는 못합니다.

4) 왜: 허위 정보에 대한 '백신 접종'

교사는 학생들에게 허위 정보에 대한 '백신'을 접종하거나 적어도 학교에 있을 때 회의적인 태도를 갖도록 해야 합니다. 거짓 이야기, 가짜 뉴스, 음모론이 '저 밖에' 많이 있다는 사실을 잘 알고 있는 학생들은 학교 밖 생활에서 그런 것들을 접하게 되면 훨씬 더 잘 대처할 수 있을 것입니다. 그것은 모든 학교와 교육 시스템의 의무는 건전한 의심을 심어주는 것인데, 아래에서 제안하는 것은 학생들이 이러한 기만적인 이야기와 메시지에 최대한 많이 노출되도록 하고, 그 안에서 공통적인 패턴, 위험 신호 및 오류를 지적하는 동시에 학생들이 스스로 이러한 일탈을 찾아내는 데 능숙해 지도록 하는 것이 매우 유익한 방법이라는 것입니다. 이런 의미에서 예방 접종은 노출에 의한 치료를 옹호하는 우리에게 완벽한 비유입니다. 의도된 회의론과 불안이나 냉소라고 할 수 있는 것 사이에는 경계선이 있을 수 있으며, 앞서 지적했듯이 우리는 오늘날 젊은 이들에게 행동의 가능성에 대한 묘사와 미래에 대한 격려적이고 낙관적인 전망을 지속적으로 제공함으로써 학생들에게 결단력 있는 행동이 빠른 개선으로 이어질 수 있다는 희망의 생명줄을 제공해야만 합니다.

음모론적 사고는 비판적 사고가 아닌데도 비판적 사고처럼 느껴지기 때문에 뇌를 사로잡고, 이것이 많은 사람들이 음모론적 사고의 희생양이 되는 이유 중 하나입니다. 이러한 다양한 유형의 편견에 대한 정확하고 확립된 용어와 정의, 그리고 풍부한 사례는 편견이 어디에나 존재하는지 검증하고 설명하는 데 도움이 될 수 있습니다. 비판적 사고에 대한 철저한 교육을 받지 못한 학생들은 '에코 챔버(eco-chamber)'[18] 또는 '필터 버

---

18 (역자주) '에코 챔버'는 동일한 의견이나 믿음만이 반복적으로 울려 퍼지는 공간을 말합니다. 주로 소셜 미디어나 온라인 커뮤니티에서, 사용자들이 자신과 유사한 생

블(filter bubble)'[19]에서 흔히 발생하는 거처럼 저항에 쉽게 빠질 수 있습니다. 많은 부정주의 운동은 기업과 로비가 자신들의 이익을 위협할 수 있는 조사 결과에 의문을 제기하려는 냉소적인 노력에서 비롯됩니다. 이러한 편견이 얼마나 흔하고 널리 퍼져 있는지, 그리고 다양한 알고리즘에 따라 우리가 어느 정도까지 그들의 지속적인 공격을 받고 있는지 알지 못하는 사람들은 세뇌와 그 악의적인 영향력을 인식하고 저항할 수 있는 '백신'을 충분히 접종받지 못한 채 살아가게 될 것입니다.

5) 소스의 품질을 식별하고 평가할 수 있는 강력한 메커니즘 제공

또한 학생들은 정보화 시대에 대다수의 사람들이 상식이나 사실로 받아들이는 과학 뉴스가 연구 기관이나 전문가가 직접 배포한 종합적인 기사를 기반으로 하지 않고 간결한 보도자료에 연구 결과를 짧게 요약하여 언론에 의해 정기적으로 전파된다는 점을 이해할 수 있는 기회를 제공받아야 합니다. 이러한 과학적 뉴스는 과학적 전문 지식이 부족한 언론인들이 연구 결과를 올바르게 보도하지 않고 결함이 있거나 부정확한 해석을 전파하는 경우가 너무 빈번하게 발생하고 있습니다. 예를 들어, 1999년 잡지 내셔널 지오그래픽의 예술 편집자인 크리스토퍼 슬론은 중국에서 발견된 시조새 화석에 대한 기사를 썼습니다.[20] 그는 고

각을 가진 사람들끼리만 소통하면서 다양한 시각을 차단하고 자신의 신념만 강화되는 현상을 나타냅니다.

19 (역자주) '필터 버블'은 사용자의 검색 기록, 클릭 패턴, 관심사 등을 기반으로 알고리즘이 맞춤형 콘텐츠만 보여주는 현상입니다.

20 Sloan, C., "Feathers for T. rex?", National Geographic, November 1999, Vol. 196, No. 5, pp.98-107.

생물학에 대한 자격이 전혀 없었지만, 그의 기사는 게재되었고 대부분의 독자들은 이 잡지가 일반적으로 신뢰할 만한 출처라는 사실 때문에 자연스럽게 그의 글을 믿게 되었습니다. 3년 후, 한 연구에 따르면 이 기사는 허구였으며 화석의 꼬리, 다리, 발은 실제로 다른 종의 것이라는 사실이 밝혀졌습니다.[21] 이 스캔들은 긍정적인 측면과 부정적인 측면을 모두 가지고 있었습니다. 부정적인 반향을 불러일으킨 이 사건은 다행히도 중국에서 널리 퍼져 있는 불법 화석 시장에 대한 관심을 끌었지만, 창조론을 열렬히 지지하는 사람들이 일반 대중 사이에서 다윈의 진화론에 의문을 제기하는 데 활용되기도 했습니다. 시조새 화석은 가짜였지만 백악기 말기의 새와 다른 작은 용각류 사이의 진화 관계를 명확하게 보여주는 실제 깃털 공룡의 많은 예가 발굴되었다는 점을 명확히 하는 것이 필수적입니다. 그러나 이 사례는 다른 많은 사례 중에서도 모든 발견과 발견에 대해 동료 검토 과정을 거쳐야 한다는 점과 과학 뉴스를 보도할 때 언론인과 편집자가 매우 신중해야 한다는 점을 강조합니다. "피가 나면 산으로 간다"라는 말에서 알 수 있듯이 언론인들 이 과학 뉴스의 선정적인 측면에 초점을 맞추고 연구 결과를 정확하게 보도하기보다는 '클릭 미끼'로 헤드라인을 구성하는 경우가 많다는 점을 학생들에게 인식시키는 것이 중요합니다. 그렇기 때문에 수많은 오해가 대중에게 사실로 받아들여지는 '잘못된 상식'이 되었습니다. 안타깝게도 이것이 바로 전문가들이 과학에 대한 수많은 거짓과 오해를 바로잡는 데 많은 시간과 에너지를 쏟아야 하는 주된 이유 중 하나입니다. 근거 없는 두려움, 기술 신화, 도시 전설, 사기성 아이디어를 막기 위해 노력하는 데 사용되는 모든 자원을 더 고상하고 유익한 목적을 위해 배치할 수 있습니다. 예를 들

21 Mayell, H., "Dino Hoax Was Mainly Made of Ancient Bird, Study Says", National Geographic, 20 November 2002, archived from the original on 12 May 2008.

어, 고도로 숙련되고 지식이 풍부한 사람들이 근거 없는 주장과 엉뚱하고 괴상한 아이디어에 기반한 의견과 공포를 가진 상당수의 인구를 안심시키기 위해 끊임없이 반박하는 것을 생각해 볼 수 있습니다. 학생들이 전문가가 잘못된 주장과 잘못된 믿음을 반박하도록 하기 위해 입증 책임을 뒤집는 것은 매우 비생산적이라는 사실을 이해하게 되면 비판적 사고 능력을 계발하는 데 도움이 될 수 있는 반복되는 패턴을 식별할 수 있게 됩니다. 또한 특별한 주장을 하는 사람들에게 책임을 요구하는 대신 전문가와 가장 자격을 갖춘 사람들에게 입증의 부담을 전가하는 것은 과학 발전과 사회 전체에 매우 해롭다는 것을 이해할 것입니다. 근거 없는 주장의 작성자가 입증 책임을 전가하는 것은 무지의 논증이라는 논리적 오류를 범하는 것입니다. 때때로 이것은 안타깝게도 필수적이고 종종 긴급한 작업을 수행하기 위해 노력하는 대규모 연구 부문에서 특정 기술이 인구의 건강에 해로운 영향을 미치지 않는다는 것을 입증하기 위해 노력해야 할 의무로 해석되기도 합니다. 5G 기술의 도입이 코로나19 확산의 원인이라고 믿고 다른 사람들에게 주장하는 음모론자들의 사례는 많은 사례 중 하나일 뿐입니다. 학생들에게 부재의 증거를 요구하는 것은 오류라는 것을 가르치기 위해 비판적 사고가 필요한 학습 활동의 일부로 러셀(Russell)의 찻주전자 비유를 사용할 수 있습니다. 영국의 철학자이자 다원 수학자인 버트런드 러셀은 그의 유명한 주전자 비유를 통해 반증의 부담을 상대방에게 전가하는 대신 증명할 수 없는 주장을 하는 개인에게 입증의 부담이 어떻게 지워지는지를 설명했습니다. 교사는 이렇게 간단히 설명할 수 있습니다. 어떤 개인이 다음과 같은 주전자가 있다고 주장한다고 상상해 보세요. 지구와 화성 사이 어딘가에서 태양 주위를 돌고 있는 보이지 않고 감지할 수 없는 찻주전자입니다. 이 궤도 주전자의 존재를 반증하는 것이 불가능하기 때문에 아무도 이 주장을 믿어서는 안 됩니다. 이렇게 하면 학생들은 증명 책임을 전가하는 것이 완전히 비합리적이며 전문가들의 시간과 더 나은 곳에 사용할 수 있는 에너지를 낭비하는 것임을 이해할 수 있습니다. 세이건(Carl Sagan)과 히친스(Christopher Hitchens)도 이 비유를 다른 용어로 설명했습니다. 세이건의 기준은 다음과 같습니다. "특별한 주장에는 특별한 증거가 필요하다."[22] 그리고 히친스의 면도날은 불필요한 행동을 피하기 위해 어떤 현상이나 주장에 대해 가능성이 없는 설명을 배제할 수 있는 인식론적 원칙으로, "증거 없이 주장할 수 있는 것은 증거 없이 기각할 수 있다"[23]라고 명시하고 있습니다.

오늘날 세계에서 가장 똑똑한 사람들 중에서 일부는 유감스럽게도 소셜 미디어를 통해 또는 단순히 나쁜 저널리즘을 통해 일반 대중의 영역으로 들어오는 엄청난 양의 비상식적이고 근거 없는 주장으로 인해 불필요한 위배 행위의 하향 소용돌이에 휘말리고 있습니다. 안타깝게도 다른 분야의 과학자와 전문가들이 진전을 이루거나 공익의 발전에 기여하는 대신 거짓 주장에 대해 대중을 안심시키는 데 시간과 에너지를 쏟는 결과 공중 보건, 환경 또는 경제에 대한 실제 위협에 대응하는 데 필요한 자원의 배분이 감소하고 있습니다. 이러한 자원의 재분배는 여러 분야의 획기적인 발전을 저해하고 과학적 발견의 발전, 새로운 치료법 및 생명을 구하는 치료법의 개발, 인류의 삶의 질과 미래 지구에서의 생존 가능성을 향상시킬 수 있는 신기술의 발명을 늦출 수 있습니다. 과학 지식이 학교와 고등 교육 기관에서 학제적이고 총체적인 방식으로 학생들에게 엄격하게 가르치기보다는 언론 보도로 인해 주도된다면, 우리는

---

22 Marc Kaufman, First Contact: Scientific Breakthroughs in the Hunt for Life Beyond Earth, Simon & Schuster, 2011, p.124.

23 Hitchens, Christopher, God Is Not Great: How Religion Poisons Everything, Twelve Books, 2009, p.258.

필요한 진보를 더디게 하는 하향 나선형에 빠질 수 있습니다. 마찬가지로, 우리 모두는 더 많은 인플루언서, 언론인, 정치인들이 더 이상 입증 가능한 사실에 제약을 받지 않는 것을 목격했습니다. 대신 그들은 비양심적으로 자신들만의 대체 사실을 만들어 냅니다.

이제 조치를 취할 때가 되었으며, 교육자로서 우리는 이 책에서 설명하는 다양한 통합적이고 지속가능한 학습 방법을 통해 젊은이들에게 근거 없는 주장과 거짓을 식별하는 방법을 가르치는 것이 가장 건설적인 일이라고 주장합니다. 따라서 미래 교육의 핵심 측면 또는 목표는 학생들에게 오래 지속되는 지적 도구를 제공하여 허위 정보가 넘쳐나는 현대 환경에서 안전하고 성공적으로 탐색하고 허위 사실을 식별하는 메커니즘을 강화하는 것이어야 합니다. 학생들이 허위 정보를 찾아내고 대처할 수 있는 분석 능력을 키움으로써 이러한 사고방식이 학습 환경에 스며들어 더 넓은 사회로 점진적으로 확산되기를 바랍니다. 그러나 이를 위해서는 독자, 시청자 또는 청취자를 감동시키고 압도하기 위해 논리적 모순과 반쪽 진실을 노골적으로 무시하는 이러한 사례를 인식할 수 있는 기술을 습득해야 합니다. 거짓은 설득 담론에서 언어의 의미적 조작을 포함할 뿐만 아니라 사진, 통계 수치, 데이터 그래픽, 선전 포스터 및 설득을 목적으로 하는 다른 모든 형태의 커뮤니케이션에서 이를 식별할 수 있도록 학생들을 훈련시켜야 합니다. 학생들이 거짓말, 기만, 사기 등 가장 불쾌한 것들을 거부하는 법을 배우면, 그러한 말도 안 되는 것들이 때때로 인상적인 언어나 능숙하고 설득력 있는 수사학적 장치를 사용하여 공식화되었다는 것을 이해하게 될 것입니다. 또한 허위 정보가 컴퓨터 빅데이터에 기반한 정교한 알고리즘을 통해 오류 없는 정보로 위장되는 것을 보게 됩니다. 그렇기 때문에 우리는 수학과 컴퓨터 과학 분야가 학생들의 비판적 사고력을 계발하는 데 주도적인 역할을 해야 한다는 생각을 발전시키면서 STEAM 분야 안팎에서 통합적인 접근 방식을 사용해야 한다고 생각합니다. 정량적, 통계적, 계산적 데이터를 다루는 전통적인 학습 방법을 뛰어넘을 필요가 있습니다. 또한 우리 모두가 잠재적 피해자가 될 수 있는 디지털 조작의 사회적·정서적 범위와 윤리적 측면을 파악하는 법을 배워야 합니다. 그렇기 때문에 우리는 비판적 사고와 출처 분석이 그 어느 때보다 교육의 초석이 되어야 한다고 끊임없이 주장합니다.

물론 학생들은 처음부터 광고가 판매를 목적으로 한다는 것을 이해합니다. 그리고 때로는 상관관계가 인과관계를 의미하지 않는다는 것을 직관적으로 깨닫기도 합니다. 사실, 상관관계가 인과관계를 의미하지 않는다는 것을 설명할 수 있는 많은 예시를 수업 시간에 제시하여 학생들이 문맥에서 벗어난 잘못된 그래프, 데이터 또는 통계에 기반한 주장에 더 이상 쉽게 설득당하지 않도록 해야 합니다. 그러나 교사는 학생들의 사전 지식을 설명하고 강화할 때 이전에 습득한 능력을 잘 활용해야 하며, 반성을 자극하고 활발한 학습 환경에서 수업 토론을 시작할 수 있도록 여러 가지 예를 제공해야 합니다. 이러한 유형의 연습은 속이려는 사람들이 사용하는 설득 메커니즘을 예시하는 데 도움이 될 수 있습니다. 이러한 유형의 학습 활동의 궁극적인 목표는 학생들이 비판적으로 사고하고 진실 발견과 관련된 모든 활동 영역에서 증거를 구성하는 데이터, 이미지, 주장, 모델 및 이론의 다양한 품질에 대해 알 수 있도록 훈련하고 가르치는 것입니다.

이용 가능한 출처의 품질을 식별하고 평가하는 다양한 기법이 있으며 이러한 기법은 끊임없이 변화하고 변동하고 있습니다. 그러나 학생들에게 가장 신뢰할 수 있는 출처, 특히 대부분의 젊은이들이 정보를 찾는 장소인 온라인에서 가장 신뢰할 수 있는 출처를 찾아 인식하고, 예를 들어 이미지가 조작되었을 수 있는지를 분석할 수 있는 '도구 상자'를 제공해야 합니다. 학생들은 다음과 같은 질문을 통해 누가 무엇을 왜 말하는지 알아낼 수 있도록 가르쳐야 합니다.

- 누가 게시했나요?
- 그들의 의제는 무엇인가요? (숨김 또는 표시)
- 이 자료에 노출되는 이유는 무엇인가요? (알고리즘)
- 믿어도 될까요?
- 공유해야 하나요?

학생들이 파편화를 극복하면서 더 큰 그림을 볼 수 있도록 지원

다양한 출처의 타당성을 중재할 수 있는 능력의 상당 부분은 한 발 물러서서 사건의 큰 규모를 파악하거나 원하는 경우 더 큰 그림을 인식할 수 있는 역량을 갖추는 것입니다. 이러한 능력을 돕기 위해 학교에서는 복도나 계단 벽에 타임라인과 다양한 유형의 연표를 사용하는 것을 지속적으로 권장해 왔습니다. 학교 건물의 주요 공간에 중요한 연대기 및 사실 정보가 표시되면 학생들은 무심코 표시된 지식을 흡수하게 되고, 조만간 어떤 형태로든 교실로 돌아와 질문을 하게 되고, 동료 학생에게 설명해주고, 많은 학생들이 공유하는 기본 지식으로 구체화되어 자신의 이해가 어디에서 비롯되었는지 이해의 원천을 알 수 있게 될 것입니다. 그러나 한 발 물러서서 더 큰 그림을 엿볼 수 있는 능력은 시간에 대한 관점뿐만 아니라 사실과 정보를 연결하고 조직하는 더 넓은 능력, 더 나아가 사건, 연결, 상관관계, 인과관계를 분석하는 역량도 높여줄 수 있습니다. 이는 젊은이들이 세상을 더 잘 이해하고 파편화를 줄여주기 위한 것입니다. 정보의 파편화와 대부분의 전문가들이 전문화되는 경향, 그리고 이성적이고 총체적이며 학제적인 학습이 아닌 단순한 일화를 통해 의견이 형성되는 경우가 많기 때문에 가짜 뉴스를 믿는 경향을 가진 사람들은 선입견과 정보 거품이라는 자신만의 요새에 갇혀 있는 경우가 많습니다. 물론 전문가가 필요하고 또 반드시 필요하지만, 한 가지 이상의 영역, 가급적이면 여러 영역에 대한 전문 지식을 갖춘 사람들도 필요합니다. 그렇지 않으면 주제 영역 간의 깊은 연결이 이루어질 수 없기 때문입니다. 학생들의 비판적 사고력을 더욱 발전시키고자 하는 교사들은 인터넷에서 디지털 알고리즘이 어떻게 작동하는지 설명하여 궁극적으로 의견을 강화하고 극단적인 생각이나 잘못된 의견이 주류라고 잘못 믿게 만드는 디지털 에코 챔버에 갇힐 수 있는 위험에 대한 경각심을 높여야 합니다. 교사는 학생들에게 "확증 편향의 디지털 거품에 휩쓸리기 쉽다"라는 사실을 가르쳐야 할 막중한 책임이 있습니다.[24]

앞서 지적한 바와 같이, 우리는 다음과 같은 이유로 세분화에 반대합니다. 교육을 더욱 공생적으로 만들고, 학생들이 각 주제 간의 명확한 연관성을 발견하고 다양한 유형의 잘못된 정보에 대처하는데 필요한 역량인 큰 그림을 보는 법을 배울 수 있는 지속가능한 학습을 위해 주제를 통합함으로써 파편화된 학교 커리큘럼을 근절할 수 있는 몇 가지 방법을 제안합니다. 이는 활동 주간이나 재미있는 테마의 날이 아니라 실생활에서 매우 밀접한 관련이 있는 모든 주제 영역의 주제를 포괄적으로 엮는 문제입니다.

안타깝게도 지난 몇 년 동안 특정 정치인이나 뉴스 매체 또는 소셜 미디어에서 가짜 뉴스라는 용어가 심하게 오용되어 왔습니다. 그리고 유감스럽게도 이 용어가 심하게 남용되면서 그 의미가 모호해지고 있습니

---

24 Longchamps, P., in Meeting International, The Immigrant Who Became Sweden's Best Teacher, www.meetingsinternational.com/news.php?id=1666. For the Swedish version, see https://issuu.com/meetingsinternational/docs/meetings-international-77-swe/s/11351732.

다. 가짜 뉴스는 다양한 유형의 비진실로 정의할 수 있습니다. 교사는 학생들에게 이러한 유형의 소위 가짜 뉴스를 명확하게 구분할 수 있도록 가르쳐야 합니다. 유네스코의 정의에 따르면 허위 정보는 "거짓이지만 해를 끼칠 의도로 만들어진 정보는 아니며, 조작 정보는 개인, 사회 집단, 조직 또는 국가에 해를 끼치기 위해 고의적으로 만들어진 정보이고, 악의적 정보는 사실에 근거한 정보이지만 개인, 사회 집단, 조직 또는 국가에 해를 끼치는 데 사용되는 정보입니다."[25] 안타깝게도 오늘날 이러한 용어는 정보를 오도하거나 잘못 표현할 목적으로 그 구체적인 구분을 모호하게 하려는 의도로 잘못 적용되어 가짜 뉴스라는 일반적인 용어로 바뀌었습니다. 이는 투명성을 피하기 위한 전략이며, 메시지 배후에 있는 사람에게 유리하도록 여론을 조작하기 위한 정직하지 못한 방법임이 분명합니다. 이러한 미묘한 차이에 대해 사람들에게 더 많이 교육할수록, 결국에는 가능한 한 넓은 붓으로 모든 것을 칠하는 대신 개인이 어떤 유형의 비진실을 빠르게 식별할 수 있는 세상에 도달할 수 있기를 바랍니다. 우리가 잘못된 정보에 노출되는 대부분의 경우, 사실 허위 사실을 인지하지 못하는 선의의 사람들이 이를 의심하지 않는 친구나 지인에게 전달하기 때문이라는 점에 유의하는 것이 중요합니다. 이러한 유형의 정보는 종종 전혀 불쾌하지 않은 경우가 많지만, 수백만 명의 사람들이 완전히 조작된 평행 우주에 빠져드는 대체 현실을 만드는 데 기여합니다. 이러한 의도치 않은 비진리의 확산은 여러 가지 형태로 나타날 수 있으며, 종종 다양한 종류의 클릭 미끼의 형태를 취하기도 합니다. 이러한 방식으로 사람들은 일반 대중을 전반적으로 멍청하게 만드는 데 기여한다는 사실을 인지하지 못한 채 온라인에서 콘텐츠를 공유하게 됩니다. 이러한 뉴스 기사 중 일부는 '당신은 다음에 무슨 일이 일어났는지

25 https://en.unesco.org/fightfakenews.

믿지 못할 것이다'와 같이 눈에 띄는 문구로 시작하거나, 동영상이나 뉴스 기사의 조회수를 늘리기 위해 클릭하기 쉬운 썸네일로 특별히 제작된 포토샵 사진으로 시작되기도 합니다. 또한, 최근 일부 정치인이나 선동가들은 전통적인 미디어를 적대시하며, 심지어 그들이 원래 정보의 출처였음에도 불구하고 자신에게 유리하지 않은 보도가 나오자마자 그들을 국민의 적이라고 부르기도 합니다. 일부 특정 사례에 서는 가짜 뉴스라는 용어를 자신들이 전달하려는 버전과 일치하지 않는 말을 그대로 보도하는 사람들을 공격하기 위한 수단으로만 사용하기도 했습니다. 한 정치인이 자신이 출마하는 국가에서 태어났다는 것을 증명하기 위해 정적에게 출생증명서를 제시하라는 명백한 허위 정보를 바탕으로 정치 경력 전체를 구축한 사례에서 볼 수 있듯이, 현실은 종종 허구를 능가합니다. 한편, 기존 미디어는 바로 그 정치인이 기존 미디어가 뉴스를 공정하고 정확하게 보도하지 않는다고 주장하는 담화문을 스크랩하지 않은 채 내보내고 있었습니다. 아이러니하게도 지난 10년의 후반기에 모든 사람들이 이러한 왜곡된 현실에 노출되었고, 수백만 명의 사람들이 여과되지 않은 1차 출처에 대한 불신을 동시에 갖게 되면서 허위 정보라고 할 수 있는 것에 대한 신뢰가 훨씬 더 깊어졌습니다.

어떤 경우에는 특정 광신도들의 확증 편향으로 인해 여과되지 않은 실시간 뉴스의 진실성에 의문을 제기하고 뉴스 매체를 비난하며 '가짜 뉴스 장사꾼'으로 매도하는 경우도 있다는 사실을 학생들에게 알려야 합니다. 안타깝게도 이러한 파렴치한 개인을 추종하는 청중과 편파적인 사람들이 그것이 허위 정보라는 사실을 인지하지 못한 채 이러한 비진실을 공유하고 더 퍼뜨리게 되면, 이들은 허위 정보 유포의 가해자 또는 피해자라고 할 수 있습니다. 이러한 사람들에 대한 책은 이미 여러 권이 출간되었지만, 이 책의 목적상 실명을 거론하고 싶지도 않고 거론할 필요도 없습니다. 최근 전 세계의 모든 사람들은 선동가, 극단적인 당파적 뉴스 매체, 온라인 광신도 단체, 노골적인 사기꾼들에 의해 뉴스처럼 제시된 허위 사실에 무방비로 노출되어 왔습니다. 안타깝게도 가장 숙련된 회의론자들도 이러한 정보에 노출되어 어느 정도는 영향을 받았을 것입니다. 지난 반세기 동안 진실이라고 말하고, 쓰고, 기록하고, 기록하고, 진실이라고 보도된 압도적인 수의 비진리로 인해 일부 유능한 비판적 사상가들의 수준은 시험대에 올랐습니다. 언젠가는 우리 시대가 허위 정보의 시대라고 불릴지도 모르지만, 우리는 이 현상을 더 많이 인식할수록 순수한 사실에 근거한 이기적인 이야기로 진실을 흐리려는 개별 그룹, 조직 또는 로비로부터 진실을 보호하는 데 더 잘 대처할 수 있을 것이라고 주장합니다.

이 책의 중요한 목적은 파편에 대한 조치를 제안하는 것입니다. 교육뿐만 아니라 사회 전반을 바라보는 패러다임이 변화하고 있으며, 실제적이고 진정한 연결을 이해하려면 사람들에게 기본적인 일반 지식이 많이 필요합니다. 앞서 언급했듯이 우리는 거의 모든 역사에서 모든 사물이 서로 연결되어 있다는 사실을 인식해 왔음에도 불구하고 여전히 교육을 여러 과목과 주제로 파편화하는 경향이 있으며, 이러한 전통적 지식의 파편화는 학습의 질과 사람들이 진리와 비진리를 분별하는 능력에 매우 당혹스러운 결과를 가져왔습니다.

진정한 내러티브를 찾기 위한 호기심의 씨앗을 뿌려봅시다.

이러한 중요한 호기심의 씨앗을 뿌리고 전파하고 학생들이 위대한 정통 내러티브를 찾고 찾아내어 철학적, 역사적, 과학적으로 진실과 연관성을 탐구할 수 있도록 하기 위해서는 학교에서 어릴 때부터 비판적 사고를 가르치는 것이 필수적입니다. 여러 차례 지적했듯이 연대기적 사고는 역사적 추론의 핵심이며, 연대기적 감각이 없으면 학생들이 역사적 또는 현재 사건 간의 관계를 조사하거나 과학 기술 발전의 연대기적 측면을 포함한 역사적 인과관계를 설명하는 것이 거의 불가능할 수 있습니다. 연표는 모든 정확한 생각을 정리할 수 있는 역사적으로 정확한 발판을 제공합니다. 청소년의 연대기적 사고를 계발하려는 경우, 전기나 역사 문헌 등 역사적으로 정확한 내러티브, 그리고 매우 높은 수준의 내레이션을 가진 구두 또는 시각적으로 반복되는 내러티브 역사를 사용하는 것이 교육에 유리할 수 있습니다. 이러한 내러티브는 학생들의 주의를 끌고 붙잡는 힘이 있으며, 앞서 논의한 정서적 측면을 더하여 교육을 보다 총체적으로 만들 수 있습니다. 학생들에게 적절한 비교를 하도록 가르치면 학생들은 여러분을 놀라게 할 것입니다. 우리 모두 알다시피, 학생들은 역사적 패턴을 개념화하고 분석하기 위해 다른 분야에서 습득한 지식을 사용해야 하며, 그렇게 할 때 '유레카 순간'을 경험하는 학생들의 기쁨을 관찰하는 것은 정말 흥미진진한 일입니다. 예를 들어, 최근 실제 수업에서 한 학생은 '왕실의 저주'가 근친상간과 근친교배의 결과라는 것을 스스로 이해했습니다. 그는 투탕카멘이나 클레오파트라처럼 자신의 형제나 이복형제와 결혼한 이집트의 파라오와 대대로 가까운 친척과 결혼한 스페인과 오스트리아의 합스부르크 왕가 사이에서 유사점을 관찰할 수 있다고 지적하며 자신의 관찰을 학급과 공유했습니다. 그는 합스부르크 왕가나 이집트 파라오의 일부 신체적 또는 정신적 장애가 근친상간으로 인한 열성 형질의 발현으로 인한 유전적 장애의 결과였을 것이라는 가설을 세웠습니다. 마찬가지로, 그는 러시아의 로마노프 왕조와 또 다른 유사점을 도출하여 알렉세이 니콜라에비치 차레비치(Alexei Nikolaevich Tsarevich)가 근친혼을 했던 유럽 왕실 내에서 돌연변이로 인해 유사한 유전적 이유로 혈우병을 앓았다는 가설을 세웠습니다.

그는 서로 관련이 없는 세 시기의 역사를 평행선으로 연결함으로써 서로 다른 시대에 걸쳐 서로 다른 정보 사이에 관련성이 있는 연결 고리를 만들 수 있음을 보여주었습니다. 이러한 관련성 있는 연결은 생물학에서 습득한 지식이 자신의 이론에 유용하게 활용되는 앞서 언급한 통합적인 교육을 받은 후에 발생할 가능성이 훨씬 더 높습니다. 물론 이러한 사실은 이미 널리 알려져 있지만, 이 학생이 스스로 이러한 깨달음을 얻음으로써 이 사례의 학습 방식이 습득한 지식을 훨씬 더 지속가능하게 만들 것이라고 주장합니다. 이 학생의 가설이 교사와 동료들에 의해 확인되었을 때의 긍정적인 만족감과 사고 과정으로 인해 장기 기억에 남아있을 것입니다. 그럼에도 불구하고 교사는 학생들의 비판적 사고 능력을 더욱 발전시키기 위해 학급 전체가 반 친구의 가설을 확인하거나 거부하기 위해 주장을 조사하도록 독려했습니다. 학급의 나머지 학생들도 이러한 적극적인 학습 과정을 지속하는 데 기여했습니다. 이러한 종류의 보람 있는 경험은 단순히 교과서에서 얻은 통찰력이나 교사가 강의에서 설명한 내용을 수동적으로 받아들이는 것보다 더 오래 지속되는 지식을 제공합니다.

6) 가정, 논리적 오류 및 인지적 편향

학생들에게 자신의 가정, 논리적 오류 및 인지 편향을 인식하게 하면 우리 모두는 우리 모두에게 결함이 있는 경향이 있음을 이해하는 데 도움이 됩니다. 무엇보다도 교사는 학생들에게 정상적인 인간의 오류를 이해할 수 있는 도구를 제공하는 것이 매우 중요합니다. 학생들은 비판적 사고를 위한 필수 도구인 논리적 오류를 식별할 수 있어야 합니다. 이러한 유형의 추론 오류는 널리 퍼져 있으며, 누구나 결함, 속임수 또는 착각 없이 일상적으로 범할 수 있지만 때로는 부도덕한 사람들이 다양한 유형의 논리적 오류의 존재를 인식하지 못하는 사람들을 속이기 위해 의식적으로 사용하기도 합니다. 그렇기 때문에 논리적 오류가 무엇인지 설명하고, 이를 정의하고, 학생들과 함께 예시를 보여주는 것이 매우 중요합니다.

가능한 한 다양한 유형의 논리적 오류를 제시하면서 간략하게 설명하는 것이 좋지만, 가장 중요한 것은 간단하고 이해하기 쉬운 예를 제공하여 학생들이 자신도 이러한 오류를 일상적으로 저지르고 있을 수 있음을 인식하도록 하는 것입니다. 학생들과 우리 스스로 이러한 경향을 자각하게 함으로써 우리는 추론에 대한 자각뿐만 아니라 대화나 토론에서 결함이 있는 주장으로부터 자신을 방어할 수 있는 능력을 계발할 수 있는 새로운 도구를 학생들에게 제공하는 것입니다. 몇 가지 일반적인 논리적 오류를 몇 가지 단어와 이해하기 쉬운 예로 설명할 수 있습니다. 교사가 "우리 할아버지는 60년 이상 흡연을 하셨지만 97세에 돌아가셨기 때문에 흡연은 위험하지 않다"와 같은 매우 일반적인 일화적 논리적 오류부터 시작하겠습니다. 그런 다음 학생들에게 이 문장을 분석하도록 유도하여 능동적인 학습 활동을 할 수 있습니다. 어떤 학생들은 이 통계적 예외가 실제로 아무것도 증명하지 못한다는 사실과 그러한 일화를 바탕으로 한 모든 유형의 일반화는 무의미하다는 점을 지적할 수 있습니다. 즉, 규칙에는 항상 예외가 존재하지만 예외로 인해 규칙이 만들어져서는 안 된다는 것입니다.

교사가 모범을 보여야 할 다음 논리적 오류는 고등학교 환경에서 가장 흔하게 관찰되는 논리적 오류 중 하나로, 십대들이 때때로 다른 사람의 외모, 옷차림 또는 머리 모양에 대해 언급하고 때로는 성격 전반에 대해 언급하는 경우가 있습니다. 예를 들어 누군가가 "찰리는 냄새가 심하고 노숙자처럼 보이기 때문에 그의 말에 주의를 기울여서는 안 된다"라고 말하는 것은 논리적 오류라고 설명함으로써 애드 호미넴의 오류[26]를 설명합니다. 학생들이 적극적인 학습 대화에 참여함으로써 이러한 유형의 행동은 용납될 수 없을 뿐만 아니라 완전히 잘못된 추론에 기반하고 있다는 것을 서로에게서 배울 수 있습니다. 실제 논쟁에 참여할 수 없다고 느낄 때 겉모습 때문에 누군가를 공격하기 쉬운데, 이러한 접근 방식은 실질적인 논쟁 대신 개인을 공격하는 데 사용됩니다. 애드 호미넴이 불쾌할 뿐만 아니라 논쟁에서 공정하게 이길 수 없을 때 사용하는 나쁜 습관이라는 것을 학생들에게 인식시키면 애드 호미넴을 저지르는 학생들 스스로 자신의 결점을 인식하고 행동을 바꾸어 나갈 수 있습니다. 이렇게 하면 구경꾼이 침묵하지 않고 동료의 논리적 오류를 지적하도록 장려하여 비판적 사고 능력을 계발하는 동시에 더 나은 학교 분위기에 기여할 수 있습니다.

처음 두 가지를 설명한 후에는 학생들에게 미끄러운 경사면 오류[27]라는 논리적 오류를 알려주는 것이 적절할 수 있습니다. 예를 들어 "정부가 동성애 커플에게 결혼할 권리를 주면 다음 논리적 단계로 고양이와 개도 결혼할 권리를 요구할 것"이라고 주장하는 사람들의 주장과 같은 간단한 예를 들어 이 오류를 소개할 수 있습니다. 학생들은 이러한 유형의 주장이 얼마나 잘못된 것인지 거의 즉시 깨닫게 될 것이며, 담화에서

---

26 (역자주) '애드 호미넴의 오류(Ad Hominem Fallacy)'는 논리적 오류 중 하나로, 상대의 주장이나 논거 자체를 반박하지 않고, 그 사람의 인격이나 배경을 공격함으로써 설득을 시도하는 오류를 말합니다.

27 (역자주) '미끄러운 경사면 오류(Slippery Slope Fallacy)'는 논리적 오류 중 하나로, 하나의 사건이 발생하면 연쇄적으로 부정적인 결과가 필연적으로 이어질 것이라는 주장을 근거 없이 펼치는 과장된 논리의 오류입니다.

화자가 미끄러운 경사면 오류를 범하고 있는 요소를 쉽게 식별할 수 있는 올바른 지식을 갖추게 되면 사소한 행동이 중대하고 때로는 터무니없는 결과를 초래할 수 있다는 미끄러운 경사면 오류의 논거를 능숙하게 지적할 수 있게 될 것입니다.

마지막으로 논리적 오류를 제기하는 방법에 대한 한 가지 예는 교사가 가상 또는 이론적 예시뿐만 아니라 다양한 유형의 오류를 저지르는 개인의 동영상을 보여주는 것입니다. 온라인에서 발견한 가장 흥미로운 논리적 오류의 예는 유튜브에서 '지적 설계'라는 사이비 과학적 아이디어를 옹호하는 두 명의 유명한 전투적 창조론자가 참여한 토론에서 악어와 오리가 반반인 생물의 사진을 조잡하게 포토샵한 결함이 있는 주장을 통해 창조론을 홍보하려는 의도로 다윈 진화론의 핵심 원칙을 잘못 표현한 시도였습니다. 이 가상의 창조물인 악어는 청중을 오도하고 생물이 진화의 결과가 아니라는 오래된 생각을 조장하기 위해 과학적 사실을 의도적으로 왜곡한 명백한 예입니다. 허수아비 오류[28]는 허위 정보의 한 형태로 사용될 수 있지만 고의적인 무지의 결과로서 잘못된 정보일 수도 있습니다. 그러나 종종 다른 사람의 주장에 실제로 관여하지 않고 공격하는 방법으로 사용되기도 하지만, 더 일반적으로는 주장의 전체 전제를 왜곡하여 다른 사람의 입장을 조롱하려는 시도로 의도적으로 사용되기도 합니다. 학생들에게 이러한 유형의 논리적 오류를 인식하게 하면 학생들이 스스로 이러한 논리적 오류를 범할 수 있는 상황을 인식할 수 있을 뿐만 아니라 토론이나 논쟁에 참여할 때 다른 사람들이 이러한 부당한 대우를 받을 때 이를 알아차릴 수 있게 됩니다.

교사는 학생들과 함께 회의적 탐구 메커니즘을 체계화하여 모든 유형

28 (역자주) '허수아비 오류(Straw Man Fallacy)'는 논리적 오류 중 하나로, 상대방의 주장을 고의적으로 왜곡하거나 단순화한 뒤, 그 왜곡된 주장(허수아비)을 공격함으로써 마치 상대를 논리적으로 이긴 것처럼 보이게 하는 오류입니다.

의 주장이 충분한 사실적 증거에 의해 뒷받침되는지 확인하는 동시에 그 질에 따라 평가받도록 할 의무가 있습니다. 이 과정에서 추론 편향이 고려되고 이상적으로 통제되며, 모든 가설이나 대안 설명은 이론으로 받아들여지기 전에 평가되어야 합니다. 학생들은 언뜻 보기에 가장 분명해 보이는 설명을 채택하기 전에 대안적인 설명을 찾는 방법을 배워야 합니다. 더 나아가 학생들이 두 가지 극단 중 하나에 빠지지 않도록 전체 스펙트럼의 아이디어를 보는 습관을 기르도록 해야 합니다. 진실과 현실은 결코 극단 중 하나에 있지 않으며, 어떤 것도 순전히 흑백이거나 순전히 참 또는 거짓이 아닙니다. 모든 질문이나 의견에 대한 분석 수준, 교사들은 특히 팀으로 일하거나 아이디어의 스펙트럼에서 흑과 백 사이에 있는 회색지대에 대한 이러한 이해는 지속가능한 다학제적이고 관계적인 교수법을 사용하면서 개발해야 할 가장 중요한 기술 중 하나이며 미래에 매우 중요하고 매우 필요한 타협 능력에 기여할 놀라운 기술을 키웁니다.

다음 논리적 단계는 학생들에게 다양한 인지적 편향에 대해 가르치기 시작하는 것입니다. 이러한 유형의 사고 습관은 우리의 판단을 비합리적으로 만드는 경향이 있을 뿐만 아니라 객관성을 잃게 만드는 원인이 될 수도 있습니다. 다시 한번 강조하지만, 이러한 유형의 편견이 여러 가지 면에서 어떻게 해로울 수 있는지 보여주기 위해 항상 적절한 맥락에서 각 인지 편향을 명확하게 정의하고 관련성 있고 이해하기 쉬운 시나리오를 제공하는 것이 유리합니다. 우리는 모두 인지적 편견의 피해자이며, 자신도 모르게 정기적으로 편견을 저지르고 있을 수 있습니다.

가장 먼저 정의하고, 설명하고, 예시할 수 있는 인지 편향은 '후광 효과'입니다. 학생들에게 이 현상을 설명하는 한 가지 방법은 카리스마 있는 사람이 다른 사람들에게 영향을 미쳐 우상의 입에서 나오는 모든 말을 기꺼이 믿고 신뢰하게 된다고 말하는 것입니다. 유명인, 정치인, 유명 운동선수, 공인 또는 종교 지도자를 거의 숭배하는 것처럼 보이는 사람들에게서 이러한 현상을 관찰할 수 있습니다. 어떤 사람들은 판단력을 완전히 상실할 정도로 자신의 영웅을 우상화하기도 합니다. 즉, 자신이 존경하는 사람이 사실과 다른 발언을 하면 일반적인 비판적 사고 능력을 잃을 수 있습니다. 열렬한 팬이나 추종자에게는 우상이 무슨 말을 하든 항상 귀에 음악처럼 들릴 것입니다.

그다음에는 확증 편향이라고 하는 가장 일반적인 인지 편향에 대해 설명하겠습니다. 확증 편향은 사람들이 자신의 기존 신념을 확증하거나 기존 가정을 강화하는 것만 믿거나 가장 쉽게 믿는 경향을 말합니다. 이는 과학을 거꾸로 하는 것에 비유할 수 있는데, 가설을 뒷받침하는 것만 고려하고 선입견을 확고히 하고 강화하는 증거만 골라내고 그 외의 모든 것은 배척하는 것입니다. 청소년의 경우, 산타클로스를 여전히 믿고 그를 찾겠다고 결심하는 사람의 예를 들어보면 흥미로울 수 있습니다. 이 의욕적인 사람이 산타클로스를 찾기 위해 핀란드 북부로만 여행을 떠난다는 시나리오를 상상해 봅시다. 이 사람은 눈 속에서 발자국을 발견하자마자 그 믿음이 강화되어 그 발자국을 따라가게 될 것입니다. 이 단순한 예는 십대 청소년에게 매우 흥미롭습니다. 그 나이에는 아무도 산타클로스를 믿지 않는다고 생각할 수 있지만 얼마 전까지만 해도 산타클로스를 믿었거나 지금도 믿는 동생이 있을 수 있기 때문입니다.

확증 편향을 학생들에게 간단하고 명확하게 설명하는 또 다른 방법으로 교사는 대부분의 남 성이 화장실에 다녀온 후 변기를 내려놓는다고 말하는데, 왜 대부분의 여성은 변기를 사용한 후 변기를 올려놓는다고 느끼는지 등 사소한 예를 들어 설명할 수 있습니다. 무의식적으로 일반화하는 경향은 우리 모두에게 영향을 미치는데, 이 진부한 예는 다소 선택적인 기억으로 인해 각 개인이 특정 신념을 발전시키는 경향을 보여주기 때문입니다. 대부분의 남성은 좌석을 내려놓았을 때를 기억하는 반면, 대부분의 여성은 좌석을 내려놓았을 때를 기억하지 못하지만 대부분 남성이 '잊고' 내려놓았을 때를 기억합니다. 이 예는 함께 사는 두 사람이 지극히 평범한 일에 대해 완전히 상반된 인상과 기억을 가질 수 있음을 보여줍니다. 또한 이러한 확증 편향은 남성 또는 여성이 대다수인 거의 모든 가정에서 증폭되는 경우가 많다는 사실을 입증하는 것도 중요합니다. 소수에 속하는 사람들은 자신의 신념이 강화되는 것을 경험할 가능성이 높습니다. 개인이 기존의 신념을 인지적으로 뒷받침하는 정보나 사건을 선택적으로 기억하는 이러한 유형의 신념 강화는 누구나 다양한 영역에서 확증 편향의 영향을 받기 쉽다는 것을 효과적으로 보여줍니다.

다음 예는 대부분의 청소년이 이미 알고 있는 위약 효과라고 하는 확증 편향입니다. 이 확증 편향은 마음이 통제할 수 있는 모든 것에 작용하며 특히 일부 대체 의약품의 인지된 효과에 대해 사전적으로 작용합니다. 비판적 사고를 하는 사람들이 새로운 데이터에 노출되었을 때 마음을 바꿀 수 있는 능력을 키우려면 확증 편향이 가장 강력한 인지 편향 중 하나라는 점을 인식해야 합니다. 반대로 음모론을 조장하는 사람들은 자신의 믿음을 반증하는 건전한 주장, 증거 및 데이터가 제시되어도 자신의 믿음을 바꾸지 않을 수 있습니다. 이들은 처음부터 자신이 옳았다고 주장하기 위해 골대를 옮기는 잘못된 전략에 의존하는 경우가 많으며, 같은 신념을 가진 사람들 사이에서 동의를 얻으려고 노력하면서 엄선된 정보로 자신의 의견을 만들어내기 때문에 과학적 합의에 의문을 제기하는 경우가 많습니다. 학생들은 이러한 메커니즘을 이해하여 누구나 정도의 차이는 있지만 휴리스틱 편향의 영향을 받을 수 있고 고정관념에 빠지는 경향이 있다는 것을 이해해야 합니다.

그러나 교사가 학습 초기에 학생들과 함께 집중해야 하는 가장 중요한 인지 편향은 의심할 여지 없이 더닝-크루거 효과(Dunning-Kruger effect)입니다. 기원전 400년 전 소크라테스가 주창한 소크라테스 교수법의 현대판이라고 할 수 있는 이 효과에 대해 논의하는 것은 소크라테스 교수법을 홍보할 수 있는 좋은 방법입니다. 아테네에서 가장 현명한 사람으로 알려진 그는 "자신이 아는 것은 아무것도 모른다는 것뿐"이라고 말한 것으로 알려져 있습니다. 더닝-크루거 효과를 설명하는 간단한 방법은 X축과 Y축이 있는 그래프를 사용하여 해당 분야에 대한 자신감 수준과 지식 또는 역량 수준을 각 축의 낮은 수준에서 높은 수준까지 표시하는 것입니다.

한 분야에 대한 지식이 매우 제한적인 사람들은 학습 과정 초기에 특정 주제에 대해 알아야 할 모든 것을 이미 알고 있다고 믿으며 과도한 자신감을 갖는 경향이 있습니다. 안타깝게도 인터넷의 특정 토론 포럼이나 소셜 네트워크 플랫폼에서 가장 목소리가 큰 사용자들이 종종 이런 경우에 해당합니다. 인터넷에서 '연구'를 했다고 주장하는 사람들은 종종 다음과 같은 초보자입니다.

그림 3.1 더닝-크루거 효과

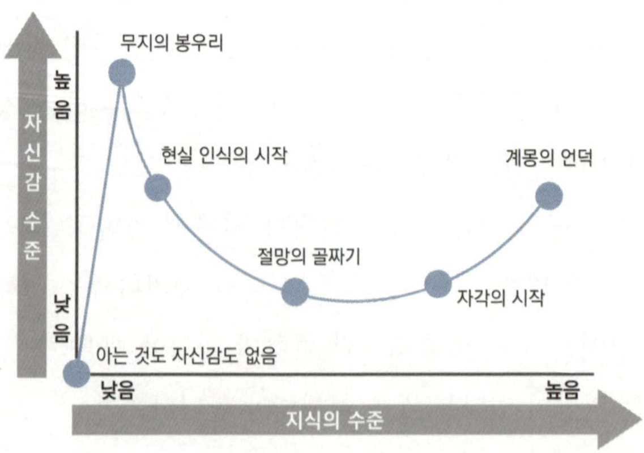

연구 분야의 복잡성에 대한 이해가 극히 제한적입니다. 인터넷에서 가장 불쾌한 트롤[29] 중 일부는 더닝-크루거 효과 그래픽의 정점 단계에 있습니다. 개인이 특정 주제에 대해 더 많이 알게 되면, 그 주제에 대해 원래 생각했던 것보다 더 많은 것이 있다는 것을 깨닫게 되면서 확신도가 점차 낮아집니다. 그리고 더 많은 지식을 흡수할수록 확신 수준은 계속 낮아지고, 특정 시점이 지나면 개인이 이 분야를 완전히 이해할 수 없을 것이라고 믿기 시작하면서 동기 부여 수준과 함께 확신도도 낮아집니다. 인내하는 사람들은 학습한 내용이 이해되기 시작하면서 자신감이 점차 회복되기 시작할 것입니다. 높은 수준의 전문성을 계발하는 방향으로 계속 나아간다면 인증 수준은 다시 높아지겠지만 학습 과정의 초기 단계만큼은 결코 높지 않을 것입니다. 그런 다음에는 각 학문이 얼마나 복잡한지 이해하면서 겸손한 태도를 보일 수 있고, 각 학문의 일부 분야가 복잡하게 얽혀 있다는 것을 이해하면서 아직 발견해야 할 것이 훨씬 더 많다는 것을 깨닫게 되므로 확신 수준이 한 분야의 초보자 때만큼 정점에 이르지는 않을 것입니다.

새 학교에 입학할 때 이미 알아야 할 모든 것을 알고 있고 교사로부터 배울 것이 없다는 태도를 가진 아이들을 흔히 볼 수 있습니다. 하지만 새 학교에서 제공되는 교육에 참여하게 되면 새로운 것을 배워야 하고, 학교 과목이 얼마나 복잡한지, 아주 기본적인 수준에서도 그 복잡성을 이해하는 데 어려움을 겪을 수 있다는 것을 깨닫기 시작합니다. 특정 개념에 대한 자신감이 떨어질 수 있습니다. 학습자의 자신감 수준 또는 과신은 점진적으로 감소하며 학습자에게는 매우 겸손한 경험이 될 수 있지만 이러한 인지 편향을 경험하는 것은 인간의 본성이므로 전적으

29 (역자주) '트롤(Troll)'은 인터넷 문화에서 자주 등장하는 개념으로, 원래는 북유럽 신화의 괴물에서 유래했지만, 오늘날에는 온라인상에서 고의적으로 분란을 일으키거나 다른 사람을 괴롭히는 사람을 지칭하는 말로 쓰입니다.

로 정상적인 현상입니다. 이는 대부분의 교사가 수업 중 한 번쯤은 목격했을 일종의 오만함입니다. 즉, 어떤 분야에서 높은 수준의 전문성을 확보하는 것은 매우 겸손한 경험이 될 수 있습니다. 또한, 높은 수준의 전문성을 확보한 사람들은 아직 필요한 증거가 없을 때는 모른다고 말해도 괜찮다는 것을 이해합니다. 그러나 이미 모든 것을 알고 있다고 주장하지만 전문 지식이 매우 제한적인 사람들은 더 설득력 있게 들리거나 실제로는 자신을 설득하기 위해 입증되지 않은 주장으로 부족한 부분을 채우는 나쁜 습관을 가지고 있는 경향이 있습니다. 전문가들은 이미 더닝–크루거 학습 곡선의 한쪽 끝에서 다른 쪽 끝까지 학습 곡선을 거치면서 높은 수준의 전문성을 확보하고 해당 연구 분야에 대한 추가 취재와 조사에 대한 호기심이 높아졌기 때문에 이런 행동을 하지 않을 것입니다. 이러한 태도는 과학의 발전에 기여하고, 지적이고 교육을 많이 받았지만 겸손한 전문가들의 가설에 대한 답을 찾는 데 사용되는 과학적 방법을 강화합니다. 오늘날에는 자신이 실제보다 더 많이 배웠다고 확신하는 무능한 개인을 만나는 것이 더 흔한 일이 되고 있습니다.

인터넷에는 자신이 얼마나 순진하고 무식한지, 특정 분야에 대한 비판적 사고 능력과 일반적인 문해력이 부족하여 실제로는 무식하고 자격이 전혀 없는데도 전문가처럼 말하는 일부 트롤들이 있다는 점을 지적하는 것도 타당할 것입니다. 온라인에서 더닝–크루거 효과의 가장 명백한 사례를 학생들에게 노출함으로써 교사는 이러한 만연한 인지적 편향에 대한 학생들의 이해를 강화할 수 있습니다. 이는 학생들이 더 많은 지식을 얻기 위해 노력하도록 동기를 부여하는 동시에 겸손과 호기심을 키울 수 있는 방법이 될 수 있습니다. 존 레논(John Lennon)의 말을 빌리자면, 더 많이 볼수록 확실히 아는 것이 줄어드는데, 이는 학생들에게 열린 마음을 유지하는 것이 실제로 무엇을 의미하는지 가르칠 수 있는 훌륭한 도구입니다.

7) 어떻게 해야 하는가?

하지만 가장 중요한 질문은 앞서 언급한 목표를 달성하기 위해 비판적 사고를 어떻게 가르칠 수 있는가하는 것입니다. 다시 한번 강조하지만, 교사는 학제적이고 총체적인 접근 방식을 사용함으로써 앞 장에서 설명한 통합적인 방법을 사용하여 학생들의 과학적 탐구 방법을 보다 과학적으로 발전시킬 수 있습니다. 참여형 체험 학습이 가장 지속가능한 결과를 가져오는 경우가 많으므로 교사는 가능한 한 많은 능동적 학습 전략을 통합하여 이를 달성할 수 있습니다. 비판적 사고는 기술, 공학 또는 기타 STEAM 관련 주제에서도 중요해질 수 있으므로 체험 학습을 포함하는 것을 두려워해서는 안 됩니다. 우리는 또한 교육자들이 다소 어렵지만 중요한 학습 목표를 달성하는 데 필요한 노하우를 더 잘 갖추기 위해 교사 연수에 비판적 사고를 별도의 통합된 학문으로 포함시켜야 한다고 주장합니다.

과학적 조사 방법

통합적이고 능동적인 학습 환경에서 학생들의 비판적 능력이 점차 향상됨에 따라, 학생들의 과학적 지식과 이해를 더욱 향상시키기 위해 과학적 탐구 방법을 지지하는 것은 교사의 의무입니다. 지속가능한 교육의 목표 중 하나는 학생들이 항상 질문으로 시작하여 배경 조사를 하고, 가설을 세우고, 실험을 통해 테스트하고, 관찰하고 분석하여 결론을 도출하는 과학자처럼 생각하도록 훈련하는 것입니다. 또한 더 많은 연구와 과학의 진화적 특성에 대한 더 나은 이해를 통해 결국 이 과학적 이론이 반증될 수도 있다는 겸손함도 포함합니다. 예를 들어, 사실 저항이 어떻게 민주주의에 대한 심각한 대중적 위협이 되는지 설명하려는 교사는 자격을 갖춘 기후 과학자의 압도적 다수가 인위적인 온실가스 배출로 인해 지구 대기가 심각하게 온난화되어 지구 탄소 순환의 균형이 깨지고 있다고 강력하게 주장한다고 말하면서 강의를 시작할 수 있습니다. 마찬가지로, 교사는 가장 자격을 갖춘 바이러스 학자와 미생물학자가 백신이 매우 안전하며 전 세계 공중 보건에 절대적으로 필요하다고 말하고 있다고 말해야 합니다. 그 후, 교사는 현재 인구의 상당수가 이러한 과학적 연구 결과를 거부하거나 적어도 과학에 의존하여 자신의 의견을 형성하는 데 있어 차별적이라는 사실을 강조하여 무엇을 믿을지 고르고 선택하기를 원한다는 사실을 강조할 수 있습니다. 그런 다음 학생들이 믿음과 신뢰와 같은 단어의 의미적 측면에 주의를 기울이도록 적절히 지도하려면 교사는 과학자들이 일반적으로 과학을 믿음의 문제로 이야기하지 않고 신뢰의 측면에서 더 많이 이야기한다는 점을 명확히 설명해야 합니다. 믿음은 신앙의 영역에 속하며 믿음은 과학과는 매우 다른 별개의 것입니다. 믿음에는 과학처럼 가시적인 증거나 동료의 검증이 필요하지 않습니다. 하지만 대부분의 일반 대중이 과학적 주장을 받아들이는 데는 과학적 방법의 과정에 대한 이해가 전제됩니다. 명백한 이유 때문에 대부분의 사람들은 대부분의 과학적 주장의 타당성을 스스로 판단할 수 없습니다. 이러한 의미에서 과학은 학생들에게 검증 가능하고 위조 가능한 사실이나 관찰의 단순한 집합이 아니라 사고 방식으로 제시되기 때문에 모든 능동적 학습 활동의 필수적인 부분이 됩니다. 과학이 어떤 발견에 대해 회의적으로 의문을 제기하는 신뢰할 수 있는 방법으로 사용될 때, 학생들은 과학적 방법을 신뢰하는 법을 배우고 과학을 바탕으로 단결하면 모든 사람이 이익을 얻을 수 있다는 사실을 점진적으로 받아들입니다. 마찬가지로 자신의 전문 분야를 벗어난 과학자들도 동료 연구자들이 동료 검토를 포함한 엄격한 과학적 방법을 사용한다는 것을 알기 때문에 서로의 주장을 신뢰하는 법을 배웁니다. 과학자들은 가설에서 출발하여 연구하거나 우연히 과학적 발견에 도달할 수도 있고, 연구를 진행하면서 아이디어가 공식화되는 귀납적 과학 방법을 사용할 수도 있습니다. 따라서 학생들에게 과학적 탐구 방법이 무엇이고 어떻게 작동하는지 알기 위해서는 항상 어느 정도는 테스트와 동료 검토를 포함하는 과학적 탐구 방법에 대해 가르치는 것이 필수적입니다. 대부분의 합리적인 사람들은 이러한 과학적 방법의 타당성과 중요성을 이해할 것입니다.

학생들이 자연과학에 속하지 않는 학교 과목을 다룰 때에도 진정한 통합적 과학 탐구 방법을 개발하기 위해 학제적이고 총체적인 접근법을 사용할 것을 권장합니다. 이렇게 하면 문학, 역사, 종교, 언어, 가정 경제, 시각 예술, 음악 등 다양한 주제를 다룰 때 직관적, 초자연적, 사이비 과학적 접근 방식 대신 과학적 접근 방식을 사용하도록 학생들에게 가르칠 수 있습니다. 이 절차가 통합적 능동 학습의 초석이 되면 학생들은 이것이 단순한 방법이 아니라 인간의 이성, 자연주의, 윤리를 포용하는 철학이며 미래에 다양한 기회를 제공할 수 있다는 것을 이해하게 될 것입니다. 어떤 문제든 학생들이 더 큰 그림을 보고 과학적 방법을 신뢰하여 문제를 해결하고 해결책을 찾는 방법을 배울 때, 자격이 없거나 독단적이거나 정직하지 못한 사람을 신뢰할 때보다 성공할 확률이 더 높습니다. 과학적 방법은 또한 과학자들이 자신의 아이디어를 테스트하는 모델을 구축함으로써 모델링을 사용하는 경우가 많은데, 이 책에서 제시하는 능동적 학습 접근 방식이 바로 이러한 방식을 통해 달성하고자 하는 목표입니다. 비판적 사고를 위한 이러한 유형의 능동적 학습은 독단주의, 미신, 초자연주의를 거부하는 세속적 인본주의에 뿌리를 둔 과학적 방법을 적용합니다. 하지만 교사는 학생들의 회의론을 유발하고 학생들의 속기 쉬운 수준을 테스트하기 위해 수업 시간에 가끔 사이비 과학적 논증을 사용하도록 권장합니다. 이는 사실 학생들이 사실에 대한 이해가 부족하고 과학적 방법에 대한 신뢰가 부족한 상황에서 부실하거나 무의미하거나 존재하지 않는 증거를 제시하는 결함이 있는 주장을 반박하고 해명함으로써 학생들의 과학적 방법에 대한 신뢰를 강화할 수 있습니다. 이 반직관적인 교수법이 어떻게 학생들이 의심할 수 있는 지식을 구성하는 요소에 대한 이해를 강화할 수 있는지 다음 몇 장에서 여러 가지 관련 사례를 통해 자세히 설명하겠습니다.

8) 복잡하고 어려운 문제의 건설적인 해결

이와 같은 민감한 주제를 다룰 때 절대 간과해서는 안 되는 한 가지 측면은 많은 청소년들이 현재 기후 변화의 도전에 대해 배울 때 불안감을 느낄 수 있다는 점입니다. 지구 온난화로 인한 잠재적 환경 재앙의 모든 부정적인 측면에도 불구하고 교사는 희망의 메시지를 전달하는 것이 중요합니다. 청소년들은 자연재해와 기상 이변의 양, 심각성, 빈도가 증가할 것이라는 과학적 증거가 지나치게 많기 때문에 기후 불안에 시달리는 경향이 있을 수 있습니다. 불안을 예방하기 위해서는 더 나은 미래에 대한 전망과 젊은이들이 더 나은 미래를 위해 결정적인 영향을 미치고 변화에 영향을 미칠 수 있는 모든 기회에 집중하는 것이 필수적이며, 또한 우리 모두가 의존하게 될 위기에 대한 해결책을 실제로 제시할 수 있는 젊은이들에게 중요한 희망을 심어주는 것이 중요합니다. 이를 다루는 것은 교사의 책임입니다. 아직 늦지 않았으며, 학생들이 탐구할 수 있는 영감을 주는 사례를 제공함으로써 이러한 문제를 해결할 수 있는 가능성이 아직 남아 있음을 알려줌으로써 학생들에게 힘을 실어주기 위한 초학제적 주제입니다. 교사가 스스로에게 던져야 할 가장 중요한 질문 중 하나는 학생들의 불안과 냉소에 어떻게 대응해야 하는가이며, 교사는 결단력 있는 행동이 빠른 개선으로 이어질 수 있다는 희망을 제공할 특권을 가지고 있습니다.

멕시코의 과학자이자 노벨 화학상 수상자(1995년)인 마리오 J. 몰리나(Mario J. Molina)의 고무적인 이야기는 인류가 압도적인 과학적 사실을 접했을 때 단호한 조치를 취함으로써 상황을 빠르게 개선할 수 있다는 가능성을 보여주는 가장 고무적인 사례 중 하나입니다. 그는 염화불화탄소(CFC)가 오존층을 파괴한다는 사실을 발견하고, 더 나아가 이 문제를 해결할 수 있는 해결책을 찾아낸 숨은 영웅입니다. 인위적인 기후변화라는 아직 해결되지 않은 주제를 다루는 모든 교사들은 극지방의 오존층 파괴를 막기 위해 전 세계가 모여 모든 염화불화탄소(CFC), 수소염화불화탄소(HCFC), 수소불화탄소(HFC)를 금지하거나 최소한 단계적으로 사용 금지하는 등 결정적인 조치를 취한 1987년 몬트리올 의정서의 예를 통해 학생들에게 위안과 희망을 줄 수 있을 것입니다. 극지방의 구멍을 발견하고 잠재적인 재앙을 해결할 수 있는 선구적이고 창의적인 방법을 찾아낸 과학자들의 감동적인 이야기는 다음 세대를 위한 긍정적인 본보기가 될 것입니다. 멕시코 과학자 마리오 J. 몰리나와 그의 동료 프랭크 셔우드 "셰리" 롤런드(Frank Sherwood Sherry Rowland)는 다음과 같은 사실을 명확히 보여주었습니다. 즉, 동료 평가를 거친 과학적 증거가 압도적으로 제시되고, 일방적인 규제가 불가피한 상황에 직면했을 때, 국제 정치 수준에서 행동에 나서는 것이 반드시 필요하다는 점입니다. 과학적 지식이 풍부하고 비전이 있으며 일관성 있는 정치인이 자격을 갖춘 과학자들과 협력할 때 인류는 매우 빠르게 위대한 업적을 달성할 수 있습니다. 이 감동적인 실화를 통해 청소년들에게 불안과 절망을 주지 않으면서도 기후 위기에 대해 가르칠 수 있는 방법을 제시합니다.

1987년 몬트리올 의정서가 만장일치로 통과된 이후 오존층에 생긴 구멍은 예상보다 훨씬 빠르게 회복되기 시작했습니다. 이 고무적인 이야기는 소셜 미디어와 인터넷이 현재의 공개 토론에 미치는 영향에 대해 논의할 수 있는 좋은 기회이기도 합니다. 몰리나는 2019년 10월 노벨상 교사 컨퍼런스에서 연설하면서 "만약 지금이라도 오존층에 구멍이 생겼다는 사실을 알렸다면 우리는 오존층에 구멍이 생겼다는 사실을 부정하는 사람들과 싸우고 있었을 것입니다. 결과적으로 많은 국가들이 지금까지도 여전히 CFC를 사용하고 있습니다. 당시에는 강력한 로비와 부정론자들이 오존층 파괴와 음모론을 퍼뜨릴 수 있는 플랫폼이 없었기 때문에 즉각적인 단호한 조치를 취하고 주요 환경 문제를 신속하게 해결할 수 있었습니다."[30] 실제로 1987년에는 오늘날처럼 현상 유지를 위해 기득권을 가진 특수 이익 집단이 주도하는 '녹색 음모'에 대한 허위 정보를 퍼뜨리는 이익 단체나 인터넷 트롤이 존재하지 않았습니다.

학생들은 관련성 있는 비교를 하고 더 많은 관점을 습득하기 위해 과거의 유사한 사건을 소개 받을 필요가 있습니다. 예를 들어, 그 당시에는 로비스트들이 고의적인 허위 정보로 공격적이고 기만적인 캠페인을 벌이는 담배 업계가 아니라 압도적인 다수의 의사와 건강 전문가들이 흡연자들을 기만했습니다. 마찬가지로 화석 연료 로비도 현재 기후 과학에 대한 허위 정보를 퍼뜨리고 변화를 요구하는 활동가나 단체에 대한 인신 공격을 조장하면서 평소처럼 사업을 계속하기 위해 공격적인 로비를

---

30 Mario, J. Molina, Verbatim from the Nobel Prize Teacher Conference, 10 October 2019, Stockholm.

벌이고 있습니다. 반면 몬트리올 의정서의 공동 서명국들은 1987년 당시에는 이러한 종류의 장애물에 대처할 필요가 없었습니다. 덕분에 자격을 갖춘 전문가와 정치인들이 악의적인 간섭 없이 신속한 조치를 취할 수 있었습니다. 당시에는 재생 에너지나 기후 과학에 대한 의구심을 퍼뜨리기 위해 소셜 미디어에 허위 정보를 넘쳐나게 할 수 있는 CFC 로비나 이익 단체가 없었습니다. 안타깝게도 오늘날의 현실은 모든 것을 더욱 어렵게 만듭니다. 왜냐하면 완전히 무지하거나 잘못된 정보를 가진 사람들이 자격을 갖춘 기후 과학자 대신 독단적인 로비스트와 스핀 닥터들을 믿기로 선택하기 때문입니다. 안타깝게도 이러한 개인들 대부분은 자신이 잘못된 정보를 퍼뜨리고 있다는 사실을 인식하지 못하기 때문에, 환경 위협의 존재를 압도적으로 입증하는 과학적 연구 결과의 타당성을 분석할 때 올바른 결론을 도출하거나 관련 비교를 하는 데 필요한 과학적 방법과 전문 지식을 이해하는 기본 기술을 제공하지 않으면 잘못된 정보가 어떻게 작동하는지 보여주는 좋은 예가 될 수 있습니다. 우리는 과학자들이 처음 경보를 울린 이후 대부분의 기후 운동가들이 전 세계에 대기 중 인공 온실가스 과잉에 대한 결정적인 조치를 취하도록 촉구한 것과 유사한 허위 정보의 거대한 파도에 계속 노출될 것입니다. 하지만 이미 언급한 바와 같이, 지구 인류의 미래에 대한 실존적 위협에 대처하기 위해 교사들은 마리오 J. 몰리나가 제시한 것과 같은 영감을 주는 사례를 많이 제공함으로써 학생들에게 희망의 힘을 실어주어야 합니다.

물론 과학적 방법의 타당성을 명확하게 입증하기 위해서는 출처 비평과 같은 소프트 지식을 적용하기 전에 많은 양의 하드 지식이 필요합니다. 앞서 주장했듯이, 점들을 연결하는 데 필요한 하드 지식을 실제로 동화시키는 이 목표를 달성하는 가장 과학적이고 지속가능한 방법은 여러 다른 학교 과목을 통합하여 쟁점에 대한 더 넓은 그림을 축소하고 제시하는 학제적이고 총체적인 방법론을 사용하는 것입니다. 학제 간 또는 학제 초월적 전략을 사용함으로써 학생들은 결국 사물이 어떻게 겹치는지, 이 어려운 지식을 만드는 데 사용된 과학적 방법이 모든 학문에서 동일하다는 것을 알게 될 때 보람을 느끼게 될 것입니다. 이렇게 촉발된 감정은 만족감으로 이어져 통합적인 형태의 교육을 훨씬 더 총체적으로 만드는 데 기여할 것입니다. 이 학습 과정의 비판적 사고 측면에서 가장 중요한 부분은 학생들이 날씨와 기후의 차이와 같은 몇 가지 기본 개념을 배워 계절이 어떻게 작동하는지, 다양한 기후대와 하위 기후가 지구 기후에서 어떤 역할을 하는지 이해해야 한다는 것입니다. 또한 해양이 기후에 큰 영향을 미친다는 사실을 이해하는 것도 중요할 수 있는데, 이는 우리가 종종 담론에서 극도로 소홀히 하고 더 큰 그림을 제시하지 못하는 좋은 예입니다. 여러 활동가들이나 다큐멘터리를 통해 제시하는 모든 종말 시나리오를 접하면서 학생들이 어떤 형태로든 불안감을 느끼는 것은 이해할 수 있습니다. 그러나 우리 모두가 알고 있듯이 기후 비상사태는 매우 현실적이고 임박한 문제이며, 그 중요성을 최소화할 수는 없지만 진정으로 행동을 유도하려면 건설적인 접근 방식을 취해야 하며 교사에게는 희망을 가르칠 책임이 있다는 사실을 강조하고 싶습니다.

그레타 툰베리(Greta Thunberg)와 같은 활동가에 대한 사람들의 의견에 관계없이, 긴급한 문제를 해결하기 위해 행동을 취하고 과학을 장려하려는 용기 있는 십대 소녀에 대해 우리 같은 중년의 교사가 비판을 하는 것은 매우 비생산적인 일입니다. 그녀와 그녀의 노력을 비판하는 것은 잘못된 비판적 사고의 완벽한 예인데, 대부분의 경우 그녀를 개인으로 언급하는 사람들은 실제 문제에 대해 이야기하지 않으려는 의도로 애드 호미넴, 허수아비 오류 및 기타 유형의 논리적 오류를 범하고 있기 때문입니다. 또한, 그녀가 말하는 것에 대해서만 비판적이라고 생각하는 교사들은 자신의 연령대가 어떤 행동을 하든 진지하게 받아들이지 않을 것이라는 암시를 줌으로써 학생들에게 힘을 잃게 하는 신호를 보내고 있을 수 있습니다. 사실, 여기서 진정으로 중요한 것은 더 큰 그림과 그녀가 홍보하는 메시지, 즉 우리가 "과학 뒤에 단결해야 한다"라는 것입니다.

9) 팩트 체크 역량의 계발

학생들이 사진의 사실 여부를 확인하는 기술을 익힌 후에는 교사는 학생들이 온라인상의 모든 사진이 포토샵으로 처리되었거나 정치적 또는 경제적 의제에 부합한다고 생각하는 나쁜 습관을 갖지 않도록 해야 합니다. 이를 설명하기 위해 약 100년 전에 촬영된 아주 오래된 빙하 사진 시리즈를 수집한 스웨덴 사진작가 크리스티안 올슬룬드의 예를 들어 보겠습니다. 그는 2018년 현대 디지털 카메라로 사진을 찍은 정확한 위치를 찾아내어 각 사진을 재현해 냈습니다. 그는 오래된 사진과 새로운 사진을 나란히 놓고 비교함으로써 지난 세기 동안 빙하가 어느 정도 녹았는지 명확하게 보여주었습니다. 이러한 이미지 중 일부는 인터넷에서 입소문이 났고, 해당 분야의 전문가들이 검증하고 동료 검토를 거쳐 확인했음에도 불구하고 수많은 기후 변화 부정론자들이 온라인에서 회의론을 오용하여 가짜라고 주장하고 있습니다. 이는 팩트 저항의 대표적인 예이며, 교사는 학생들이 냉소적인 부정론자가 되지 않도록 조작된 증거와 실제 사례를 똑같이 잘 설명하는 것이 매우 중요합니다.

10) 변증법적 접근 방식의 활용: 3단계 사이클의 반복적 순환

1단계: 질문

교사는 처음부터 학생들에게 모든 것에 대해 질문을 던져야 합니다. 대부분의 경우 영리한 학생들은 비꼬는 듯한 질문을 할 수 있습니다. 이것이 바로 소크라테스의 산파술을 가능한 한 빨리 능동적 학습 방법으로 도입하려고 할 때 첫 번째 단계로 달성하고자 하는 것입니다. 이를 위해 교사는 지적으로 겸손한 태도를 보여야 하며, 학생들이 듣고 배우는 모든 것에 대해 의문을 제기하도록 지속적으로 격려해야 합니다. 질문과 모순되는 진술에 답할 때 교사는 항상 겸손하게 들리도록 노력해야 합니다. 직접 대답하는 대신 다음과 같이 질문함으로써 지식 이론이 독단적인 교육 노력의 일부로 어떻게 사용될 수 있는지 명확하게 설명하여 학생들에게 인식론을 소개하는 것이 도움이 될 수 있습니다: "이것이 사실이라는 것을 왜 그리고 어떻게 알 수 있는가?" 또는 "왜 우리는 이것 또는 저것에 대해 가정을 하는가?"라고 묻는 것입니다. 많은 교사가 플라톤의 동굴 우화를 소개하는 연습으로 사용하며, '담배 피우는 차 한 잔'과 같은 예를 들어 추론을 통해 가정이 어떻게 만들어지는지 설명하는 것도 좋은 방법입니다.

칠판에 연기가 증발하는 찻잔을 그리는 간단한 연습은 학생들이 인식론을 간단한 용어로 개념화하는 데 도움이 될 수 있습니다. 첫 번째 질문은 다음과 같습니다. 컵 안에 무엇이 들어 있을까요? 대부분의 학생들은 컵의 모양 때문에 분명히 차라고 주장할 것입니다. 반면에 좀 더 경계심이 많은 학생은 어떤 종류의 뜨거운 음료일 수도 있다고 말할 수 있습니다. 가장 덜 신중한 학생들은 컵에 뜨거운 액체가 들어 있지 않아도 연기가 날 수 있으므로 누군가 드라이아이스 등을 이용해 우리를 속이려 할 수 있다고 대답할 수 있습니다. 이 연습은 주어진 그룹 내에서 다양한 수준의 호기심을 보여주며, 찻잔에 무엇이 들어 있을지에 대한 토론을 시작함으로써 교사는 제한된 정보를 바탕으로 가정이 어떻게 만들어지는지 확실히 보여줄 수 있습니다. 처음에 토론을 시작할 때 가장 확신에 찬 학생들은 찻잔에 담겨 있으므로 차일 것이라고 주장하고 다른 학생들이 핫초코나 다른 뜨거운 음료도 그런 종류의 컵으로 마실 수 있다고 말하면서 토론이 진행됩니다. 그러나 다른 학생들은 칠판에 그려진 그림만 보고 차에 우유나 설탕이 들어 있다고 추정할 수 있을까요? 등의 질문을 통해 추론을 시작할 수 있습니다. 다른 학생들은 부모님이 찻잔을 사용하여 커피를 마시는 것을 본 적이 있다고 말할 것이고, 잠시 후 모두가 찻잔에 무엇이 들어 있는지 확실히 알 수 있는 유일한 방법은 맛을 보는 것뿐이며, 차처럼 보이는 음료도 다른 것일 수 있다는 것을 이해하게 될 것입니다. 이러한 방식으로 화이트보드에 간단한 흡연 찻잔을 그리는 것 외에는 아무런 자료나 노력이 필요하지 않은 간단한 능동적 학습 활동을 통해 아이들의 회의론 수준이 향상되었습니다.

비판적 사고력을 키울 때 교사는 부드러운 질문을 하는 것을 잊지 말아야 합니다. 교사는 학생이 틀렸다는 것을 증명하기 위해 존재하는 것이 아니며, 학생이 틀렸다면 스스로 결론을 내리거나 잘못된 가정을 스스로 수정하도록 하는 것이 더 효과적일 것입니다. 학생은 스스로 깨달음을 얻으면 학습 경험이 더 보람차게 느껴질 수 있으며, 이러한 만족감은 오래도록 기억에 남을 수 있습니다. 연구에 따르면 이와 같은 긍정적인 감정은 학습자의 인지 과정에서 지식의 인코딩을 촉진하는 것으로 나타났습니다.[31] 이러한 종류의 학습 과정에서 감정의 주의 집중과 동기

---

31 Seli, P., Wammes, J. D., Risko, E. F., and Smilek, D., On the relation between

부여 요소는 텍스트, 교사 또는 권위에 호소하는 다른 개인이 답을 제시할 때보다 훨씬 더 많이 학습한 교훈의 지속 능력에 기여할 것입니다.[32] 학생들의 지식 유지력을 높이기 위해 교사가 사용할 수 있는 또 다른 방법은 모든 수업이 끝나면 "오늘 새로운 것을 배웠습니까?"라고 질문하는 것입니다. 대답은 대부분 "예!"일 것입니다. 우선 대부분의 학생들은 자신이 학교에 있는 것은 정체하기 위해서가 아니라 배우기 위해서라는 것을 이해하고 있기 때문에 이 간단한 질문은 학생들이 새로 배운 몇 가지를 열거하도록 유도하여 새로운 지식을 흡수하는 데 도움이 될 것입니다. 이는 학생들이 수업 중에 접한 내용을 되돌아볼 수 있는 기회가 되고, 새로 습득한 지식을 단기기억에서 장기기억으로 '저장'하는 데 기여할 수 있습니다.[33]

2단계: 조사 및 평가

두 번째 단계는 학생들이 책임감을 갖도록 가르친다는 명시적인 목표에서 시작됩니다. 수업에서 다루는 주제의 기본 내용을 잘 이해했는지 확인하기 위해 교사는 구체적인 질문을 통해 학습한 내용의 양, 관련성 및 유용성을 진단해야 합니다. 이 작업이 완료되면 교사는 학생들이 다양한 출처를 조사하여 콘텐츠의 품질을 평가하도록 장려할 수 있습니다. 연습으로 교사는 학생들에게 앞으로 몇 분 동안 공유되는 정보 중 일부는 허위, 반쪽짜리 진실, 검증 가능한 사실이 혼합되어 있을 것이며, 교

---

motivation and retention in educational contexts: the role of intentional and unintentional mind wandering, Psychon Bull Rev., 2016, No. 23, pp.1280-1287.

32 Talmi, D., Enhanced emotional memory cognitive and neural mechanisms, Curr. Dir. Psychol. Sci., No. 22, 2013, pp.430-436.

33 Simons, J. S. and Spiers, H. J., Prefrontal and medial temporal lobe interactions in long-term memory, Nat. Rev. Neurosci., No. 4, 2003, pp.637-648.

사의 담화에서 무엇이 정확하고 무엇이 부정확한지를 식별하는 것이 학생들의 과제임을 경고하는 것으로 강의를 시작할 수 있습니다. 나중에 이 교수법을 설명하기 위해 몇 가지 예를 제공하겠지만, 지금은 교사가 학생들이 다양한 출처를 조사하고 평가하여 교사의 다양한 진술을 책망하거나 확인하는 과정을 관찰함으로써 지속적인 평가를 수행할 수 있는 완벽한 기회로 이 유형의 연습에 집중하는 것이 중요합니다.

아무리 믿어도 사실이 될 수는 없으며, 통계는 잘못 이끌거나 의견을 조작하는 데 사용될 수 있으므로 모든 학습 과정에서 가장 중요한 측면은 진도라는 점을 학생들에게 상기시키는 것이 훨씬 더 건설적입니다. 또한 학생들이 양이 아닌 질을 위해 노력하도록 격려하세요. 학생들의 자료 조사 및 평가 능력을 향상시키고자 하는 교사는 학생들이 논거를 만들 때 "나는 믿는다" 대신 "나는 생각한다"를 사용하도록 권장할 수 있습니다. 이는 사실 비판적 사고의 요점 중 하나이자 우리가 애초에 장려하고자 하는 것, 즉 학생들이 어떤 가시적인 증거를 제시하지 않고도 믿을 수 없는 것을 믿도록 하는 대신 실제 검증 가능한 사실을 생각하고 요구하는 행위입니다. 또한 전자는 건전한 철학적 논증에 기반을 두고 있지만 후자는 과학적 방법이 개발되기 수세기 전인 청동기 시대에 유래한 '신성한 텍스트'에 뿌리를 두고 있기 때문에 도덕보다 윤리를 더 중요하게 여길 수밖에 없습니다. 학생들의 회의주의를 발전시키기 위한 방법으로, 특히 학생들이 역사적 사실을 지적하도록 돕기 위해 선전을 만드는 데 자주 사용되는 수정주의와 오해에 대해 학생들에게 역사에서 다양한 시대착오를 지적하도록 가르치는 것은 매우 유용할 것입니다. 이는 또한 학생들의 지적 호기심 발달에 기여하기 때문에 학생들이 무엇이든 불일치를 발견하는 데 필수적인 기술을 갖추게 될 것입니다. 이렇게 하면 학생들은 역사 영화가 흥미를 유발하거나 정확하지 않은 장소에서 벌어지는 상상력 넘치는 로맨스 플롯으로 관객을 사로잡기 위해 시대착오적이고 부정확한 정보를 포함하는 경우가 많기 때문에 신뢰할 수 없는 정보원이라는 것을 인식하게 될 것입니다. 우리는 청소년들이 가짜 뉴스를 식별할 수 있도록 가르치는 방법으로 허위 사실에 지속적으로 노출되는 것을 여러 차례 장려해 왔으며, 이를 통해 청소년들이 위험 신호를 인식하는 방법을 배우게 될 것입니다. 영화에서 시대착오와 아나토피즘[34]을 정확히 찾아내는 것은 회의주의를 키우는 훌륭한 방법입니다. 이 책에서 반복적으로 지지하는 또 다른 기법은 도시 전설과 신화를 사용하여 속기 쉬운 수준을 테스트하고 우리 모두가 얼마나 쉽게 속을 수 있는지 보여주는 예시입니다.

3단계: 합성

이것은 지식을 철저히 증류할 수 있는 사고 접근 방식입니다. 이 접근 방식은 철학의 여러 분야와 밀접한 관련이 있습니다. 교사는 포괄적인 분석 기술을 개발하고 이질적인 출처에서 새로 습득한 지식을 통합하도록 하는 가설적이고 개방적인 질문을 할 수 있습니다. 비판적 사고에 대한 포괄적인 교육은 당연히 틀에서 벗어난 사고의 의미와 무엇이 창의력으로 이어질 수 있는지를 명확히 하기 위해 노력해야 합니다. 교사는 토론을 시작하기 전에 학생들이 스스로 가설을 세우고 질문을 개발하도록 해야 합니다. 학생들 또한 새로운 통찰력을 통합하기 위해 서로 가르치도록 권장하는 것이 좋습니다. 또한 설득력을 키우고 커뮤니케이션 기술의 효과를 높이기 위해 수사학을 연습할 수 있는 다양한 기회

34 (역자주) '아나토피즘(anatopism)'은 어떤 사물이나 사람이 '잘못된 장소'에 있는 것처럼 보이는 오류 또는 부조화를 의미합니다. 이는 '시간의 부조화'를 의미하는 '아나크로니즘(anachronism)'의 공간 버전이라고 할 수 있습니다.

를 제공하지만, 가장 중요한 것은 직관적이거나 초자연적이거나 사이비 과학적인 접근 방식 대신 논리와 과학적인 접근 방식을 사용하여 진실을 찾아야 한다는 것을 스스로 설득할 수 있도록 돕는 것입니다. 또한 토론을 진전시키기 위해 다른 사람의 마음에 '의심의 씨앗을 심는' 기술을 습득하면서 종합하는 법을 배우게 됩니다. 교사는 학생들에게 생각을 바꿔도 괜찮다는 것을 가르치기 위해 논쟁이 전개됨에 따라 새로운 정보가 계속 추가되는 딜레마 연습을 하면서 비슷한 접근 방식을 사용할 수 있습니다. 이 기법은 이 장의 뒷부분에서 단계별로 설명합니다.

학생들이 정보를 종합할 수 있는 적절한 분석 기술을 습득한 후에는 요즘 온라인에서 퍼지고 있는 대부분의 음모론은 대부분 극히 약한 주장에 근거하고 있고, 확실한 증거를 제시하지 못하며, 일반적으로 믿을 수 없는 것으로 쉽게 배척될 수 있다는 점을 빠르게 지적할 수 있을 것입니다. 실제로 최근에 등장한 음모론 중 일부는 순전히 누군가의 상상력의 산물이며, 그 원인이 불분명하고 플롯이 매우 빈약한 공상 과학 소설과 유사한 경우가 많으며, 그들의 이야기에서 믿을 수 없는 반전을 발견할 수 있습니다. 사실 비판적 사고 능력을 계발하기 위해 이러한 학제 간 능동적 학습 방법을 접한 학생들은 잘못된 정보와 허위 정보를 전파하는 사람들의 추론 능력이 매우 빈곤하고 무질서하여 음모론의 전형적인 숙련자들이 어떤 버전의 이야기가 가장 좋은지 또는 '진실'인지 서로 동의할 수 없다는 결론을 도출할 수 있을 만큼 충분한 전형을 발견할 수 있습니다. 음모론자들 사이의 논쟁은 종종 완전히 무질서하고 어떤 형태의 조사도 받지 않으며, 그들의 주장에 대한 동료 검토는 권장되지 않으므로 과학적 탐구 방법을 중요시하는 사람이라면 누구나 적신호를 켜야 합니다.

그렇다면 학교에서 출처 비평을 위한 기본 기술은 무엇일까요? 우선, 학생들은 텍스트, 이미지 또는 진술을 비판적으로 검토하는 방법을 배워야 합니다. 또한 출처를 해석하고 신뢰할 수 있는 증거로 사용할 수 있는지 평가해야 합니다. 또한 출처가 진실하고 신뢰할 수 있는지 알아내는 데 필요한 기술을 배워야 합니다. 이를 통해 학생들이 검증 가능한 사실을 찾아낼 수 있는 역량을 키워야 합니다. 다시 말해, 학생들은 인터넷에서 보는 모든 것을 믿지 않도록 격려해야 합니다.

학생들은 복도 벽과 같이 눈에 잘 띄는 곳에 전시된 지식을 알게 모르게 흡수하고 다양한 형태로 수업에 다시 가져올 것입니다. 모든 교실 벽에 출처의 신뢰성을 조사하도록 상기시키는 체크리스트를 표시하는 것도 좋은 아이디어입니다. 표시된 알림을 통해 이 출처를 만든 사람이 조직, 회사 또는 정부 기관인가 아니면 단순히 개인인가와 같은 필수적인 질문을 항상 하도록 유도해야 합니다. 그 사람이 해당 분야의 권위자인가? 출처를 만든 사람이 신뢰할 수 있고 믿을 만한 사람이나 조직인지 항상 스스로에게 물어봐야 합니다. 둘째, 학생들에게 소스를 만든 이유가 재미있기 위해서인지, 정보를 제공하기 위해서인지, 속이기 위해서인지, 어떤 관점을 전파하기 위해서인지, 재미있거나 슬프거나 선정적인 것을 말하기 위해서인지 질문하도록 상기시켜 주세요. 셋째, 학생들에게 출처의 외관을 분석하고 신뢰할 수 있는 참고 자료가 있는지, 온라인 콘텐츠에 기능 링크가 포함되어 있는지, 출처에 연락할 수 있는 연락처 정보가 있는지, 사용 가능한 정보의 마지막 검토 날짜가 있는지 다시 확인하도록 요청해야 합니다. 학생들에게 다른 곳에서도 동일한 정보를 얻을 수 있는지, 다른 출처를 비교하고 저자의 자격 증명을 찾아보거나 찾은 정보를 상식 또는 동료 검토를 거친 과학으로 간주되는 것과 비교할 수 있는지 스스로 질문하도록 하고 출처의 품질을 평가하게 합니다. 검색된 정보가 언뜻 보기에 신빙성이 없어 보이는 경우 사실로 제시되기 전에 확실한 증거가 필요하다는 점을 학생들에게 상기시킵니다.

11) 이미지 검사 소프트웨어 소개

Google과 같은 다양한 검색 엔진의 기능을 탐색하면서 인터넷에서 찾은 사진을 평가하도록 가르치기 위한 목적으로 다양한 주제에 대한 몇 가지 기본 연습부터 시작하는 것이 좋습니다. 예를 들어, 지리학 교사는 학생들에게 '쓰나미'라는 단어를 사용하여 사진을 검색하도록 요청할 수 있습니다. 지난 몇 년 동안 이 단어로 Google 이미지에 가장 많이 표시된 사진은 대부분 유명한 해안선을 덮친 거대한 파도의 사진 몽타주로, 훈련된 사람의 눈에는 매우 비현실적으로 보입니다. 사실, 표시되는 대부분의 사진은 명백히 가짜이기 때문에 학생들이 그룹 토론에 참여하여 실제 쓰나미의 실제 사진과 대조적으로 클릭 미끼 역할을 하기 위해 제작된 다양한 포토샵 이미지를 인식하는 방법을 서로에게 가르칠 수 있는 완벽한 기회이며, 이는 훨씬 더 사실적이지만 훨씬 덜 장관을 이루는 실제 쓰나미 사진과는 대조적입니다.

이 능동적 학습 전략은 학생들이 토론에서 어떤 유형의 댓글을 달았는지 관찰함으로써 어떤 이미지가 단순한 파도라고 주장하는 반면, 어떤 이미지는 터무니없이 과장되어 명백히 가짜라고 주장하는지를 면밀히 조사할 수 있기 때문에 교사에게 매우 보람 있는 전략입니다. 학생들은 "이런 거대한 파도가 런던과 같은 도시를 침수시킬 정도로 내륙까지 내려올 수는 없다" 또는 "고층 빌딩만큼 높은 거대한 파도의 사진이 쓰나미에서 살아남은 사람이 찍었을 가능성이 있을까?"와 같은 의견을 제시할 수 있습니다. 그런 다음 토론은 다양한 관찰로 발전하여 일부 학생들은 그 사진을 촬영한 카메라를 어떻게 회수할 수 있을지에 대해 질문하기 시작할 수 있습니다. 학생들은 실제 쓰나미 사진에는 거대한 푸른 파도가 부서지는 것이 아니라 2011년 일본 센다이에서 발생한 쓰나미 사진이나 2004년 인도네시아 반다아체와 태국 서해안을 덮친 인도양 쓰나미 사진처럼 잔해와 부유물로 가득 찬 갈색 물이 내륙으로 밀려오는 모습이 대부분이라는 사실을 깨닫게 될 수도 있습니다. 그런 다음 교사는 학생들이 떠다니는 자유의 여신상이나 완전히 휩싸인 시드니 오페라 사진을 발견하면 활발한 토론과 가끔씩 웃음이 터져 나오는 것을 관찰할 수 있을 것입니다. 그런 다음, 학생들에게 가장 명백한 사진 몽타주를 만드는 데 사용된 원본 사진을 찾는 방법을 가르치기 위해 교사는 검색 엔진을 사용하여 가짜로 보이는 이미지를 마우스 오른쪽 버튼으로 클릭하여 유사한 이미지를 검색하는 기능을 사용하도록 지도해야 합니다. 이렇게 몇 분간 검색하면 대부분의 그룹에서 많은 학생들이 사진 몽타주의 여러 구성 요소를 개별 사진으로 찾아낼 수 있으며, 예를 들어 리우의 코파카바나 해안을 덮친 거대한 푸른 파도를 찾을 수 있습니다. 어떤 학생은 잔잔한 바다가 있는 해변의 원본 사진은 2분 이내에 검색 엔진에서 찾을 수 있지만, 해안에 부딪히는 거대한 푸른 파도는 코파카바나의 원본 사진에 실제보다 훨씬 크게 보이도록 비율을 늘려 붙여 넣은 파도라는 것을 교사에게 보여줄 수 있습니다. 이 학습 활동을 참여형으로 진행하면 학생들이 검색 엔진에서 제공하는 다양한 가짜 사진을 조사하는 데 주도적으로 참여할 수 있습니다. 학생들이 가짜 사진을 빠르게 식별할 수 있는 훈련된 눈을 갖게 되면, 클릭 미끼 이미지의 유혹으로부터 자신을 현명하게 보호할 수 있는 새로운 기술을 갖추게 됩니다. 학생들이 인터넷에서 보는 것에 대해 조금 더 의심하게 만드는 것은 평생 동안 앞으로 수많은 경우에 도움이 될 중요한 기술입니다. 포토샵 아티스트들은 때때로 매혹적이며 딥페이크 기술은 빠른 속도로 발전하고 있지만, 학생들은 포토샵 쓰나미에 사용된 다양한 이미지의 출처를 찾는 방법을 배움으로써 인터넷에서 조작된 것처럼 보이는 모든 사진에 동일한 트릭을 적용하는 방법도 배울 수 있습니다. 이러한 연습은 학생들에게 항상 비판적으로 이미지를 바라보도록 가르칠 수 있으며, 이러한 유형의 연습은 비판적 사고력을 계발하는 데 크게 기여합니다.

앞서 언급한 악어의 예처럼, 두 장의 사진을 합쳐서 청중을 속이는 것은 쉽습니다. 학생들이 발견한 가장 좋은 예 중 하나는 해변에 좌초된 거대한 문어와 그 주위에 호기심 많은 수십 명의 사람들이 있는 사진입니다. 학생들은 검색 엔진을 사용하여 20명이 한 조가 되어 10분도 채 되지 않아 해변에서 죽은 고래를 바라보는 호기심 많은 사람들의 모습과 젊은 커플을 배경으로 해변에 좌초된 중형 문어 사진의 원본 두 장을 찾아냈습니다. 두 장의 원본 사진을 발견한 이들은 문어가 실제보다 훨씬 큰 것처럼 보이도록 사진이 어떻게 조작되었는지 쉽게 이해할 수 있었고, 여러 인터넷 플랫폼에서 클릭 미끼로 사용된 가공된 이미지에서 좌초된 고래가 거대하게 보이는 중간 크기의 문어로 대체된 조작된 사진 몽타주에서 방관자가 어떻게 움직였는지 알아챘습니다.

학생들이 이 기술을 익히고 나면, 교사는 변조된 것으로 보이는 이미지를 관찰할 때 올바른 질문을 할 수 있도록 가르쳐 학생들의 이해를 심화시켜야 합니다. 누가 무엇을 왜 말하는지 체계적으로 질문함으로써 학생들은 원래 사진을 게시한 사람이 누구인지 조사하고, 보이지 않거나 숨겨진 의제를 홍보하려는 의도가 있는지 질문할 수 있습니다. 또한 알고리즘이나 다른 기득권 때문에 이런 종류의 자료에 노출되는지, 왜 이런 자료에 노출되는지 스스로에게 질문하는 법을 배우게 됩니다. 그러나 가장 중요한 것은 어떤 이미지를 신뢰할 수 있는지 아는 법을 배우고 출처가 확실하지 않은 경우 사진을 공유하지 않는 법을 배우는 것입니다. 물론 유머를 목적으로 한다면 이야기는 달라집니다. 인터넷은 전혀 불쾌하지 않고 재미있게 조작된 밈으로 가득 차 있으며, 최근 조 바이든 대통령 취임식에서 버니 샌더스의 사진이 인터넷 밈이 되어 니트 장갑을 끼고 접이식 의자에 마스크를 쓴 버니 샌더스가 가장 놀라운 장소에 있는 수천 개의 다양한 사진 몽타주를 만드는 데 사용되면서 자선기금으로 수백만 달러를 모으는 데에도 기여한 바 있습니다. 이러한 종류의 무례하지만 재미있는 밈은 실제로 사람들에게 포토샵이나 유사한 사진 편집 소프트웨어로 사진 몽타주를 만드는 것이 매우 쉬워지고 있다는 것을 알려주는 목적을 가지고 있습니다.

비판적 사고력을 키우기 위해 어떤 예시를 사용하든, 신뢰할 수 있는 출처를 식별할 수 있는 적절한 기술을 제공하여 학생들이 적은 노력으로 출처를 인식할 수 있도록 하는 것을 목표로 해야 합니다. 교사가 대화를 나누면서 능동적인 학습 접근 방식을 많이 사용할수록 학생들과 함께 빅풋이라고도 하는 새스콰치(Sasquatch),[35] 평평한 지구, 일루미나티(Illuminati),[36] 파충류 인간, 켐트레일(Chemtrails),[37] 피자게이트(Pizzagate)[38] 등의 음모론에 대해 이야기하면 할수록 학생들은 일반적으로 그중 하나를 믿는 사람은 다른 것도 믿는 경우가 많다는 사실을 더 잘 인식할 수 있게 될 것입니다. 안타깝게도 음모론에 빠지기 쉬운 대부

---

35 (역자주) '새스콰치(Sasquatch)'는 북아메리카, 특히 캐나다와 미국 북서부 지역에서 전해 내려오는 전설 속의 거대한 털복숭이 유인원 또는 원시적인 인간형 생물입니다.

36 (역자주) '일루미나티(Illuminati)'는 역사적으로 실재했던 비밀 결사 조직이자, 현대에는 각종 음모론의 중심에 놓인 상징적인 집단입니다. 이 용어는 사실과 허구, 역사와 신화, 철학과 음모론이 얽혀 있는 복합적인 개념입니다.

37 (역자주) '켐트레일(Chemtrails)'은 "Chemical Trails(화학물질 흔적)"의 줄임말로, 일부 음모론자들은 비행기에서 살포된 화학물질이 사람의 건강이나 날씨, 정신 상태에 영향을 준다고 주장합니다.

38 (역자주) '피자게이트(Pizzagate)'는 2016년 미국 대선 기간 중 확산된 근거 없는 음모론으로, 워싱턴 D.C.의 한 피자 가게에서 미국 민주당 인사들이 아동 성착취 조직을 운영하고 있다는 거짓 주장이 핵심입니다. 이 음모론은 사실로 입증된 바 없으며, 이후 미국 FBI와 언론, 연구기관들에 의해 완전히 허위로 판명되었습니다.

분의 사람들은 입증되지 않은 여러 가지를 믿는 경향이 있습니다. 반대로 비판적 사고를 배워온 사람이 인터넷에서 물 속의 화학물질이 개구리를 게이로 만든다는 주장을 들으면, 과학적 증거에 근거하지 않은 주장일 가능성이 높다는 것을 더 쉽게 이해할 수 있습니다. 또한 이러한 주장을 하는 사람은 일반적으로 신뢰할 수 있는 출처가 아니라는 것을 이해할 수 있습니다. 학생들이 이러한 유형의 믿음이 확실한 증거에 근거한 것이 아니라 희망적 사고 또는 이를 전파하는 사람들의 믿음에 근거한 것임을 이해하게 되면, 이러한 종류의 생각은 사람들을 진실로부터 멀어지게 할 뿐만 아니라 자신의 결점과 단점을 직면하는 것을 방해한다는 사실을 알게 될 것입니다. 이러한 생각은 결국 자신보다 더 큰 무언가가 자신의 개인적인 문제를 책임지고 있다고 믿는 무력감을 느끼는 개인에게 피난처가 될 수 있습니다. 또한 교사는 높은 수준의 불신은 회의론이 아니라 지나치게 극단화되어 개인이 사실에 대한 저항력을 키우면서 지나치게 냉소적이 되고, 희망적 사고의 함정에 빠지는 사람이 될 수 있음을 설명하는 것이 중요합니다.

12) 신뢰할 수 있는 출처를 인식하는 방법

학생들이 신뢰할 수 있는 출처를 인식하는 데 필요한 일련의 기술을 적절히 갖추도록 하기 위해, 우리는 가장 현명한 방법 중의 하나는 도시전설, 사기, 장난, 음모론의 수많은 대응물을 학생들에게 노출시켜 반복되는 패턴을 인식하고 애초에 몇 가지 일반적인 '적신호'를 식별하는 방법을 가르치는 것임을 보여줄 것입니다. 다행히도 모든 학급의 많은 학생들은 대개 적절한 수준의 회의주의를 보이므로 교사는 이전에 습득한 지식과 통찰력을 활용하여 근본적인 회의주의의 설득 메커니즘을 강화해야 합니다.

영국의 철학자 존 알렉산더 스미스(John Alexander Smith)는 "열심히 지능적으로 일한다면 사람이 언제 썩은 말을 하는지 감지할 수 있어야 하며, 이것이 교육의 유일한 목적은 아니더라도 주된 목적이라고 생각합니다"[39]라고 말한 적이 있습니다.

패턴과 주제를 파악하기 위해 학생들에게 많은 음모에 노출시키기

음모론, 사기, 도시의 전설 및 장난의 여러 사례를 접함으로써 학생들이 결국에는 사람들이 조작하려는 허위 정보를 신속하게 식별할 수 있는 비판적 사고 능력을 충분히 습득할 수 있기를 바랍니다. 목표는 모든 학생들이 앞서 열거한 오류뿐만 아니라 앞서 논의한 인지적 편견에 근거한 모든 주장을 자신 있게 실격시킬 수 있을 만큼 충분히 숙지하도록 하는 것입니다. 인과관계를 암시하지 않는 상관관계에 기반한 논증을 알아차릴 수 있습니다. 이렇게 새롭게 발견한 기민함과 자신감을 실천에 옮김으로써 학생들은 일부 개인, 집단, 기업 또는 조직이 언제 어떻게 사실과 다른 것을 믿도록 속이려 하는지 평생 동안 충분히 이해할 수 있게 될 것입니다. 만약 우리가 학생들을 속이려는 사람들을 교육하고 전 세계의 대다수 학생들에게 효과적인 비판적 사고에 대한 교육을 실시한다면, 우리는 대중이 미래의 사기꾼이나 선동가들에게 쉽게 속지 않는 더 나은 세상에서 살 수 있게 될 것입니다.

---

39 Horne, A., Macmillan, Macmillan, 1988, p.27.

다양한 출처의 활용

명확한 교육적 목표를 가지고 다양한 음모론을 제시할 때, 교사는 대부분의 경우 진실이 사람들이 상상하는 것보다 훨씬 덜 흥미로울 수 있다는 사실도 지적해야 합니다. 특히 충격적인 사건이 발생하면 많은 사람들이 무력감을 느끼며, 훨씬 더 복잡한 일이 일어나고 있고 그림자 속에서 훨씬 더 큰 힘이 작용하고 있다고 믿는 것이 위안이 되는 경우가 많습니다. 지식이 풍부한 사람들은 쉽게 접근할 수 있는 엄청난 양의 정보를 접할 때 일상적으로 서로 연관된 정보 사이의 점을 연결하고 연결고리를 만들어 냅니다. 그러나 확증 편향을 인식하지 못하는 사람은 자신의 가정이나 편견을 강화하기 위해 실제로는 서로 관련이 없는 것들을 무의식적으로 연결할 수 있습니다.

큰 사건에는 반드시 큰 원인이 있다고 주장하는 비례 편향에 대해 가르치면, 학생들은 때때로 가장 그럴듯한 음모론이 단순히 충격적인 사건을 이해하고 그와 관련된 부정적인 감정에 대처하기 위한 시도일 수 있다는 것을 이해하게 됩니다. 이를 설명하는 좋은 방법은 교사가 존 F. 케네디 미국 대통령의 암살과 로널드 레이건 미국 대통령의 암살 시도와 같이 쉽게 비교할 수 있는 사실을 제시하면서 공개적인 질문을 하는 것입니다. 먼저, 교사는 미국인의 61%가 존 F. 케네디 암살 사건의 배후에 음모가 있다고 믿고 있으며 대부분의 사람들이 리 하비 오스왈드의 단독 범행이 불가능하다고 확신한다는 갤럽 설문 조사의 통계를 제시할 수 있습니다. 여기서 교사는 이 정보를 제시하면서 중립을 지키고 있으며 이 문제에 대해 개인적인 의견이 없음을 분명히 해야 효과를 기대할 수 있습니다. 그런 다음 학생들이 적극적으로 반성할 수 있도록 교사는 레이건 암살 시도의 실패 뒤에 음모가 있었다고 믿는 미국인은 거의 없으며 존 힝클리 주니어가 단독으로 행동하지 않았다고 믿는 사람을 찾는 것은 거의 불가능하다는 논리를 제시해야 합니다. 다시 한 번 강조하지만, 교사는 이 두 가지 다른 주장을 제시할 때 자신의 개인적인 신념에 대한 힌트를 주지 않도록 주의해야 하며, 토론을 시작하고 스스로 결론을 도출하는 것은 학생들의 몫입니다. 이 연습의 목적은 단순히 학생들의 마음속에 의심의 씨앗을 심어 건설적인 토론을 시작하고 학생들 스스로 반성하는 역량을 계발하는 것입니다.

정말 흥미로운 사례 중 하나는 2002년 스웨덴 국영방송에서 요한 뢰프스테트(Johan Löfstedt)와 스웨덴 국영 방송협회가 스웨덴에서 열린 1958년 축구 월드컵에 대한 모큐멘터리를 만든 실험입니다. 이들은 풍자 다큐멘터리를 제작하여 "1958년 스웨덴에서 열린 FIFA 월드컵은 실제로 개최된 것이 아니라 냉전 시대 미국과 스웨덴 텔레비전, CIA와 FIFA의 음모에 의해 위조된 텔레비전과 라디오 보도로만 존재한다"라고 주장하며 스웨덴 TV를 통해 사실인 것처럼 방송했습니다.[40] 다큐멘터리 발표 며칠 후 영화 감독들은 그것이 단지 사기이자 농담이라고 깨끗이 해명했습니다. 그럼에도 불구하고 많은 사람들은 원래 제작자의 질책에도 불구하고 여전히 그들의 거짓 주장을 계속 믿고 있습니다. 이 다큐멘터리의 감독은 자신의 목표는 홀로코스트 부인론자들이 제기하는 허무맹랑하고 완전히 터무니없는 주장과 같은 역사 수정주의가 확증 편향에 빠진 사람들의 머릿속에서 어떻게 작동하는지 보여주기 위한 것이라고 밝혔습니다. 그러나 허위 정보를 만든 사람들이 그 사실이 틀렸다는 것을 알고도 여전히 많은 사람들이 이 거짓 정보를 믿는다는 사실은 매우 시사 하는 바가 큽니다. 문제는 고의적으로 무식해지기를 적극적으로 선택하는 개인들이 이런 잘못된 정보를 그대로 받아들여 때로는 주류 미디어를 포함한 여러 플랫폼을 통해 사회에 더 많은 거짓 이야기가

---

40 See https://en.wikipedia.org/wiki/Conspiracy_58.

퍼지는 데 기여한다는 것입니다. 예를 들어, 2014년 말 덴마크 철도 회사 DSB의 기내 잡지에서 한 기자가 1958년 스웨덴 월드컵이 결코 열리지 않았다는 음모론에 관한 기사를 게재한 것을 언급할 수 있습니다.[41] 이제 원본 다큐멘터리를 보지 않은 음모론적 사고를 가진 독자들이 이 기사를 읽고 무작위 대화에서 이에 대해 이야기하거나 온라인에 자신이 이 사건이 열리시 않았다고 주장하는 내용을 게시함으로써 허위 정보를 전달하는 시나리오를 상상해 봅시다. 이 모든 것이 허위 정보를 더욱 확산시키는 데 기여하게 됩니다. 이 풍자적인 예를 통해 반박된 음모론이 여전히 일반 대중 사이에서 퍼질 수 있다는 점을 보여줌으로써 사람들이 다른 루머나 반박된 음모와 같은 방식으로 유사점을 만들 수 있도록 도울 수 있습니다. 또한 동료 심사를 거쳐 거부되었지만 여전히 일반 대중 사이에서 퍼져나가며 잘못된 정보를 퍼뜨리고 있는 나쁜 과학과 유사하게 비유할 수 있다는 점도 언급하는 것이 중요합니다. 물론 이러한 사례의 대부분은 미네소타의 켄싱턴 룬스톤(Kensington runestone)[42] 사례와 같이 불쾌감을 주지 않는다고 할 수 있지만, 미네소타의 NFL 팀이 이 괴담에 근거하여 미식축구팀을 바이킹스라고 부르는 것은 누구에게도 해가 되지 않을 것으로 추정됩니다. 실제로 1898년 스웨덴 이민자 올로프 외만(Olof Öhman)이 미네소타 중부에서 거대한 룬스톤을 발굴했을 때, 이 지역의 많은 사람들은 바이킹이 아이슬란드 사가에 기록된 것처럼 빈란드와 마크랜드 해안에 국한되지 않고 실제로 북미 내륙 깊숙

---

41 Ud & Se, DSB – Side, June 2018 https://ipaper.ipapercms.dk/DSB/udogse/2018/ud – se – juni – 2018/?Page = 74.

42 (역자주) '켄싱턴 룬스톤(Kensington Runestone)'은 미국 미네소타주 켄싱턴(Kensington)이라는 마을 근처에서 발견된 수수께끼의 고대 룬 문자 석판으로, "바이킹이 콜럼버스보다 먼저 아메리카 대륙 내륙까지 도달했다"라는 주장을 뒷받침한다고 여겨지며, 사실 여부를 둘러싸고 지금까지도 논란이 계속되고 있는 고고·역사적 유물입니다.

한 곳까지 진출했다고 믿었습니다. 면밀한 언어학적 분석을 통해 이 돌이 장난으로 새겨진 것으로 밝혀진 후에도 많은 사람들은 여전히 바이킹이 북아메리카 지역의 심장부까지 도달했다고 믿고 있습니다. 이 돌이 진짜임을 확신하는 커뮤니티는 1998년 앤드류 웨이크필드(Andrew Wakefield)가 MMR 백신과 자폐증 사이에 명백한 연관성이 있다고 주장하여 란셋에 부정하게 게재되었다가 철회된 논문과 유사하게 동료 검토를 거쳐 거부된 과학적 가설을 믿는 사람들에 비해 상당히 불쾌감을 주는 편에 속합니다.[43] 다른 연구자들이 자신의 연구 결과를 재현하지 못하자 결국 의사 자격을 박탈당한 이 전직 영국 의사는 지난 수십 년 동안 계속 성장하고 있는 백신 접종 반대 운동의 창시자이자 선봉에 섰던 인물입니다. 그의 고의적인 연구 조작에 대한 모든 증거에도 불구하고 여론은 여전히 의심스러운 방법론으로 수행된 잘못된 과학에 영향을 받고 있습니다. 빅 파마(Big Pharma)[44]에 대한 회의론이 지속적으로 확대되고 있지만 다소 잘못된 방향으로 흘러가면서 백신이 안전하지 않다는 생각은 인터넷과 일부 TV 쇼 진행자의 도움으로 확산되고 있는데, 이들 대부분은 편견 없이 의학 뉴스를 보도할 자격이 없는 사람들입니다. 이와 같이 거부된 의학 연구 결과를 믿기로 선택한 사람들은 꼭 관련이 없는 점과 사실을 연결하는 사람들을 조사했을 때 설명한 음모론적 사고방식을 가진 완벽한 예입니다. 현재 많은 젊은이들이 신종플루(H1N1) 백신을 접종한 후 기면증을 앓고 있는 것도 사실입니다. 현재 4세에서 19

---

43 The Lancet, Vol. 351, No. 9103, pp.637-641, 28 February 1998, www.thelancet.com/journals/lancet/article/PIIS0140673697110960/fulltext.

44 (역자주) 'Big Pharma(빅 파마)'는 "Big" + "Pharma(Pharmaceutical industry)"의 합성어로, 세계적으로 영향력이 큰 초국적 제약기업들(예: 화이자, 존슨앤드존슨, 머크, 노바티스 등)을 통칭하는 표현입니다. 특히 이윤 중심적인 의약품 개발과 유통 구조, 정부 및 의료계와의 관계, 가격 정책 등에 대한 비판적 맥락에서 주로 사용됩니다.

세 사이의 사람들이 백신 접종 후 이 희귀한 수면 장애를 앓고 있는 것은 사실이지만, 세계보건기구에 따르면 해당 연령대에서 12,000명 중 한 명에 해당한다고 합니다. 이는 앞서 60년 이상 담배를 피우다 97세에 사망한 남성의 예외적인 사례를 언급하면서 설명한 일화의 논리적 오류를 보여주는 예시입니다. 통계적 이상은 이러한 생각을 강화하는 한 가지 방법으로 사용되며, 상관관계가 반드시 인과관계를 의미하지는 않는다는 것을 설명할 때 제공한 예시와 같이 일화적인 통계적 이상에 근거한 유사한 주장이 제시될 때 학생들이 건강한 회의주의를 통해 일련의 적신호를 인식할 수 있도록 해야 한다는 점을 인식할 필요가 있습니다. 물론, 위에서 언급한 지속가능한 학습 목표를 달성하고자 하는 교사는 잘못된 정보를 공유하는 대부분의 사람들이 해를 끼칠 의도로 정보를 공유하지 않는다는 사실을 강조할 필요가 있으며, 이는 잘못된 정보의 완벽한 예가 될 수 있습니다. 앤드류 웨이크필드(Andrew Wakefield)의 행위는 개인적 이익을 위해 거짓 이야기를 퍼뜨리는 데 기득권을 가지고 있었음이 드러난 것이므로 오히려 허위 정보의 사례에 해당합니다. 웨이크필드의 이해 상충은 연구에 참여한 아동의 부모가 영국 변호사를 고용하여 MMR 백신 제조업체와 백신을 접종한 병원을 상대로 소송을 준비했다는 사실이 보도되면서 명백해졌습니다. 웨이크필드의 주장을 반박하는 증거가 압도적으로 많음에도 불구하고, 백신 접종이 그 어느 때보다 안전해진 오늘날에도 수백만 명의 사람들이 백신 접종 반대 운동에 목소리를 높이고 있으며, 그 운동은 더 탄력을 받고 있습니다.

그러나 빅 파마에 대한 불신을 강화하는 몇 가지 사항은 다음과 같은 사실에 의해 확대된다는 점을 지적하는 것도 교사의 책임입니다. 일부 부도덕한 CEO가 운영하는 일부 제약 회사는 과거에 생명을 구하는 약품의 가격을 고의적으로 바가지 씌우는 데 관여한 적이 있습니다. HIV/

AIDS 환자의 폐렴구균 폐렴을 예방하는 다라 프림이라는 브랜드로 판매되는 약품인 피리메타민의 가격을 하룻밤 사이에 고의로 5,000% 인상한 악명 높은 사례가 있습니다. 따라서 일반 대중이 1조 달러 규모의 이 업계의 잘못된 관행에 대해 혐오감을 갖게 된 것은 이해할 수 있습니다. 다양한 각도에서 이 문제를 살펴봄으로써 학생들은 이러한 일반화된 불신에 기여하는 메커니즘이 비판적 사고 능력의 필수적인 부분임을 인식하게 될 것입니다.

이어서, 교사는 학생들이 빅 파마가 사람들의 일상 생활에 미치는 영향과 같은 주제와 인터넷에서 들불처럼 번지는 다른 아이디어에 대해 대화를 나누도록 장려하는 운동을 계속할 수 있습니다. 예를 들어, 제약회사가 더 수익성이 높은 다른 유형의 치료법이나 의약품을 판매하기 위해 암 치료법을 적극적으로 숨긴다는 믿음이 더 커지고 있다는 것을 들 수 있습니다. 만약 그렇다면 왜 세계에서 가장 부유하고 힘 있는 사람들이 여전히 암으로 죽어가고 있는지에 대해 더 많은 토론을 장려하기 위해 교사들은 간단히 질문해야 합니다. 이러한 가정은 제약 산업이 매년 막대한 수익을 창출한다는 사실에 근거하는 경우가 많습니다. 한편, 이러한 소문을 퍼뜨리는 사람 들은 제약 산업의 제품에 대한 대안으로 동종요법 의약품을 홍보하는 경우도 종종 있습니다. 따라서 교사는 자신의 의견을 공유하지 않고 학생들의 마음속에 의심의 씨앗을 심어 사물을 객관적으로 바라보도록 노력해야 합니다. 예를 들어, 교사는 학생들에게 단순히 몇 가지 수치를 제시함으로써 대체 의학을 장려하기 위해 빅 파마에 극렬하게 반대하는 사람들의 주장을 탐구하고 토론하도록 요청할 수 있습니다. 동종요법이 수십억 달러 규모의 글로벌 시장으로 확대되고 있으며 대체의학 전체가 매년 막대한 수익을 창출하고 있다는 사실을 알게 되면 학생들은 이 문제를 다른 시각으로 바라볼 수 있습니다. 물론 여기서 중요한 것은 주식 시장에서의 주식 가치를 비교하거나 수익을 비교하는 것이 아닙니다. 학생들이 이해할 수 있는 것은 이러한 정보를 방송하는 일부 개인이 자신의 이익을 위해 허위 사실을 유포하는 기득권을 가지고 있을 수 있다는 것입니다. 학생들이 스스로 이러한 사실을 깨닫게 된다면 훨씬 더 지속가능한 학습을 경험할 수 있을 것입니다. 토론과 논의를 통해 다양한 길을 탐색함으로써 학생들은 반드시 궁극적인 진실을 찾지는 못하더라도 다음에 비슷한 주제에 대해 대화할 때 더 미묘한 주장을 추가하는 데 도움이 될 것입니다. 물론 위에서 언급한 산업에 대한 찬성과 반대 주장이 존재하며, 학생들에게 미묘한 분석을 가르치려면 교육자는 다양한 각도에서 사례를 제시하고 경멸의 함정을 피해야 합니다.

반면에 가장 웅장한 음모론은 그럴듯한 범위를 훨씬 뛰어넘습니다. 앞서 설명한 겸손한 접근 방식을 유지하면서 교사는 가짜 달 착륙이나 평평한 지구 음모론과 같은 일부 운동의 의미에 대해 명확하게 설명해야 합니다. 그럼에도 불구하고 교사는 의견 차이가 있을 수 있는 여지를 허용하고, 지구가 평평하다고 믿거나 스탠리 큐브릭이 할리우드 스튜디오에서 달 착륙에 관한 영화와 사진을 감독하고 제작했다고 믿는 개인은 자신의 신념이나 의견을 조롱받지 않고 자유롭게 표현할 수 있다는 점을 분명히 합니다. 그러나 이러한 유형의 거대한 음모론은 이 전문 분야에서 일하거나 다른 아폴로 미션 프로젝트에 참여한 전 세계 수십만 명의 사람들이 수십 년 동안 비밀을 유지하는 데 탁월해야 한다는 것을 의미한다는 점을 설명하는 것은 여전히 교육자의 책임입니다. 기본적인 논리를 적용할 때, 학생들은 역사상 유례가 없는 수준의 집단 규율이 필요하다는 것을 쉽게 이해할 수 있습니다. 교사는 모든 작은 일화를 살펴보기 전에 이 작은 세부 사항을 지적해야 하며, 이러한 학습 과정을 보다 총체적으로 진행함으로써 학생들은 큰 그림을 보지 않고 선입견을 강화하는 일화만 골라내는 평지구론자나 가짜 달 착륙을 믿는 사람들의 추론의 결함을 발견할 수 있을 것입니다. 수업 시간에 이러한 토론을 시작하는 것이 그 어느 때보다 중요하며, 보다 유연하고 적응 가능한 지속가능한 지식 기반 커리큘럼의 통합은 민주적 가치의 재강화에 기여하고 학생들의 성찰, 분석 및 비판적 사고 능력을 계발하는 데 도움이 될 수 있습니다. 장기적으로는 보다 창의적이고 평등하며 윤리적, 관용적이고 존중하는 사회를 만드는 데 도움이 될 수 있습니다. 결과적으로 이러한 능동적 학습의 통합적 접근 방식은 학생들이 지속가능한 학제 간 교육의 모든 지식 기반 측면이 서로 겹치고 상호 의존적이라는 점을 더 잘 인식하게 할 것입니다.

그럼에도 불구하고 교사는 처음에는 음모로 여겨졌던 특정 이론이 사실로 증명되기 전에는 대부분의 사람들이 믿지 않았을지라도 결국 사실로 입증되었다는 점을 분명히 알려야 합니다. 학생들이 냉소주의에 빠지지 않고 열린 마음을 갖기 위해서는 입증된 음모론의 모범 사례에 노출될 필요가 있습니다. 1926년 금주법 당시 미국 정부가 일부 주류를 변성시켜 수많은 사망자가 발생한 사건, 칼 번스타인(Carl Bernstein)과 밥 우드워드(Bob Woodward) 기자가 음모에서 리처드 닉슨의 역할을 밝히기 전까지 음모론으로 여겨졌던 워터게이트 스캔들, 에드워드 스노든(Edward Snowden)의 내부 고발 폭로가 있기 전까지 음모론으로 여겨졌던 미국 국가안보국(NSA)의 프리즘 감시 프로그램 등의 예를 제시해 주는 것이 좋습니다. 그러나 학생들에게 스노든의 기밀 문서 유출이 수많은 음모론의 먹잇감이 될 수도 있다는 사실을 알려주는 것도 중요합니다. 예를 들어, 바레인의 걸프 데일리 뉴스는 영국과 미국 정보기관이 협력하여 이라크와 시리아의 이슬람 국가를 만들었으며 지도자 아부 바크

르 알 바그다디(Abu Bakr Al-Baghdadi)가 이스라엘 모사드의 훈련을 받았다는 내용의 기사를 게재했습니다. 물론 '호넷 네스트 작전(Operation Hornet's Nest)'으로 알려진 이 음모론은 완전히 조작된 것이지만, 이 루머의 작성자가 스노든의 문서에서 나온 정보라고 주장한 이후 많은 사람이 이를 사실이라고 믿게 되었고, 그 후 이 신념은 확신이 되었습니다. 그런 의미에서 음모로 간주되는 것 중 일부는 불가능하지는 않더라도 오늘날의 이론이 미래에 사실로 입증될 수도 있지만, 학생들은 이러한 계시에도 불구하고 여전히 허위 정보를 생성할 가능성이 있다는 것을 이해하는 법을 배워야 합니다. 위에 열거한 특정 확인된 정설의 범위를 오늘날 인터넷에서 가장 널리 퍼진 정설과 비교하여 분석하는 법을 배우면, 예리한 비판적 사고 능력을 가진 사람이라면 누구에게나 관련성이 있어 보이는 비교 지점이 거의 없습니다. 그렇기 때문에 오늘날의 학생들이 허위 정보의 장애물을 극복하고 상상이 아닌 미래의 실제 도전에 대처할 수 있도록 이러한 중요한 차이점을 파악할 수 있는 능력을 갖추도록 하는 것이 우리의 의무입니다.

학생들에게 허위 사실과 음모론의 확산 메커니즘을 인식하도록 가르치는 것은 오늘날 팬데믹 상황에서 공중 보건을 위해 대중에게 바이러스학 및 면역학에 대해 교육하는 전염병학자의 임무와 유사합니다. 따라서 교사는 이 비유를 통해 학생들이 바이러스처럼 정보도 빠르게 변이하고 발전하면서 계속 확산될 수 있다는 점을 더 잘 이해할 수 있도록 도울 수 있습니다. 또한, 우리는 부주의한 특정 개인이 여러 디지털 및 전통 미디어를 사용하여 여러 피해자를 동시에 감염시키고 허위 사실을 퍼뜨린 후, 이를 의심하거나 주의하지 않은 다른 대중이 이를 발견하고 다시 전파하는 '슈퍼 스프레더 사건(super spreader events)'도 목격하고 있습니다. 안타깝게도 이 때문에 상당수의 무고한 사람들이 이 바이러스 정보의 다양한 돌연변이 또는 변종을 차례로 받아들이게 됩니다. 팬데믹과 마찬가지로 인포데믹도 가능한 한 많은 사람들이 디지털 위생을 실천하고 소셜 미디어 거리두기를 실천하도록 장려함으로써 완화할 수 있습니다. 이는 회의적인 태도를 갖고 출처의 품질을 평가하며 악성 바이러스 콘텐츠의 무책임한 확산을 피해야만 달성할 수 있습니다. 반대로, 인포데믹은 가장 속기 쉽거나 악의적인 인플루언서가 바이러스성 허위 사실을 억제하려는 노력을 기울이지 않을 때 통제할 수 없을 정도로 빠르게 확산될 수 있습니다.

교사는 특정 사람들이 다음을 믿는 예를 제공해야 합니다. 비진실주의자들은 자신의 주장이 틀렸다는 것이 입증되면, 자신이 개방적인 사고방식 때문에 검열과 박해의 피해자였다고 주장하며 내부 고발자라는 협박을 받는 전략을 취하기 때문에 피해자 카드를 사용하게 됩니다. 이들은 조지 오웰의 소설에서처럼 자신이 정신 범죄를 저지른 것 같다고 불평하며 자신의 지적 우월성을 자랑할 것입니다. 이들은 정기적으로 자신들이 언론의 자유와 진실성을 위한 최후의 보루라고 주장하며 다른 모든 사람들을 양이나 기타 믿을 수 없는 의인화 된 인물이라고 부릅니다. 그들은 때때로 자신의 견해를 공유하기를 거부하는 사람들을 타조에 비유하며 모래 속에 머리를 박았다고 말하기도 합니다. 이런 종류의 희생양 삼기는 음모론을 믿지 않는 사람들의 동정을 얻기 위해 자기 희생양을 삼는 전형적인 전략입니다. 이러한 현상의 가장 아이러니한 측면은 이러한 사람들이 소셜 미디어에서 자신들이 억압의 피해자라고 주장하거나, 다수의 사람들이 자신과 동의하지 않는다는 이유로 자신의 견해가 '취소'되거나 다른 사람들에 의해 체계적으로 억압되고 있다고 주장하면서 언론의 자유를 이용한다는 것입니다.

딜레마 연습의 예

학생들에게 새로운 증거가 제시될 때 마음을 바꿔도 괜찮다는 것을 가르치는 훌륭한 방법은 여러 차례의 그룹 토론 중에 새로운 정보가 추가되는 실제 사건이 있는 딜레마 연습을 사용하는 것입니다. 이 능동적 학습 활동의 요점은 학생들에게 정보가 추가되고 더 큰 그림을 보기 시작할수록 정보에 입각한 결정을 내릴 수 있다는 것을 가르치는 것입니다. 또한 감정적 결정, 윤리적 결정, 자기중심적 결정, 이성적 결정의 차이점을 배우는 데 도움이 됩니다.

활동을 소개할 때 교사는 학생들에게 자신이 전지전능하고 예지력이 있다고 상상해야 한다고 말합니다. 끔찍한 사건이 일어나지 않도록 예견하고 개입할 수 있는 특별한 초능력을 가지고 있지만 한 번에 한 가지 사건에 대해서만 가능하다는 것입니다. 그런 다음 교사는 학생들에게 세 가지 가상의 대안을 제시하여 어려운 선택을 빠르게 하도록 합니다. 예를 들어 교사는 칠판에 글을 쓸 수 있습니다:

이 끔찍한 사건들은 몇 분 후 정확히 동시에 발생할 예정이며, 당신은 오직 하나의 사건만을 막을 수 있는 초능력을 가지고 있습니다. 세 가지 선택지 중 단 하나만 고를 수 있으며, 결정할 시간은 단 10초입니다.

1. 여러분은 이곳에서 멀리 떨어진 나라에서 지진이 발생하여 일면식도 없는 10만 명이 사망하는 것을 막을 수 있는 힘을 가지고 있습니다.
2. 여러분에게는 인근 공항에서 200명의 낯선 사람들이 사망하는 비행기 추락 사고를 막을 수 있는 힘이 있습니다.
3. 여러분에게는 고향에서 모르는 두 사람이 사망하는 교통사고를 예방할 수 있는 힘이 있습니다.

그런 다음 학급 전체가 투표하고 교사는 각 옵션에 대한 투표수를 모읍니다. 결과가 칠판에 표시되면 학생들은 자신의 선택을 정당화하고 토론을 시작하도록 초대받습니다.

경험상, 이 연습의 첫 번째 라운드에서 대부분의 학생들은 보통 가장 많은 사람을 구하기 위해 1번 옵션을 선택합니다. 한 반의 압도적인 대다수 학생들은 당연히 모든 사람의 생명을 동등하게 소중히 여기기 때문에 이러한 공리주의적 선택은 놀라운 일이 아닙니다. 그렇기 때문에 비행기 추락 사고에서 200명의 무작위 조난자나 집과 가까운 차 안에 있는 두 명의 조난자 대신 멀리 떨어진 10만 명의 낯선 사람을 구하는 것이 다수의 학생들에게는 완벽하게 합리적입니다.

각 라운드의 투표 결과에 관계없이 교사는 학생들이 다른 두 가지 옵션 중 하나를 선택한 학생들을 존중하면서 반 친구들에게 자신의 선택을 정당화할 수 있도록 해야 합니다. 물론 이 연습이 진행되는 내내 학생들은 자신이 선택한 옵션이 가장 합리적이라는 것을 서로 설득하도록 유도해야 합니다. 여러 토론 단계를 거치는 동안 대개 다수가 가장 인기가 적은 옵션을 선택한 소수의 다른 학생들을 설득할 수 있습니다. 첫 번째 토론에서 근처에 사는 낯선 사람을 구하자고 투표한 소수의 학생은 종종 1번 옵션에 대한 투표를 변경하도록 반 친구들을 설득합니다. 더 많은 학생들이 "시류에 편승"하도록 격려하면서 1번 옵션이 거의 만장일치가 되는 경우가 종종 있습니다. 교사는 원래 1번 옵션에 투표하지 않았던 소수의 학생들이 마음을 바꾸기 시작했다는 것을 알아채자마자 두 번째 라운드를 시작할 때입니다.

바로 이 순간, 교사는 일부 학생들이 마음을 바꿀 의향이 있는지 확인하기 위해 정보를 하나 더 추가할 것이라고 설명합니다. 따라서 교사는 곧 추락할 비행기의 승객 중 한 명이 미래의 "인생의 사랑, 운명적으로 만나게 될 진정한 소울메이트, 평생을 행복하게 해줄 사람"이라는 사실을 제외하고는 세 가지 옵션이 완전히 동일하게 유지된다고 설명합니다. 그런 다음 학생들은 즉시 다시 한번 투표를 요청받습니다. 그 후 교사가 앞서 설명한 것과 동일한 과정을 진행합니다. 이 라운드에서 일반적으로 흥미로운 점은 많은 학생들이 2번 옵션으로 투표를 변경하고, 투표를 변경한 '로맨틱한' 학생들이 이타주의자들과 다른 옵션을 선택한 공리주의자들과 논쟁을 시작하면서 토론이 더욱 흥미로워진다는 것입니다. 다시 한 번 교사는 학생들이 토론하게 하고 몇몇 학생들이 반 친구들의 설득을 받아 투표를 바꿀 때까지 기다립니다. 이제 이 연습의 세 번째 라운드가 시작됩니다.

다시 한번 교사가 세 가지 옵션은 이전 라운드와 동일하지만 새로운 정보가 하나 더 있다고 설명합니다. 이번에는 선생님이 "여러분의 고향 마을에서 발생한 교통사고의 피해자 중 한 명이 여러분의 가장 친한 친구입니다. 10초 동안 투표할 수 있습니다!"라고 말합니다. 이 새로운 변수를 추가하면 많은 청소년들이 마음을 바꾸고 주저 없이 3번 옵션에 투표하게 된다는 것은 말할 필요도 없습니다. 그 나이에 우정이 미래의 로맨스나 머나먼 땅에서 수십만 명의 낯선 사람의 목숨보다 더 중요하다는 것은 이해할 수 있는 일입니다. 그럼에도 불구하고 다른 두 가지 옵션에 투표하는 학생은 항상 몇 명씩 있을 것이며, 이 연습이 계속될수록 교사는 투표의 다양성을 관찰할 수 있을 것입니다. 다시 한 번 학생들은 토론에 초대되고 반 친구들이 마음을 바꾸도록 설득하도록 권장됩니다. 이 단계에서 교사는 가장 주의 깊게 관찰해야 하며, 반 친구들이 투표를 재고하도록 설득하는 학생이 몇 명 나오면 모든 학생이 연습 중에 적어도 한 번은 마음을 바꿀 수 있도록 또 다른 정보를 추가해야 합니다.

이 토론 라운드에서 사용되는 논쟁의 유형을 듣는 것은 종종 흥미롭습니다. 어떤 학생들은 이렇게 말할 수 있습니다. "절친한 친구도 나를 위해 똑같이 해줄 것을 알기 때문에 절친을 구하는 쪽을 선택하겠습니다"라고 말하는 학생도 있습니다. "맞아요, 하지만 절친은 평생 왔다가 사라지기 때문에 '내 인생의 사랑'을 구하는 것이 장기적으로 가장 행복할 수 있는 선택이기 때문에 훨씬 더 중요해요!"라고 말합니다. 한편, 다른 학생들은 계속해서 가장 많은 사람을 구하는 것이 윤리적인 일이라는 의견을 표명할 것입니다. 이때 교사는 학생들에게 토론할 시간을 더 주고, 몇몇 학생들이 다시 한번 반 친구들의 설득을 받아 자신의 생각을 바꾸게 되면 교사는 이 딜레마에 또 하나의 '반전'을 더하기 위해 새로운 정보를 추가하는 네 번째 라운드를 시작합니다.

네 번째 라운드에서 교사는 다음과 같은 정보를 추가합니다. "자동차 사고로 곧 죽을 '절친'이 감옥에서 탈옥한 살인범과 함께 부모님의 차를 훔쳤고, 둘 다 스쿨존에서 난폭 운전을 하다가 나무에 부딪혔습니다." 즉시 교사는 학생들이 눈썹을 치켜들고 시끄러운 감탄사를 내뱉는 것을 보게 될 것입니다. 그런 다음 교사는 학생들에게 10초 동안 다른 결정을 내릴 시간이 있다고 말할 수 있습니다. 지금 어떤 재앙을 막고 싶으신가요? 세 번째 옵션에 이 새로운 요소가 추가되면 일부 학생들은 '가장 친한 친구의 행동'에 완전히 분노하고 교사가 투표를 요청하기 전에도 몸짓으로 용서할 수 없는 태도를 보인다고 말할 것입니다. 이들이 표현하기 시작한 배신감은 다른 옵션을 선택한 반 친구들이 다시 한 번 마음을 바꾸도록 설득하는 데 도움이 될 것입니다.

이 투표가 끝난 후에도 자동차 충돌을 방지하는 세 번째 옵션을 선택하는 학생은 거의 없고 거의 모든 학생이 치명적인 지진이나 비행기 추락 사고에서 더 많은 사람을 구할 수 있는 1, 2번 옵션을 선택합니다. 그런 다음 교사가 다음 라운드에 다른 정보를 추가할 적절한 시기라고 판단할 때까지 학생들이 서로 논쟁하고 마음을 바꾸게 된 이유를 설명할 수 있는 또 다른 능동적 학습을 시작합니다. 이 순간은 반복적으로 1번 옵션을 선택한 소수의 실용주의적인 학생들이 마음을 바꾸게 만드는 완벽한 시간이 될 것입니다.

새로운 라운드를 시작하기 위해 교사는 "머나먼 땅에서 지진으로 죽게 될 십만 명의 사람들 중에는 나중에 커서 악명 높은 독재자가 되어 세계를 정복하고 3차 세계대전을 일으키며 수십 년 후 5천만 명 이상의 사람들을 죽게 할 어린 소년이 있습니다!"라고 말합니다. 그런 다음 교사는 학생들에게 새로운 선택을 할 수 있는 10초의 시간을 더 줍니다. 학생들은 새로운 정보를 접했을 때 생각할 시간이 없었기 때문에 대개 감정적으로 반응하여 대량 학살 전쟁의 임박한 위협을 없애기 위해 지진이 일어나지 않게 하기로 결정하고 대신 2번 옵션을 선택합니다. 이 시점에서, 연습을 시작한 이래로 방에 있는 모든 학생이 적어도 한 번은 마음을 바꾼 것은 거의 확실합니다.

이 활동의 후반부에는 학생들이 몇 번이나 마음을 바꿨는지에 대한 토론도 포함되므로 이 참여형 활동의 능동적 학습 부분을 더욱 흥미롭게 만들 수 있습니다. 서너 차례의 투표를 통해 학생들에게 마음을 바꿔도 괜찮다는 것을 가르치려는 목표가 달성되었더라도 교사는 선택의 난이도를 높이기 위해 몇 차례 더 진행할 수도 있습니다. 하지만 보통 이런 학습 활동을 진행하면 학생들이 매우 열정적으로 반응하게 되고, 스스로 새로운 정보를 추가하자며 제안하기 시작합니다. 이것은 이러한 유형의 활동이 학생들의 상상력과 창의성도 자극한다는 것을 보여주는 증거입니다.

교사가 새로운 라운드를 시작할 때마다 학생들은 새로운 증거가 제시될 때 사람들이 마음을 바꿔도 괜찮다고 생각하는 이유를 서로 토론하도록 장려하면서 의견 차이에 대해 더 관대해집니다. 이를 통해 학생들은 앞으로 자신의 선택이나 의견을 표현할 때 더 많은 뉘앙스를 추가하는 방법을 배울 수 있습니다. 활동을 계속하면서 학생들은 딜레마를 더욱 어렵게 만들기 위해 자신만의 새로운 정보를 생각해 내도록 초대받습니다. 예를 들어 다음과 같이 제안할 수 있습니다. "곧 추락할 비행기에서 사랑하는 연인의 옆자리에 앉은 승객이 이웃 국가의 인구를 전멸시킬 바이러스가 든 여행 가방을 가지고 있다." 또는 "부모님의 차를 훔친 범인과 가장 친한 친구가 형제자매 중 한 명을 납치하여 추락할 자동차 트렁크에 가뒀다.", "지진의 잠재적 피해자 중 한 명은 향후 몇 년 안에 암 치료제를 발견할 사람이다.", "비행기가 공항에 착륙하는 것이 아니라 여러분의 거리에서 추락하여 여러분의 집과 이웃을 파괴할 것이다." 등 모든 학생들이 여러 번 생각을 바꿀 때까지 여러 가지 질문을 던졌습니다.

이와 같은 능동적 학습 활동이 비판적 사고의 발달에 중요한 이유는 무엇일까요? 이 모든 옵션이 완전히 가설적이고 비실용적이라고 하더라도 새로운 증거가 제시되면 모든 것을 재고해야 한다는 가치 있고 지속 가능한 교훈을 얻을 수 있습니다. 어떤 의미에서 이것은 과학적 방법에 대한 이해를 강화하는 동시에 집단과 개인 차원에서 더 강한 윤리 의식을 계발하는 철학적 연습입니다.

13) 교수와 학습의 협업적 접근 방식

많은 교사가 커리큘럼의 다양한 학습 목표와 일차적으로 연결하여 세부적인 계획을 세우는 데 능숙하지만, 교사가 계획한 수업을 상상한 대로 전달하지 못하면 학생들에게 큰 실망감을 줄 수 있기 때문에 성공적인 수업을 위해서는 세부적인 계획 이상의 것이 필요합니다. 따라서 비결은 준비 서류 작업보다 전달에 있습니다. 이런 종류의 세부적인 계획은 종종 고용주와 학부모에게 깊은 인상을 주지만, 실제로는 사전에 철저하고 훌륭해 보이는 계획에도 불구하고 학생들에게 지속가능한 학습 경험을 제공하지 못하는 경우가 많습니다.

따라서 좋은 페다고지 계획을 세우는 것은 매우 중요하지만, 너무 세부적으로 들어갈 필요는 없지만 적응과 유연성을 위한 여지를 남겨두는 것이 좋습니다. 교사가 코스 또는 일련의 수업을 계획할 때 흔히 저지르는 실수는 과도한 계획에 많은 에너지를 소비하는 것입니다. 그러면 학생에게 영향을 미칠 여지가 거의 없고, 적응력, 실제로 '지나친 계획성'의 함정은 교사가 수업에 융통성이 없어질 수 있기 때문에 양질의 학습 경험을 제공하는 데 장애가 되는 경우가 많습니다. 반면에 교사가 해마다 같은 내용을 가르치더라도 학생들을 잘 알고 있어야 그룹을 구성하는 모든 개인의 필요에 따라 교수 스타일과 교육 내용을 조정할 수 있기 때문에 너무 즉흥적으로 수업을 진행하지 않고 전문적인 경험에만 의존하는 것도 중요합니다. 전문 교사와 초보 교사를 구분하는 가장 쉬운 방법 중 하나는 전문 교사는 공식화된 규칙, 절차 또는 광범위한 공식화된 계획보다는 광범위한 암묵적 지식을 바탕으로 행동한다는 점입니다. 초보자는 개방적이고, 고급 초보자는 통찰력이 있으며, 유능한 교사는 이성적이고, 저명한 교사는 직관적이라면, 우리는 전문 교사를 의식적으로 직관적이라고 특징지을 수 있습니다.[45]

공동 작업을 거부하는 동료는 어떻게 해야 하나요? 협업할 의향이 있는 교사는 항상 통합적인 방식으로 학교 주제의 융합 가능성을 탐색하

---

45 Alexander, R., Culture and Pedagogy: International Comparisons in Primary Education, Malden, MA: Blackwell Publishers, 2001.

는 데 열려 있는 동료에게 먼저 다가가는 것부터 시작해야 합니다. 협력적 접근 방식에 대해 부정적인 시각을 가진 교사는 처음부터 피해야 합니다. 협업적 접근법을 잘 활용하면 측정 가능한 긍정적인 결과를 가져올 수 있으며, 변화에 저항하고 자신의 일상에 만족하는 사람들은 학생들이 통합적 교육 활동을 통해 실질적으로 이익을 얻을 수 있다는 것을 이해하면 결국 학제 간 프로젝트에 더 열성적으로 참여할 것입니다. 이 경우에 필요한 것은 안락한 합의가 아니며, 무엇보다도 교사가 다른 사람의 의제를 강제로 채택해야 하는 작업 그룹이 아닙니다. 필요한 것은 각 공동 작업자가 공동 공모자이며 팀의 각 구성원이 계획 입력과 학습 결과 모두에 대해 동등한 지분을 갖는 상호 의존적 학습입니다. 협업 또는 실제로 어떤 방법이 학습 결과에 영향을 미칠 것이라는 보장은 없으므로 학습 효과를 평가하기 위해 데이터 중심 접근 방식을 채택하고 평가에 협업적 접근 방식을 사용하는 것이 매우 중요합니다.

학교에서는 시간이 엄격하게 제한되어 있기 때문에 실질적인 변화를 가져올 수 있는 방법만 적용해야 합니다. 항상 협업의 상호 보완적인 측면에 초점을 맞춰야 합니다. 통합 학습 활동에서 단순히 동료의 방법을 모방하는 것은 실수입니다. 학습 효과를 극대화하기 위해 교사는 교육 트렌드를 따르거나 일반적인 문제 또는 상상 속의 문제를 해결하는 대신 특정 학교에서 학습을 방해하는 요소가 무엇인지에 대한 질문을 해결해야 합니다. 교육자들은 어려운 선택에 직면해 있습니다. 협업에는 규율이 필요하며, 그 과정은 참여한 교사들이 기꺼이 타협하고 합의에 도달해야 한다는 것을 의미하기 때문에 처음에 기대했던 결과가 항상 나오지 않을 수도 있습니다. 모든 통합 학습 활동 후에는 항상 조정과 개선이 필요하며, 다음에 참여할 개인의 필요에 맞게 활동을 조정하는 것이 필수적입니다. 학생의 의견도 적극 권장합니다. 공동 목표를 개선하고 구현하기 위한 노력은 개발 과정의 필수적인 부분입니다. 교육 개선을 위한 모든 작업의 초기 단계에서 결과를 얻기 위해서는 기존의 기술과 지식을 조기에 평가하는 데 필요한 매우 정직한 진단부터 시작해야 합니다. 깨지지 않은 것을 고치려 해서는 아무 소용이 없기 때문입니다. 프로세스가 진행 중일 때, 동료들은 물론 관리자와 리더가 적극적인 학습 관행을 유지할 수 있는 원동력을 제공해야 합니다. 어떤 혁명적인 프로세스가 진행되는 동안 어딘가에서 동력이 떨어지고 협력자들은 모든 노력의 효과를 의심하기 시작할 가능성이 높기 때문입니다. 팀워크가 잘 작동하는 협업 방식이 지쳐서 쓸모없어지지 않도록 격려가 가장 필요한 시점이 바로 이 때입니다.

통합적이고 협력적인 계획의 필수적인 측면은 학습자를 항상 중심에 두는 것입니다. 주된 목표는 가르치는 것이 아니라 학습 경험을 향상시키는 것이기 때문입니다. 페다고지에 관한 문헌에서 협력적 교수를 위한 복잡하고 다양한 모델을 찾을 수 있지만, 혁신이 성공의 열쇠이고 실행은 적응력이 필요하기 때문에 이 책에 소개된 모델을 포함하여 이러한 통합적 활동 학습 프로젝트를 단순히 모방하려는 시도는 부적절할 수 있습니다. 참여하는 교사는 다음 통합 프로젝트에 참여할 학생들의 학습 목표와 요구 사항이 무엇인지 스스로에게 물어보는 것이 중요합니다. 혁신에는 학생들의 영향력과 의견, 협업을 개선하기 위한 새로운 전략을 개발하기 위한 창의적인 솔루션이 포함되어야 합니다. 이 작업이 완료되면 실제 영향을 측정할 수 있습니다.

프로젝트의 평가 단계나 새로운 협력 방법에 대한 평가 단계에 접어들면 학술 연구나 기타 문헌에서 더 높은 수준의 의견을 추가하는 것이 더 큰 도움이 될 수 있습니다. 외부의 의견을 적절히 수용하면 교사들은 단순한 상호 내부 감탄의 함정에 빠지지 않고 점차적으로 전략을 개선할 수 있습니다. 팀워크와 관련된 대인관계 능력의 계발은 학생들이 특정 리더십 자질을 계발하고 연습하는 데 도움이 될 수 있으며, 경험적 접근 방식은 아이디어의 탐구와 표현에 중점을 두는 반면 이러한 워크숍을 통해 계발되는 인지 능력은 성찰과 자기 평가를 촉진할 수 있습니다. 교실 내에서 비경쟁적인 학습 환경을 조성하는 동시에 그룹 결속력을 높이고 다른 학교 등과 경쟁할 수 있는 동기 부여의 원천이 될 수 있습니다. 이러한 경쟁은 학생들이 다른 학교의 다른 반에서 온 같은 또래 친구들과 경쟁한다는 궁극적인 목표를 가지고 서로를 더 나은 버전으로 끌어올리기 위해 노력하면서 팀으로 협력할 때 동기 부여의 큰 원천이 될 수 있으며 작업 과정에 일종의 추진력을 더할 수 있습니다.

현대 학교교육의 기본적인 측면 중 하나는 타인에 대한 이해를 증진하고 공감 능력을 계발하는 것입니다. 능동적이고 관계적인 학습의 맥락에서 팀워크는 이러한 유형의 발달에 긍정적으로 기여할 수 있습니다. 학생들이 개인의 행복과 발달은 종종 집단적 성공에 초점을 맞춘 그룹 경험의 양과 질에 달려 있다는 사실을 인식하는 것이 중요합니다. 이러한 지식은 이 책에서 열거한 다양한 경연 대회의 핵심과 마찬가지로 계획된 모든 학교 활동의 핵심이 되어야 합니다. 팀워크 그룹 협업은 아이디어의 다양성을 촉진할 뿐만 아니라 집단 활동에서 개인의 위치에 대한 보다 응집력 있는 이해를 돕고 이러한 아이디어의 국제화에도 기여할 수 있습니다. 국경을 넘나들고 미래의 노동 시장 내에서 이동성을 촉진하기 위해, 작업 그룹 내에서 개발과 학습을 통해 학생들은 훨씬 더 유연하고 다양한 아이디어에 개방적이며 문화적 다양성이 일반적으로 특정 그룹에서 발전한다는 사실을 더 잘 인식하도록 가르칠 수 있습니다. 이를 통해 학생들은 미래의 도전에 직면할 준비를 갖추는 데 필요한 도구를 얻을 수 있습니다.

협업적 접근 방식은 개인적인 발견에 기여합니다. 모든 중요한 학습 활동은 참가자가 일종의 자기 발견으로 이어집니다(오, 저것 봐요! 내가 저렇게 할 수 있을 줄은 몰랐어요! 달리기 시작하기 전에는 내가 이렇게 빨리 달릴 수 있을지 몰랐어요!). 즉, 협업적 접근 방식은 한 사람의 다양한 측면을 탐구하는 데 도움이 됩니다. 또한, 자기 자신과 주변 환경으로부터 오는 정보에 주의를 기울이고 인식하는 능력은 학습할 수 있는 부분입니다. 결과적으로 자신에 대한 더 나은 지식은 이러한 발견에서 비롯되며 개인 역학의 다양한 측면(필요, 관심사, 욕구)을 더 잘 이해할 수 있게 해줍니다. 요컨대, 의미 있는 학습 활동은 지금까지 의심하지 않았던 자원이나 힘의 발견으로 이어질 수 있으며, 아마도 필연적으로 그렇게 될 것입니다. 이는 의미 있고 지속가능한 학습 경험으로서 학생의 정체성을 공고히 하는 데 기여할 수 있으며 학습자의 정체성을 공고히 하는 데 도움이 됩니다. 통합이라는 용어는 학습자가 자신에 대해 발견한 것을 강화하는 과정을 설명합니다. "연결되지 않은 사실이 아닌 의미는 정상적인 인간이 추구하는 것이며, 교육은 원시 데이터를 의미로 가공하는 일련의 코드입니다. 학교 서열과 사실과 이론에 대한 학교의 집착이라는 누비이불 뒤에는 인간이 의미를 찾는 시대가 잘 숨겨져 있습니다."[46] 교육의 영역에서도 교사는 삶의 의미는 자신의 삶에 의미를 부여하는 것이라는 단순한 전달로 깊은 목적의식을 심어줄 수 있습니다. 즉, 우리를 행복하게 만드는 일을 더 많이 하도록 격려하는 것입니다.

따라서 정체성 강화는 자기 확신, 자기 수용, 자기 존중의 세 가지 상호 의존적인 과정을 포함합니다. 이는 개인의 변화와 자기 계발의 열쇠입니다. 개인적인 변화는 의미 있는 학습 활동을 하는 동안 학생의 내면

---

46 Gatto, J., Dumbing Us Down, New Society Publisher, Gabriola Island, BC, Canada, 2017, p.3.

에서 일어납니다. 이는 학생의 비판적 사고 능력의 변화에 해당합니다. 이러한 변화는 근본적인 수준에서 점진적인 방식으로 일어나며 연습이 필요합니다. 학생은 종종 자신과 타인에 대한 다른 이미지와 삶에 대한 다른 관점을 계발합니다. 또한 학생들은 자신의 신념, 편견, 습관, 의견에 의문을 제기하는 법을 배우며, 이를 통해 세계관을 변화시킵니다. 이러한 변화는 학생들의 태도에 영향을 미치고 결과적으로 행동에도 영향을 미칩니다.

> "교사는 지식을 보여주고, 마케팅하고, 수요를 창출해야 합니다."[47]

따라서 우리는 지속가능한 지식이 사회적 이익으로 전환되는 학제간 교육에 투자해야 하며, 이는 장기적으로 항상 최고의 결과를 가져올 것입니다. 혁신적인 아이디어의 출현은 노동 시장의 필요를 인식하고 새로운 기술을 안내하고 기업가 정신의 기반을 조성함으로써 미래의 가능성에 영감을 주고 예측할 수 있는 교사들에 의해 주도됩니다. 예를 들어 유선 전화, 코닥 필름, 비디오테이프, DVD, CD가 인터넷, 디지털 카메라, 유튜브, 넷플릭스, 스포티파이를 갖춘 강력한 휴대폰으로 그렇게 빨리 대체될 것이라고는 아무도 상상하지 못했을 정도로 미래의 기술 및 노동시장 발전 속도를 상상하기는 어렵습니다. 성공의 열쇠는 적응력이라는 다윈의 진화론에 비유할 수 있습니다.

앞서 언급했듯이, 학생들에게 대담하고 혁신적인 기업가적 기술을 갖추게 하는 가장 좋은 방법은 학교교육을 편협하고 축소된 전문 분야로 세분화하는 대신 창의적이고 자율적이며 다재다능한 인재가 되도록 가

---

47 Longchamps, P., in Meeting International, The Immigrant Who Became Sweden's Best Teacher, www.meetingsinternational.com/news.php?id=1666 For the Swedish version, see https://issuu.com/meetingsinternational/docs/meetings-international-77-swe/s/11351732.

르치는 것입니다. 또한 모든 교사가 모든 분야의 전문가가 될 필요는 없으며, 어떤 업무 팀에서든 다양한 기술과 전문성을 갖추고 있기 때문입니다. 공동 계획, 공동 학습, 학제 간 교수법을 통해 동료와 협력하는 법을 배운다면 누구도 슈퍼 교사가 될 필요가 없습니다. 우리는 함께 슈퍼 교사가 될 수 있습니다. 모든 학교는 비즈니스 커뮤니티에 더 나은 서비스를 제공하기 위해 전문 지식이 항상 폭넓은 맥락에서 적용될 수 있도록 적응하고 보장해야 합니다. 많은 사람들에게 코로나19 위기는 미래에 대한 불확실성을 야기하지만, 학교와 비즈니스에 무수히 많은 새로운 기회를 창출할 수도 있습니다. 미래의 직장인들이 보다 유연하고 탄력적인 근무 환경을 누릴 수 있다면, 학교도 보다 통합적이고 유연한 원격 교육 환경을 더욱 발전시킬 수 있을 것입니다. 지금처럼 스웨덴처럼 8학년에 단 2주만 일터에 배치하는 방식이 아니라 한국에서 영감을 받은 스타트업 교육과 같은 형태의 직장 인턴십을 통해 어린 학생들에게도 적극적인 학습을 위한 더 많은 반복적인 교류에 재계가 기여할 수 있습니다. 즉, 기업가 정신을 포함한 교육 이니셔티브를 준비해야 할 것입니다.

14) 총체적, 협업적, 형성적 평가

채점 정보

"이거 채점되나요?"

- 익명의 학생

어떻게 하면 평가가 동료 교사 간 또는 교사와 학생 간의 통합적인 활동이 될 수 있을까요? 소위 형성 평가에 관한 주요 권위자 중 한 명인 딜런 윌리엄은 형성 평가가 어떤 면에서는 오랫동안 학교에 존재해 왔지만, 그의 접근 방식은 이 현상을 훨씬 더 구조화하고 교사들이 훨씬 더 체계적으로 활용할 수 있게 해준다고 주장합니다. 윌리엄(William)의 연구를 통해 성공적인 형성적 교수 및 평가를 위한 다섯 가지 주요 전략이 밝혀졌습니다. 이 다섯 가지 전략은 다음과 같습니다.[48]

1. 목표의 명확성: 목표는 무엇인가요?
2. 교육 환경
3. 효과적인 피드백
4. 동료 평가
5. 자체 평가

윌리엄은 학습 목표의 명확성이 매우 중요하며, 교사가 학습자에게 이러한 목표가 무엇인지 제대로 설명하지 않으면 그 노력은 실패할 수밖에 없다고 설명합니다. 윌리엄이 말하는 '교육 환경'은 물리적 교실을 의미하는 것이 아니라 토론이 활발하고 학생들이 적극적으로 학습에 참여하고 토론할 수 있는 교실의 분위기를 조성하는 교사의 능력을 의미합니다.

윌리엄의 용어로 효과적인 피드백은 명확하고 구체적인 피드백입니다. 윌리엄은 교사가 학생들에게 많은 피드백을 주고 있다고 생각하지만 실제로는 전혀 피드백을 받지 못한다고 답하는 학생들이 많다는 연구 결과를 지적합니다. 학생들에게 제공되는 피드백이 거의 효과가 없다면 피드백 제공 방식을 바꿔야 합니다. 또한 윌리엄은 학생 학습을 돕기 위해 동료 평가 및 자기 평가를 사용하는 방법과 이유에 대해 수많은 예를 제시합니다.

그렇다면 왜 대부분의 국가와 학교 시스템에서 여전히 성적을 사용

48 William, D., Embedded Formative Assessment, Solution Tree Press, 2011.

하고 있는지에 대한 의문이 제기될 수 있습니다. 분명한 대답은 우리 모두가 등급제로 가르치고 있기 때문에 그럴 수밖에 없고, 고등 교육을 위한 선발을 위한 실행 가능한 대안이 아직 발견되지 않았다는 것입니다. 이 책에서는 상급학교 진학을 위한 선발 과정이 꼭 필요한지, 아니면 우리 사회가 젊은이들이 자신의 관심사에 따라, 심지어 매우 높은 학업 수준에서도 공부할 수 있는 기회를 제공할 수 있는지에 대한 논쟁에 들어갈 여력이 없습니다.

성적이 창의성을 억압할까요?

전 세계 대부분의 국가에서는 오래전부터 학생들이 서열 개념을 내면화하는 것을 목표로 하는 성적 시스템을 채택해 왔습니다. 실제로 기존의 채점 방식은 학생들에게 인간은 불평등하며, 다수는 엘리트에게 종속되어야 하고, 표준화된 시험이나 과제의 성과를 바탕으로 객관적이고 정량적으로 서열을 정할 수 있다고 가르치는 경우가 많습니다. 물론, 학창 시절 높은 성적을 받기 위해 열심히 노력했던 독자들에게는 이 마지막 문장이 충격적일 수 있습니다. 대부분의 사람들은 인내와 노력의 결실이자 노력에 대한 일종의 보상으로 좋은 성적을 받았을 때 느끼는 만족감과 행복감에 공감할 수 있습니다. 하지만 이 장에서는 과감하게 질문을 던져보겠습니다. 교육에서 성적이 진정한 보상이 될 수 있을까요?

우리는 채점을 완전히 폐지해야 한다고 주장하려는 것은 아니지만, 이 책에서 제시하는 지속가능한 성과를 달성하기 위해서는 통합적 능동 학습을 통해 학생들을 채점하는 기존의 방식과 아이디어를 철저히 재검토하고 수정할 필요가 있습니다. 사실, 출신 지역이나 학교를 다닌 기간에 관계없이 대부분의 운이 좋은 사람들은 학창 시절 어느 시점에 시험에서 높은 성적을 받았을 때, 또는 시험이나 과제에서 A나 B로 가득 찬

성적표를 보여주었을 때 인정과 자부심을 느꼈던 기억을 가지고 있습니다. 그런 사람들은 부모님께 자신의 성적을 보여드리고 같은 반 친구들과 성적을 비교하는 것을 매우 자랑스러워했을 것입니다. 하지만 안타깝게도 압도적인 대다수의 사람들에게 성적을 받고 부모님께 성적표를 보여주는 일은 여전히 큰 스트레스와 실망감의 원천이 될 수 있으며, 이는 가족이나 사회가 때때로 학생들의 어깨에 거는 비현실적인 기대 때문에 매우 비생산적인 경험일 수 있습니다. 물론 높은 성적을 달성한 학생들의 노력은 인정받아야 합니다. 그러나 지속가능한 통합적 능동 학습 환경에서는 위계적 척도를 사용하여 양을 평가하는 대신 질적 발전을 명확히 목표로 삼음으로써 훨씬 더 건설적인 방식으로 성취도를 평가할 수 있다고 주장합니다. 앞서 살펴본 바와 같이, 그룹 내 경쟁을 통해 개선을 강요할 필요 없이 각 학생이 성장하고 발전하도록 돕는 협력적 학습 과정을 통해 학생 전체가 개인 성취도를 높일 수 있는 여러 가지 방법이 있습니다.

전 세계 대부분의 국가가 여전히 다음을 사용하는 이유가 궁금할 수 있습니다. 백분율로 통계를 평가하는 채점 시스템, 예를 들어 A부터 F까지의 문자 기반 순위 시스템, 또는 진행 상황을 평가하고 추가 개선을 위한 팁을 제공하는 디딤돌 시스템을 기반으로 지속적인 실시간 평가를 통해 형성적이고 건설적인 피드백을 제공하는 대신 매 학기 말에 점수표에 집계되는 기타 순위 시스템 중 어떤 것을 사용하시나요? 전통적인 채점 시스템 중 하나를 사용하지 않으면 어떤 학생들은 열심히 공부하는 법을 배우지 못할 것이고, 어떤 학생들은 아예 아무것도 하지 않을 것이라고 생각하기 쉽습니다. 물론 전 세계 학생들은 자국에서 사용하는 채점 시스템에 관계 없이 성적표에 성적으로 바로 반영되지 않는 적극적인 학습 활동에 노력을 기울이기보다는 채점되는 과제나 시험 공부에 훨씬 더 많은 시간을 할애합니다. 전 세계에 존재하는 각 시스템을 사용하여 학습 활동이 채점되지 않는다면, 모든 사회는 학생들에게 채점되지 않는 작업은 암묵적으로 관련이 없거나 중요하지 않다는 신호를 보내는 것이 될 것입니다. 당연히 학생들은 처음에는 창의력과 같은 다른 기술을 개발하는 데 에너지를 쏟는 대신 높은 성적과 같은 일종의 보상을 가져올 수 있는 일에 훨씬 더 많은 에너지를 할당하고 노력할 수 있습니다.

또한 대부분의 채점 시스템은 교과서에 적힌 내용이나 수업 시간에 말한 내용을 그대로 반복하면서 가장 안전한 선택을 하는 학생에게 보상을 주고, 교사는 기꺼이 위험을 감수하고 반드시 정답이 될 수 없는 어려운 질문을 하거나 실수로부터 배우면서 발전하려는 학생을 격려하지 않고 정답에 점수를 부여하는 경우가 많습니다. '정답'으로 여겨지는 것을 지나치게 강조하면 위험을 감수하는 사람, 자유로운 사고를 하는 사람, 선구자 세대를 육성할 수 없습니다. 어떤 사람들은 성적이 다른 형태의 평가로 대체되면 학생들이 공부나 노력을 중단할 것이라고 생각할 수 있지만, 우리는 이러한 가정을 강력히 반대하며 이는 잘못된 생각이라고 주장할 것입니다. 일부 연구[49]에 따르면, 학생들이 다른 관점을 채택할 수 있는 여건을 조성하기 위해 가장 중요한 요소는 너무 많은 것을 낙담시키고 너무 적은 것을 유익하게 하는 기존의 과정을 계속하는 대신 올바른 종류의 환경을 조성하는 것이라고 합니다. 전 세계의 다양한 정부가 명문 대학에 진학하기 위해 필요한 성적을 달성하는 고학력자보다 고등학교 중퇴자가 많다는 사실에 더 관심이 있다고 주장 할 수 있을까요? 다소 낡고 피라미드식이며 위계적인 순위 시스템으로 인해 너무 많은 학생들이 낙담하고 학업을 조기에 중단하는 환경을 조성하지 않고

49 Bagley, Sylvia S. "High School Students' Perceptions of Narrative Evaluations as Summative Assessment", American Secondary Education, Vol. 36, No. 3, 2008, pp.15-32, www.jstor.org/stable/41406119.

더 많은 사람들이 만족스러운 결과를 얻어 학업 목표를 달성하도록 하는 것이 사회적 선택으로서 국가에 훨씬 더 유리하다는 주장을 옹호하는 것은 아마도 쉬울 것입니다.

대부분의 사람들은 실제로 보상 없이 단순히 학습하는 것만으로도 만족감을 느낍니다. 성적을 얻는 것과는 전혀 무관합니다. 악기를 배우기 위해 몇 시간씩 연습하거나 악보를 외우면서 노래를 연습하는 음악가를 예로 들 수 있습니다. 이러한 유형의 고도의 지적 활동은 다른 종류의 내재적 보상을 제공하며, 성적이나 다른 외적 보상을 받지 않고도 성취감을 느낄 수 있습니다. 우리 중 일부는 순위나 성적을 통해 보상을 받을 필요를 느끼지 않고 단순히 시의 본질적인 아름다움 때문에 시를 외우거나 무용 안무의 복잡한 스텝이나 연극 대본을 배운 적도 있습니다. 어떤 사람들은 매우 다른 유형의 보상을 위해 어떤 종류의 스포츠에서 시합을 앞두고 훈련에 많은 노력을 기울이기도 하지만, 가장 중요한 것은 우리 중 많은 사람들이 어린 시절에 문자나 백분율로 변환되는 조건부 성취 수준에 대한 기대 없이 운동 능력, 창의력, 독창성 발달에 기여한 다양한 유형의 장난감을 가지고 수많은 시간을 즐겁게 놀았다는 점입니다. 설명하자면, 운동선수가 팀이나 특정 스포츠의 더 큰 이익을 위해 개인적으로 엄청난 노력을 기울이는 것과 마찬가지로 대부분의 사람들은 배우고 싶어서, 자신의 개인적인 발전에 기여하고 싶어서, 또는 자신이 속한 그룹의 성공에 일조하고 싶어서 동기를 찾게 될 것입니다. 많은 운동선수들이 승리에 대한 기대감으로 동기를 부여받는 것은 분명하지만, 경쟁에서 반드시 승리가 동기의 핵심 요소는 아닙니다. 대부분의 사람들은 실제로 결과가 승리가 아니더라도 그 자체로 보람 있는 경험 같은 이유로 스포츠에 참여합니다. 신체 활동에 참여하는 것은 그 자체로 보상이 되며, 공연 예술의 경우에도 마찬가지인데, 공연의 목격자인 사람들의 박수와 인정을 받는 것 외에는 직접적인 보상이 없습니다. 이러한 유형의 보상은 즉각적인 것이 아니라 지연되는 경우가 많습니다. 어떤 유형의 퍼포먼스를 마스터하거나 탁월하게 수행하는 데 필요한 체력을 내면화하고 신장하기 위해서는 즉각적이거나 일시적인 보상 없이도 자기 개선에 대한 본능적인 욕구에서 비롯된 일종의 내적 추진력과 결단력이 필요합니다.

외적인 형태의 보상을 제공하는 것 외에도 진정한 성취감이 고도로 내면화될 때 학생들을 격려하는 다른 방법도 많이 있습니다. 발전의 느낌은 진실되고 훨씬 더 발전적인 동기 부여의 원천입니다. 이 아이디어는 모든 학생들에게만 적용되는 것은 아니며, 자신의 커리어에 대해 매우 열정적인 사람들에게도 비유할 수 있습니다. 꿈의 직업을 찾은 사람들은 매일 하는 일에서 소외감이나 지루함을 느끼지 않을 정도로 자신의 일을 사랑하기 때문에 실제로는 평생 단 하루도 일한 적이 없다고 말할 수 있다는 진부한 말을 들어본 적이 있을 것입니다. 지속가능하고 통합적인 능동적 학습 접근 방식을 사용하면 표준화된 성적 시스템 없이도 학습 경험을 훨씬 더 자극적이고 보람있게 만들어 동일한 유형의 보람을 잠재적으로 제공할 수 있습니다. 마찬가지로 자신의 경력을 사랑하고 업무에 열정을 쏟는 사람들은 종종 자신의 임금이 미미하다고 말할 것입니다. 극단적인 경우, 아마도 매우 열정적인 일부 사람들은 자신이 하는 일을 공짜로 하겠다고 주장하거나 심지어 자신이 하는 일에 대한 대가를 지불할 준비가 되어 있다고 말하기도 합니다. 직업적 소명은 불타는 영혼을 가진 사람들의 마음속 깊은 곳에 자리 잡고 있습니다.

채점 뒤집기!

> "달걀은 외부의 힘에 의해 깨지면 생명은 끝난다. 하지만 내부의 힘으로 깨지면 새로운 생명이 시작된다."[50]

실제로 모든 것을 정량화하지 않고도 학생의 과제에 대해 피드백을 제공하는 방법은 여러 가지가 있습니다. 사실, 모든 유형의 건설적인 비판, 피드백 또는 개발 영역에 초점을 맞춘 다이어로그 또는 서면 피드백 형태의 지속적인 평가는 문자나 백분율 형태의 성적을 받는 것보다 훨씬 더 큰 보람을 줄 수 있습니다. 1988년 버틀러가 수행한 유명한 연구에서 연구자들은 학생 과제에 대한 세 가지 유형의 피드백을 비교했습니다.

- 기존 성적
- 댓글 형식의 피드백
- 댓글 형태의 피드백과 함께 제공되는 전통적인 성적

연구 결과, 피드백만 제공했을 때 가장 효과가 좋았으며, 놀랍게도 학생들에게 성적만 제공했을 때와 성적과 피드백을 함께 제공했을 때의 효과는 전혀 차이가 없었습니다. 마치 학생들에게 성적이 주어졌을 때 학생들은 서면 피드백을 보지도 않는 것처럼 보였습니다.[51] 단순히 학생들의 작업의 질을 점수로 매기는 것은 결코 건설적이지 않습니다. "교실의 목표는 의미 없는 문자나 숫자의 습득이 아니라 학습과 지식 유지가 되어야 합니다. '이 학생은 몇 점을 받았나'가 아니라 '이 학생을 돕기 위

---

50 P. Pewter, If an Egg Is Broken by Outside Force, Life Ends. If Broken by Inside Force, Life Begins. Great Things Always Begin from Inside: College Ruled Notebook for Teen Girls and Women, published independently, 2018.

51 Butler, R., "Enhancing and Undermining Intrinsic Motivation: The Effects of Taskinvolving and Ego－involving Evaluation on Interest and Performance", British Journal of Educational Psychology, No. 58, 1988.

해 내가 무엇을 할 수 있을까'라고 질문하면서 교육자로서 우리 자신의 우선순위를 재조정해야 합니다."[52]

학생들이 최선을 다하지만 필요한 기본 성취 수준에 도달하지 못하는 경우, 교사가 표준화된 성적 시스템을 사용하면서 모든 학생의 노력을 공평하게 보상하는 것은 현재로서는 불가능합니다. 당연히 많은 국가에서 여전히 높은 수준의 고등학교 중퇴율로 어려움을 겪고 있습니다. 학교 평가를 완전히 혁신하기 위한 노력의 일환으로 학생들의 성취도에서 교육의 질로 초점을 완전히 전환할 수 있습니다. 그러면 학교나 조직에서 학생들이 사회적, 가정적, 경제적 배경에 따라 학습할 것으로 기대했던 것과 실제로 학교를 떠날 때까지 학습한 것 사이의 차이에 대한 평가를 실시할 수 있습니다. 현재 학생들의 성적을 너무 강조하는 대신 우수한 교육을 위해 노력하면 결과적으로 모든 학생이 자신의 진정한 잠재력을 발휘할 수 있습니다. 이런 식으로 우리는 학교의 실제 교육을 평가하여 학생 학습의 투입과 산출을 비교하고, 교사보다는 교육을 평가하여 교사 개인이 아닌 전체 조직의 책임이 될 수 있도록 주의할 것입니다.

전 세계 대부분의 국가에서 전통적인 형태의 성적 평가는 학생들을 다양한 성취 범주에 따라 순위를 매기는 객관적인 형태로 제시됩니다. 특히 새로운 학습 주기가 시작될 때, 경험이 부족한 학생이 필요한 지식을 습득하기도 전에, 또는 표준화된 시험에서 최선을 다할 수 있는 기술과 노하우를 개발할 시간도 없이 처음부터 성적이 매겨지는 경우에는 학생의 초기 잠재력을 평가할 여지가 없습니다. 마찬가지로 학생들은 새로운 학교에 입학하거나 다음 학년으로 진급하기 전에 입학 시험에 응시해야 하는 경우가 많은데, 이러한 입학 시험은 학생이 다음 단계로 진

52 Potts, G., A Simple Alternative to Grading. Inquiry: The Journal of the Virginia Community Colleges, Vol. 15, No. 1, 2010. https://commons.vccs.edu/inquiry/vol15/iss1/4, p.29.

급할 준비가 되어 있는지 평가하는 데 사용됩니다. 이 시험은 때때로 필요한 지식 수준으로 등급이 제한되는 합격 또는 불합격 시험이거나 입학 정원이 있는 학교의 경우 특정 학습 프로그램의 특정 기관에 대한 표준 평가를 위한 순위 도구로 사용될 수 있습니다.

다양한 채점 시스템은 특정 학생을 다른 학생보다 우대함으로써 더 많은 스트레스를 받는 학습 환경을 조성하고 있습니다. 성적은 종종 어떤 사람은 다른 사람보다 훨씬 뛰어나다는 메시지를 전달하지만, 가장 중요한 것은 학생들에게 매우 낙담스러운 신호를 보내는 것입니다. 발달 곡선에서 왠지 모르게 '뒤쳐져' 인내하지 않고 포기할 구실을 많이 만들고 있습니다.

형성평가 연구에 따르면 학생들은 도전적인 학습 목표가 있을 때 더 많은 동기를 부여받습니다.[53] 교사나 학생의 낮은 기대치를 직접적으로 해결하려면 오랜 시간과 끈기, 많은 지원이 필요합니다. 다양한 도전을 극복하는 한 가지 방법은 소위 성장 마인드를 키우는 것입니다. 사회심리 학자 캐롤 드웩[54]이 고안한 개념인 성장 마인드셋은 주로 열심히 노력하고, 도전적인 일을 시도하고, 실패로부터 배우고, 원하는 것을 성취하기 위해 전략을 조정함으로써 자신의 기술과 능력 이 발전할 수 있다는 기대감을 말합니다. 성장 마인드를 채택하면 자신의 기술과 능력이 고정되어 있다고 믿을 때보다 일을 더 오래 지속하고, 더 나은 성과를 내고, 하고 있는 일을 더 즐길 가능성이 높아집니다.

---

53 Timperley, H., Realizing the Power of Professional Learning, 2011, Open University Press, p.49.

54 https://en.wikipedia.org/wiki/Carol_Dweck.

사회적 다윈주의의 사이비 과학적 아이디어에 대한 반박

전 세계의 많은 현대 등급 시스템이 우생학에서 비롯된 사이비 과학적 아이디어에서 크게 영향을 받았다는 것은 슬픈 사실입니다. 우생학자들은 피부색, 머리카락이나 눈 색깔, 이마 높이, 코 크기 등을 기준으로 사람을 등급을 매길 수 있다는 터무니없는 주장을 바탕으로 특정 인종이 열등하고 일부 개인 그룹이 인종적으로 우월하다고 확신했습니다. 등급은 일부 사람들의 지적 우월성을 다른 사람들보다 정량화하기 위한 수단이 되었습니다. 또한, 사회 다윈주의에서 비롯된 사이비 과학적 사상은 1870년대 초부터 유럽과 서구 문명의 여러 국가에서 다양한 커리큘럼을 재설계하는 데 영향을 미쳤습니다. 이러한 끔찍한 아이디어는 철저하게 반박되었지만, 이러한 비과학적 사상을 옹호하는 사람들이 만든 성적 평가 시스템은 여전히 전 세계 대부분의 국가에서 시행되고 있습니다.

성적이 인구의 전반적인 IQ 저하를 막는 데 기여할 것이라는 가정을 바탕으로 여러 교육 시스템에서는 교실 내에서 개인을 분리하기 위한 순위 차트를 도입했으며, 일부 학교에서는 학생들의 성취 수준에 따라 교실에 좌석 배치도를 만들고 실제로 학생들의 성적 또는 인지된 성취도에 따라 수준별 반을 만들기도 했습니다. 영국에서는 시험 점수나 인지된 능력에 따라 학생들을 과목별로 다른 반으로 분리하는 것이 일반적입니다. 전 세계의 성과가 높고 공평한 교육 시스템의 원리를 심층적으로 연구한 영국 교사 크레한(Crehan)[55]에 따르면 OECD의 PISA 시험에서 가장 성과가 높은 국가들[56]에 해당하는 핀란드, 캐나다, 상하이, 일본 등의 국가에서는 학생들을 능력에 따라 분리하지 않고 적어도

---

55 Crehan, L., Cleverlands, The secrets behind the success of the world's education superpowers, Unbound, London, 2018.

56 www.oecd.org/pisa/test.

15~16세까지는 모두 함께 능력 혼합반에 편성합니다.[57] 도심 학교의 교사였던 크레한은 '최상위권' 교육 시스템의 교훈에 근거한다고 주장하며 끊임없이 변화하는 정부 정책에 분노했습니다. 그녀는 읽기, 수학, 과학 분야에서 세계 1위를 차지한 국가의 10대 청소년이 있는 교실에서 실제로 무슨 일이 일어나고 있는지 알아내기로 결심했습니다. 클레버랜드(Cleverlands)는 크레한이 전 세계를 여행하며 겪은 경험을 정책, 역사, 심리학, 문화에 대한 연구와 결합하여 이들 국가로부터 배울 수 있는 폭넓고 새로운 통찰력을 제공하는 책입니다.

실제로 모든 유형의 정량적 성적 평가는 지극히 주관적일 수 있으며, 오래되고 반박된 이데올로기의 영향을 받을 수 있습니다. 이러한 다소 위험한 아이디어는 동료 검토를 거쳐 인정된 과학에 근거하지 않기 때문에 심각하게 배척해야 합니다. 20세기 가장 악명 높은 인종주의 이데올로기의 부상으로 이어진 것과 같은 유형의 오해에 기반하고 있습니다. 실제로 아돌프 히틀러는 이러한 사이비 과학 사상에 능통했습니다. 진화생물학자 도킨스는 그의 저서 '지구상에서 가장 위대한 쇼'에서 "히틀러의 '사회적 다윈주의'(인종 간의 투쟁에 대한 믿음)는 사실 매우 비다윈적" 이라고 정당하게 주장한 바 있습니다. 다윈에게 있어 존재를 위한 투쟁은 종, 인종 또는 다른 집단 간의 투쟁이 아니라 한 종 내의 개체 간의 투쟁이었습니다. 다윈의 위대한 책에 잘못 선택된 불행한 부제목에 현혹되지 마세요. 다윈의 존재 투쟁을 개인 집단 간의 투쟁으로 오해하는 것, 이른바 '집단 선택' 오류는 안타깝게도 히틀러의 인종주의와 무관하지 않습니다. 이 오류는 다윈주의를 잘못 해석하는 아마추어들, 심지어 더 잘 알아야 할 일부 전문 생물학자들 사이에서도 끊임없이 되살아

---

57 Crehan, L., Cleverlands, The secrets behind the success of the world's education superpowers, Unbound, London, 2018, p.248.

나고 있습니다."[58]

평가 등급 인플레이션

성적 인플레이션은 최근 전 세계의 다양한 교육 시스템에서 광범위하게 발생하고 있으며 교육자, 연구자 및 일반 대중 사이에서 엄청난 비난을 받고 있습니다. 심지어 어떤 사람들은 성적 부풀리기를 스캔들, 불공정, 학생 신뢰 침해로 보기도 합니다.[59] 아무리 뛰어난 교사라도 학생에게 올바른 유형의 평가를 부여하는 데 능숙하다는 보장은 없습니다. 강의에서 많은 양의 콘텐츠를 제공하는 데 뛰어난 재능을 가진 교사가 반드시 학생들의 과제를 객관적으로 평가할 수 있는 것은 아닙니다. 말할 필요도 없이, 성적 인플레이션은 공교육 시스템을 해체하면서 민영화하고 영리 학교를 늘리려는 많은 국가의 학교에서 문제가 되어 왔습니다.

성적 부풀리기의 원인은 국가와 교육기관에 따라 크게 다를 수 있지만, 교사의 고용 안정이나 기타 혜택에 대한 욕구가 일부 교사의 성적 부풀리기를 부추길 수 있습니다. 또한 학생은 성적을 부풀리는 교수자에게 매력을 느끼고 그렇지 않은 교수자에게서 멀어지는 경향이 있을 수 있습니다. 일부 교사는 단순히 시간을 절약하기 위한 수단으로 성적 부풀리기에 관여할 수도 있습니다. 일반적으로 이러한 교사는 과제나 시험에서 낮은 성적을 받은 학생에게 정당한 사유를 설명하는 데 시간을 소비하고 싶지 않아서 낮은 성적을 주는 것을 거부하는 교사들입니다. 따라

---

58 Dawkins, Richard, The Greatest Show on Earth: The Evidence for Evolution, Black Swan, London, 2009, p.64.

59 Chowdhury, Faieza, Grade Inflation: Causes, Consequences and Cure, available from: www.researchgate.net/publication/327512724_Grade_Inflation_Causes_Consequences_and_Cure, Journal of Education and Learning, Vol. 7, No. 6, 2018, Canadian Center of Science and Education.

서 학생들과의 갈등 상황을 피하기 위해 정당한 이유보다 높은 성적을 부여합니다.

15) 총괄평가

학습의 정의는 훨씬 더 포괄적이고 광범위해져야 하며, 기존의 다양한 평가 시스템을 유지하는 것은 기본적으로 미래의 문제를 해결하기 위해 오늘날의 청소년에게 심어줘야 하는 유형의 기술을 육성하는 데 장애물이 되고 있습니다. 교육학 이론과 연구는 최근 몇 년 동안 전통적인 평가 방식에서 벗어나고 있으며, 평가가 지나치게 주관적이고 자의적이며 학습에 도움이 되지 않는 경우가 많으며, 학생의 글쓰기에 평가를 하는 것이 오히려 학생들의 학습에 해로울 수 있다는 사실을 발견하고 있습니다.[60]

예를 들어, 생각을 표현하는 데 적합한 유일한 방법이 모든 학생들이 중학교에서 배워야 하는 표준적이고 딱딱한 유형의 에세이라고 생각한다고 상상해 봅시다. 또는 문제 해결이 가장 중요한 기술 중 하나가 된 세상에서 표준화된 작업 수행 방식을 모방하는 법을 배우는 것이 가장 중요한 것처럼 학생들이 과학 실험 보고서의 특정 유형의 템플릿을 얼마나 잘 모방하고 있는지 상상해 봅시다. 문제는 이를 통해 우리가 달성할 수 있는 것이 무엇일까요? 우리는 학생들에게 다양한 매체를 통해 아이디어를 전달하고 감정을 표현하는 적절한 방법을 찾는 것보다 잘 정

60 Potts, G., A Simple Alternative to Grading, Inquiry: The Journal of the Virginia Community Colleges, Vol. 15, No. 1, 2010, https://commons.vccs.edu/inquiry/vol15/iss1/4, p.29.

립된 글쓰기 방식을 통해 아이디어를 표현하거나 문제를 설명하는 것이 더 적절한 방법이라고 가르치고 있지는 않나요? 이는 학생의 다양한 요구에 적응하는 것이 높은 성취자로 분류된 학생을 포함한 그룹의 모든 구성원에게 도움이 될 수 있는 그룹에서 작업의 전반적인 질을 높이는 대신 많은 수의 학생을 소외시키는 부정적인 영향을 미칩니다.

모든 것을 템플릿으로 삼는 이러한 경향은 학습에 도움이 될 수도 있지만, 생각과 아이디어를 표현하는 새로운 방법을 개발하는 데 방해가 될 수도 있습니다. 셰익스피어가 영어권 전체에 혁명을 일으킨 개인적 스타일을 개발하는 것을 가정교사가 말렸을 가능성이 높습니다. 너무 많은 나라에서 모든 학생들을 같은 틀에 가두는 것이 너무 오랫동안 일반적이었습니다. 이제 학생들을 육성하고 창의성을 고취하는 것이 훨씬 더 중요한 자질이 된 새로운 단계에 도달했으므로, 학업 성취도 순으로 순위를 매기는 대신 그룹 내 각 개인의 전반적인 질과 역량을 높이는 데 기여하는 새로운 유형의 통합적이고 지속가능한 능동적 학습 방식을 통해 그룹의 집단적 개선이 이루어지면서 학생들의 개성이 사라질 것이라고 가정하는 것은 잘못된 생각일 것입니다. 개인의 잠재력에 초점을 맞추는 대신 두 명 이상의 팀, 그룹, 학급, 나아가 학교 전체의 전반적인 성공에 기여하는 것입니다. 틀에 박히지 않고 자신의 생각을 표현하는 방법에는 다양한 예가 있는데, 이는 자유로운 사고와 위험을 감수하는 데 있어 대안적인 표현 방식이 도움이 될 수 있기 때문입니다. 이러한 접근 방식은 또한 실시간으로 건설적인 피드백을 통해 보다 공평한 수준의 평가를 제공함으로써 아이디어를 공유하는 학생들 간에 상호 이해를 증진시킬 수 있습니다. 이를 딜런 윌리엄이 주창한 '형성평가'라고도 합니다.[61] 윌리엄에 따르면, 형성적 평가는 도구가 아닌 과정으로 볼 때 교사

---

61 Wiliam, D., Embedded formative assessment, Solution Tree Press, 2011.

의 질과 학생의 학습을 향상시키는 데 중요한 역할을 합니다. 또한 학생들을 위한 효과적인 학습 환경을 설계하기 위해 교실 내 질문, 학습 의도와 성공 기준, 피드백, 협업 및 협동 학습, 자기 조절 학습의 활용을 강조합니다.

교사가 성적을 강조하지 않은 특정 실험 수업에서 학생들의 성취 수준에 대한 연구에 따르면, 성적을 지속적으로 강조하지 않은 학생들은 장기적인 지식 습득 기술과 노하우가 더 내면화되는 것으로 나타났습니다.[62] 전통적인 교육 방법에는 객관적인 평가방법이 부적절합니다. 예를 들어, 객관식 시험을 통해 평가를 실시하는 경우, 일부 연구에서는 이러한 형태의 정량적 평가가 모순적이고 종종 부정적인 영향을 미친다는 것을 보여주었습니다.[63] 모든 유형의 평가의 중심에는 탐구의 경이로움과 호기심에 대한 애정이 있어야 합니다. 앞서 언급했듯이 세계 여러 나라에서 민영화된 학교 간의 경쟁은 극도로 비생산적인 성적 인플레이션을 조장하고 있으며, 이는 발달을 촉진하는 대신 성적을 통한 교육의 정상화로 이어질 수 있습니다.

영감 없는 바쁜 업무

일부 교사들은 십자말 풀이, 숫자 그림 그리기, 지도 색칠하기 등 전혀 건설적이지 않을 수 있는 '학습 활동'으로 공백을 메우도록 권장하여

62 See Butler, R., "Enhancing and Undermining Intrinsic Motivation: The Effects of Task-involving and Ego-involving Evaluation on Interest and Performance", British Journal of Educational Psychology, No. 58, 1988.

63 Torrance, H., "Combining measurement-driven instruction with authentic assessment: Some initial observations of national assessment in England and Wales", Educational Evaluation and Policy Analysis, Vol. 15, No. 1, 1993, pp.81-90.

학생들을 바쁘게 하고 학생들이 끊임없이 노력하고 있다는 인상을 주기 때문에 전 세계의 전통적인 평가 시스템도 바쁜 일을 조장하고 있습니다. 그러나 이러한 유형의 비과학적인 일과 취미 활동을 수업에 사용하는 것은 학교의 여러 분야가 파편화되지 않고 통합된 진정한 몰입형 학습 경험을 만들기 위해 협력하는 교사들의 노력을 철저히 희석시키고 있습니다.

학교의 너무 많은 활동은 학생들에게 아무것도 가르치지 않으며, 영감이 없는 교사들이 종종 제공하는 소외되고 비생산적인 잡무를 제거함으로써 학생들이 자신의 관심사를 추구하고 자신의 호기심을 높이는 데 활용할 수 있는 많은 시간을 바쁜 학교 일정에 빼앗기고 버릇없이 빼앗겼습니다. 수학 문제를 끊임없이 반복하는 것조차도 때때로 바쁜 일의 범주에 속할 수 있습니다. 학생들이 적절한 양의 연습을 통해 수학적 개념을 이해하고 방법을 내면화했다면, 이미 기술을 습득하고 발전시킨 후에 아무런 향상으로 이어지지 않는다면 같은 연습을 매번 반복하는 것이 무슨 의미가 있을까요? 이는 마치 교사가 뮤지션에게 개선이나 변화를 기대하지 않고 같은 곡을 반복해서 연주하라고 요구하는 것과 같으며, 음악 학생이 영감을 받은 잼 세션에서 즉흥 연주를 할 수 있을 정도로 악기에 익숙해지는 대신 똑같은 예전의 표준을 연주할 것으로 기대하기 때문이죠.

가장 비생산적인 방법 중 하나는 학생에게 학습과 무관한 과제에 계속 집중하라고 요구하는 것입니다. 교사는 학생이 학습한 내용이 장기기억에 남아 제대로 내면화될 수 있도록 학생이 자신이 하고 있는 일에 의미를 부여할 수 있는 방법을 찾아야 합니다. 또한 이러한 유형의 무의미한 과제를 평가하거나 심지어 채점하는 것은 학생들에게 영감을 주는 대신 누군가가 자신을 감시하고 있다는 것을 가르칠 뿐입니다. 학생들이 이런 식으로 배우게 되는 것들은 앞서 설명한 것처럼 내면화되지 않고 단순히 암기되는 쉽게 잊혀지는 정보이기 때문에 지속가능하지 않을 것입니다. 말할 필요도 없이, 성적을 받는 것은 압도적인 대다수의 학생들에게 전체 학교 경험에서 가장 스트레스를 주는 요소이며, 실제로 여러 연구에 따르면 이는 비생산적인 불안의 원천입니다.[64] 학생들이 하루 종일 묵묵히 일해야 한다는 비현실적인 기대 또한 매우 비생산적입니다. 교사가 학생들이 지나치게 규율적인 환경에서 조용히 서류 작업을 하고, 교과서를 뒤적이며, 과제를 완수하기를 기대하기 때문에 성찰, 브레인스토밍, 분석 또는 토론할 시간이 주어지지 않는다면, 우리는 학생들에게 단순히 시키는 대로 행동하도록 가르치고 있을 뿐입니다.

빠른 학습자를 위한 격려

교사는 적극적 경청, 마인드 매핑 또는 실습 활동과 같은 활동에 적합한 조건을 조성하여 더 깊이 성찰할 수 있는 충분한 공간과 시간을 제공해야 합니다. 그럼에도 불구하고 일반적인 시나리오에서는 전체 평가 과정이 장애물이 될 수 있습니다. 성취도가 높은 학생은 너무 빨리 일해서 과제가 끝나면 추가로 종이를 작성하거나 책을 읽으라는 요청을 받는 대신 복잡한 아이디어를 표현하거나 어려운 실존적 질문을 탐구하여 창의력을 계발하는 데 더 많은 시간이 필요한 경우가 많기 때문에 단순히 더 빨리 학습하는 학생을 위해 하루를 추가 과제로 채우는 것도 비생산적입니다. 학생들을 신뢰해야 하며, 교사는 학생들이 스스로 탐구하고 발견하고 발전시킬 수 있는 조용하지만 영감을 주는 환경을 제공해

64 For example, Butler, R., "Enhancing and Undermining Intrinsic Motivation: The Effects of Task－involving and Ego－involving Evaluation on Interest and Performance", British Journal of Educational Psychology, No. 58, 1988.

야 합니다. 헬렌 팀퍼리(Helen Timperley)는 교사가 '적응형 전문가'가 되어야 한다고 주장하며 반복적인 탐구 사이클에 참여해야 한다고 말합니다. 이러한 탐구는 교사가 학생을 평가하고 교육학적 콘텐츠 지식을 더 많이 개발하는 것에 대해 더 많이 배우면서 학생들의 요구를 더 깊이 분석하고 그러한 요구를 충족하기 위해 무엇을 배워야 하는지 이해할 수 있는 전문적 학습을 가져다줍니다. 적응 전문가가 된 교사들은 어려움을 겪는 학생이나 성취도가 높은 학생, 느리거나 빠른 학습자 등 학생들의 변화하는 요구에 끊임없이 주의를 기울일 것이며, 이러한 교사들의 전문성 중 하나는 학생들을 위한 효과적인 학습 자료가 부족할 때 언제 어디서 도움을 구해야 하는지 아는 것이기도 할 것입니다. 전문 교사는 학생의 진도를 지속적으로 모니터링하고 학생을 성공과 실패로 분류하는 것이 아니라 해당 교사의 교수 및 학습에 시사하는 바가 있는지 검토합니다. "적응 전문가는 자신이 돌보는 학생의 참여, 학습 및 복지 측면에서 자신의 효과를 모니터링하는 훈련된 혁신가입니다."[65]

16) 표준화된 평가의 한계

낡은 전통적인 교육 방식으로는 학생들이 학습하는 법을 배우지 못하고 자기 인식을 발전시키지 못할 수 있으며, 개인 학습 과정의 매력을 잃을 수도 있습니다. 일부 연구[66]에 따르면 많은 학생들이 시험에 앞서

65 Timperley, H., Realizing the Power of Professional Learning, Open University Press, 2011, pp.87–181.

66 See for example Morris, A., Student Standardised Testing: Current Practices in OECD Countries and a Literature Review, OECD Education Working Papers, No. 65, OECD Publishing, Paris, 2011, https://doi.org/10.1787/5kg3rp9qbnr6–en.

급하게 배운 내용을 금방 잊어버리는 경향이 있기 때문에 교사는 각 주제의 마지막에 표준화된 시험을 지속적으로 치르지 않는 것이 더 낫다고 합니다. 따라서 이러한 유형의 일시적인 학습은 많은 학생들이 단기간에 사실을 암기하는 데 그치면 교육에 대한 흥미를 잃게 되므로 지속가능하지 않습니다. 고난도 표준화 시험을 적절히 활용하면 교사가 학생의 강점과 약점을 파악하는 데 도움이 될 수 있지만, 교사는 전통적으로 해왔던 것처럼 학교 과목을 서둘러 가르치고 매 장의 마지막에 필기시험을 치르는 대신 문제 해결 능력 계발에 더 집중할 필요가 있습니다. "광범위한 결과를 통해 학교 성과를 추적해야 한다는 요구에도 불구하고 표준화된 시험은 여전히 학생 성적을 측정하는 가장 중요한 척도로 선전되고 있습니다. 캐나다의 학생 평가에 대한 최근 연구에서는 학교와 학생의 성과를 측정하고 개선하기 위해 모든 주에서 광범위한 수준의 시험을 실시할 것을 요구했습니다. 따라서 표준화된 시험의 한계에도 불구하고 대다수의 대중은 계속해서 이러한 유형의 평가를 학교 성과를 측정하는 필수 메커니즘으로 간주하고 있습니다."[67]

그 대신 교사들은 부담이 적은 형식의 평가 기법(low-stakes testing)을 활용하고, 무언가를 기억해내는 행위 자체가 기억을 더 오래 지속시키는 데 도움이 된다는 점을 학생들에게 설명해줄 수 있습니다. 이를 위해 교사는 수업 시간에 퀴즈 등을 통해 위험 부담이 적거나 아예 없는 테스트를 사용할 수 있습니다. 또한 주제를 통합하고 연대기적, 발전적 학습 타임라인을 적용하면서 놀이와 체험이 가능한 학제 간, 다학제적 활동을 만들어 학생들의 업무량을 줄여주므로 학생들의 학습 경험을 향상시키는 방법으로 실생활 문제에 대한 창의적인 해결책을 찾는 것을

67 Volante, L., Teaching To the Test: What Every Educator and Policy-maker Should Know, Canadian Journal of Educational Administration and Policy, No. 35, 25 September 2004, https://files.eric.ed.gov/fulltext/EJ848235.pdf.

장려할 수 있습니다. 따라서 학생들은 단기적인 정보 유지 능력을 주로 고려하는 평가에 매주 직면하지 않고도 자신의 발전을 주도적으로 관리할 수 있습니다. 브라운과 해티(Brown & Hattie)[68]는 정기적인 표준화 검사가 아동 교육에 도움이 될 수 있지만, 특정 조건이 충족되고 검사가 그다지 유익하지 않은 방식으로 사용되는 경우가 많다는 전제하에 가능하다고 주장합니다. 스웨덴의 신경과학자 마틴 뢰브덴(Martin Lövdén)과 그의 동료들도 일생 동안 인지 기능과 교육 사이의 관계에 대한 이러한 주장을 지지합니다. "생애 첫 수십 년 동안 발달을 형성하는 조건을 개선하면 초기 성인기의 인지 능력을 향상시키고 공중 보건 문제를 줄일 수 있는 큰 잠재력을 지니고 있습니다. 인지 노화 및 치매와 관련된 부담을 줄일 수 있습니다."[69] 이는 결과적으로 모든 사람의 삶의 질에 긍정적인 영향을 미칠 것입니다. 또한 다중 언어 사용에 관한 장에서 장기 기억과 스트레스 없는 학습 환경과 관련된 인지 능력 보존이라는 주제를 다룰 예정인데, 이는 매일 다른 언어를 사용하는 코드 전환의 효과와 유사한 인지적 이점을 가지고 있기 때문입니다.

---

68 In Brown, G. and Hattie, J., The benefits of regular standardized test in education, in Suggate, S. and Reese, E, Contemporary Debates in Childhood Education and Development, Routledge, 2012, https://books.google.se/books?hl=en&lr=&id=L3Ug3Df7zFwC&oi=fnd&pg=PA287&dq=standardized+tests+john+hattie&ots=tulTowWsWm&sig=WjzISeELjcCVirdfHmngZLPGG_0&redir_esc=y#v=onepage&q=standardized%20tests%20john%20hattie&f=false.

69 Lövdén, M., Fratiglioni, L., Glymour, M.M., Lindenberger, U., and Tucker-Drob, E.M., "Education and Cognitive Functioning Across the Life Span", Psychological Science in the Public Interest, Vol. 21, No. 1, 2020, pp.6-41. doi:10.1177/1529100620920576, p.1.

숙제

학생들이 자신의 열정과 관심사를 추구할 시간을 가져야 하는데 바쁜 생활에 숙제를 추가 하는 것은 비생산적인 것으로 보일 수도 있습니다. 적절한 여가 시간을 제공하면 대부분의 사람들이 방과 후 바쁜 일이나 반복적인 일에 얽매이지 않고 자신이 좋아하는 일을 더 많이 함으로써 자신의 역량을 계발할 수 있다는 것은 이미 입증된 사실입니다. 또한 부모님이나 형제의 도움을 받을 수 있기 때문에 평가의 기준이 되는 숙제를 내주는 것은 절대 무의미합니다. 모든 유형의 평가는 학교에서 개별적으로 형성된 것을 기반으로 해야 하며, 교사는 결과만큼이나 중요한 작업 과정을 실시간으로 제공해야 합니다. 학생들은 작업의 최종 결과물에 대한 채점을 기다리는 대신 교사와 대화를 나누기 때문에 작업 진행 중에도 채점 없이 평가를 받을 수 있습니다.

숙제는 또한 어린 학생들에게 미래에 대한 잘못된 신호를 보내고 있는데, 이는 학생들이 집에서 장시간 무급 초과 근무를 하는 것을 정상적인 관행으로 받아들이고 결국 미래에는 당연한 것으로 받아들일 수 있도록 하기 때문입니다. 직업을 가진 많은 사람들이 저녁 시간에 가족과 함께 시간을 보내야 할 집에서 컴퓨터로 업무를 보거나 무급 초과 근무를 하는 대신 연결을 끊는 데 어려움을 겪는 것은 당연한 일입니다. 아이러니한 점은 대부분의 교사들이 학교를 떠나 있는 저녁, 주말, 방학 동안 시험, 에세이, 과제를 채점하고 수정하는 데 시간을 보내고 있기 때문에 이 사실을 잘 알고 있다는 것입니다. 대부분의 교사들은 이러한 일을 일상적인 업무로 인식하고 있기 때문에 학생들에게도 같은 습관을 심어주고, 이것이 정상적인 관행이라고 말하고 있습니다.

17) 평가에 대한 최종 의견

채점은 교사에게 가장 피곤하고 어려운 일이지만, 가장 야심 찬 교사 중 일부는 특히 교과 내 접근 방식을 채택하는 경우 무의식적으로 학생의 업무량을 부풀리고 있으며, 이는 각 학생에게 적합한 평가를 하기 위해 많은 자료를 보유해야 한다고 느끼기 때문에 채점에 대한 일종의 불안감을 드러내는 경우가 종종 있습니다. 그러나 작업의 양이 작업의 질에 영향을 미치므로 너무 많은 시험 과제 또는 에세이를 기준으로 학생의 성적을 매기는 것은 바람직하지 않습니다.

또한, 교사가 학생을 범주에 분류하는 과정에서 자의적인 평가가 이루어질 수 있으며, 이로 인해 교사가 영감을 주는 수업을 준비하거나 활발한 학습 활동으로 학생을 사로잡는 데 할애해야 할 시간을 대부분 평가에 소비하게 될 수도 있습니다. 채점에는 회색 영역이 너무 많고 그 과정에서 주관성이 개입되어 수업의 질에 부정적인 영향을 미치는 경우도 있습니다. 학생에게 기대되는 작업량이 개선 가능성에 기반한 실제 건설적인 평가를 위해 사용할 수 있는 시간과 비례하지 않는다면 각 응답에 적절한 양의 생각을 부여하는 것은 거의 불가능합니다. 학습 행위를 백분율이나 문자 등급으로 환산하는 관행이 지속되는 한, 자료를 수집하는 사람은 무엇이 좋은 작품인지, 나쁜 작품인지 자의적으로 결정해야 합니다. 이 복잡한 방정식에서 자의적 채점의 잠재적 심리적 해악을 무시해서는 안 됩니다.

때때로 성적은 생산성이라는 추상적인 개념만을 조장할 뿐이며, 일부 학생들은 자신이 특정 성적을 '받았다'는 생각을 내면화하여 더 좋은 성적을 받은 동료들보다 자신이 덜 유능하고 덜 가치 있다고 느낄 수 있습니다. 또한 자신이 충분히 노력하지 않았고, 노력했음에도 불구하고 최선을 다해도 평균 또는 합격 성적에 도달하기에는 충분하지 않다는 신호를 보냅니다. 반대로, 자신을 성취도가 높다고 생각하는 학생은 일반적으로 최고 성적을 기대하며 성적이 낮아지는 것에 대한 두려움으로 부정적인 영향을 받아 위험을 감수하는 경향이 줄어들고 대부분의 평가 시스템의 감점 특성으로 인해 틀 밖에서 생각하는 것을 더 두려워하게 될 수 있습니다.

논의된 평가 시스템 중 일부가 오늘날 전 세계 거의 모든 곳에서 여전히 존재한다는 것은 슬픈 일입니다. 이러한 시스템 중 일부에서는 학생들이 처음부터 실수를 저질러도 점수가 서서히 줄어들기 시작하는 일종의 '가득 찬 점수'로 시험을 시작하고, 보존된 점수에 따라 시험 성적이 결정된다는 것을 배웁니다. 이러한 접근 방식에서는 학생의 발달을 장려하는 대신 실수에 대한 처벌을 받게 됩니다. 이렇게 하면 실수를 잘 하지 않는 학생은 더 높은 성적을 받게 되는 반면, 틀에서 벗어나 생각하거나 독창적인 방식으로 방정식을 푸는 방법을 찾으려는 매우 창의적인 학생은 성적이 낮아질까 봐 다른 탐구 경로를 택하지 않게 됩니다. 시험 성적이 감점 평가 방식에 따라 매겨지는 경우 호기심이나 부지런함도 장려되지 않습니다.

미래의 학교에서는 전통적인 형태의 채점 및 평가 문제를 해결하는 것이 필수적입니다. 고도로 형성적이고 지능적인 교육 환경에서 채점이 정말 필수적인지 의문을 가질 수 있고, 결국에는 그렇지 않다는 결론에 도달할 수도 있습니다. 물론 평가는 학습 과정의 일부가 되어야 하며, 구두 또는 서면으로 피드백을 주고받는 일종의 대화로서 양방향으로 진행될 수 있습니다. 교사는 학생에게 더 나은 학습을 위해 피드백을 제공할 수 있지만, 학생들은 더 명확하게 설명하거나 더 깊이 있게 설명해야 하는 부분을 정확히 찾아내어 교사의 업무를 평가할 수도 있습니다. 학생들이 자신의 교육에 더 많은 투자를 할 수 있도록 하기 위해서는 전 세계 대부분의 국가에서 평가방식을 개혁해야 합니다.

물론 대부분의 또는 모든 평가를 대화 형식으로 수행하는 것은 시간이 많이 소요될 수 있으며, 많은 비평가들은 다이얼로그의 한 형태가 될 정도로 평가를 개별화하는 것이 적절하지 않다고 주장할 것입니다. 그러나 학생 그룹에서는 그룹 내 상당수의 학생이 동일한 측면에 대해 작업해야 하는 반면 다른 학생은 다른 측면에 대해 작업해야 하는 경우가 종종 있으므로 개별 평가를 협업 그룹으로 통합하여 이러한 의견이나 피드백을 협업 방식으로 처리할 수 있습니다. 소규모 학급에서는 실제로 가능하지만, 더 큰 학급에서는 불가능하지 않으며, 주어진 피드백이 추가 도움이나 추가 자극이 필요한 학생에게 도움이 되도록 설계되어 있는 한 가능합니다. 즉, 개선의 방법으로서 양방향으로 진행되어야 하며, 이 책의 뒷부분에서 설명하는 인공 지능이 탑재된 자가 교정 디지털 도구가 이 점에서 매우 유용할 수 있습니다. 그러면 평가의 경험은 훨씬 더 통합적인 것이 될 수 있고 학생과 교사 모두 건설적인 비판에 노출되는 상호 평가 상황에 놓일 수 있지만, 무엇보다 중요한 것은 대화를 통한 개별적이고 상호적인 성장에 초점을 맞추는 대화가 이루어질 수 있다는 것입니다. 전 세계의 성적 제도가 더 이상 창의성을 억압하는 것을 허용해서는 안 됩니다.

18) 교육의 게임화

교육의 게임화는 게임과 e스포츠를 훌륭한 동기 부여의 원천으로 여기는 일부 청소년들에게 동기를 부여할 수 있는 새로운 기회를 제공하며, 경우에 따라서는 집중력을 높이는 동시에 향후 증강 현실 또는 가상 현실의 응용 분야에서 미래의 직업 시장에서 자산이 될 수 있는 보다 정제된 운동 능력을 계발할 수 있는 길이 될 수 있습니다. 이러한 교육 방법의 품질을 평가하기 위해서는 이러한 변증법적 접근 방식에 대해 더 많은 연구가 필요합니다. 게임 또는 게임 기반 학습은 교육용 컴퓨터 또는 비디오 게임에 국한되지 않으며, 경쟁 또는 팀 빌딩 도구로 사용될 수 있는 다양한 물리적 또는 가상 보드 게임을 포함할 수 있습니다. 게임형 교육을 위한 효과적인 프로그램은 학습자가 현재 어떤 기술 수준에 있는지 항상 파악하고 그에 따라 다음 단계를 조금 더 높게 설정합니다. 교육 목표는 학습자가 지루해하거나 너무 어려워서 시도하는 것을 귀찮아 해서는 안 됩니다. 그래야 학습자는 원하는 목표가 달성될 때까지 시도하고 또 시도하고 또 시도하게 됩니다. 해티와 지러(Hattie & Zierer)에 따르면, 이것이 바로 교사가 학생을 위해 목표를 설정할 때 해야 할 일입니다: 적절하게 도전적인 목표를 설정하고 이 목표에 도달하기 위해 배울 수 있는 흥미로운 기회를 많이 제공하세요. 학생이 다음 단계에 도달하면 학습 도전 과제가 높아지고 학습 주기가 계속됩니다.[70] 컴퓨터 게임의 작동 방식을 교육에도 적용할 수 있는 방법을 찾는다면 교육에 소요되는 시간과 비용을 엄청나게 절약할 수 있을 것입니다. 잘한 일에 대해 별이나 점수를 획득하는 것도 매우 기본적인 형태의 게이미피케이션이지만, 우리가 여기서 옹호하는 것은 완전히 획기적인 것입니다: 진정한 교육의 게이미피케이션은 많은 학생들이 스스로 자신의 학습을 추진하고, 이끌고, 평가하게 만들 것입니다. 학생들은 계속해서 학습하고 다음 단계의 성취에 도달하기 위해 열망할 것이며, 기본적으로 대부분의 학생들이 훨씬 더 짧은 시간에 훨씬 더 많은 것을 배우는 것을 막을 방법이

---

70 Hattie, J. and Zierer, K., Visible Learning Insights, London: Routledge, 2019, p.6.

없을 것입니다. 궁극적으로 교육의 게임화에는 4D프레임-메카트로닉 자동차, 장애물 경주, 드론 비행 대회, 로봇 씨름, 다리 건설 대회, 달걀 낙하산 낙하 챌린지 등 국제 수학 및 과학 창의력 대회(IMSCC)에서 선보인 대회 유형에서 영감을 얻은 다양한 유형의 체험형 놀이 학습 STEAM 활동이 포함될 수 있습니다.

게이미피케이션의 사례(전자 자료)

함께 제공되는 전자 자료에서는 교육에서의 게임 활용 사례를 확인할 수 있습니다. 아래의 QR 코드 또는 웹사이트 주소를 이용하면 마인크래프트와 드래곤박스(DragonBox) 하위 챕터에 디지털로 접근할 수 있습니다.

eResource 1

https://routledgetextbooks.com/textbooks/9781032231952/examples-of-gamification.php

19) 시행착오를 통한 학습

새로 온 동료에게 학교의 컴퓨터 시스템이 어떻게 작동하는지 설명해야 한다고 상상해보세요. 당연히 교육적인 접근 방식을 채택하고 동료의 이해를 돕기 위해 최선을 다할 것입니다. 병동이 끝난 후 동료는 인내심을 가지고 단계별로 필요한 사항을 설명하는 여러분의 방식에 감사할 것이며, 덕분에 5분 또는 10분 이내에 모든 것을 이해했다는 인상을 받게 될 것입니다. 그러나 조금 믿기지 않는다면 동료에게 이해한 내용을 자신의 말로 반복해 달라고 요청하면 컴퓨터 시스템의 작동 방식을 소개한 자신의 개념과 새로운 동료가 실제로 추론한 내용 사이에 엄청난 왜곡이 있음을 발견할 수 있습니다. 이러한 현상은 숙달의 착각의 전형적인 사례입니다.[71] 이러한 착각을 극복하기 위해서는 시행착오 학습 방식으로 뇌를 훈련시켜야 하며, 능동적 학습은 이러한 보다 총체적이고 창의적인 학습 방식에 필수적인 무언가를 제공합니다. 시행착오 방식은 종종 간과되지만 평생 학습과 지속가능한 지식의 가장 중요한 특징 중 하나입니다. 시행착오를 통해 학습한다는 것은 자기 교정을 위해 자신의 마음을 시험 상황에 놓으면서 동화시킨 정보를 두뇌에서 조작하는 것입니다. 시행착오를 통한 학습의 흥미로운 점은 학습자가 자신의 무지와 과감히 맞서야 한다는 점입니다. 대부분의 사람들은 이러한 상황을 자연스럽게 피하려는 경향이 있지만, 이 방법을 효과적으로 가르치려면 학생들을 안심시키고 불가피하게 발생할 수 있는 실수를 극화하지 않아야 합니다. 이 접근법에서는 실수 자체가 지속가능한 학습의 핵심이기 때문에 학생이 실수를 했을 때 어떤 가치 판단이나 평가도 내려서는 안 됩니다.

실수를 통해 실수를 피하는 방법을 가르치는 것은 매우 가치 있는 학습 방법입니다. 이러한 방법이 학생들의 사고방식에 정착되면 학생들은 훨씬 더 자신감을 갖게 되고 실수를 실패로 보지 않고 더 나은 이해를 위한 디딤돌로 여기는 법을 배우게 됩니다. 이러한 접근 방식을 키우려면 학생들이 실수를 사소한 것으로 여기기 시작할 때까지 정기적으로 피드백을 제공하는 것이 필수적이며, 이는 성공적인 학습 습관을 위한 필수 조건입니다. 우리는 다양한 워크숍 활동과 콘테스트를 통해 처음

---

71 See www.ascd.org/publications/educational-leadership/dec13/vol71/num04/Five-Musts-for-Mastery.aspx.

에는 실수로 인식되던 것에서 최고의 아이디어가 나온다는 것을 관찰해 왔습니다. 또한, 가장 독창적인 아이디어 중 일부는 사실 미슐랭 가이드의 트렌디한 레스토랑에서 퓨전 요리를 선보이는 현대의 셰프들처럼 매우 독창적이지 않은 출발점에서 일종의 하이브리드 형태로 구체화 되기도 했습니다.

지속가능한 학습을 위한 교수법에서 이를 달성하기 위해 교사는 학생들에게 배운 내용을 가능한 한 간결한 방식으로 반 친구에게 반복하도록 요청하거나 방금 배운 내용을 실천하기 위해 간단한 마인드맵을 만들면서 자신의 학습 스타일에 가장 편리한 주변 자세를 찾는 방법을 배워야 합니다. 초보자나 학습 장애가 있는 학생뿐만 아니라 모든 사람이 실수할 수 있도록 다양한 수준에 적응할 수 있는 여지를 충분히 두어야 합니다. 정확한 피드백을 제공하되, 너무 정확하지 않으면서도 역으로 공연에 대한 전반적인 피드백을 제공하는 것도 좋습니다. 때로는 학생의 학습 능력을 극대화하기 위해 많은 정보를 제공하는 것을 선택할 수도 있지만, 때로는 너무 구체적이지 않고 개선 방법, 더 나은 답변 방법 또는 아이디어를 더 명확하게 표현하고 학습한 내용을 더 간결하고 과학적인 방식으로 개념화하는 방법에 대한 몇 가지 힌트만 제공해야 할 수도 있습니다.

이 방법을 사용하면 교사가 습득해야 하는 개념을 가르치기 위해 통합해야 하는 주제를 제시할 때 더 나은 학습 경험을 제공할 수도 있습니다. 교사는 동영상, 이미지, 오디오 소스, 포스터 또는 애니메이션을 사용하기도 하지만 교과서에 있는 글로 된 텍스트를 사용하는 경우도 많습니다. 예를 들어, Loops62와 같은 디지털 도구는 다양한 유형의 멀티미디어 자료를 포함하면서 학습자가 자신의 학습 스타일에 가장 적합한 방법을 선택할 수 있도록 다양한 옵션을 제공하는 시각적인 방식으로 연대기적 내러티브를 개념화하는 데 매우 유용할 수 있다고 믿습니다.

또한 다양한 유형의 미디어를 혼합함으로써 이미지, 오디오 또는 비디오 등을 통해 전달되는 정보가 이해도를 크게 향상시키고 개념을 더 오래 기억하는 데 기여하는 감각의 융통성에도 기여합니다.

휴대폰, 태블릿, 컴퓨터가 생활의 일부로 자리 잡으면서 온라인에서 발견되는 수많은 방해 요소로 인해 집중력이 더 짧아지는 세대의 학생들과 끊임없이 업데이트, 문자 메시지, 알림 및 기타 메시지가 쏟아지는 상황에서 교사는 집중력이 실제 강의의 짧은 순간에만 제한된다는 것을 이해해야 합니다. 따라서 강의는 수업 시간에 논의되었거나 지난 5~10분 동안 강의에서 다룬 부분의 핵심 내용을 멀티미디어 자료를 통해 복습용으로 사용하는 마이크로 포즈를 포함하여 더 쉽게 소화할 수 있는 정보로 더 작은 부분으로 나누어야 합니다.

이런 식으로 멀티미디어 요소는 학습한 내용을 다시 개념화하는 방법으로 사용됩니다. 스웨덴의 룬드에 있는 몬테소리 이중언어 학교(Bilingual Montessori School)와 같은 다국어 학교에서는 한 가지 언어로 설명한 다음 다른 언어로 된 짧은 동영상이나 멀티미디어 클립을 사용하여 학생들의 개념 습득 능력을 향상시키는 것이 훨씬 더 좋습니다.

창의적인 위험 감수

창의적인 학생은 타고난 위험 감수자이며, 자신이 무엇을 알고 있는지 확신할 수 없을 때 시행착오를 겪으며 조사하고 가설을 세우고 새로운 것을 창조하는 동시에 자신만의 상상력을 발휘합니다. 최고의 학습자는 실수를 두려워하지 않는 사람이며, 성적과 같은 외적인 보상이 아니라 개인적인 발전이 학업적 성공의 진정한 척도라는 사실을 가장 잘 알고 있는 사람입니다. 질적 접근 방식을 수용함으로써 학생들은 실수로부터 배운 것을 통해 창의성의 결실을 맺을 수 있는 태도를 기를 수 있습니다. 교사로서 우리는 종종 가장 대담한 아이디어 중 일부는 결국 처음에는 오류라고 불리는 것에서 나오는 것을 관찰합니다. 이러한 실수는 거의 필연적으로 이전의 아이디어, 스케치 또는 프로토타입을 완전히 다른 혁신적인 것으로 재개념화하게 합니다. 수년 동안 우리가 관찰한 가장 흥미로운 것은 창의적인 학생은 융합할 수 있는 능력을 갖춘 학생이라는 것입니다. 즉, 처음에는 서로 연결되지 않거나 반드시 연결될 것 같지 않은 아이디어도 수업에서 습득한 이론적 지식을 종합하면서 언뜻 보기에는 분명하지 않은 연결고리를 만들어 개념과 아이디어를 재조립할 수 있는 능력을 갖추고 있습니다. 이러한 능력은 매우 뛰어난 다양한 지능으로 나타나며, 앞으로도 매우 중요하게 요구될 것으로 예상됩니다. 물론 가끔은 실용적이거나 논리적으로 연결되지 않는 경우도 있습니다. 그럼에도 불구하고 우리가 이러한 유형의 반성적 개념화를 장려하는 습관을 들인다면, 이러한 방법론적 접근을 통해 실현 가능하거나 실용적인 아이디어가 10%에 불과하더라도 학생들이 유익한 창의적 학습 과정에 참여할 수 있는 기술을 성공적으로 습득했다는 것을 의미합니다. 우리가 관찰할 수 있는 것은 학생들이 때때로 틀릴 준비가 되어 있지 않으면 창의력을 발휘하지 못한다는 것입니다. 학생들은 실수를 저지를지도 모른다는 두려움에 사로잡혀 틀에 박힌 생각을 하지 못하게 될 것입니다. 정량적 평가 프로세스가 엄격한 전통적인 교육 방식은 학생들이 실수를 하면 점수를 잃게 되고, 이러한 감점이 성적을 낮춘다는 생각에 기반하는 경우가 많습니다. 이러한 상황은 불필요한 스트레스를 유발하고 진정으로 지속가능한 학습 방식에 장애물이 될 수 있 습니다. 실수를 두려워하고 위험을 무릅쓰지 말라고 하면 진정으로 창의적인 아이디어는 나오지 않을 것이며, 학생들은 위험을 감수하는 태도가 성적에 영향을 미치지 않기를 바라기 때문에 계속 조심하게 될 것입니다. 수년간의 교육학 및 심리학 연구에도 불구하고 학생들은 종종 그날의 교훈을 암기하고 같은 속도로 모두 학습하며 주어진 시나리오에 단일 접근 방식을 적용하도록 요구받기 때문에 이 책에서는 일종의 프로젝트 기반 학습을 지속적으로 장려할 것입니다. 반면, 이 책의 사례와 영감 장에 소개된 다양한 경쟁 프로젝트에서 예시된 프로젝트 기반 학습은 학생들이 오랜 기간 동안 의미 있는 실제 문제에 적극적으로 참여하여 자신의 아이디어를 테스트함으로써 훨씬 더 창의성을 유도하는 교육에 참여하도록 요구합니다.

인터랙티브 창의성

안타깝게도 전 세계적으로 가장 진보적인 교육 시스템에서도 여전히 이론적 역량이 지능을 평가하는 방법으로 사용되고 있습니다. 악기 연주를 들어보지 않고 악보를 읽는 능력만으로 음악가의 역량을 평가한다고 생각해보면, 역량 습득의 경험적 측면에 더 많은 여지를 남겨둘 필요가 있습니다. 공학에서도 비슷한 비유를 할 수 있는데, 다리를 직접 만들어보게 하지 않고 스케치만 할 수 있는 학생의 이론적 기술력만 평가한다면 실습 경험의 필수적인 문제 해결 단계에 직면하지 않기 때문에 이론에서 배운 것을 올바르게 적용하는 법을 배우지 못할 것입니다. 물론 지식이 없으면 문제 해결하거나 비판적 사고력을 키울 수 있습니다. 문제 기반 학습은 학생들이 이미 피상적인 수준의 지식을 가지고 있을 때 더 깊은 지식과 이해에 긍정적인 영향을 미칠 수 있습니다. 대부분의 커리큘럼에 자연 과학에 대한 필수 실험이 포함되어 있지만 과학과 관련이 없는 학교 과목에 대해 동일한 유형의 능동적 학습 접근 방식을 포함하는 경우는 거의 없다는 점을 고려하면 매우 흥미롭습니다. 물론 모든 학교에는 학생들과 함께 연극, 영화 또는 연극 공연을 준비하여 이론에서 배운 내용을 동화시키는 데 도움을 주는 언어 교사나 지속적이고 적극적인 학습 접근 방식으로 수업에서 습득한 이론 지식을 실제로 적용할 수 있도록 학생들을 여러 현장 학습에 데려가는 영감을 주는 교사와 같이 체험 학습 전략을 사용하면서 매력적인 교수법을 찾아내는 영감을 주는 교사가 있습니다. 이러한 필수적인 유형의 상호 작용은 감각을 자극하는 동시에 학습 경험의 유형을 다양화하여 보다 역동적인 유형의 창의적 지능을 계발하는 데 기여합니다. 창의성은 여러 분야를 넘나드는 상호작용을 통해 유용하거나 실용적인 무언가로 이어질 수 있는 과정입니다. 실제로 인간의 상상력이라는 선물은 지속가능한 능동적 학습 접근법의 도움으로 포장을 풀어야 합니다.

미래의 학교 시스템이나 커리큘럼에서 창의력 학습이 단순히 사실을 암기하는 냉담한 행위를 뛰어넘어야 하는 주된 이유는 유엔의 글로벌 목표와 지속가능한 개발의 필수적인 측면에 기반한 경제의 출현과 정보화 시대의 새로운 현실에 대한 도전에 새로운 세대를 준비시켜야 하기 때문입니다. 또한, 인공지능의 발전으로 단기기억에 의존해 사실을 시뮬레이션할 필요가 줄어들고, 현재 온라인에서 언제든지 쉽게 접근할 수 있는 사실을 암기하는 대신 창의력을 발휘할 수 있는 뇌의 용량을 확보할 수 있게 될 것입니다. 사실을 암기하는 능력도 물론 중요하지만, 정보화 시대에 더욱 중요해질 능력 중 하나는 학생들이 자신의 확증 편향과 편견의 성향을 인식하면서 온라인에서 진정한 사실 정보를 식별하고 신뢰할 수 없는 출처를 더 쉽게 식별할 수 있도록 비판적 사고력을 계발하는 능력입니다.

편안한 학습 환경의 조성

일본어로 '유토리 교육'은 일본 정부가 학생들의 높은 스트레스 수준을 낮추기 위해 추진한 접근 방식을 말합니다. '편안한 교육' 또는 '부담 없는 교육'이라는 뜻으로 번역됩니다. 수업 시간을 줄이고 커리큘럼의 내용을 축소하여 교실 규율 문제를 해결하는 동시에 친밀감과 왕따 문제를 해결하는 것이 필수적이라고 여겨졌습니다. 켄시 야마노우치(Kenshi Yamanouchi)에 따르면, 이러한 접근 방식은 학업 능력의 저하를 가져왔지만 일본 학생들의 독립적으로 사고하고 학습하는 능력을 향상시켰다고 합니다.[72] 비판에도 불구하고 이러한 접근 방식은 학생들의 창의성과 자기 동기 부여를 증가시키는 보다 지속가능한 능동적 학습 활동의 개발로 이어졌다고 합니다. 비평가들은 이러한 접근 방식에 대해 PISA 시험과 같은 교육 성과 평가에서 일본의 순위가 하락했다고 지적하지만, 학생들의 재능과 자립심을 키우는 데는 이 접근 방식이 더 적합하다고 인정합니다.

이 특별한 사례는 보다 스트레스 없는 능동적인 학습 활동에는 정보를 발견하고, 접근하고, 처리하는 행위가 수반될 수 있다는 것을 보여줄 수 있습니다. 비슷한 접근 방식과 전략이 전 세계 다른 곳에서도 시도되었지만 결과는 엇갈렸습니다. 부담 없이 보다 사려 깊은 학습 환경을 조성하기 위해 다양한 전략을 채택할 필요가 있으며, 때로는 반 친구나 동료에게 물어보고 배운 내용을 토론한 후 답을 정할 수 있습니다. 이를 '생각하기, 짝짓기, 공유하기'라고 하며, 정보를 처리하고 새로 습득한 지식을 더 큰 그룹과 공유하거나 완제품으로 기록하기 전에 다른 사람과 토론을 통해 자신만의 방식으로 적용하여 기억하는 전략입니다. 이 과정은 시간이 많이 걸리는 것처럼 보일 수 있지만, 이 능동적 학습 전략의 스트레스 감소 특성은 훨씬 더 지속적이고 향상된 지식 습득 과정으로 이어질 수 있습니다.

---

72 Yamanouchi, Kenshi (山内乾史) Hara, Kiyoharu (原清治). 2006. Gakuryoku mondai·Yutori kyouiku (学力問題·ゆとり教育). Nihontoshosenta－.

개방적인 교실 환경 만들기

위의 모든 사례를 교사들이 위협이 아닌 자산으로 받아들였다면 관계형 교수-학습 분야에서 많은 성과를 거둘 수 있었을 것입니다. 학생들이 특정 주제에 대해 교사보다 더 높은 수준의 이해도를 보여서 교사들로부터 '예민하다'는 말을 듣는 경우가 발생하기도 했습니다. 전통적인 교사-학생 위계질서를 확립하기 위해 소모되는 에너지는 절대적으로 비생산적이며 불필요한 역경을 초래하고, 궁극적인 진리의 원천이 되어야 할 필요성을 느끼기 때문에 학생들 앞에서 체면을 잃고 싶지 않은 불안한 교사에게 학생들이 정서적으로 거세되는 연쇄 반응을 일으켜 전체 수업과 조직 전체에 영향을 미치기 때문입니다. 이러한 접근 방식은 구시대적인 교육 방식이며 자유로운 사고나 창의적인 인재를 육성하는 데 결코 도움이 되지 않습니다.

교사는 일부 주제에 대해 더 넓고 깊은 이해를 가지고 있는 학생 앞에서 불안감을 느끼는 대신, 학생을 일종의 조력자로 받아들여 위협이 아닌 교사의 자산으로 만들어야 합니다. 이를 위해서는 교사가 학생과 좋은 관계를 형성해야 하며, 학생의 강점을 파악하고 교사와 학생 사이에 신뢰 관계를 구축해야 합니다. 융블라드(Ljungblad)에 따르면, 이러한 협력적 관계 작업은 다수가 함께 어울리고 민주주의가 어떻게 이루어지고 있는지를 이해하려는 노력이며, 상호 미래에 이보다 더 중요한 것은 없다고 합니다.[73] 유아 교육자인 에리카 크리스타키스(Erika Christakis)는 "코로나19 이전에도 학교는 그렇게 훌륭하지 않았다"라고 대서양에 신랄하게 썼습니다.

---

73 Ljungblad, A., Pedagogical Relational Teachership (PeRT) - a multi-relational perspective, International Journal of Inclusive Education, 2019, doi: 10.1080/13603116.2019.1581280.

"시간이 지남에 따라 학교가 기의 변하지 않은 것은 놀랍습니다. 인지 과학의 발전과 인간 발달에 대한 우리의 이해에 큰 영향을 미쳤지만 대부분의 공립 초등학교는 이러한 사항을 반영하도록 진화하지 않은 모델을 고수하고 있습니다. 1년 전 10살 아들의 초등학교 4학년 교실에 들어갔을 때, 2001년 현재 28살이 된 제 아들의 교실은 1972년 제 초등학교 4학년 교실과 놀라울 정도로 똑같아 보였습니다. 책상과 수납장, 학년 별로 딱딱하게 지정된 소품이 모두 똑같이 배치되어 있었습니다. 학교 일정도 거의 동일하게 주당 35시간의 수업 시간으로 약 180일 동안 진행되었습니다. 초등학생에게 숙제(야간 독서 제외)를 시키는 것이 효과가 미미하거나 전혀 없다는 증거가 더 많아지고 있음에도 불구하고 숙제 역시 마찬가지입니다. 또한 초등 교육은 실제 콘텐츠 지식이나 비판적 사고와는 무관한 얕은(그러나 시험에 유리한) 기술을 숙달하는 데 지나치게 집중하는 상대적으로 피상적인 학습을 중시합니다."[74]

어떤 직업에서든 최고이자 가장 성공적인 교사들은 자신의 약점을 잘 알고 있으며, 아직 배울 것이 많다는 사실에 열려 있습니다. 학습은 평생의 과정이라는 것을 이해하는 훌륭한 교사는 자신의 확증 편향, 편견, 선입견, 논리적 오류를 가끔씩 범할 수 있다는 것을 알고 있습니다. 이러한 자신의 오류에 대한 인식은 학생들의 존경을 얻고 학생들이 자신의 의견을 두려움 없이 표현하는 교실에서 지속가능한 학습 환경을 구축하는 데 필수적이며, 경우에 따라서는 자신의 결핍과 강점을 인식할 수 있게 해줍니다. 아무리 해박한 지식을 갖춘 교사라도 모든 분야에서 전문가가 될 수는 없듯이, 학생들에게도 교사가 현실적이고 겸손하다는 것을 보여 주는 것이 중요합니다. 열린 마음과 학생들로부터 배우려는 의지는 가장 생산적인 관계적 학습 경험을 위한 올바른 조건을 조성하

74 Christakis, E., "Remote Learning isn't the only Problem with School", theatlantic.com, www.theatlantic.com/magazine/archive/2020/12/school-wasnt-so-great-beforecovid-either/616923.

는 동시에 학생들이 지적, 사회적, 학문적으로 최고가 되고 잠재력을 최대한 발휘하는 데 필요한 모든 자신감을 부여할 것입니다. 아무리 지식이 풍부한 교사라도 특정 측면에서 자신보다 재능이 뛰어난 학생을 만나게 되며, 진정으로 유능한 교사는 이를 알아차리고 학생들이 수업 경험에 기여함으로써 이러한 학생들이 빛을 발하고 학습할 수 있는 안전한 공간을 제공함으로써 학급 내에서 유기적인 학습 경험에 기여하도록 격려할 것입니다.

20) 기억을 돕기 위한 전략(Mnemonics)

니모닉(Mnemonics)은 긴 문자열의 정보를 특정 순서대로 기억하는 데 도움이 되는 일종의 기억 요령입니다. 이 책에서 다른 많은 사람들이 이야기하는 것처럼 이 능력은 주로 재능이 아니라 누구나 연습을 통해 향상시킬 수 있는 능력입니다. 교육에는 항상 어느 정도는 사실과 수치를 학습하는 것이 포함되므로 니모닉의 요령은 항상 모든 학습자의 도구 키트에 통합할 수 있는 유용한 도구가 될 것입니다. 첫 번째로 언급할 요령은 청킹, 즉 긴 정보 문자열을 청크를 사용하면 더 쉽게 기억할 수 있습니다. 두 번째 일반적인 요령은 약어를 사용하는 것인데, 약어는 긴 문장이나 지시문에서 각 단어의 첫 글자를 사용한 간단한 약어로, 복잡한 일련의 단어를 기억하는 데 도움이 되며, 그 반대인 아크로스틱은 서로 관련이 없어 보이는 일련의 문자를 단어나 문장으로 만들어 기억하는 것입니다. 마지막으로 소개할 비법은 소위 기억의 궁전이라고 불리는 고대 비법으로, 많은 양의 사실을 기억에 저장하고자 하는 사람이 집이나 큰 궁전을 상상하고 상상 속에서 집의 여러 방과 공간에 서로 다른 사실과 물건을 배치하여 일종의 시각적 덩어리를 만드는 것입니다.

각 학생의 필요에 맞게 수업을 더 잘 조정하기 위해 다양한 교육적, 활동적 또는 자극적인 자료를 사용할 수 있는 교사의 능력을 권장합니다. 이는 이 책에서 장려하고자 하는 전체적이고 활동적인 방법의 정의의 일부입니다. 교사는 항상 학생들이 지식을 암기하고 유지하는 데 도움을 줄 수 있는 방법을 모색해 왔습니다. 중요한 내용을 장기기억으로 내면화하는 방법을 찾고, 단기기억의 한계를 극복하고 관련 내용이 장기기억으로 이어지는 과정을 도울 수 있는 새로운 유형의 학습을 체계화하는 방법을 배우는 것이 중요합니다. 이미지 한 장이 천 마디 말보다 더 가치가 있다는 오래된 진부한 말이 있는데, 장기기억을 정보나 지식으로 이어지는 경로의 집합으로 생각하면 이러한 효과를 설명할 수 있습니다. 경로가 많을수록 장기기억에 이미 저장되어 있는 암기된 내용들 사이의 연결고리를 찾을 때 각각의 경로를 연결하기가 더 쉬워집니다.

그렇기 때문에 새로운 개념을 배울 때마다 다양한 유형의 교재를 사용하여 학생이 새로 알게 된 지식을 장기적으로 기억할 수 있도록 지원하고 돕는 것이 중요합니다. 물론 텍스트는 물론이고 그림이나 동영상을 사용하여 이해를 강화하고 더 깊이 있게 만들 수 있으며, 더 나아가 학생들의 상상력을 자극할 수 있는 것들을 통해 영감을 줄 수도 있습니다. 특히 학생들의 정서적 반응을 불러일으킬 수 있는 자료는 학습의 지속성에 큰 영향을 미친다는 사실을 발견했습니다. 종종 학생들은 교사가 말한 내용이나 텍스트의 내용을 잊어버릴 수 있지만, 그 내용을 통해 느꼈던 감정은 항상 기억하기 때문에 웃음에서 눈물까지 다양한 감정을 유발하는 것이 장기 기억과 지속가능한 학습에 매우 좋습니다. 학생들이 보다 깊이 있게 가르치려는 내용을 기억할 수 있도록 하는 또 다른 훌륭한 방법은 요점을 설명하기 위해 울컥할 만한 농담을 준비하는 것입니다. 이는 종종 학생들의 주의를 끌 수 있는 영리한 방법입니다. 마찬가지로, 매우 슬픈 이미지나 비디오 시퀀스를 사용하여 감각적이거나 충격적인 현상을 설명하는 것은 감정적 반응을 유발하여 암기에 강력한 도구가 될 수 있습니다. 예를 들어, 학생들은 교과서에서 아르메니아 대량 학살에 대해 읽거나 교사가 제1차 세계대전 중 오스만 제국이 저지른 잔학 행위에 대해 이야기하는 것을 들으면서 이 끔찍한 인권의 예를 기억할 수 있습니다. 학대는 종종 고통받는 사람들의 충격적인 사진이나 동영상을 보여주는 시각적인 측면에 의존합니다. 홀로코스트, 히로시마와 나가사키의 참상, 르완다 대량 학살, 스레브레니차 학살, 2001년 세계무역센터 공격 등 감정적인 반응을 유발할 수 있는 사진이나 동영상도 마찬가지입니다. 이러한 유형의 이미지는 적절한 연령대에 맞게 민감하게 조정해야 하지만, 경험상 15세 전후의 9학년 학생들은 다양한 감정을 유발하는 멀티미디어 자료에 노출되었을 때 높은 수준의 지식 유지율을 보였습니다. 심리학 연구에 따르면 감정은 지각, 주의력, 학습, 기억, 이해, 문제 해결 등 인간의 인지 과정에 상당한 영향을 미치는 것으로 나타났습니다. 감정은 특히 주의력에 큰 영향을 미치며, 특히 주의의 선택성을 조절하고 행동과 행동에 동기를 부여합니다.[75]

이러한 기법을 사용하고 감정적 반응을 유발함으로써 교사는 학생들이 동료들과 토론하도록 하여 학습한 내용을 정리하고 수업 유형에 대해 토론하는 것이 매우 중요하며, 수업에 사용되는 추가 멀티미디어 지원을 통해 배울 수 있습니다. 학생들이 짧은 토론을 하고 배운 내용을 간결한 방식으로 다시 개념화하고 반복하도록 장려함으로써 교사는 능동적 학습의 중요한 측면을 더 깊이 있게 개발하도록 장려할 수 있습니다. 교사는

75 Tyng, C., Amin, H., Saad, M., and Malik, A., The Influences of Emotion on Learning and Memory, Front. Psychol., 24 August 2017, https://doi.org/10.3389/fpsyg.2017.01454.

학생들에게 매우 복잡한 내용을 마치 훨씬 어린 아이와 대화하듯이 가능한 한 간단한 방법으로 설명할 수 있도록 과제를 지시할 수 있습니다.

반복은 학습 유지를 위한 지속가능한 방법이기도 하므로 교사는 같은 내용을 다른 시간에 다른 방식으로 반복하는 것을 두려워하지 않고 가장 가치 있는 정보를 목표로 삼아야 하며, 중복된 인상을 주지 않아야 합니다.

반복을 비교적 적당히 사용하는 것은 각 학교 과목의 가장 중요한 학습 목표를 강조하는 방법이기도 하며, 학제 간 맥락에서 학생들이 배우는 내용이 다른 학문 분야에서도 유용하며 평생 학습, 일반 지식 및 미래의 심리적 안녕에 필수적이라는 것을 이해하는 능력을 계발하는 것이 중요합니다. 전통적인 학교 환경에서 과목, 주제 및 정보가 단편적으로 분류되는 방식은 통합적이거나 전체적인 맥락에 해로운 단절된 정보 조각을 넘치게 만들어 학습에 부정적인 영향을 미칠 수 있습니다. 이와는 대조적으로, 학생들은 겉보기에 서로 관련이 없어 보이는 주제들 간의 정당한 상호 연관성을 인식함으로써, 광범위하면서도 깊은 지식 기반을 통해 형성할 수 있는 복잡한 연관성 유형으로 인해 자신이 배우는 것들이 미래에 유용할 것이라는 것을 이해할 수 있게 됩니다. 따라서 학교에서 가르치는 것들이 더 큰 전체의 필수적인 부분으로 제시되면 학생들이 이러한 개념을 더 긍정적이고 지속적인 방식으로 동화시키는 데 도움이 될 것입니다. 중등 교육의 많은 주제는 본질적으로 과학, 기술, 수학 및 예술과 연관된 다학제적 성격을 띠고 있으며, 그 이유는 실질적인 문제와 주제가 전문적으로 정의되는 경우가 드물기 때문입니다. 오랫동안 확립된 '학문 분야'의 경계를 허물어야 합니다. "과학에서 학생들은 하나의 학문적 틀에서 쉽게 이해하거나 해결할 수 없는 복잡한 문제와 자연 현상을 다뤄야 합니다. 하지만 여전히 중고등학교 교실에서는 학문 분야 중심의 교육 시스템이 일반적입니다. 이 시스템은 학생들이 관련 과학 과목 간의 연결 고리를 발견하고 만들어내는 것을 방해하여 결국 문제에 대한 학제 간 이해가 부족하고 과학적 소양이 부족해집니다."[76] 의식적 지식은 종종 단기기억에 저장된 비언어적이거나 근본적인 아이디어를 숨기는 반면, 무의식적 지식은 종종 학생의 장기기억에 저장된 기술과 역량을 나타냅니다.

"과학자는 과학자답게 사고하는 데 능숙하다"라는 말은 사고 전략을 알고 연습하는 것뿐만 아니라 사고 전략을 사용할 수 있는 배경 지식도 갖추고 있어야 한다는 뜻입니다. 이것이 바로 유명한 지질학자 리드(Reed)가 "최고의 지질학자는 바로 가장 많은 바위를 본 사람입니다."[77]

아래에서 다양한 교육 자료를 어떻게 활용했는지 구체적으로 자세히 설명할 예정이지만, 지금은 논점을 간략하게 요약하자면 다음과 같이 자료를 활용할 수 있다고 말할 수 있습니다. "역사 및 기타 스팀과 관련이 없는 학교 과목의 이론적 측면을 적용하는 데 필요한 다양한 개념 습득 기술이 기술 진화 패턴을 이끌어낸 창의적 과정에 대한 이해와 어떻게 유사한지 보여줍니다. 4D프레임과 같은 자료를 사용하면서 전체론적 접근 방식을 채택하면 분석적이고 창의적인 사고를 자극할 수 있지만, 무엇보다도 역사 및 기술 개념과 서로의 관계를 더 깊이 이해하고 자극적인 학제 간 교수학습 환경을 조성하는 것이 가능하다는 것을 보여주기 위해 노력할 것입니다."[78]

---

76 You, Hye Sun, Why Teach Science with an Interdisciplinary Approach: History, Trends, and Conceptual Frameworks, Journal of Education and Learning, 2017, https://files.eric.ed.gov/fulltext/EJ1145260.pdf.

77 Willingham, D., Why Don't Students Like School? A cognitive Scientist Answers Questions About How the Mind Works and What it Means for Your Classroom, Jossey-Bass, San Francisco, 2009.

78 Graham, C. and Longchamps, P., Innovation in convergence education;

다양한 자료를 사용하는 이 방법은 교사가 학생들에게 동일한 수작업 기술을 반복해서 테스트하는 실습 실험이나 수작업을 요구할 때 중복된 느낌을 주지 않으면서도 능동적인 학습에 적용할 수 있습니다. 이는 가장 중요한 개념에 집중하고 그 중요성을 강조하면서 창의적인 접근 방식을 기반으로 과제를 체계화하는 데 기여할 수 있습니다. 그렇게 함으로써, 그리고 헤겔에서 영감을 얻은 변증법적 접근법[79]을 채택함으로써, 교사는 상반된 아이디어와 방법이 종종 전체에 대한 더 깊은 이해로 이어진다는 것을 설명할 수 있습니다. 그러나, 특히 처음에 필요한 이해 수준을 넘어서는 복잡성이 있는 경우에는 너무 많은 정보를 동시에 도입하지 않는 것이 중요합니다.

독학하는 학생이 예술적 기교나 창의적인 기술을 보여줄 때, 그들의 직관적인 지식은 서면이나 구두로 설명하는 것보다 항상 정보가 더 풍부합니다. 이러한 유형의 지식은 매혹적인 악기 독주, 아름다운 수채화 작품 또는 놀랍도록 우아한 골을 넣는 동시에 공 드리블 기술을 보여주는 음악가, 화가 또는 축구 선수의 기술에 비유할 수 있습니다. 아마도 두 사람 모두 어떻게 그렇게 했는지 설명할 수 없을 것입니다. 그들은 수많은 시간의 실전 훈련을 통해 쉽게 보이게 만들 수 있습니다. 그러나 그 방법을 텍스트나 설명서에 자세히 설명하는 것은 엄청난 작업이 될 것입니다. 이는 복잡한 직업적 상황에서 직면 한 문제를 분석하고 해결하는 데 필요한 기술 개발을 저해하는 지식의 습득을 강조하는 것입니다.[80]

4DFrame as a pedagogical tool for holistic active learning A case study from Bilingual Montessori School of Lund, Sweden, In S.H. Paik, K.H. Cho, M. Ha, and Y.H. Kim (Eds), International Conference on the Advancement of STEAM 2020: Borderless Connectivity, pp.7-14, 2020.

79 www.britannica.com/biography/Georg–Wilhelm–Friedrich–Hegel.

80 Curry, L. et al. (ed.), Educating professionals: Responding to new expectations for competence and accountability, San Francisco, Jossey–Bass Publishers, 1993.

21) 진화적 접근 방식

국경 없는 연결성 컨퍼런스 ICAS 2020을 위해 작성한 글에서 저희는 "기술의 진화를 역사 교과 과정의 필수적인 부분으로 통합하기 위해서는 말 그대로 학생들의 마음속에 창의성의 씨앗을 심는 것이 중요하다고 제안했습니다. 과학, 기술, 공학, 예술, 수학(STEAM)과 관련된 새로운 개념을 통섭적 교수법과 능동적 학습 접근법을 함께 사용하면서 가르치면 미래의 환경적으로 지속가능한 신흥 경제에 상당한 영향을 미칠 수 있는 아이디어가 학생들의 상상력 속에서 번성할 수 있습니다."[81]

우리 모두는 학창 시절에 단편적인 학습을 경험한 적이 있을 것입니다. 학교에서 공식, 날짜, 문장, 구구단, 용어집, 동사 활용법 등을 외워야 했던 시절이 있었습니다. 아마도 이런 것들은 일종의 표준화된 시험을 앞두고 마지막 순간에 암기하는 경우가 많았을 것입니다. 우리 대부분은 시험이 끝나고 며칠 또는 몇 주 후에 암기했던 많은 것들을 잊어버렸다고 주장할 수 있습니다. 지속가능한 능동적 학습을 장려하는 주된 이유는 학생들의 역량 수준을 평가하는 방법으로만 단기 기억을 사용하는 것을 피하고 표준화된 시험 후에도 단순히 잊혀지지 않는 지속적인 지식을 장려하기 위해서입니다.

"최고의 학교에서도 커리큘럼과 그 순서를 면밀히 살펴보면 일관성이 부족하고 내부 모순이 많다는 것을 알 수 있습니다. 아이들은 자연의 질서와 순서가 끊임없이 위반되는 상황에서 느끼는 공포와 분노를 교육

---

81 Graham, C. and Longchamps, P., Innovation in convergence education; 4DFrame as a pedagogical tool for holistic active learning A case study from Bilingual Montessori School of Lund, Sweden, in S.H. Paik, K.H. Cho, M. Ha, and Y.H. Kim (Eds), International Conference on the Advancement of STEAM 2020: Borderless Connectivity, pp.7-14, 2020.

의 질이라고 정의할 말이 없습니다."[82]

교사는 함께 계획을 세우고 각 학교 과목이 겹칠 수 있는 부분을 확인함으로써 학생들이 각 과목이 다른 과목과 어떻게 상호 의존하는지, 각 과목이 어떻게 더 큰 전체의 일부인지 이해하는 데 도움이 되는 보다 신체적인 방식으로 관련 주제를 가르치는 데 협력할 수 있습니다. 가장 중요한 것은 학생들이 기본적으로 동일한 내용을 두 개의 다른 학교에서 배울 필요가 없도록 하는 것입니다. 중복되는 주제는 학제 간 방식으로 가르칠 수 있으므로 학생과 교사의 시간을 절약하는 동시에 같은 주제를 학교 주기의 다른 단계에서 통합되지 않은 방식으로 두 번 다루어 혼란만 초래할 위험을 피할 수 있습니다. 이는 공동 평가에도 기여하며 능동적인 학습, 실험, 팀워크 및 더 많은 놀이 학습에 집중할 수 있는 많은 시간을 확보할 수 있습니다. 전통적인 교육 방식으로는 창의력, 비판적 사고력, 평생 학습의 가장 필수적인 측면인 자기주도성을 계발할 수 있는 여건이 조성되지 않기 때문에 학생들이 상호작용적으로 학습할 수 있는 시간을 확보하는 것이 정말 중요한 이점이 있습니다.

22) 동료 관찰

한 교사가 교실에서 다른 교사가 하는 일을 관찰하고 분석하는 것은 종종 두 동료가 각자의 발전에서 다음 단계로 나아가는 데 기여합니다. 이는 보다 통합적인 교육학을 향한 첫 번째 디딤돌이 되는 필수적인 협업 측면을 발전시키는 데 도움이 됩니다. 동료로부터 건설적인 피드백을

82 Gatto, J., Dumbing Us Down, New Society Publisher, Gabriola Island, BC, Canada, 2017, p.2.

받음으로써 교사는 자신을 발전시키고 동료가 더욱 유능해질 수 있도록 돕습니다. 때로는 자신이 하고 있는 일이 이미 훌륭하다는 것을 증명하거나 개선을 향한 올바른 길을 가고 있다는 것을 알려주기도 합니다. 대부분의 유능한 교사는 어떤 식으로든 동료로부터 자신이 하고 있는 일에 대한 확신을 얻고 자신감이 높아집니다. 그러나 일부 상황에서 어려움을 겪고 있는 교사는 모든 관련 당사자가 이 연습을 통해 얻을 수 있는 지지적이고 공감적인 방식으로 수행되는 경우 관찰하는 사람들로부터 몇 가지 팁과 조언을 얻는 것도 도움이 될 수 있습니다.

가끔은 다른 사람의 시선을 받는 것도 중요합니다. 때때로, 또는 일상적으로, 교사들은 자신이 잘하는 일에 대해 말을 하지 못하기 때문에 팀원 전체가 숨은 지식을 알게 되는 경우가 있습니다. 또한 교사가 동료 교사의 관찰을 받는 것은 교사를 통제하거나 수업 중에 하는 일을 감시하려는 목적이 아니어야 하며, 이는 교사 자신과 학생들에게 부정적인 영향을 미칠 수 있다는 점을 알아 두는 것이 좋습니다. 일부 교사가 자신의 능력이 부족하다고 느끼거나 특정 주제를 가르칠 자격이 없다고 생각하는 경우, 수업 참관을 통해 재능과 관심이 있는 동료 교사가 특정 주제를 함께 다룰 수 있다는 사실을 깨닫고 교과 통합, 협업, 학제 간 학습 활동의 발전에 기여할 수 있습니다. 예를 들어, 물리학 교사는 지리학 교사에게 천체 물리학에 관심이 없는 반면 천체 물리학에 관한 모든 것에 열정을 가지고 있다는 사실을 알고 있기 때문에 천문학에 관한 장을 담당해 줄 수 있는 지 물어볼 수 있습니다. 그 대신 생물학 교사인 물리학 교사는 지리학에서 중요한 주제인 지구 생태계를 탐구하는 데 더 많은 시간을 할애하겠다고 제안할 수 있습니다. 이렇게 교사가 자신의 학교 과목을 조금씩 바꿔서 가르칠 수 있다면 공동 계획과 학습을 위한 또 다른 기회를 제공하고 과목 통합의 수준을 높일 수 있지만 동료와의 소통이 필요합니다.

23) 선구적인 협업 계획 및 교육

그렇다면 실제로 교사에게 공동 계획과 수업은 무엇을 수반할까요? 첫째, 처음에는 교사들이 함께 모여 앉을 시간이 필요하며, 이 시간은 다른 실용적인 문제에 가려지지 않도록 공동 계획에 특별히 할당되어야 합니다. 어차피 이러한 종류의 작업을 위해 시간을 낼 수 있는 교사들은 많지만, 진정으로 전체 교사 팀이 참여하기를 원한다면 시간을 확보하고 제공해야 합니다.

둘째, 교사는 자신과 동료의 핵심 커리큘럼을 정확히 인식해야 합니다. 교사가 바로 옆 동료의 과목 영역에 대한 핵심 내용, 목표 및/또는 지식 요구 사항이 무엇인지 알게 되면 필연적으로 과목이 겹치는 부분을 파악하기 시작할 수 있습니다. 교사가 동료가 무엇을 가르치는지 알고 있으면 일대일 공동 작업으로 시작하는 것이 첫 번째 공동 작업을 시작하기가 더 쉬워집니다. 이러한 협업 방식으로 작업하는 교사는 종종 여러 학교 과목에 대한 지식 요구 사항이 매우 많이 겹친다는 사실을 깨닫게 될 것이며, 아마도 과목과 지식 요구 사항이 실제로는 그렇지 않은 것보다 더 공통점이 많다는 것을 알게 될 것입니다. 이 책의 주요 명제 중 하나는 미래를 위한 그리고 미래를 위한 교육은 오늘날 학교에서 가르치는 것의 겹치는 부분, 즉 학제 간 부분을 기반으로 할 것이라는 것입니다. 세 가지 이상의 과목이 일종의 프로젝트 기반으로 겹쳐지면 학생들은 훨씬 더 공생적이고 시너지 효과를 발휘하며 학습할 수 있습니다. 이러한 작업 방식을 처음 접하는 교사 팀의 경우, 실제 작업이 진행되기 훨씬 전에 계획 프로세스를 시작하는 것이 유리할 수 있으며, 다음 학년도에 대한 계획을 시작하는 것과 같은 합리적인 기간이 될 수 있습니다. 또한 초기에 더 장기적인 계획을 세우는 것도 중요합니다. 학습의 전체 주기를 고려하여 3년 정도의 기간 동안 교사들이 일종의 연대기적 내러티브를 만들어야 할 때 초기 계획을 세우는 것이 필요합니다. 이것은 태초부터 미래까지 일종의 포괄적인 연대기적 타임라인을 따라 각 팀과 최대한 협력하여 수행할 수 있는 전체적 계획의 캔버스라고 볼 수 있습니다. 예를 들어, 7학년에서는 모든 교사가 기초적인 내용을 많이 다루기로 결정한 다음 8학년에서는 좀 더 현대적인 내용을 전문적으로 다루기 시작하고, 9학년 또는 이에 준하는 학년이 되면 지난 세기와 더 먼 미래를 다루기로 선택할 수 있습니다. 교사가 모든 수업의 배경으로 이런 종류의 역사적 타임라인을 가지고 있다면 더 자유롭게 협업하기가 쉬울 것입니다. 이후 프랑스어 문학, 수학, 영어 또는 가정학을 가르치는 경우 언제든지 이 연표를 보고 수업이 연대기적 내러티브에 맞는지 확인하여 모든 학생에게 더 통합적인 수업을 제공할 수 있습니다. 이후 이어지는 섹션에서 이와 관련된 구체적인 사항 및 설정에 대한 예를 제공하겠습니다.

협력 학습을 하는 교사들은 학생들이 자연과학이나 사회과학, 수학, 언어, 미술과 같은 서로 다른 과목 간의 연관성을 파악할 수 있도록 매일 협력하는 경향이 있습니다. 이상적인 세계에서는 교사들이 서로의 과목에 대해 더 전문적일 수 있겠지만, 우리가 살고 있는 전문화되고 세분화된 세상에서는 항상 그렇지도 않고 현실적으로도 불가능하기 때문에 각자의 과목에 매우 전문화된 교사들이 있습니다. 하지만 티처들이 서로 대화를 나누면 교사들은 서로에게서 배울 수 있습니다. 개개인이 훌륭한 아이디어를 만들어내기도 하지만, 학교가 진정으로 발전하기 위해서는 함께 협력하여 학생들에게 가장 좋은 서비스를 제공하는 방법에 대한 대화를 만들어야 합니다. 계획에 소요되는 시간이 매주 또는 매일 함께 하는 수업은 적어도 학생들의 사회적, 정서적 요구만큼이나 학생들의 학업적 요구를 해결하는 데 초점을 맞추고 있으며, 학생들이 자신이 배우는 것에 대해 더 열정적이고 자신의 학습에 더 많이 참여함으로써 사회적, 정서적 요구가 개선되는 학교 분위기를 조성할 수 있으며, 이는 학생들이 다분야 방식으로 작업하면서 협업하는 법을 배우면서 다양한 학교 주제에 대한 진정한 관심을 발전시키는 데 적합한 조건을 조성할 수 있습니다. 동시에 학생들은 생산적이고 협업하며 공동 제작하는 팀으로 일하는 선생님들의 모습을 보면서 미래의 취업 시장에서 매우 중요하다고 생각되는 팀워크를 배울 수 있는 본보기가 될 것입니다.

효과적인 공동 기획 경험이 있는 교사 팀을 관찰할 때 그들이 해야 해서가 아니라 정말로 원하기 때문에 그렇게하는 것을 관찰할 수 있습니다. 그들은 동료들과 명백하게 공생하면서 아이디어를 발전시키고 확장할 수 있으며, 함께 계획할 때 서로 다른 교사와 서로 다른 주제에 대해 말하는 것이 시너지 효과를 창출하여 개별 능력을 합친 것보다 더 나은 전체가 향상되는 것을 알 수 있습니다. 열린 질문과 서로에 대한 공감으로 가득 찬 열린 마음을 활용하는 이러한 종류의 진정한 협업 계획에 참여하는 교사는 아마도 매우 보람을 느끼고 이를 매우 소중하게 여기게 될 것입니다. 교사들이 이렇게 유익한 업무 방식을 달성하기 위해서는 협업의 기회를 제공하는 학교 행정과 교육적 리더십이 필요합니다. 생산적이고 상호 수분을 공급하는 협업을 실제로 달성하기 위해서는 계획된 계획 시간이 필요하며 동시에 모두 함께 모여야 합니다.

학생들과 함께 혁신적인 사고 방식을 키우기 위해서는 교사 스스로가 선구자가 되어 혁신적인 수업을 두려워하지 않아야 합니다. 이러한 다양한 기술과 전문성은 보통 5명에서 최대 20명에 이르는 일반적인 교사 팀에서 찾을 수 있기 때문에 모든 교사가 만능 재주꾼이나 르네상스맨이 될 필요는 없습니다. 학제 간 접근 방식을 장려하면서 공동 계획에 참여하는 교사가 자신의 강점과 관심사에 집중하기로 선택한다면, 교사 자신이 흥미를 느끼지 못하는 주제를 학생들에게 가르치려고 최선을 다하기보다는 자신이 유능하다고 느끼는 것을 가르치거나 열정을 느끼는 것을 가르치는 데 더 편안함을 느끼기 때문에 사실상 더 나은 교사가 될 수 있습니다(사실 교사 자신이 즐기지 않는 주제일 때 학생들에게 영감을 주는 것은 매우 어렵기 때문에). 공동 계획은 각 교사가 가장 자신 있고 관심 있는 분야에 집중할 수 있는 길을 제공합니다.

STEAM 교육의 다양한 측면을 통합[83]함으로써 다음과 같은 예가 있습니다. 미술 교사가 미술 교육에서 수학의 측면을 통합할 때 미술에서 기하학의 필수적인 부분과 같은 수학 커리큘럼의 상당 부분을 다룰 수 있도록 제공됩니다.[84] 다음 장에서는 보다 총체적인 학제 간 학습을 위해 겹치는 주제를 한 과목에서 다른 과목으로 '교환'할 수 있는 다양한 사례를 제공합니다. 이상적이고 유토피아적인 미래에서 우리는 학교 과목이 더 이상 파편화되지 않고, 삶을 시작하는 모든 젊은이에게 필요한 지식의 초월적이고 파편화되지 않은 전체로부터 완전한 지식 통합을 상상하고 희망합니다. 핀란드의 한 연구[85]에서는 교사 교육자들이 팀을 구

---

83 See https://steamedu.com for further information.

84 Burnard, P., Sinha, P., Steyn, C., Fenyvesi, K., Brownell, C., Werner, O., and Lavicza, Z., Reconfiguring STEAM through Material Enactments of Mathematics and Arts: A Diffractive Reading of Young People's IntradisciplinaryMath－Artworks, in Burnard, P. and Colucci－Gray, L (Eds),Why Science and Art Creativities Matter, (Re－) Configuring STEAM for Future Making Education, Brill, 2020, p.183.

85 Henderson, K. and Tilbury, D., Whole－School Approaches to Sustainability: An International Review of Sustainable School Programs, report prepared by the Australian Research Institute in Education for Sustainability (ARIES) for The Department of the Environment and Heritage; Australian Government: Sydney, Australia, 2004, http://daten.schule.at/dl/international_review2.pdf.

성하여 학교에서 탐구 기반 및 통합 과학 수업을 위한 자료를 공동으로 계획하고 제작하는 과정에서 참가자들은 이론과 실제에 대해 성찰할 수 있었고, 팀에서 협업하는 동안 탐구 및 통합적 접근법에 대한 지식이 증가했으며 이것이 매우 도움이 되는 접근법이라고 보고했습니다. 교사는 각 과목의 전문가이기 때문에 교사 역량 계발은 특히 다른 교사와 협력할 때 지속가능한 교육에 대한 교사의 전문성을 높일 수 있습니다.[86] 여러 학교 과목 간에 많은 주제가 겹치기 때문에 교사 그룹이 적극적으로 개별 학생의 업무량을 줄이고 시험 전에 사실을 암기하는 공부 부담을 매우 효과적인 방식으로 줄일 수 있습니다. 아날로그 또는 디지털 자료를 활용하여 보다 참여적인 학습 환경을 조성함으로써 다양한 학습 목표를 조화롭게 조율하고 놀이와 능동적인 학습을 할 수 있는 분위기를 조성하는 것이 목표입니다.

86 Uitto, A., Saloranta, S., Subject Teachers as Educators for Sustainability: A Survey Study, Education Sciences, 2017, Vol. 7, No. 8, p.17, https://files.eric.ed.gov/fulltext/ EJ1135085.pdf.

CHAPTER

04

스웨덴의 교육혁신 사례

지구물리학의 학제 간 프로젝트, 능동적 학습, 프로젝트 기반 학습을 위한 이상적인 수단으로 콘테스트와 경연 대회를 지지하는 초학제적 블로그에 대해 설명했습니다. 이 섹션에 수록된 책의 많은 실용적인 사례는 책의 크기를 줄이기 위해 전자 자료로 옮겨졌으며, 독자는 제공된 작은 QR 코드를 스캔하여 이러한 전자 자료에 접근할 수 있습니다. 이 책 전체를 관통하는 핵심 기반은 학생 간, 교사 간, 학생과 교사 간, 전통적으로 분리된 분야 간, 나아가 인간과 기계 간의 협업, 즉 협업을 통한 협업입니다.

우리는 전 세계 학교에서 우리가 교육하는 젊은이들의 역량을 믿으며, 지난 몇 년 동안 스웨덴의 한 젊은 운동가가 정치 및 기업 특권에 미친 영향을 연구하는 데 그치지 않고, 학생들이 진정한 변화를 일으킬 수 있도록 가르칠 의무가 교사 및 교육자로서 우리에게 있음을 인정하며, 이는 논리적 오류와 인지적 편향 등을 주제로 합리성을 강화하고 건강한 회의주의를 키우는 이유와 방법에 대한 많은 사례를 통해 비판적 사고 능력을 실제로 가르쳐야만 달성할 수 있다고 믿습니다.

1) 체험 학습

경험을 통한 학습은 의심할 여지없이 가장 오래되고 가장 기본적인 형태의 학습이며,[1] 이러한 유형의 학습에는 공식 교육 시스템만큼이나 오래되고 경우에 따라서는 그 자체보다 더 오래된 여러 가지 전통적

1 1 Stehno, J. J., The application and integration of experiential education in higher education, Illinois, Southern Illinois University, Touch of Nature Environmental Center, 1986.

인 과정이 포함됩니다.[2] 실제로 우리는 학습이 평생의 사업이었다는 것을 기억하려면 기원전 5세기 이전까지 거슬러 올라가야 합니다. 고대 그리스에서는 아테네 전체가 학교였으며, 시민을 둘러싼 모든 것이 교육의 일부로 간주되었습니다. 도시에서의 배움은 평생 지속된다고 믿었기 때문에 교육에는 제한이 없었습니다.[3] 고전과 근대 시대에는 플라톤, 아리스토텔레스, 존 로크, 장 자크 루소가 경험은 학습의 필수 기반이라는 생각을 처음으로 도입했습니다.[4]

체험 학습 접근 방식에는 액션 학습, 액션 과학, 어드벤처, 기반 학습, 상황 기반 학습, 창의적 워크숍, 체험 기반 학습, 실습 실험, 부수적 학습, 독립적 학습, 통합적 접근, 학습자 중심 교육, 경험을 통한 학습, 수행 학습, 평생 학습, 비전통적 학습, 오프사이트 교육, 열린 학습, 야외 교육, 문제 기반 학습, 실세계 교육, 자기 주도 학습, 서비스 학습, 상황 학습, 작업 기반 학습 등 다양한 영어 용어가 사용되었습니다.

이러한 영역에서는 도제식, 자서전적 서술, 원격 학습, 그룹 프로젝트, 시각화, 교육 계약, 사례 연구, 놀이, 시뮬레이션, 도제 관계, 인턴십, 멘토링, 실습, 실험실, 직장 배치(실습), 워크숍 등 다양한 경험적 전략이 제안됩니다.[5] 또한 체험 학습과 명확하게 연관되어 알려진 교수법으로

---

2 Kolb, D. A., Experiential learning: Experience as the source of learning and development, Englewood Cliffs, NJ, Prentice–Hall, 1984.

3 Lewis, R. B., The philosophical roots of lifelong learning, Toledo, Ohio, Toledo University, John Russel Center for the Study of Higher Education, 1981.

4 Hanna, G. M., ed., Celebrating our tradition, charting our future, Proceedings of the International Conference of the Association for Experiential Education, Banff, Alberta, Canada, 1992.

5 Henry, J., Meaning and practice in experiential learning, in Weil, S.W. and McGill, I., Making sense of experiential learning: Diversity and practice, Guildford, England: Society for Research into Higher Education; Philadelphia: Open University Press, 1989, pp.25-37.

플립형 수업, 협동 교육, 일-학습 병행 교육, 문제 해결 방식, 새로운 정보 및 통신 기술 활용 등을 생각할 수 있습니다.

교육과정에서 지속가능한 학습 과정의 일환으로 학생들은 성취감을 경험할 필요가 있으며, 성취감은 종종 개인적인 여정의 성공 또는 꿈꿔왔던 것을 성취하거나 오랫동안 고민해온 프로젝트를 성공적으로 완료하는 능력과 관련이 있습니다. 학생들은 학교에서 정기적으로 과제나 프로젝트를 완수했을 때의 정감 또는 실현의 만족감을 경험해야 합니다. 코넬리우스-화이트는 공감과 따뜻함과 같은 교사의 개인적인 자질이 비판적 사고, 수학, 읽기와 관련하여 학생들의 성과를 어떻게 결정하는지에 대한 119개의 연구를 메타 분석한 결과, 교사가 학생을 한 인격체로 돌보는 모습을 보일 때 학생의 발달을 촉진할 수 있다는 결론을 내렸습니다.[6]

마찬가지로 학생들도 인정받는 느낌을 경험해야 합니다. 인정받는다는 것은 학생이 성취한 것에 대한 긍정적인 판단, 즉 학생의 발달과 발전을 촉진하는 긍정적인 판단입니다. 학생의 지속가능한 학습에 긍정적인 영향을 미칠 수 있는 인정에는 자기 인정과 타인의 인정이라는 두 가지 유형이 있습니다. 자기 인정은 학생이 자신의 발전에 대해 느끼는 긍정적인 감정으로, 무언가를 더 잘하고, 자부심을 느끼고, 자신의 작업에 만족하는 것을 말합니다. 타인의 인정은 타인에 대한 긍정적 고려에 해당하며, 사람들이 "너 발전했어!" 또는 "넌 꽤 잘해졌어!"라고 말할 때 나타납니다. 성취감과 인정이라는 정서적 측면은 지속가능하고 총체적인 학습에 매우 중요합니다. 모든 유형의 긍정적이고 구조적인 피드백은 습득한 지식의 지속가능성에 기여합니다. 능동적 학습의 경험적 접근 방식을 통해 학생들은 콘테스트에서 우승하거나 좋은 성적을 거두거나 과학

6 Cornelius-White, J., Learner-centered teacher-student relationships are effective: a meta-analysis, Review of Educational Research, 2007; Vol. 77, No. 1, pp.113-143.

박람회 또는 기타 과외 활동에서 학급 또는 학교 대표로 선발되는 등의 작은 성취를 정기적으로 달성할 수 있습니다.

여행

교사가 되고자 하는 모든 사람은 교육 전문가가 되기 전에 교육과 관련된 기술 이외의 전문 기술을 여행하며 습득하도록 장려되어야 합니다. 때로는 책을 읽거나 수업을 듣는 것보다 다른 사람을 만나고, 고객과 대화하고, 박물관을 방문하고, 다른 도시와 국가를 방문하면서 더 많은 것을 배울 수 있습니다. 물론 학교와 책도 중요하지만, 지속적인 배움의 가장 좋은 예는 때로는 인생을 영원히 바꾸고 다른 방식으로 보람을 주는 인생 경험에서 비롯되는 경우가 많습니다.

다른 사람과 문화를 만나는 것은 장기 기억에 지식을 저장하는 데 도움이 되기 때문에 중요합니다. 사람들은 삶을 변화시키는 경험을 쌓으면 결코 잊지 못합니다. 이러한 경험의 모음은 교사가 적절한 순간에 학생들의 이해를 넓히고 확장하기 위해 수업 시간에 활용할 수 있는 일종의 자본이 됩니다. 유엔은 2030 지속가능발전목표[7]의 일환으로 세계시민교육을 "보다 평화롭고 관용적이며 포용적이고 안전한 세상"을 위한 요소 중 하나로 선정했습니다. 17개의 지속가능발전목표 중 하나는 양질의 교육이며, 세계시민교육 주제[8]는 전 세계 모든 학생들에게 양질의 교육을 실현하기 위한 핵심 요소 중 하나입니다. 교사는 여행을 통해 학생들에게 훌륭한 세계 시민이 되는 방법을 가르침으로써 지구의 더 나은 미래를 만드는 데 기여할 수 있습니다.

---

7 THE 17 GOALS | Department of Economic and Social Affairs.

8 Periodismo, "noticias falsas" e desinformación: manual de educación y capacitación en periodismo.

재창조된 역사

학습에 연대기적 접근법을 사용하면서 4D프레임과 같은 자료를 사용할 때 달성할 수 있는 것의 예는 스웨덴의 잡지 Ämnesläraren[9][교과교사(The Subject Teacher)]에서 제시한 것처럼 학생들의 학습 곡선에 해당하는 역사적 타임라인에 기술의 진화적 측면을 통합하는 것입니다. 학생들은 다양한 역사적 발명품의 4D프레임 모델을 제작하도록 권장되었으며, 이러한 방식으로 작업함으로써 특정 역사적 시기의 기술적 과제가 무엇인지 스스로 발견하고 창의적인 방식으로 역사적 기술 문제를 해결할 수 있는 해결책을 찾도록 장려되었습니다. 예를 들어, 고대 그리스에 대해 배우는 고대에 관한 장의 첫 부분을 다룬 후, 알렉산더 대왕의 군사적 성공과 그의 군대가 중동 전역을 정복할 때까지 적을 상대로 어떤 종류의 기술적 이점을 가졌는지 설명하는 것으로 수업을 마무리하고 학생들은 고대 그리스에서 작동하는 기계 공성전 기술 장비의 예를 배울 수 있도록 직접 투석기나 발리스타를 만들도록 권장합니다. 한국에서 가져온 이 교육 자료와 간단한 고무줄을 사용하여 교실 구석에 종이컵으로 벽을 만들고, 한 시간 동안 탁구공으로 이 종이컵 벽을 파괴하는 투석기의 작동하는 프로토타입을 만들라는 지시를 받았습니다. 말할 필요도 없이 학생들은 매우 열정적이었고 지속가능하고 학제적이며 관계적인 방식으로 학습하고 있다는 사실을 깨달았습니다. 왜냐하면 그들이 하고 있는 일이 일반적이고 구체적인 지식에 더해 능동적인 학습이 오래 지속되는 영향을 보장하고 있었기 때문입니다.[10]

---

9 www.lararen.se/amneslararen – svenska – sprak/svenska – so – sprak/har – uppfinner – dehistorien – pa – nytt.

10 Oliveira, C. G. and Oliveira, P. C., Teaching Strategies to Promote Active Learning in Higher Education, Current Developments in Technology Assisted Education, Vol. 1, 2006.

4D프레임 교재는 다양한 커넥터와 빨대로 구성되어 있어 학생들이 2차원 및 3차원 기하학적 능력을 계발하는 데 큰 도움이 되며, 수학 수업 중 이론과 책에서 배운 내용뿐만 아니라 기술이나 역사와 관련이 없는 다른 과목에서 사용했던 실용적인 것들을 활용할 수 있습니다. 문제의 학생들은 7학년 초부터 학제 간 융합적인 방식으로 작업하는 데 익숙해져 있었기 때문에 화학에서 실험실 실험을 할 때처럼 시너지 효과를 낼 수 있었습니다. 위에서 언급한 것과 같은 재미있는 활동을 통해 학생들의 지식이 더 오래 지속되고 오래 기억될 수 있다는 결론을 내렸습니다.

또한 연대기적 타임라인을 적용하면서 학습하는 것이 사물을 더 나은 순서로 개념화할 수 있는 좋은 방법이 될 수 있다는 사실을 강조하는 것이 중요합니다. 예를 들어, 학생들이 고대 그리스를 대표하는 투석기를 만들면서 나중에 로마에 대해 배울 때 그리스인들이 먼저 자체 기술을 개선하지 않았다면 로마인들이 투석기를 만들기 위해 이 기술을 개발하고 개선할 수 없었을 것이라는 점을 더 쉽게 이해할 수 있습니다. 사실, 새로운 발명품은 이전에 발명된 것에서 영감을 받은 경우가 많기 때문에 이전에 무엇이 발명되었는지 모른 채 어떤 발명품이 어떻게 고안되었는지 이해하는 것은 매우 어렵습니다.

앞서 연대기의 중요성에 대한 장에서 설명한 것처럼, 산업 혁명과 증기 기관이나 라디오 또는 자동차의 발명에 대해 배울 때 그보다 먼저 나온 다른 발명품이 어떻게 구상되었는지 먼저 이해하지 않고서는 이야기의 모든 부분을 이해하는 것은 거의 불가능합니다. 예를 들어 메소포타미아인들이 바퀴를 발명하기 전에 자동차를 발명할 수 없었고, 이집트인들이 돛을 발명하기 전에 크리스토퍼 콜럼버스가 아메리카 대륙을 발견하거나 로마인들이 수로 시스템을 개발한 방법을 이해하기 전에 위생의 원리를 제대로 이해할 수 없었습니다. 현재 우리가 친환경 전기를 만드는 데 사용하는 현대 기술도 마찬가지입니다. 네덜란드인이 풍차를 개량하여 물 펌프에 사용하면서 아르키메데스의 나사를 비롯한 이전의 발명품에서 영감을 얻은 방법을 이해하지 않고는 쉽게 이해할 수 없습니다.

학생들은 정규 역사 수업에서 역사적으로 사람들이 직면했던 다양한 기술적 도전과 그 과정에서 다양한 문화권이 어떻게 이러한 문제에 대한 해결책을 찾았는지에 대해 배우고, 동시에 기술 수업에서는 이러한 과정이 어떻게 기술 발전을 이끌었는지 다양한 해결책을 찾기 위해 경쟁하는 특권을 누려왔습니다. 그런 다음 학생들은 이러한 역사적 발명품의 모형을 직접 제작하여 사람들이 처음 실험을 시작했을 때 이러한 기술적 과제가 어떻게 실현되었을지 배우고 과거에 사람들이 겪었던 문제를 해결할 방법을 찾을 수 있도록 노력해야 합니다.

학생들은 창의력과 상상력을 발휘하여 프로토타입을 만들면서 직면하게 될 간단한 문제에 대한 해결책을 찾게 되지만, 학생들이 다양한 물리적 모델을 제작할 때 지속적으로 팁과 조언을 제공하는 것이 중요합니다. 예를 들어, 7학년 초에 가장 안정적인 도형 중 하나가 삼각형이라는 것을 배웠고, 그 학년의 첫 몇 주 동안 간단한 피라미드와 사면체를 만들면서 4D프레임을 사용하여 삼각형이 얼마나 안정적인지 설명하는 등 학생들이 이전에 기하학의 일부로 배웠던 기본적인 것들을 상기시켜야 합니다. 이후 학생들은 삼각형이 다양한 구조에서 어떻게 안정성을 만들어내는지 기억하는 경향이 있으며, 움직이는 부품이 구조의 균형을 어떻게 변화시키는지 상기시키는 것도 중요하므로 설계하는 모든 것에 품질 보증의 원칙을 테스트하고 적용해야 합니다.

이러한 방식으로 학생들은 과거의 다양한 기계 장치를 발명한 사람들이 비슷한 사고 과정을 거쳤을 것이며 다양한 유형의 재료를 사용하면서 비슷한 도전에 직면했을 것임을 인식하게 됩니다. 학생들은 이러한 실제 실험을 수행함으로써 더 넓고 깊은 이해를 얻고 있다고 느끼는 경향이 있습니다. 이러한 이해는 앞서 다룬 두 가지 주제와 반드시 관련이 있는 것은 아니며, 학생들은 자신에 대해 배우고 창의적인 과정에서 서로 협력하고 아이디어를 교환하며 동의하지 않을 수도 있고 서로의 아이디어를 존중하는 법을 배웁니다. 학생들은 사물이 어떻게 작동하는지 실제적인 방식으로 배우게 되며, 이는 발명품의 사진을 보거나 교사의 강의를 듣는 것보다 더 지속가능한 학습 방법입니다.

4D프레임 더 보기(전자 자료)

함께 제공되는 전자 자료에서는 한국어 교육 자료 4D프레임을 사용하는 방법에 대한 예시를 제공합니다. 아래의 QR 코드 또는 웹사이트 주소를 이용하면 '다른 사람을 가르치는 도구로서의 4D프레임' 하위 챕터와 실제 문제 해결을 위한 협력적 체험 학습 활동으로서의 '와르카 워터타워' 수업 계획에 디지털로 접근할 수 있습니다.

eResource 2

https://routledgetextbooks.com/textbooks/9781032231952/more-4d-frame.php

지구물리학: 학제 간 프로젝트

우리 학교 7학년 학생들의 학습량을 줄이고, 무엇보다도 학생들이 학교 과목 간에 실제로 상관관계가 있다는 것을 알 수 있도록 돕기 위해 양을 줄이면서 질을 높이는 방법을 성공적으로 개발했습니다. 몇 년 전,

우리는 불리 교과서와 지리 교과서의 내용 중 상당 부분이 거의 동일하다는 사실을 발견했습니다. 심지어 두 과목에 사용되는 교과서에서 날씨, 기후, 온실 효과, 생태계, 열전달, 해류, 기후대 등의 장에서 똑같은 개념을 제시하고 있었습니다. 이러한 주제는 지리와 물리학에서 분명히 겹치는 부분이 있기 때문에 교사들은 동시에 협력하여 통합적인 계획을 수립하고 물리학과 지리가 실제로 다양한 수준에서 어떻게 상호 연관되어 있는지 보여주기로 결정했습니다.

저희는 교사들이 이와 같은 학제 간 주제를 설계하기 위해 협력할 때 해가 갈수록 더 많은 주제를 통합하는 것을 발견했습니다. 이 경우 지구물리학의 학제 간 계획은 최근 몇 년 동안 화학과 생물학 강의 계획서의 일부도 포함되었기 때문에 더욱 통합되었습니다. 기후 변화가 생태계에 미치는 지구물리학적 영향이라는 주제를 통합함으로써 학제 간 주제는 초학문적 주제가 되었습니다. 또한 학생들이 신뢰할 수 있는 출처의 필터링되지 않은 원시 데이터를 사용하여 자신만의 차트와 그래프를 만들도록 장려함으로써 비판적 사고의 중요한 요소가 혼합에 포함되었습니다. 교사들은 남극과 그린란드의 얼음 코어 샘플에서 얻은 모든 측정값을 엑셀 시트에 제공하여 학생들이 자신의 차트가 서로 상관관계가 있는지, 그리고 기후학자들이 말하는 것과 일치하는지 확인할 수 있도록 했습니다. 또한 학생들은 기후 변화에 관한 정부 간 패널이 제시한 정보가 자신의 차트와 일치하는지 스스로 판단하도록 권장했습니다. 필터링되지 않은 원시 데이터에 학생들을 노출시키는 것은 과학적 방법에 대한 학생들의 이해를 강화하고 출처에서 직접 정보를 얻는 방법을 배움으로써 허위 정보를 더 잘 발견할 수 있기 때문에 비판적 사고 능력을 계발하는 훌륭한 방법입니다. 학생들은 인터넷에서 찾을 수 있는 것에 항상 의문을 제기하는 것이 좋은 습관이라는 평생의 교훈을 배우게 됩니다.

기후변화 부정론자들이 전파하는 허위 정보의 물결에 대응하는 데 필요한 도구를 학생들에게 적절히 제공하기 위해서는 자연과학의 기본 학습 목표가 지속가능한 방식으로 동화되도록 담당하는 교사들이 긴밀히 협력하는 것이 바람직합니다. 지리, 생물학, 물리학, 기술 및 화학의 동료 교사들이 7학년 학생들에게 지구물리학의 기초를 가르치기 위해 유연한 통합 방법을 적용한 이 발전적인 학제 간 프로젝트의 예에서 볼 수 있듯이, 필수 교육 주제에 여러 각도에서 접근하는 이러한 방식은 의심할 여지없이 모든 학습자가 대규모로 이해력을 계발하는 데 필요한 개념의 지속적인 동화에 기여하는 동시에 풍부한 교육 콘텐츠를 원하는 학생들에게 전문화를 위한 여러 길을 제공합니다. 즉, 이 프로젝트는 보다 유연하고 폭넓은 통합적 접근 방식으로 진화하면, 교사는 학습 장애가 있는 학생에게도 탄탄한 지식 기반을 제공하는 동시에 가장 야심찬 학생도 자신의 학습 곡선에서 새로운 차원에 도달할 수 있게 될 것입니다. 실제로 어느 누구도 뒤처지지 않고 모든 학생이 기후 변화에 대한 허위 정보 캠페인의 해로운 영향에 대응할 수 있는 적절한 수준의 이해를 달성하게 될 것입니다. 예를 들어, 이 공동 교육 활동이 끝나면 학생들은 학제 간 방식으로 유연하게 평가되며, 평가자는 사용되는 다양한 유형의 평가를 통해 각 학생이 전통적으로 단편적인 방식으로 가르치는 이 공동 프로젝트의 다양한 학교 과목에 속하는 여러 개념 간의 필수 연결을 더 잘 정의하는 것을 관찰할 수 있습니다. 또한 이 통합 교육 프로젝트에 참여하는 교사들은 7학년 초에 이 학제 간 지구물리학 활동에서 습득한 개념이 지속가능한 방식으로 습득되었음을 학생들에게 보여주기 위해 스웨덴 국가 시험 직전인 9학년 말에 학생들에게 동일한 주제로 다시 평가할 수 있는 기회를 제공합니다. 이를 통해 교사들은 모든 학생들이 학습한 지식이 장기기억에 잘 남았는지 관찰할 수 있는 기회를 갖게 됩니다. 해를 거듭할수록 9학년 학생들은 이 통합 학습 활동을 통해 장기 지식 보유 수준을 높이려는 목표가 달성되고 있음을 의심할 여지 없이 보여주고 있습니다. 이는 향후 학계에서 보다 심층적인 장기 연구의 대상이 될 수 있는 프로젝트의 완벽한 예로서, 우리의 논문을 검증하고 학생들이 12세 또는 13세에 습득한 개념의 지식 유지 수준을 더 큰 시간 규모로 평가하기 위한 것입니다. 우리는 학생들이 성인이 되었을 때 습득한 지식이 모든 학생들의 기억 속에 생생하게 남아 있는지, 아니면 일부 학생들이 특정 필수 요소를 잊어버렸는지 알고 싶습니다. 근본적인 목표 중 하나는 오늘날의 학생들이 허위 정보와 사이비 과학적 주장의 물결에 저항할 수 있는 핵심 도구를 장기적으로 보존하는 것입니다. 우리는 미래의 어른들이 이 중요한 주제에 대해 십대 시절에 배운 것을 기억하는 것이 필수적이라고 믿습니다. 예를 들어, 우리는 이 책에서 장려하는 학제 간 접근 방식이 습득한 지식의 지속가능성에 대한 열쇠라고 주장합니다. 하지만 수십 년 후에도 우리 졸업생들이 화석 연료를 태움으로써 인간이 탄소를 대기 중으로 방출하고 있으며, 이 원소의 세 가지 자연 발생적 동위원소 중 하나에서 오래된 선사 시대 탄소가 대기 중에 고갈되고 있다는 사실을 이해할 수 있을지 궁금합니다. 그들은 이 사실을 기억할까요, 아니면 다양한 소셜 네트워크에서 기후 변화를 가장 강력하게 부인하는 사람들의 단순한 주장을 믿기 위해 과학적 증거를 거부하기로 선택할까요? 그들은 여전히 인간이 더 많은 화석 연료를 태울수록 이러한 탄소 동위 원소의 균형이 더 많이 영향을 받는다는 것을 이해할까요? 실제로 세 가지 탄소 동위원소(^{12}C, ^{13}C, ^{14}C)의 비율 변화는 인류세 시대의 기후 변화에 대한 인간의 기여에 대한 반박할 수 없는 과학적 증거의 완벽한 예를 제공합니다. 기후학자들은 이를 비례적 변화라고 부릅니다. 실제로 1970년대부터 양반구의 극지방 기후대에서 채석한 얼음 코어의

미세 기포 함량을 측정하여 대기 중 이산화탄소(CO_2) 대비 탄소-12와 탄소-13의 비율이 감소하는 것이 직접 관측을 통해 명확히 확인되었습니다. 이를 통해 기후학자들은 산업혁명이 시작된 이래 화석 연료의 사용이 오늘날 대기 중 탄소-14의 동위원소 비율 변화의 원인이라는 것을 명확하게 보여주는 비교 가능한 시간 척도에서 명확한 상관관계를 보여주는 신뢰할 수 있는 데이터를 얻을 수 있었습니다. 지난 세기 동안 지구의 기온이 상승하면서 극지방의 얼음에 남아 있는 동위원소 신호에도 변화가 생겼기 때문에 이를 관찰하기가 더욱 쉬워졌습니다. 이러한 동위 원소 변동은 우리 시대의 노출된 암석층을 화학적으로 분석할 기회를 갖게 될 먼 미래의 모든 과학자들에게도 분명하게 드러날 것입니다. 데이터를 뒷받침하는 적절한 수준의 지식과 적절한 비판적 사고 능력을 갖춘다면, 우리 학생들이 앞으로 기후 변화 부인론자들의 선전을 믿지 않을 것이라고 믿습니다.

이 상호적이고 학제적인 계획 및 운영 과정의 마지막에는 일반적으로 학생들이 분석 능력과 새로 습득한 모든 지식을 보여줄 수 있는 많은 그래픽 지원과 세 개의 긴 주관식 문제가 포함된 몇 가지 객관식 답이 포함된 디지털 시험을 통해 학생들을 평가하고 평가받습니다. 앞서 언급했듯이 교사들의 목표는 학생들이 시험 전에 단순히 시험에서 좋은 성적을 받기 위해 많은 양의 지식을 암기하기 위해 열심히 공부했다가 나중에 대부분의 내용을 잊어버리는 일이 없도록 하는 것이었습니다. 교사들은 어떻게 하면 학생들이 학습한 내용이 장기적으로 기억에 남고, 평생 기억에 남을 수 있는 학습이 될 수 있을지에 대한 확신을 가질 수 있을지에 대해 고민합니다. 또한 교사들은 일부 학생들이 학습 내용에 감정적으로 몰입하고 심지어는 일종의 활동가가 되기도 한다는 사실을 발견했습니다. 실제로 몇몇 학생들은 기후 상황의 심각성을 알게 된 후 금

요일에 기후를 위한 행진에 나가도 되냐고 물어보기도 했습니다. 많은 학생들이 환경 의식이 향상되고, 매년 이 장을 마친 후 자신의 라이프스타일 선택이 지구 환경에 미치는 영향을 더 잘 알게 되면서 채식주의자나 비건 채식주의자가 되는 학생들도 있습니다.

학제 간 계획에 정서적 측면을 추가함으로써 협력하는 교사들은 이전에 전체론적이라고 정의한 궁극적인 수준의 통합에 도달할 수 있습니다. 학생들이 배우는 것은 학생들의 전인격에 깊은 영향을 미치므로, 진정한 지속가능한 전인적 능동적 학습 경험으로 정의할 수 있는 정서적 측면을 촉발하여 학제 간 학습 경험 그 이상이 될 수 있습니다. 실제로 평소 환경과 기후 변화에 대해 관심이 많은 청소년을 위해 유사한 통합 학습 활동을 계획하는 데 협력하는 법을 배운 교사들은 종종 심오한 전인적 학습 경험을 제공할 수 있습니다. 이를 통해 학생들은 자신이 배우는 것에 대해 큰 힘을 얻고 열정을 느낄 수 있습니다. 그렇기 때문에 학생들은 이러한 통합적인 활동을 통해 평생 학습한다고 해도 과언이 아닙니다.

또한 교사는 대부분의 학생이 해당 주제에 대한 사전 지식과 신념을 이미 가지고 있다는 사실을 활용해야 합니다. 사전 지식을 평가하기 위해 조기에 진단을 내리는 것이 모두에게 유익한 경우가 많습니다. 그러면 교사는 심화 지식이 필요한 영역을 실제로 파악하고 특정 측면에 더 많은 세부 사항을 추가하고 가장 복잡한 주제에 대해 더 과학적인 접근 방식을 사용할 수 있습니다. 학생들에게 영감을 불어넣는 데 성공한 교사는 모든 사람이 해결의 주체가 될 수 있는 힘을 가지고 있다는 느낌을 전달하는 경향이 있습니다. 따라서 학생들이 배우는 것에 대해 열정을 느낀다는 사실은 전체 교육적 경험을 훨씬 더 지속가능하게 만듭니다.

음악과 음향으로 배우는 체험 과학

학제 간 교육의 또 다른 예로는 학생들이 음향학을 배울 때 동료들이 함께 모여 음악 이론과 물리학을 통합하는 방법을 배우는 경우를 들 수 있습니다. 이러한 학문 간 학습 활동을 어떻게 하면 보다 향상된 통합적 학습으로 전환할 수 있을지 쉽게 상상할 수 있습니다. 수학, 목공예, 기술을 혼합하여 교사는 지속가능하고 총체적인 능동적 학습을 개발할 수 있는 적절한 조건을 조성할 수 있습니다. 통합적인 능동적 학습 측면은 몇 가지 간단한 아이디어로 예시할 수 있습니다. 학생들이 몇 개의 음표만으로 자신만의 노래를 작곡하도록 하거나, 유리잔이나 물이 채워진 병과 같은 물체로 음색을 만드는 등의 간단한 아이디어로 예시를 보여줄 수 있습니다. 각각의 유리잔이나 병을 조율하는 데 필요한 분석 수준은 과학적 발견 행위에 해당합니다. 학생들은 각 병에 필요 한 물의 양을 측정하면서 물리학에서 파장과 소리가 어떻게 표현되는지 적극적으로 이해하는 방법을 배우게 됩니다. 또한 학생들이 지리 수업에서 천문학이나 피타고라스 조율 체계에 대해 배운 내용을 이 통합 학습 경험의 이론적 측면에 적용할 수 있습니다. 이와 관련하여 앞서 설명한 학생들은 이미 도플러 효과의 개념에 익숙했고, 실로폰이나 글로켄슈필에서 멜로디를 연주하도록 아날로그 방식으로 프로그래밍할 수 있는 풍력 구동 4D 프레임 오르간 바퀴를 만들면서 음악과 기술을 통합하는 방법을 배웠습니다. 같은 방식으로 학생들은 음악 루프를 만들고 녹음하도록 장려되었습니다. 결과적으로 학생들은 4D프레임의 도움으로 다층적인 멜로디를 샘플링하고 개발하며 노래를 만드는 방법을 적극적으로 배웠고, 다른 인터랙티브 학습에서 안경이나 병을 사용하여 동일한 경험을 재현하는 것이 자연스럽게 이어졌습니다.

2) 프로젝트 기반 학습

에그 낙하산 챌린지(전자 자료)

함께 제공되는 전자 자료는 두 가지 실제 과학 체험 사례를 제공합니다. 한 예는 음악과 음향에 관한 것이고, 다른 예는 전 세계 많은 학교에서 에그 낙하산 챌린지(Egg Parachute Challenge)로 알려져 있습니다. 이 하위 챕터에 디지털로 접근하려면 아래의 QR 코드를 스캔하거나 웹사이트 주소를 이용하면 됩니다.

eResource 3

https://routledgetextbooks.com/textbooks/9781032231952/hands-on-science-with-music-and-acoustics.php

상상력 계발과 IMSCC

기술의 진화를 역사 커리큘럼의 필수적인 부분으로 통합하는 것은 말 그대로 학생들의 마음속에 창의성의 씨앗을 심는 것입니다. 과학, 기술, 공학, 예술, 수학(STEAM)과 관련된 새로운 개념을 학제 간 교수법과 능동적 학습 접근법을 함께 사용하면서 가르치면 미래의 환경적으로 지속가능한 신흥 경제에 상당한 영향을 미칠 수 있는 아이디어가 학생들의 상상력 속에서 번성할 수 있습니다. 역사 및 기타 스팀과 관련이 없는 학교 과목의 이론적 측면을 적용하는 데 필요한 다양한 개념 습득 기술이 기술 진화 패턴을 이끌어낸 창조적 과정에 대한 이해와 어떻게 유사하다는 것을 보여주기 위해 시도했습니다. 4D프레임을 사용하면서 총체적인 접근 방식을 채택하면 분석적이고 창의적인 사고를 자극할 수 있지만, 가장 중요한 것은 역사 및 기술 개념과 서로의 관계에 대한 더 깊은 이해를 높이는 동시에 자극적인 초학문적 접근 방식을 만들 수 있다는 것을 보여줄 수 있습니다.

이를 설명하기 위해 이 사례 연구를 통해 과학, 기술, 공학, 예술, 수학의 경계가 기술 혁신이 문명 진화의 핵심인 연대기적 역사 서술에 완벽하게 들어맞을 정도로 겹치는 지점을 보여주면서 학생들이 미래의 도전에 대비할 수 있도록 준비할 것입니다. 두 명의 8학년 학생이 '깨달음의 상상력' 콘테스트에서 디자인한 4D프레임 프로토타입 풍력 발전 씨앗 드릴의 예를 통해 능동적 학습에 대한 이러한 접근법이 어떻게 지속가능한 학습과 창의적 사고를 창출하는지를 보여드립니다.

앞서 언급한 사례 연구는 역사 및 기술 교사가 4D프레임을 교육적 도구로 사용하면서 각 수업의 핵심에서 STEAM 교육의 다섯 가지 필수 요소를 통합하는 방법을 조사하기 위해 시도되었습니다. 학생들은 플라스틱 튜브와 커넥터를 사용하여 움직일 수 있는 3D 형상을 만들었습니다. 그 과정에서 STEAM의 교훈이 적용되었습니다. 과학, 기술, 공학, 예술, 수학의 전통적인 학문 과목이 어떻게 통합 교육과정을 계획하는 프레임워크로 구성될 수 있는지에 대한 교육 모델을 개발하여 보다 총체적이고 통합적인 교육을 창출하기 위해 교사들은 과제 설명에 다양한 주제를 적극적으로 통합했습니다.[11] 보다 적극적인 학습과 교수 형태를 지향함으로써 학생들이 다른 학교 과목에서 배운 것을 통합하여 4D프레

11 Georgette Yakman, STΣ@M Education: an overview of creating a model of integrativeEducation, 2008, www.researchgate.net/publication/327351326_STEAM STEAM_Education_an_overview_of_creating_a_model_of_integrative_education.

임 기계 장치를 만드는 방법을 보여주면서 초학문적 교육학에서 아이디어의 연결성에 초점을 맞추려고 노력했습니다.

4D프레임 콘테스트의 배경(전자 자료)

첨부된 전자 자료에는 이 구체적인 콘테스트의 여러 단계에 대한 매우 상세한 설명과 함께, 계몽적 상상력 콘테스트 지침, 데이터 및 관찰 분석, 개발의 질적 수준, 일부 수상 팀의 아이디어와 프로토타입에 대한 간략한 설명, 4D프레임 시드 드릴 모델의 구체적인 사례, 유엔 글로벌 목표와 관련된 더 많은 예시 등이 나와 있습니다. 이 하위 챕터에 디지털로 접근하려면 아래의 QR 코드를 스캔하거나 웹사이트 주소를 이용하면 됩니다.

eResource 4

https://routledgetextbooks.com/textbooks/9781032231952/background-to-4dframe-contests.php

스패닝소카르나(스릴 추구자 콘테스트)

배경

2012년부터 올해까지 우리 학교의 9학년 학생들은 스릴 추구자를 의미하는 스패닝소카르나(Spänningssökarna)라는 인기 과학경연대회에 참가해 왔습니다. 우리 학생들은 매번 참가할 때마다 결승에 진출했으며, 어느 해에는 두 학급이 지역의 다른 35개 학급과 경쟁하여 1등과 3등을 수상하는 등 모든 학생들이 상을 받았습니다. 스패닝소카르나는 룬드, 에슬뢰브, 회르비, 롬마 등 인근 스웨덴 지방 자치단체의 9학년 학생들을 대상으로 매년 열리는 경연 대회입니다. 이 대회는 지역 에너지 회사인 Kraftrin-gen이 주최합니다. 이 콘테스트의 주된 목표는 상을 수상하는 것이 아니라, 학생과 참여 교사에게 실질적인 이득은 학습 과정의 협력적 특성과 프로젝트 기간 동안 팀 빌딩 활동을 할 수 있는 좋은 기회에 있습니다. 학생들에게 진정한 보상은 상금이 아니라 학습 여정에 있습니다. 궁극적인 목표는 학생들의 에너지 생산, 보존, 전력난에 대한 지식을 높이는 동시에 모든 사람의 삶의 질을 향상시킬 수 있는 환경 친화적인 방법을 찾는 것입니다. 이 통합적인 콘테스트의 설계 방식 덕분에 학생들은 창의력을 발휘하여 지속가능한 에너지를 주제로 혁신적인 솔루션을 개발할 수 있습니다. 이 창의적인 콘테스트의 전체 아이디어는 학생들이 인류 공동의 미래를 개선하기 위해 지구의 자원을 공평하게 활용하고 공유하는 방법에 대해 생각해 보도록 장려하는 것입니다. 콘테스트 주최측은 오늘날 청소년들의 잠재력을 믿기에 그들이 인류의 미래 에너지 수요에 대한 창의적인 해결책을 찾을 수 있도록 돕고자 합니다.

스패닝소카르나 대회가 지속가능한 초학제적 능동적 학습의 훌륭한 사례인 이유는 거의 모 든 학교 과목이 대회에 참여할 수 있다는 점 입니다. 우리 학교는 새로운 스웨덴 의무 교육 과정의 학제 간 요구 사항을 적용하기 위해 최선을 다함으로써 창의적인 아이디어를 찾고 뛰어난 독창적인 프레젠테이션을 만드는 데 가장 성공적인 학교 중 하나가 되었습니다. 협력적인 접근 방식 덕분에 우리 수업이 해마다 성공할 수 있었습니다. 또한 수년에 걸쳐 무시할 수 없는 양의 관계적 교육이 추가되어 이 초학문적 학습 활동을 모든 것을 아우르는 홀리스틱 학습 프로젝트로 전환할 수 있는 뛰어난 기회를 제공했습니다.

이러한 통합 프로젝트에서 교사는 어떤 역할을 수행하나요? 학생은 어떻게 평가하나요? 모든 학생이 모든 학습 목표를 달성했는지 어떻게 확인할 수 있을까요? 학생들의 창의적이고 비판적인 사고력이 지속적으로 계발되도록 하려면 어떻게 해야 할까요? 수상 가능성 외에도 이러한 총체적인 프로젝트의 주요 성과는 무엇인가요? 이 장에서는 실제 성공적인 지속가능하고 통합적인 능동적 학습 프로젝트의 관련 사례를 통해 이러한 모든 질문에 명확하게 답해 드리겠습니다.

대회 구조 및 프로젝트 예시(전자 자료)

다음 전자 자료에는 스릴을 찾는 사람들의 콘테스트인 스패닝소카르나에 대한 다양한 정보를 찾을 수 있습니다. 다음 사항에 대해 배울 수 있습니다. 이 대회의 구조를 살펴보고 2011년부터 2019년까지 진행된 모든 창의적인 초학제적 팀 프로젝트에 대한 자세한 설명을 찾아보세요.

eResource 5

https://routledgetextbooks.com/textbooks/9781032231952/spanningssokarna-the-thrill-seekers-contest.php

3) 엑소플래닛 프로젝트

엑소플래닛(Exoplanet) 프로젝트는 장기적인 학제 간 프로젝트의 완벽한 예입니다. 몇 년 전 영어를 제2외국어로 가르치는 동료와 함께 하나의 창의적이고 통합적인 과제에 가능한 한 많은 과목을 통합하는 방법에 대한 아이디어를 브레인스토밍하기 시작하면서 시작되었습니다.

처음 이 아이디어를 학생들에게 소개했을 때 학생들의 반응은 즉각적으로 긍정적이었고 참여도는 타의 추종을 불허했습니다. 저희 동료는 과거에 유토피아라는 비슷한 프로젝트를 실험한 적이 있습니다. 이 유사한 교육적 실험은 이 장의 다음 부분에서 설명할 것입니다. 2012년에 우리가 협력하여 진정한 의미의 초학제적 엑소플래닛 프로젝트의 첫 번째 초안을 작성한 이후, 학생들의 창의력을 키우는 데 사용하는 디지털 문서는 크게 발전했습니다. 처음 이 프로젝트를 도입한 해에는 실험적으로 진행하다가 최종 성적이 확정된 후 학기 마지막 주에 2주 동안 진행하는 프로젝트로 만들었습니다. 학생들이 이 프로젝트가 최종 성적에 긍정적이든 부정적이든 영향을 미치지 않을 것이라는 사실을 알고 있음에도 불구하고 어떻게 영감을 받고 이 프로젝트를 진지하게 받아들였는지 보는 것은 흥미로웠습니다. 우리는 대부분의 학생들이 더 높은 성적을 얻기 위해 노력하기보다는 지식과 경험을 쌓기 위해 노력하고 있다는 것을 깨달았습니다. 이 창의적인 과제는 기본적으로 수년 동안 다양한 학교 과목에서 습득한 대부분의 지식을 적용하려고 시도하면서 프로젝트를 시작한 일부 학생들에게 놀라운 영감의 원천이 되었습니다. 저희는 이 프로젝트에 필요한 작업량에 제한을 두지 않았습니다. 우리의 유일한 목표는 학생들이 상상력을 발휘하고 과학적 지식을 적용하여 이 창의적인 과제를 수행하도록 자극하는 것이었습니다. 앞서 언급했듯이 디지털 도구의 사용은 2012년 이후 많이 발전해왔는데, 특히 전체 업무팀이 힘을 합쳐 문서의 디지털 템플릿에 더 많은 학교 과목을 통합하여 이 초학문적 프로젝트의 콘텐츠를 확장하기로 결정하면서 더욱 발전했습니다. 2020년 3월에 이 통합 학교 프로젝트를 다시 도입했습니다. 당시 대부분의 교사들은 학교가 곧 문을 닫을 것이고 스웨덴에서도 다른 나라들처럼 사람들이 강제로 격리될 것이라고 생각했습니다. 집에서 원격 수업을 해야 하는 상황에서도 학생들이 능동적인 학습 창의력 워크숍에 참여할 기회를 보장하기 위해, 저희는 기존 엑소플래닛 프로젝트의 개선된 버전을 제작하는 동시에 과제를 예상보다 빨리 끝낼 수 있는 학생들이 항상 할 일이 있도록 협업 계획을 세웠습니다. 이러한 방식으로 가장 야심찬 학생들도 항상 자극을 받을 수 있도록 보장하고, 학교에서 습득한 지식을 프로젝트에 적용하여 학업 역량을 계발하는 동시에 재미를 느낄 수 있도록 동기를 부여할 수 있었습니다.

엑소플래닛 프로젝트의 아이디어는 학생들이 상상력을 발휘하여 자신만의 판타지 세계를 창조하는 동시에 과학, 예술, 문학적 능력을 계발할 수 있는 기회를 제공하는 것입니다. 학생들은 프로젝트가 시작될 때 이러한 지침을 받았습니다.

> "여러분은 자신만의 세계를 창조해야 하는 막중한 책임을 안고 있습니다. 지구에 대한 지식을 바탕으로 여러분은 또 다른 행성을 만들어야 합니다. 지구와 비슷할 수도, 다를 수도, 더 좋을 수도, 더 나쁠 수도, 더 클 수도, 더 작을 수도 있는 이 프로젝트는 여러분만의 독특한 세계를 만들기 위해 세심한 주의와 성찰을 필요로 합니다. 그 과정에서 지구에 대해 더 많이 배우고 외계 행성과 우리 지구의 미래를 예측할 수 있습니다."

그런 다음 프로젝트는 여러 섹션으로 나뉘어 가상의 외계 행성의 지리적 특징을 설명하고 이러한 특징을 지구에서 발견되는 특징과 비교하는 과제로 진행되었습니다. 학생들은 외계 행성의 지도를 손으로 직접 그리고 그 그림을 사진으로 찍은 다음 문서에 직접 상자에 붙여 넣도록 요청받았습니다. 이러한 방식으로 학생들은 미술과 지도 제작 기술을 통합하면서 지도를 스케치하는 능력을 계발할 수 있었습니다. 나중에 제2외국어(영어)로 글쓰기 능력을 계발하기 위해 학생들은 외계 행성에 대해 더 자세히 설명하는 짧은 에세이를 작성하도록 요청받았습니다. 학생들은 상상 속 행성의 동식물, 기후, 생태계, 인구 통계 및 식량 공급을 설명해야 했기 때문에 글에는 지리, 물리학, 화학, 생물학에서 배운 개념이 포함되어야 했습니다.

그 후 학생들은 대기 화학에 대한 이해를 높이기 위해 외계 행성의 대기 구성을 설명해야 했습니다. 또한 상상력을 발휘하여 지구 대기에서 발견되지 않는 원소를 하나 이상 소개해야 했습니다. 무엇보다도 먼저 다음과 같은 지침을 받았습니다.

> "지구의 대기는 질소(N_2, 약 78%)와 산소(O_2, 약 21%), 아르곤(Ar, 1% 미만), 수증기(H_2O, 1% 미만), 이산화탄소(CO_2, 400ppm[백만분율] 미만) 등 기체와 에어로졸의 역동적인 혼합물입니다. 지구 대기의 화학 성분을 설명하세요."

파일 후반부에 학생들은 그림이 몇 장 있는 표를 발견하고 지구에서 발견되는 다섯 종을 그리고 설명하라는 요청을 받았습니다. 이름, 분류, 상태 및 추정 개체 수를 알려주어야 했습니다. 다시 한번 종이에 직접 그림을 그리고 그림을 사진으로 찍어 디지털 문서에 붙여 넣어야 했습니다. 이러한 방식으로 학생들은 생물학 지식과 미술 실력을 모두 활용하여 각 행성에 서식하는 이상한 생물들을 상상해 보았습니다. 마찬가지로 학생들은 나중에 색을 사용하여 각 행성의 세 가지 다른 지형을 그립니다. 지리적 특징이 다른 지역, 정착지, 농장 또는 수중 풍경을 표현해야 합니다. 예를 들어, 도시 풍경(도시), 시골 풍경(시골), 야생 풍경(사막, 숲, 정글, 바다)이 있습니다. 학생들은 상상력을 발휘하여 이전에 프로젝트에서 설명한 동식물의 그래픽 요소를 도입하도록 요청받았습니다. 또 한 프로젝트가 어느 정도 진행되면 학생들에게 지구의 미래에 대해 이야기하도록 장려했습니다. 학생들에게 질문을 던졌습니다.

"100년 후 지구와 인류에게 어떤 일이 일어날까요? 지구는 변화하고 있습니다. 매일매일 변하고 있습니다. 더 많은 사람이 태어나고, 기후가 변화하고, 천연자원이 고갈되고 있습니다. 일부 추산에 따르면 2100년에는 지구 인구가 120억에서 200억 명에 이를 것이라고 합니다. 대부분의 과학자들은 지구 온난화로 인해 지구 환경이 위험에 처해 있다는 데 동의합니다. 일부 과학자들은 현재 존재하는 생물 종의 절반 이상이 2100년까지 멸종할 것이라고 예측합니다. 지구와 여러분의 행성에서는 어떤 일이 일어날 것이라고 생각하시나요? 100년 후 지구와 여러분의 행성은 어떤 상태일까요? 기후는 어떤가요? 다른 생명체들은 어떻게 살고 있나요? 평화가 있을까요, 아니면 전쟁이 있을까요? 설명해 보세요."

이런 식으로 학생들은 지구와 행성의 운명에 대해 글을 쓸 때 미래 시제를 사용해야 했습니다. 이 프로젝트의 최신 버전에는 섬유 공예, 가정 경제, 체육, 음악 등 다른 많은 과목도 포함되었습니다. 예를 들어, 학생들은 랩탑에 설치된 사운드트랩이라는 온라인 음악 디지털 오디오 워크스테이션을 사용하여 자신의 행성을 위한 찬송가나 외계 행성 국가 중 하나를 위한 국가를 작곡하도록 요청받았습니다. 이들의 작품은 기악곡일 수도 있고 보컬이 포함될 수도 있습니다. 작곡가로서 그들은 사람들과 지구에 가장 잘 어울린다고 생각되는 것을 선택할 수 있었습니다. 지구의 주변 환경, 주민, 전통, 문화에서 영감을 얻어 서로 어울리고 적합해 보이는 곡을 만들 수 있었습니다. 작곡이 끝나면 학생들은 사운드트랩의 공유 애플리케이션을 통해 음악 선생님과 디지털 작곡을 공유하도록 요청받았습니다.

팬데믹이 시작될 때 교사 팀으로 만든 버전에서 매우 흥미로운 점은 7학년과 8학년의 일부 학생들이 다음 학년도에도 같은 프로젝트를 계속 진행할 수 있는지 질문을 했다는 것입니다. 저희는 항상 학생들의 제안과 의견에 열려 있기 때문에 학생들이 아이디어를 더 발전시킬 수 있는 권한을 부여했습니다. 그 결과, 학생들의 외계 행성 문서는 마감 기한을 맞출 필요가 없는 장기 프로젝트가 되었습니다. 학생들의 창의적인 노력은 어떤 방식으로도 채점되지 않지만, 이 흥미진진한 프로젝트를 진행하면서 개발된 기술은 잠재적으로 학생들이 아직은 미개척 분야인 여러 분야의 기술을 발전시킬 수 있을 것입니다. 그럼에도 불구하고 여러 교사로부터 정기적으로 피드백을 받음으로써 학생들은 성적에 대한 걱정 없이 지속적으로 질적, 형성적 평가를 받을 수 있습니다. 상상 속 행성의 역사와 실제 상태를 설명하는 깊이 있고 다각적인 문서를 개발하는 끈기를 가진 대다수의 학생들에게 자신의 창의력이 향상되는 것을 발견하는 만족감은 분명 큰 보람을 안겨줍니다. 예를 들어, 학생들은 때때로 특정 교사에게 가서 "다음 단계에 도달하기 위해 무엇을 개선해야 하나요?"라고 물어볼 수 있습니다. 이 경우 교사는 학생들에게 외계 행성 문서로 돌아가서 글, 그림, 노래, 계산 또는 공식의 일부를 발전시키고 수업에서 습득한 개념을 창의적인 방식으로 더 깊이 이해했음을 보여 달라고 요청할 것입니다. 이 프로젝트는 진정한 초학문적 프로젝트이기 때문에 전체 작업 팀의 교사들은 자신의 학교 과목이 동료의 과목과 겹치는 부분을 발견하고, 집단 및 공동 평가를 수행하면서 협업의 필요성을 확인하고 협업 기획 방법을 더욱 발전시키는 데 도움이 됩니다. 말할 필요도 없이, 자극적인 도전을 원하는 많은 학생들이 남다른 열정으로 이 프로젝트에 임하고 있습니다. 일부 문서는 단편 공상 과학 소설로 발전했으며, 어떤 학생들은 정기적으로 서로의 문서를 읽으며 상상의 세계를 비교하고 있습니다. 이 범학제적 프로젝트에서 창의력이 얼마나 발전했 는지 알 수 있습니다. 이제 교사들의 협업 팀으로서 우리의 목표는 외계 행성 프로젝트를 사회적, 정서적, 신체적, 심리적, 심미적, 철학적, 영적, 도덕적, 윤리적 차원을 더 많이 포함하는 진정한 총체적 학습 경험으로 만드는 것입니다.

4) 유토피아 프로젝트

이 범학제적 프로젝트는 엑소플래닛 프로젝트와 다소 유사하지만 어린 학생들이 참여합니다. 지난 몇 년 동안 5학년 학생들은 상상력을 발휘하여 자신만의 국가를 만들어야 하는 인쇄된 문서를 받았습니다. 학생들은 상상 속 국가에 이름을 붙인 후 지도를 그리고 국기를 디자인해야 했습니다. 그다음에는 법적 헌법을 작성하고 국가 기관의 작동 방식을 설명해야 했습니다. 또한 자신의 국가가 민주주의 국가인지, 독재 국가인지, 군주제 국가인지, 연방국가인지, 왕국인지, 제국인지, 아니면 다른 유형의 국가나 국가인지 설명하도록 요청받았습니다. 나중에 학생들은 자국의 역사를 쓰고 다양한 종족, 종교, 문화를 설명하는 동시에 유토피아에서 사용되는 경제 시스템을 개략적으로 설명하도록 초대받았습니다. 문서는 다음과 같이 작성해야 했습니다. 학생들은 제2외국어(영어)로 자신이 그린 지도를 모든 행동의 무대로 삼고 헌법에 설명된 다양한 법률을 사용하여 시민에 대한 이야기를 개발하고 유토피아 정치 영토의 구성원의 일상 생활을 묘사했습니다. 또한 학생들은 과거, 현재 또는 미래에 발생한 갈등의 유형을 설명하면서 자국의 여러 지역의 기술 발전 수준에 대해 토론하도록 권장되었습니다. 이 짧은 학제 간 프로젝트는 원래 중 학교 영어 교사가 기획한 것으로, 이후 더 발전된 엑소플래닛 프로젝트를 진행하기 위해 공동 작업을 통해 발전시켰습니다. 이 통합 프로젝트는 학생들의 창의력을 조기에 계발할 뿐만 아니라 시민 교육에 대한 인식을 높이는 데 기여하며, 지도 제작에 대한 호기심을 키우고 실제 헌법과 실제 전-현직 국가 및 왕국의 법률에 대해 더 많이 배우는 데 관심을 일깨워줍니다. 마지막으로, 많은 학생들이 자신의 유토피아에 드래곤, 인어 또는 마법사와 같은 전설적인 생물을 포함하기로 결정하기 때문에 신화와 문학에 대한 학생들의 일반적인 관심을 발전시킬 수 있는 기회를 제공합니다. 상당수의 학생들이 이미 해리포터, 불의 날개, 전사 고양이, 반지의 제왕 등에 열광하고 있는 가운데, 학생들은 자신만의 유토피아 프로젝트에 더 많은 영감을 얻기 위해 이러한 다양한 판타지 세계에 대해 더 많이 읽도록 서로를 독려합니다. 이 프로젝트를 완성하는 동안 윌리 웡카와 스타워즈의 만남, 나니아와 쥬라기 공원의 만남, 심지어 그리스와 로마 고전 신화에서 영감을 받은 판타지 세계에 마이 리틀 포니의 캐릭터와 닮은 캐릭터가 사는 우주에 이르기까지 다양한 유형의 하이브리드 판타지 세계를 보았습니다. 또한 자비로운 철학자 왕이 있는 환경친화적인 낙원이나 어린이들로만 운영되는 민주주의 국가도 다양하게 등장했습니다. 이 프로젝트에 추가된 또 다른 흥미로운 측면은 유토피아 과제를 평균보다 빨리 완료한 학생들에게는 동일한 템플릿을 따라 디스토피아를 만들도록 장려했다는 점입니다.

5) 초학문적 역사 블로그

매년 우리 학교에서는 9학년 학생들이 상급학교로 진학하기 전 마지막 학기 동안 모국어인 스웨덴어로 제2차 세계대전에 관한 역사 블로그를 작성합니다. 이 반복되는 학제 간 프로젝트는 스웨덴어 교사와 역사, 지리, 기술 교사의 협업으로 이루어집니다. 이 교사들의 협업에서 가장 흥미로운 부분은 각 과목이 어떻게 통합되고 공동 계획이 포괄적인 학제 간 프로젝트로서 학생들에게 제시되는 방식입니다. 두 교사는 프로젝트 기간 동안 매주 여러 차례 9학년 학생들을 개별적으로 만나지만, 각기 다른 접근 방식을 사용하고 각 과목에 대해 다른 학습 목표를 제시하면시 학생들과 비슷한 주제에 대해 토론합니다. 이 프로젝트는 단순히 교육적인 다학제적 주제를 다루는 것이 아니라 몇 주 동안 지속되는 몰입적이고 통합적인 학습 경험이라는 점을 언급하는 것이 중요합니다. 두 교사는 프로젝트 전반에 걸쳐 학생들을 지원하면서 다양한 조언과 지침을 제공하지만, 학생들은 다음을 수행하도록 권장됩니다. 제2차 세계대전 관련 주제에 대해 많은 연구를 하고, 교사들이 이전에 몰랐던 새로운 것을 가르치도록 도전받습니다. 또한 교사들은 학생들에게 개선을 위한 구조적 피드백을 지속적으로 제공하고, 블로그를 수정하고 평가하면서 공동 평가에 참여합니다. 그렇다면 이러한 통합 학습을 통해 학생들에게 가장 큰 도움이 되는 학습 측면은 무엇일까요? 한 교사는 기술 수업에서 블로그를 만드는 방법을 가르치고, 다른 교사는 언어 수업에서 형식과 방법론에 대해 학생들에게 집중적으로 가르치기 때문에 학생들이 더 폭넓은 지식을 습득할 수 있다는 점이 가장 큰 이점 중 하나라고 할 수 있습니다. 그런 다음 학생들은 정규 역사 강의에 참석하여 주제, 이름, 사건, 장소 및 분석에 대한 방대하고 긴 목록을 접하고 스웨덴어 수업에서 2차 세계 대전에 관한 책과 기사를 읽도록 권장됩니다. 이러한 책과 기사는 학생들이 블로그 주제를 선정할 때 영감의 원천이 되는 경우가 많습니다. 공통의 프로젝트와 목표를 공유함으로써 교사들은 학생들에게 사물을 바라보는 더 큰 관점을 제공하고, 각자의 지식과 전문성을 합쳐 학습 성과에 부가가치를 창출합니다. 학생들은 모든 것은 결국 하나로 합쳐지기 때문에 서로 다른 것들이 어떻게 조화를 이루는지 관찰합니다. 이러한 공생 방식은 동료 간에 새로운 유형의 시너지를 창출하고 학생들은 그 혜택을 누릴 수 있습니다. 한 교사는 주로 언어의 형식과 질에 집중하는 반면, 다른 교사는 역사적 내용, 비판적 사고 측면 및 블로그 디자인에 중점을 둡니다. 학생들이 탐구적인 접근 방식을 취하도록 장려할 때 교사의 역할이 다소 재정의되기 때문에 강의는 덜 전통적인 종류의 수업으로 변모합니다. 이 학습 프로젝트는 비판적 사고와 출처 분석을 촉진하는 다양한 지식 요건에 초점을 맞추기 때문에 프로젝트에 참여한 교사들은 홀로코스트 부인론자들의 거짓 주장에 대해 다뤄야 합니다. 이를 위해 교사들은 각자의 강의에서 나치가 독일의 군사적 팽창과 유럽 유대인 학살을 정당화하기 위해 전 세계를 장악하려는 오래된 유대인 음모에 대한 거짓 이야기를 어떻게 퍼뜨렸는지 여러 사례를 들어 설명해야 합니다. 가장 중요한 것은 나중에 나치 독일의 '최종 해결책'에 기여한 거짓 서사를 탐구해야 한다는 것입니다. 그렇기 때문에 교사는 학생들에게 신뢰할 수 있는 여러 역사적 자료를 조사하고 그 내용을 신뢰할 수 없는 자료와 비교하여 홀로코스트와 제2차 세계대전에 대한 잘못된 정보에 대한 반박문을 작성하도록 유도해야 합니다.

예를 들어, 역사에서 목표는 사실과 날짜를 열거하는 것이 아니라 다음과 같은 것입니다. 새로운 관심 분야에 영감을 불어넣어 줍니다. 학생들은 챕터 마지막에 표준화된 시험을 치르지 않아도 된다는 것을 알기 때문에 수많은 사실, 장소, 이름, 날짜를 암기하는 대신 자신이 가장 흥미를 느끼는 주제에 집중할 수 있습니다. 또한 스웨덴어 수업 중에 접하는 문학 작품의 도움으로 대부분의 학생들은 정서적으로 공부에 몰입하게 되어 동기 부여가 높아집니다. 이러한 학습의 정서적, 심리적 측면은 진정한 전인적 교수법을 개발하는 데 무시할 수 없는 요소입니다. 학생들이 이와 같은 민감한 주제에 대해 배우고 끔찍한 전쟁 중에 자행된 잔학 행위를 접하면서 그 시대에 살았던 사람들의 삶에 대한 관점을 얻게 됩니다. 이 수업에서는 전기, 소설, 기사 등을 자료로 많이 사용합니다. 교사는 학생들에게 제2차 세계대전의 다양한 사건을 조사할 수 있는 자유를 제공합니다. 하지만 스웨덴 역사 교과 과정의 필수 학습 목표 중 하나이기 때문에 학생들은 블로그 게시물 중 하나 이상에 홀로코스트 주제를 포함해야 합니다. 15세가 되면 9학년 학생들은 일반적으로 홀로코스트에 대한 포스팅에서 다각적으로 분석할 수 있는 성숙도, 기술, 적절한 사전 지식 및 흥미를 갖습니다.

이 프로젝트의 또 다른 중요한 측면은 핵심 과목인 스웨덴어와 역사에서 비판적 사고, 참고 방법 및 출처 비평을 하는 데 필요한 지식에서 비롯됩니다. 예를 들어, 학생들은 블로그에서 청중을 가장 잘 공략하는 방법, 인터넷에서 이미지 및 기타 저작권이 없는 자료를 검토하는 방법, 일반적으로 비판적으로 사고하는 방법, 출처를 정확하게 명시하는 방법, 단순히 훌륭하고 전문적이며 흥미로운 개인 블로그를 작성하고 구축하는 방법 등을 배우게 됩니다. 역사 및 지리 수업에서 학생들은 지속가능한 과학적 자료 비평 방법을 배우고, 과학자들이 자료를 교차 검토할 때 사용하는 것과 동일한 경험적 기술을 개발할 수 있습니다. 두 교사의 수업 방식에는 학생들의 주도성, 탐구심, 호기심, 실용주의를 키우려는 야망이 스며들어 있습니다. 학생들은 프로젝트에 포함된 모든 지식 요구 사항에 대해 최고 수준에 도달하는 것을 목표로 끊임없이 피드백을 받습니다. 의심할 여지 없이 두 교사는 특정 주제를 탐구하도록 제안하여 학생들에게 영감을 주기 위해 최선을 다하지만 결국에는 학생들이 게시물의 주제를 선택해야 합니다. 학생들은 검증 가능한 사실을 찾고, 동료 검토를 거친 기사를 탐색하고, 독창적이고 매력적인 블로그를 작성하기 위해 다양한 출처를 깊이 파헤쳐야 합니다. 일부 학생의 주요 어려움은 단순한 사실의 열거를 피하는 것입니다. 이 학제 간 프로젝트의 학습 목표를 달성하기 위해서는 분석 및 성찰 능력을 계발해야 합니다.

프로젝트의 연구 단계에 접어들면 교사는 학생들이 위키백과와 같은 사이트를 가급적 사용하지 않도록 권장하기 때문에 신뢰할 수 있는 1차 자료를 찾는 데 이전보다 더 많은 시간을 할애한다는 것을 알 수 있습니다. 조사 분석 과정에서 학생들은 다양한 전선에서 벌어진 전투, 여러 강제수용소에서 벌어진 사건, 잘 기록된 다양한 개인 이야기에 대한 다양한 관점의 직접 증언이 많다는 것을 알게 됩니다. 일부 게시물에서는 기술 분야 성적을 올리기 위해 다양한 유형의 무기에 대해 이야기하는 학생도 있습니다. 또한 지리학 성적을 향상시키기 위해 당시의 지도에 따라 지리적 위치를 정확하게 명명하고 설명하는 데 주의를 기울이는 방법을 배우기도 합니다. 이러한 방식으로 학생들은 시간과 공간에서 장소를 명확하게 찾는 기술을 개발합니다. 예를 들어, 어떤 학생들이 아우슈비츠-비르케나우에 대해 토론하는 경우, 지리 교사는 이 장소가 현대 크라쿠프에서 서쪽으로 약 50킬로미터 떨어진 점령지 폴란드의 나치 게르에 있었다고 언급할 것을 기대할 수 있습니다. 이러한 유형의 지리적 정확성은 세심함을 보여줄 수 있는 훌륭한 방법이며 학생들이 정확성을 위해 노력하고 있음을 보여줄 수 있는 간단한 방법입니다. 물론 몇 년이 지나면서 일부 주제는 반복됩니다. 학생들은 안네 프랑크(Anne Frank), 조셉 멩겔레(Joseph Mengele), 히로시마와 나가사키(Hiroshima & Nagasaki), 라울 월렌버그(Raoul Wallenberg)에 대한 게시물을 작성하는 것을 좋아하며, 종종 잔혹한 행위를 발견하면서 매우 감정이 격해지기도 합니다. 아이들은 매우 몰입하게 되고 항상 감정을 촉발하며, 이는 학습의 지속가능성에 기여합니다.

이 프로젝트는 잠재적으로 훨씬 더 초학문적인 프로젝트가 될 수 있습니다. 이 프로젝트에 다른 학교 과목을 포함하거나 다른 동료들이 공동 계획에 참여하도록 함으로써 진정으로 전인적인 학습 경험을 전달할 수 있는 모든 것이 준비되어 있습니다. 지속가능하고 통합적인 능동적 학습을 육성함으로써 학생들은 좋은 성적을 얻기 위한 학습뿐만 아니라 더 큰 그림을 볼 수 있는 능력을 키워 평생 동안 학습할 수 있습니다. 또한 학생들은 나치 게르만, 이탈리아, 일본에서 나치즘과 파시즘의 부상으로 이어져 결과적으로 제2차 세계대전으로 이어진 것과 유사한 주장을 하는 사람을 들으면 어떤 유형의 선동과 수사가 어떤 결과를 초래할 수 있는지 배우게 됩니다. 이러한 일이 다시 일어날 수 있다는 것을 가르치고, 이에 대해 더 많이 이야기하고 성찰할수록 개인의 이념, 관용의 수준, 향후 정치적 견해의 발전에 더 많은 영향을 미친다는 것을 배우게 됩니다. 궁극적으로 이 초학문적 프로젝트는 은유적으로 학생들의 마음속에 회의주의의 씨앗을 심는 것입니다. 학생들이 역사에서 배우고, 자신의 관심사를 추구하면서 적극적으로 배운 것을 자신의 삶에 적용하기를 바랍니다.

위에서 설명한 방법은 협업, 대인 관계 및 역사, 지리, 기술, 스웨덴어, 영어, 사회, 종교 등 여러 과목에서 편협함, 외국인 혐오, 반유대주의, 인종주의의 표현을 조명하고, 설명하고, 문제화하기 위해 총체적인 방식으로 접근해야 합니다. 학교 전체에서, 특히 중등학교에서 특히 강조하는 것은 학생들이 홀로코스트와 다른 대량 학살을 모두 다루는 역사 과목의 지식 요구 사항과 관련된 작업에서 반성하는 능력을 계발하고 비교하는 능력을 계발하기 위해 민주적으로 작업해야 한다는 것입니다. 학생들은 매우 신중한 출처 비판적 방법론을 통해 편협함에 대응하는 기술을 습득하는데, 예를 들어 특정 집단이 다양한 음모론을 통해 홀로코스트나 다른 대량 학살이 일어났다는 사실조차 부인하는 이유를 이해하는 연습을 합니다. 예를 들어, 터키 당국이 1915년부터 1917년까지 오스만 제국에서 아르메니아인 학살을 여전히 부인하거나 현대 홀로코스트 부인론자들이 제2차 세계대전 당시 대량 학살의 사진 증거조차 인정하지 않는 등 오늘날에도 계속되는 위조와 왜곡을 발견하도록 학생을 안내합니다. 학생들 스스로 통찰력을 얻게 되면 지식은 훨씬 더 통합적이고 지속가능하게 됩니다. 학생들은 올바른 도구를 제공받음으로써 독립적으로 편협함과 외국인 혐오의 배후에 무엇이 있는지 발견하도록 장려됩니다. 또한 철저한 출처 비판적 분석을 통해 학생들은 신뢰할 수 없는 정보를 인식하는 방법을 배워 세뇌에 대한 필터를 개발할 수 있습니다.

홀로코스트가 좀 더 전통적인 방식으로 묘사된 후에는 다른 과목 교사들과 함께 학생들이 제2차 세계대전을 묘사하는 자신만의 블로그를 만들고 게시할 수 있도록 허용하면서 학제 간 협업을 할 수 있습니다. 학생들 중 일부는 여전히 자신의 가족 배경에서 홀로코스트에 대해 이야기할 수 있는 자신만의 이야기를 가지고 있으며, 작은 일화부터 실제 유물까지 학교에 가져와 반 친구들에게 이야기할 수 있는 모든 이야기를 할 수 있으며, 이야기는 너무 많지 않을 수 있습니다. 이는 고도의 관계형 교수법과 함께 학생들이 감정적으로 참여하는 높은 수준의 정서적 헌신을 만들어 내어 망각되지 않는 지속가능한 지식에 기여합니다. 일부 학급에서는 학급 기금으로 작센하우젠의 강제 수용소와 제2차 세계대전 전후 나치즘의 범죄를 기록한 베를린의 토포포피 데 테러 박물관을 방문하는 학습 견학을 선택하기도 했습니다.

이 작업 방식의 혁신적인 측면은 무엇보다도 오늘날 전 세계에서 일어나고 있는 일과 비교하는데 있습니다. 학생들은 먼저 제1차 세계대전과 전쟁 기간에 어떤 일이 있었는지 연대기적으로 학습한 다음 냉전 이후 어떤 일이 있었는지 살펴봐야 하지만, 제2차 세계대전 당시 홀로코스트를 가능하게 했던 수사가 미국, 브라질, 헝가리, 터키, 영국 등의 정치인들의 반민주적 성향에 반영되어 반복되고 있다는 사실에 대한 통찰력도 얻어야 합니다. 이러한 수사는 단순한 말 그 이상입니다. 사람들의 가장 기본적인 두려움을 자극하는 매우 다양한 상징을 통해 희생양을 만들어내는 비학적, 연극적 의미 만들기에 관여합니다. 복잡한 문제에 대해 단순한 답을 제시하는 사람은 결코 신뢰할 수 없다는 것을 오늘날의 젊은이들이 이해하는 것이 가장 중요합니다.

능동적 학습의 사례-세계 배낭 여행(전자 자료)

다음 전자 자료에서는 "세계 배낭 여행"이라는 활동적인 학습 활동의 예를 찾을 수 있습니다.

eResource 6

https://routledgetextbooks.com/textbooks/9781032231952/example-of-active-learning-backpacking-around-the-world.php

6) 변화에 영향을 미치는 학습

능동적 학습에서 간과해서는 안 되는 또 다른 측면은 학생들이 일종의 활동가가 되도록 격려하고 그들이 힘을 얻을 수 있는 일에 참여하도록 하는 것입니다. 학생들에게 자신의 환경이나 상태를 개선할 수 있는 힘이 있다는 인상을 주고 깨달음을 준다면 학생들의 동기 부여 수준은 항상 향상될 것입니다. 예를 들어, 몇 년 전 우리 학교 인근 지역의 일부 학부모들이 학교로 통하는 도로에 자전거 도로를 건설해 달라는 청원을 시 웹사이트에 올렸습니다. 이를 계기로 교사들은 학생들에게 나무를 베어내고 학교로 통하는 도로의 보도를 재설계해야 하는 자전거 도로를 건설하지 않고도 이 지역 도로의 교통 문제를 해결하기 위해 시의회에 보낼 수 있는 전략 제안이 담긴 분석 보고서를 작성하도록 하는 다양한 활동적 학습 이니셔티브를 만들게 되었습니다. 학생들은 직접 나가서 실측을 하고, 도로의 상태를 살펴보고, 사진을 찍고, 이웃 주민들과 대화를 나누며 해당 도로의 안전을 개선할 수 있는 다양하고 창의적인 아이디어를 내놓았습니다. 여러 버스 정류장을 재배치하고, 도로를 조금 좁게 만들어 자동차가 빨리 달리지 못하도록 하고, 인도를 넓혀 자전거와 보행자가 공간을 더 쉽게 공유할 수 있도록 하는 등 다양하고 독창적인 아이디어가 나왔습니다. 두 명의 학생으로 구성된 또 다른 팀은 학교 주차장 앞 도로의 속도를 늦추기 위해 과속 방지턱을 추가할 것을 제안하기도 했습니다. 학생들은 현장 연구 문서를 작성한 후 평가와 피드백을 위해 교사에게 보냈습니다. 그런 다음 연구 결과를 인쇄하여 봉인된 봉투에 넣어 시의회와 해당 지역의 도시 계획을 담당하는 관계자들에게 보냈습니다. 3개월이 채 지나지 않아 학생들의 아이디어 중 하나가 시의회에서 채택되어 학교 주차 공간 바로 앞에 횡단보도와 함께 조약돌 과속 방지턱이 만들어졌습니다. 과속 방지턱이 설치된 후 양방향으로 통행 속도가 크게 줄었습니다. 9학년 말에 이 아이디어를 낸 학생들은 학교 주변의 안전을 개선하기 위한 창의적인 솔루션으로 실제 문제를 해결하는 데 기여함으로써 전 학교에 진정한 유산을 남겼습니다.

CHAPTER

05

토론과 분석

1) 교사의 역할

급진적인 개혁적 교육 관행의 신속한 도입

이 책에서 설명하는 혁신적인 방법에도 불구하고, 디지털 환경이든 교실 환경이든 학교에서는 전통적인 수업에 대한 보완의 필요성이 항상 존재한다는 사실을 강조할 필요가 있습니다. 전통적인 강의를 일정에서 완전히 배제하는 다양한 혁신적 수업 계획의 문제는 진정으로 일관된 지식 전달 과정을 위한 여지가 적다는 것입니다. 교사의 역할은 단순히 "무대 위의 현자가 아닌 옆에서 안내하는 사람"으로 변모하지 않고도 재정의될 수 있습니다.[1] 개념, 어휘, 방법 및 일반적인 지식이나 문화를 습득하지 않으면 학생들의 창의력이 떨어지고 그들의 아이디어는 대부분 독창적이지 않기 때문에 교사는 적절하다고 판단되는 경우 정규 강의를 계속해야 하며, 단순히 학생들의 창의력 계발을 돕는 역할로 축소되어서는 안 됩니다.

어린 학생들은 자기 문화의 언어를 접하고 그 언어로 대화함으로써 자연스럽게 그 문화의 언어를 구사할 수 있는 능력을 습득합니다. 하지만 어린이들이 배워야 하는 다른 많은 필수적인 것들은 이와 같은 방식으로 자연스럽게 습득되지 않습니다. 이러한 개념들은 공식적이고 명시적인 가르침이 필요합니다.[2] 물론 우리는 교육자가 조력자의 역할을 맡아야 한다고 제안할 때, 교사가 지속가능한 학습 경험에 필수적인 개념을 제공하면서 학생들에게 필요한 모든 정보를 지속적으로 전달하고 지

1 Schaefer Riley, Naomi. Bad Teaching is Tearing America Apart, The Wall Street Journal, 11 September 2020 www.wsj.com/articles/bad-teaching-is-tearing-americaapart-11599857351?mod=opinion_lead_pos5.

2 Christodoulou, D., Seven Myths of Education, Routledge, 2014.

식을 제공해야 한다고 주장합니다. 모든 학생이 알아야 할 것은 분명히 있으며, 학생들의 지성을 자극하기 위해 많은 세부 사항을 동화시켜야 합니다. 예를 들어, 뉴턴이 이 보편적이고 과학적인 진리를 발견하고 설명하기 전까지 수세기 동안 사과가 땅에 떨어지는 현상이 계속되어 왔기 때문에 중요한 과학적 발견과 관련하여 학생에게 혼자 남겨진다면 중력 이론을 발견하지 못할 가능성이 높습니다. 이러한 과학적 혁신이 이루어지면 설명이 제공된다면 우리 모두 이해할 수 있지만, 이러한 것들을 스스로 발견하도록 내버려두면 대부분의 사람들은 과학 이론을 학습하지 못할 것입니다. 우수한 교사가 교실의 중심이 아닌 단순한 수업 보조자가 된다면 학생들이 자신의 창의력을 발휘하고 비판적 사고력을 키우도록 격려하기 어려울 것입니다. 학생들은 결국 합리적인 가설을 세우고, 관련성 있는 비교를 하고, 사고의 연쇄를 발전시키거나, 필요할 때 양질의 분석을 할 수 있는 일반적인 지식이 부족하게 될 것입니다. 상당한 양의 기본 지식을 흡수하고 내면화해야 합니다. 이러한 기본 사실과 습득한 정신적 이미지는 체계적인 추론의 토대가 되는 내재화된 빠른 속도의 데이터베이스의 일부가 되어야 합니다. 1987년 허쉬는 "모든 미국인이 알아야 할 것"[3]의 광범위한 목록을 주장한 문화적 리터러시에 관한 책을 저술하여 많은 논쟁을 불러일으켰으며, 우리 각자의 문명에도 그러한 편집이 필요하다는 결론을 내릴 수 있습니다.

간단한 비유를 들자면, 구구단을 익힌 어린 학생은 복잡한 계산을 빠르게 할 수 있는 것이 훨씬 쉽습니다. 마찬가지로 폭넓은 문화적 참고 자료와 방대한 일반 지식을 습득한 학생은 정보를 더 빠르게 처리하고 더 미묘하고 정확한 다층적 결론을 도출할 수 있습니다. 더 많이 배운 사람

---

3 Hirsch, E. D. Jr., Cultural Literacy: What Every American Needs to Know, Houghton Mifflin Company, 1987.

의 가르침에 대한 노력과 노출을 통해 지적 노하우를 흡수하고 충분한 일반 지식을 습득한 학생들은 다양한 주제를 분석할 때 올바른 종류의 합리적 결론을 도출할 수 있는 능력을 갖추게 됩니다.

우리는 학생들이 가정이나 지역사회에서 충분한 정보나 일반 문화에 노출되어 학교와 사회에서 좋은 성과를 거두는 데 필요한 기술을 개발하는 데 필수적인 사실을 충분히 습득했다고 보장할 수 없습니다. 그렇기 때문에 교사는 어떤 엘리트주의를 의도하지 않더라도 학생들이 기본 역량의 부족, 호기심의 결여 또는 학생 자신의 사회적 환경에 대한 잠재적인 고의적 무지로 인해 지적으로 굶주리고, 정서적으로 억압되고, 인지적으로 억제되거나 자극을 받지 않도록 해야 합니다. 때때로 학생들을 전통적인 교실 환경에 두는 것이 더 많은 장점이 있지만, 교사의 역할에 관계없이 교실의 실제 초점은 학생 중심 교육학에 적용하더라도 실제 또는 가상으로 교육자가 되어야 합니다.

소위 전통적인 접근 방식을 보존하는 또 다른 교육적 장점은 수업에서 그룹 규율의 발달과 관련이 있습니다. 그룹에서 기능하는 데 필요한 응집력과 자기 규율의 수준은 반복적인 일과를 통해 습득해야 학생들이 개인 및 집단 학습에서 진정으로 독립할 수 있는 기술을 개발할 수 있습니다. 핵심 커리큘럼에는 모든 학생이 알아야 할 사실과 개념의 긴 목록인 '구체적 내용'이 포함되어야 합니다. 이러한 핵심 커리큘럼의 내용은 국가, 지역 또는 문화에 따라 다를 수 있지만, 이러한 기본 지식 규정 목록에는 보편적으로 인정되는 과학 및 인본주의적 가치, 예를 들어 인권 선언문과 같은 내용이 포함되어야 합니다. 학생들에게 적절한 수의 사실을 제공함으로써 우리는 민주주의를 수호하고 과학적 방법을 장려하며 현재 가짜 뉴스라고 불리는 대안적 사실의 출현에 기여할 수 있는 지적 실수, 논리적 오류 및 다양한 인지적 편견으로부터 미래 세대를 보호하는 데 기여할 것입니다. 단순히 워크시트, 학급 프로젝트, 개별적으로 계획된 프로젝트만으로는 학생들의 전반적인 문해력이 낮아지는 단점을 초래할 수 있습니다. 모든 사람이 적절한 자극을 받고 영감을 얻어야 어떤 종류의 진전을 이룰 수 있습니다. 그렇지 않고 위에서 설명한 개혁주의적 접근 방식 대신 과감한 혁명적 접근 방식을 사용한다면 사회 통합을 만드는 데 필요한 필수적인 문화적 측면을 발전시킬 수 없을 것입니다. 또한, 교사는 학생들에게 다양한 관점, 건전한 사실적 반론, 그리고 자신의 문화 외부에서 나오는 많은 정보에 노출시킴으로써 학생들이 자신의 문화적 기준점을 벗어나 더 넓은 관점과 몰입적인 시각을 갖도록 도울 수 있습니다. 다시 말해, 이러한 유형의 지식 습득은 학생들을 자기중심적인 사고의 틀에서 벗어나게 할 수 있습니다. 마지막으로, 학생들이 창의력, 비판적 감각 및 독창성을 진정으로 계발할 수 있는 구체적인 지식과 삶의 경험을 충분히 습득하지 않은 상태에서 문제 해결 및 비판적 사고와 같은 기술 습득에 지나치게 집중하는 것은 시간 낭비가 될 수 있습니다.

교사는 수입이 아니라 교육 성과를 위해 일하나요?

당연히 교사는 미래를 위해 청소년을 양성하는 모든 노력에 대해 합당한 보수를 받을 자격이 있지만, 최고의 교사를 급여가 아닌 학생의 성공과 발전을 통해 보상을 받는 직업인으로 정의하는 것은 거의 진부한 표현이 되었습니다. OECD의 2019년 자료[4]는 전 세계 최고 연봉 교사와 최저 연봉 교사 간의 격차를 여실히 보여줍니다. 비교를 위해 룩셈부르크에서 경력이 없는 고등학교 교사의 초봉은 연간 70,000달러입니다. 경

4 OECD Data, Teachers' Salaries, https://data.oecd.org/eduresource/teachers-salaries. htm.

력 교사의 최고 연봉은 연간 약 124,000달러였습니다. 고등학교 교사의 경우 룩셈부르크와 스위스의 우세가 계속되고 있습니다. 마찬가지로 한국 교사들도 여전히 경력이 쌓일수록 급여가 큰 폭으로 상승합니다. 물론 국가마다 생활비가 매우 다르기 때문에 교사의 보수를 단순하고 쉽게 비교할 수는 없지만, 신뢰할 수 있는 OECD[5]의 데이터는 해당 국가의 교직에 부여된 지위와 보수 비교에 대해 매우 명확하게 보여줍니다.

그렇다면 교육의 진정한 가치는 무엇일까요? 전 세계의 교육 시스템 개선이 전반적인 경제 성장 수준에 크게 좌우된다고 주장하는 것은 사실이지만, 장기적인 경제 성장 수준은 교육의 질 향상에 달려 있다고 말하는 것이 훨씬 더 사실일 것입니다. 대다수의 사람들이 양질의 교육이 가장 중요하다는 데 동의하지만, 많은 사람들이 양질의 교육 시스템 개발의 경제적 가치를 과소평가하는 경향이 있습니다. 실제로 유엔의 가장 야심찬 목표 중 하나인 지속가능한 개발은 전 세계 수익의 성장이 뒷받침되지 않으면 결코 달성할 수 없습니다. 이제 지난 50년 동안 여러 국가에서 수집한 데이터를 바탕으로 정량적 추정을 스탠포드 대학교의 에릭 하누셱(Eric Hanushek) 교수의 이론을 살펴보겠습니다. 그는 경제적 번영의 발전과 교육의 질이 향상되는 방식 사이에는 직접적인 연관성이 있다고 결론지었습니다. 하누셱에 따르면, "훌륭하지는 않지만 훌륭한 교사 한 명이 학생 한 명의 평생 수입을 10,600달러 증가시킵니다. 학생 수가 20명인 학급이라면 총 수입은 21만 2,000달러까지 늘어납니다."[6] 앞서 살펴본 것처럼 대부분의 교사는 교직 생활 중 얻을 수 있는 수입을 기준으로 직업을 선택하지 않습니다. 반면 하누셱 교수의 연구에 따르면

---

5 See also OECD Stats, Teachers' Statutory Salaries, https://stats.oecd.org/Index.aspx? DataSetCode=EAG_TS_STA.

6 Hanushek, A. Valuing Teachers, p.42, http://hanushek.stanford.edu/sites/default/files/publications/Hanushek%202011%20EdNext%2011%283%29.pdf

교사의 업무를 중시하는 국가에서는 교사의 급여 인상이 국민총생산의 성장에 긍정적이고 직접적인 영향을 미친다는 사실이 밝혀졌습니다. 이 연구가 의미 있는 이유는 교사가 성장하는 사회의 각진 끝에 있으며, 한 사회에 장기적으로 가장 큰 긍정적 영향을 미칠 수 있는 잠재력을 가진 사람들이기 때문입니다. 교사는 커리어 전반에 걸쳐 수많은 학생들에게 영향을 미칠 수 있기 때문에 이러한 잠재적 영향력은 배가됩니다. 이 학생들은 미래 사회의 직원, 고용주, 소비자, 유권자, 납세자가 될 것입니다. 하누셱에 따르면 교사의 영향력은 부모가 학생에게 미치는 영향력만큼, 아니 어쩌면 그보다 더 중요하다고 합니다. 또한 그의 연구와 OECD의 연구에 따르면 국가의 경제 성장률은 학업 성취도와 교사가 학생에게 미치는 지속적인 영향력과 밀접한 관련이 있습니다. 그렇기 때문에 전 세계 교사에 대한 공정한 보수가 경제 발전에 중요한 영향을 미칩니다. "그러나 현재의 시스템을 교사 채용, 보상, 유지가 효율성과 더 잘 연결되는 시스템으로 대체하지 못한다면 학교와 경제 모두 잠재력에 비해 성과가 저조할 것으로 예상해야 합니다."[7] 하누셱 교수는 국가의 번영이 해당 인구의 능력과 직결된다는 분석을 통해 교육에 대한 투자가 장기적으로 미치는 영향을 연구하고 있습니다. 이러한 지속가능한 사회적 목표를 달성하기 위해서는 교육적으로 뛰어난 인재를 끌어들일 수 있도록 교직의 가치를 높여야 하며, 재능 있고 헌신적인 영향력 있는 교사를 유치하고 유지하는 확실한 방법은 교직에 더 많은 가치를 부여하고 그에 따라 임금을 조정하여 지위를 높이는 것입니다.

---

7 Hanushek, A. Valuing Teachers, p. 45, http://hanushek.stanford.edu/sites/default/files/publications/Hanushek%202011%20EdNext%2011%283%29.pdf

교사의 역할 재정의

능동적 학습은 단순히 실습 활동으로 워크숍을 진행하는 것이 아니라 교사의 역할을 학습 촉진자로 바꾸고 학생들이 학습 방법을 이해하는 기술을 습득하는 동시에 보다 지속가능한 교육과정을 위해 지식 보유력을 높이는 모든 것을 의미합니다. 더 깊이 있는 학습 경험을 위한 능동적인 교수법을 제공함으로써 학습 성과가 향상되고 정보를 더 오래 기억하는 등 교사들은 창의력과 비판적 사고를 계발하는 데 필요한 개념 습득 능력에 기여하고 있습니다.

이는 학습자가 학습 과정에 능동적으로 참여하도록 유도하는 교수 전략입니다. 최근 하버드 대학교의 한 연구에 따르면 "학생들이 전통적인 강의를 통해 더 많은 것을 배운 것처럼 느껴지더라도 실제로는 소위 능동적 학습 전략을 사용하는 수업에 참여할 때 더 많은 것을 배웠습니다."[8] 국립 과학원 회보에 발표된 연구[9]에 따르면 "딥 러닝은 힘든 작업입니다. 능동적 학습에 수반되는 노력은 학습이 부진하다는 신호로 잘못 해석될 수 있지만, 슈퍼스타 강사는 학생들이 실제보다 더 많은 것을 배우고 있다고 느끼게 하는 방식으로 설명할 수 있습니다."[10] 이와 같은 여러 연구는 이 혁신적인 접근법이 훨씬 더 지속가능한 학습 경험으로 이

---

8 https://news.harvard.edu/gazette/story/2019/09/study-shows-that-students-learn-more-when-taking-part-in-classrooms-that-employ-active-learning-strategies.

9 Deslauriers, L., McCarty, L., Miller, K., Callaghan, K., and Kestin, G., Measuring actual learning versus feeling of learning in response to being actively engaged in the classroom, Proceedings of the National Academy of Sciences, February 2019, www.researchgate.net/publication/335633436_Measuring_actual_learning_versus_feeling_of_learning_in_response_to_being_actively_engaged_in_the_classroom.

10 See Harvard Gazette, https://news.harvard.edu/gazette/story/2019/09/study shows-that-students-learn-more-when-taking-part-in-classrooms-that-employ-activelearning-strategies.

어지는 결과를 가져온다는 것을 입증합니다. 학습자에게 수업 시간에 배운 이론을 숙제나 튜토리얼의 일부로 직접 적용할 수 있는 기회를 더 많이 제공함으로써, 학생들은 새로 습득한 지식을 이전에 습득한 지식과 함께 더 잘 분석하고 종합할 수 있는 도구를 제공받게 됩니다. 이를 통해 다양한 학교 과목 또는 학문 분야에서 길러진 여러 유형의 역량 간의 관계, 상관관계 및 연결 고리를 만들 수 있습니다.

해티는 한 학급당 학생 수가 70명 정도이고 교사가 마이크를 사용해 수업이 잘 들리도록 강의하고 학생들은 가끔씩만 질문하는 아시아 국가의 한 학교에 대해 이야기합니다. 이 특별한 사례에서 학교 당국은 학교의 교수 학습을 개선하고자 학급당 학생 수를 절반으로 줄여 학급당 학생 수를 35명 정도로 줄이기로 결정했습니다. 얼마의 시간이 흐른 후 당국은 학생들의 성취도를 다시 테스트했지만, 실망스럽게도 전혀 개선이 이루어지지 않았다는 사실을 알게 되었습니다. 개선되지 않은 이유를 조사한 결과, 교사들이 여전히 똑같은 방식으로, 즉 수업의 맨 앞에서 마이크를 들고 강의하는 방식으로 가르치고 있었으며, 교육 방법론은 전혀 바뀌지 않았기 때문에 당국은 실제 교수법이나 교사의 전문성보다는 잘못된 것, 즉 학급 규모를 바꾸는 것으로 문제를 해결했다는 사실을 깨달았습니다.[11] 이와 같은 연구는 적극적인 교수-학습이 장기적인 지식 유지에 무시할 수 없는 영향을 미칠 수 있다는 것을 보여줍니다. 따라서 교사의 역할을 정보 전달자라는 고전적인 정의에서 학습 촉진자라는 새로운 형태로 전환하여 학습 성과를 높이는 교육학적 접근 방식이 바로 능동적 교수-학습입니다. 즉, 전통적인 강사가 엄격한 권위주의적 스승이 아닌 '안내자', ' 조언자'로 변모하고 있는 셈이다. 다양한 유형의 구조화된 능동적 학습 경험을 활용할 수 있는 방법은 많지만, 대부분 직접 체

---

11 Hattie, J., Visible Learning for Teachers, London: Routledge, 2012.

혀하는 창의적 워크숍은 포함하지 않습니다. 향상된 능동적 학습 방법론으로 적극 권장하지만, 지속가능한 능동적 학습의 가장 일반적인 방법은 대화와 토론을 촉진하면서 고전적인 소크라테스식 질문법을 적용하는 것입니다. 학생들과 함께, 그리고 내부적으로는 학생들 간에 유연한 반구조화된 협업 학습 상황을 만들어야 합니다. 이 과정에서 학생들의 의견을 반영할 수 있는 여지를 주는 것이 중요합니다.

창의력과 분석 능력을 계발하는 것을 궁극적인 목표로 하는 이 능동적 학습 접근법은 학생들이 감각을 자극하는 다양한 접근법을 사용하면서 문제해결 과제를 통해 비교, 성찰, 분석하면서 사고하도록 장려하고 가능하게 합니다. 지속가능한 능동적 학습 방법을 사용하는 교사는 학생들에게 앉아서 듣고, 읽고, 쓰고, 세기만 하도록 요구했던 기존 교육에서 학생들에게 기대했던 것만 하도록 하는 대신 듣기, 보기, 만지기, 냄새맡기, 맛보기, 말하기 등 다양한 탐구 활동을 추가하고, 학습 내용에 의문을 제기하는 것이 금지되고 교사에 대한 무례함으로 인식되었던 엄격한 규율 형태를 존중하게 될 것입니다.

대신 지침과 설명을 제공함으로써 교사는 학생들이 암기하도록 사실을 전파하는 권위적인 존재가 아니라 학습 과정의 파트너가 되는 보다 개방적인 교육자의 역할을 채택하고 있습니다. 교사는 학생들에게 사례연구, 토론, 팀워크, 구두 발표, 프로젝트 기반 학습 및 워크숍에 참여할 수 있는 기회를 제공함으로써, 새롭게 습득한 이론적 지식이 학생들의 학습에 기여하면서 이전에 습득한 지식과 병치되고 결합될 때 강화되고 더 잘 동화되므로 학제 간 학습 분위기가 자연스럽게 형성될 수 있도록 합니다.

그럼에도 불구하고 우리 모두가 학교에서 무의식적으로 배운 한 가지는 배움에 대한 사랑은 자신이 사랑받고 있다는 것을 배우는 것과 많은 관련이 있으며,[12] 자신이 가치 있고 인정받고 있다고 느끼는 학생은 관계적 교수에 관한 장에서도 설명한 것처럼 자신이 하는 일을 사랑하고 학생들을 사랑하거나 적어도 애정을 보이는 교사의 격려로 인해 자신의 발전을 위해 노력하고 시간과 에너지를 투자하려는 경향이 더 커진다는 점입니다.

현실 세계의 문제를 해결하기 위해 교사는 문제 해결 워크숍에 참여하면서 학생들과 함께 '마음의 습관'을 기를 수 있어야 하며, 이를 통해 학생들은 자기 지식과 자기 인식을 계발하고, 학습을 배우면서 성찰 능력에 자신감을 얻고, 큰 아이디어와 핵심 개념을 보다 지속가능한 방식으로 흡수하는 평생학습 습관을 신장할 수 있습니다. 우리는 동기 부여의 가장 큰 원천 중 하나는 학생들이 다양한 콘테스트에서 함께 작업해 온 Spänningssökarna(스릴 추구자)[13]와 같은 창의적인 프로젝트를 중심으로 학제 간 팀 빌딩 활동을 설계하는 것임을 보여줬습니다. 학생들이 이와 같은 대회에 참가하는 것이 보람 있는 가장 큰 이유는 학생들이 진정으로 관심을 갖고 있는 실제 문제를 해결하려고 노력한다는 사실 때문입니다. 결과적으로, 교육 활동은 가장 높은 수준의 통합적이고 전체론적인 실천에 도달하게 됩니다.

교사의 전문성

많은 국가의 교사 연수 프로그램, 특히 어린 학생들을 담당하는 교사 연수 프로그램은 일반적인 교육학에 너무 많은 시간을 할애하고 특정 과목 지식에는 너무 적은 시간을 할애합니다. 너무 많은 교사가 가르

12 Hattie, J., Visible Learning for Teachers, London: Routledge, 2012.

13 For more information, see www.spanningssokarna.se/hem/?AspxAutoDetectCookieSupport=1.

치는 방법에 대한 전문가인 반면 무엇을 가르쳐야 하는지에 대한 가장 중요한 지식이 부족하다면 지식 집약적인 강의 계획서를 작성하기 어렵습니다. 그렇기 때문에 엔지니어, 전기 기술자, 요리사 등의 경력을 가진 교사들이 교육 분야에서 제2의 커리어를 시작하면 이전 지식과 전문적 경험이 크게 기여하고 자신의 가르침에 확실한 부가가치를 제공하는 것에 놀랄 때가 있습니다. 또한 가르치는 방법에 대해 생각하기 전에 자신의 전공 분야에 대한 깊은 학문적 지식을 가지고 있는 것이 매우 유리한 경우가 많습니다.

이 문제는 너무 자주 무시되고 일종의 정보 빈곤으로 인해 지식의 동화를 제한하는 다소 피상적인 교수법으로 대체되었습니다. 교사는 가르칠 과목에 대해 충분히 이해하지 못하면 간단한 용어로 설명할 수 없기 때문에 가르치는 내용보다 더 깊은 지식을 가지고 있어야 합니다. 사실 학습의 목표는 몇 가지 단편적인 사실을 배우는 것이 아니라 수백 가지의 사실을 배우는 것이며, 이러한 사실들이 모여 세상을 더 깊이 이해할 수 있는 토대가 될 것입니다. "단순히 워털루 전투의 날짜만 배우는 것이 아니라 기원전 3000년부터 현재까지 150개의 역사적 사건의 날짜를 배우고 각 사건이 왜 중요한지에 대한 몇 가지 핵심 사실을 배우는 것은 모든 역사적 이해의 기초가 되는 기본적인 연대기 도식을 형성하기 때문에 엄청난 도움이 될 것입니다."[14] 19세기 후반 교육학자 존 듀이(John Dewey)[15]는 경험적 학습의 중요성을 강조했습니다. 듀이가 보기에 당시 많은 학교의 문제점은 학생들이 능동적이지 않고 수동적인 정보 수용자에 불과하다는 것이었습니다. 그러나 오늘날 우리는 수동적인 사실 학습

---

14 Christodoulou, D., Seven Myths about Education, Routledge, New York, 2014, p.20.

15 https://en.wikipedia.org/wiki/John_Dewey.

을 표면 학습, 보다 능동적인 학습을 심층 학습이라고 규정하기보다는 기술은 지식과 서로 의존하고 얽혀 있으며, 어느 하나 없이는 다른 하나를 가질 수 없다는 점을 이해해야 합니다. 교사에게 지식과 사실에 대한 가르침을 너무 적게 요구하면 학교는 교육자가 확증 편향의 함정에 빠지지 않을 것이라고 보장할 수 없고, 특정 과학적 사실에 대한 기초 지식이 부족하면 교육학 학위를 받은 자격을 갖춘 교육자가 학교에서 음모론이나 대안 사실을 확산시키는 데 어느 정도 기여할 수 있기 때문에 가장 큰 위험성이 있습니다, 하지만 과학적 방법을 제대로 이해하거나 자연계에 대한 본질적인 사실을 이해하기에는 지식이 너무 부족합니다.

케임브리지 대학교 소속의 영국 교육 연구자인 로빈 알렉산더(Robin Alexander)는 주로 미국에서 수행한 연구를 통해 교사의 전문성에 대한 몇 가지 전형적인 특성을 밝혀냈습니다. 전문성 있는 교사는 학생의 학습 결과가 좋지 않은 동료 교사와 비교했을 때 지식 활용도가 더 뛰어나고 주제 지식이 훨씬 더 깊이 있는 것으로 나타났습니다. 또한 더 나은 문제 해결 능력을 보였고, 더 우수한 다양한 학습자에 맞게 수업을 조정할 수 있는 능력과 일상적인 수업에서 즉흥적으로 신속하고 과학적인 판단을 내릴 수 있는 엄청난 능력을 갖추고 있었습니다. 또한, 전문적 교사는 학생들에게 훨씬 더 까다로운 목표를 설정할 수 있고 학생 피드백에 훨씬 더 효과적이었습니다.[16] 평가에 따르면 전문 교사는 다른 교사보다 자신의 가르침이 학생들에게 미치는 영향에 대한 가설을 테스트하고, 교육학 및 자신의 교과 분야에 대해 더 깊이 이해하고, 자신의 실습에 대한 통제감을 갖고, 열정적으로 가르치고, 거의 직관적이고 즉흥적이며, 마지막으로 학생들을 존중한다고 느낀다고 답했습니다. 안타깝게도 연

16 Alexander, R. (Ed.), Children, their World, their Education: the Final Report and Recommendations of the Cambridge Primary Review, New York, Routledge, 2010.

구자들이 휴식 시간에 교사들이 어떤 이야기를 하는지 관찰한 결과, 학생, 시험, 학부모, 커리큘럼 문제, 행정, 심지어 축구와 같이 다른 것에 대해 이야기하는 경우가 너무 많았습니다. 학생들에게 미치는 영향은 말할 것도 없고 수업 시간에 자신의 수업에 대해 이야기하는 경우는 거의 없었습니다.[17] 교사들이 서로의 수업을 관찰하고 실제로 무엇이 중요한지에 대해 서로 이야기하도록 장려하고 더 나아가 이러한 논의가 변화와 학습으로 이어질 수 있도록 촉진하는 것은 학습에 진정한 영향을 미치려는 교육 기관에서 절대적으로 최우선시해야 할 과제입니다. 이것이 바로 교사의 전문성이 만들어지는 방법입니다.

너무 자주 간과되는 몇 가지 중요한 추가 특성 및 교사들이 교육자로서의 잠재력을 최대한 발휘하는 동시에 개별적으로도 교사 협력팀의 집단적 발전에 더 잘 기여할 수 있도록 도와줄 수 있는 방법을 소개합니다. 최고의 교사는 무엇보다도 제너럴리스트가 되고자 노력하며, 다양한 분야에 관심을 갖고 학생들에게 영감을 줄 수 있는 교사가 되기를 바랍니다. 다시 한번 강조하지만, 우리의 목표 중 하나는 교직 생활 동안 관찰한 내용을 바탕으로 교육 과학의 발전에 기여할 수 있는 논문을 작성하도록 영감을 주는 것임을 분명히 해야 합니다. 이와 관련하여 저희는 학생들의 지적, 사회적, 정서적 발달에 장기적으로 가장 큰 영향을 미치는 것으로 보이는 교사들의 몇 가지 특정 특성을 확인했습니다. 언젠가 학계에서 이러한 아이디어를 바탕으로 더 많은 연구가 진행되기를 바랍니다. 이러한 특성 중 일부는 대부분의 교사에게 매우 친숙해 보이지만, 필수적이라고 생각되는 다른 측면은 어떤 교사 교육 프로그램에서도 다루어지지 않을 것입니다. 게다가 이러한 특성은 교사 성과 평가에 거의 나타나지 않으며, 교육청에서는 그 중요성을 간과하는 경우가 너무 많습니다.

---

17 Hattie, J. and Zierer, K., Visible Learning Insights, London: Routledge, 2019, p.8.

그렇다면 어떤 교사들이 다른 교사들보다 훨씬 더 효과적인 이유는 무엇일까요? 우선, 이러한 유능한 사람들은 보통과는 다른 인생 경험을 가지고 있는 경우가 많습니다. 또한, 이들은 자신이 슈퍼히어로라는 환상을 키우지 않고 자신에 대한 확신을 가지고 있음을 보여줍니다. 그들은 일반적으로 학생들의 필요와 열망을 이해하고 있으며 학생들과 그들의 미래에 가장 중요한 것에 집중하는 방법을 알고 있습니다. 이들은 위험을 감수하는 것을 두려워하지 않고 새로운 기술에 개방적이며 독립적이면서도 다른 사람들과 매우 긴밀하게 협력할 수 있으며 학교 관리자가 자신이나 자신의 교수법에 대해 어떻게 생각하는지에 영향을 받지 않습니다. 특히 고가의 장비에 투자해야 하는 이니셔티브를 개발할 때 학교장으로부터 오해를 받기도 하는 비전 있는 교사에게는 더욱 중요합니다.

위에 우수한 교사의 특징을 살펴봅시다. 우선, 교육 영역 밖의 특이한 삶의 경험은 교사로서 매우 귀중한 자산이 될 수 있습니다. 이러한 경험의 자본은 여러 가지 방식으로 학문적 내용을 풍부하게 하는 다양한 도구를 제공하며, 이 책 전체에서 여러 번 논의한 통합적 접근 방식을 촉진하는 데 자연스럽게 기여합니다. 앞서 언급했듯이 다른 분야에서 일할 기회를 가졌거나, 단순한 관광을 넘어 여행을 통해 색다른 풍경을 경험할 기회를 가졌거나, 경쟁 수준에서 스포츠를 연습했거나, 예술, 문학, 음악에 대한 열정을 키운 교사들은 교직에 훨씬 더 많은 관점을 가져다줄 다양한 기술을 보유할 수 있습니다. 또한 이러한 삶의 경험은 대부분 팀워크와 협업의 중요성을 이해하는 데 기여하며, 이는 종종 수업에서 다루는 측면에 관련성과 깊이를 더하는 데 도움이 됩니다. 이러한 부가가치는 중요한 측면이며, 여러 교원 노조와 고용주들이 교사의 평가와 보수를 결정할 때 연공서열보다 훨씬 더 중요하게 고려해야 합니다.

교사가 자신의 전문 분야, 올바른 전문 분야에 종사하고 있다는 확신과 교과목 교육에 필요한 지식을 습득했다는 확신을 갖는 것 또한 교사가 제공하는 교육의 질에 중요한 영향을 미칩니다. 교사가 자신이 가르칠 적임자인지 확신이 서지 않는다면 진지하게 진로 변경을 고려해야 합니다. 실제로 인성 측면도 매우 큰 역할을 하며 관계 교육학에서 핵심 요소 중 하나가 될 수 있습니다. 안타깝게도 일부 교사는 자신이 취약하고 완벽하지 않다는 사실을 인정하지 않습니다. 교직 생활을 하면서 몇 번 관찰한 바에 따르면 학생들은 자신의 약점과 좌절감을 숨기는 데 많은 에너지를 소비하고 때로는 반 친구들 앞에서 더 재능 있는 학생을 비하하는 경향을 보이기도 합니다. 심지어 교사가 무능한 것으로 드러날까 봐 동료와 협력하지 않으려는 행동을 하는 경우도 있습니다. 진정으로 소속감을 느끼는 교사는 자신이 모든 질문에 대한 답을 가지고 있지 않다는 것을 인정하는 데 어려움을 겪지 않을 것입니다. 또한 우수한 교사는 필요할 때 학생들의 자신감을 높이기 위해 무식한 사람 역할을 하는 습관이 있습니다. 관계적 접근법의 전문가들은 학생들과 진정으로 소통하는 가장 좋은 방법 중 하나는 자신의 취약성을 드러내는 것을 두려워하지 않고 심지어 감정을 표현할 수 있습니다.

이러한 태도는 학생들의 공감 능력을 키우고 전인적 학습에 크게 기여하며, 학생들의 동기 부여 수준을 유지하고 발전시키는 방법을 아는 것도 필요합니다. 각 개인의 야망과 관점을 조정하는 것은 학급 내에서 통합적인 측면이 되며, 협업 및 협동적 접근 방식을 사용하여 개인의 이탈을 방지하는 보루를 구축할 수 있게 해줍니다. 또한 교사가 원하는 경우 학생들이 각자의 학습 과정에서 위험을 감수하는 법을 배우려면 먼저 교사 자신이 위험을 감수하는 사람이라는 것을 보여 주어야 합니다. 실제로 이 경우 모범을 보이는 것이 필수적입니다. 반면에 최고의 교사는 본질에 집중하는 방법을 알고 있으며, 학생 복지에 해를 끼치는 관료적 요구로 인해 산만해지지 않습니다. 또한 반복적인 결석이나 지속적인 지각과 같은 만성적인 문제 행동이 종종 더 심각한 문제의 증상임을 인식하는 방법을 알고 있으며, 학교의 상담사나 사회복지사와의 협력적 접근이 학생을 도울 수 있는 기회를 제공하고 문제 해결 능력을 높이고 학부모 또는 보호자와의 의사소통을 개선할 수 있다는 것을 알고 있습니다. 교사는 자신의 주된 역할이 교육 기관의 도움 없이 학생의 모든 문제를 스스로 해결하려고 노력하는 것이 아니라는 것을 이해합니다. 이것은 교육의 통합적 발전에 필수적인 협업의 또 다른 예입니다.

최고의 교사는 허가를 기다릴 필요를 느끼지 않습니다. 대담한 교육 프로젝트를 시작하기 전에 학교 관리자와 교장의 의견을 충분히 수렴하고, 고용주가 어떻게 생각하든, 어떤 방식으로든 프로젝트를 진행합니다. 이들은 학생들의 헌신과 열정을 이끌어내기 위해 때때로 위험을 감수하고 교육 목표를 달성하기 위해 기존의 기준을 위반하거나 특정 규칙을 어기는 교육 실험을 진행하기도 합니다. 때때로 수업이 지저분해지거나 시끄러워질 위험이 있지만, 최고의 교사들은 가장 효과적인 학습 과정이 항상 체계적이고 질서 있는 활동은 아니며, 너무 정형화되고 일상과 규칙을 지나치게 고수하면 학생들의 창의성 발달에 필수적인 자발성과 호기심을 빼앗을 수 있다는 점을 잘 알고 있습니다. 끊임없이 동료의 승인을 구하고 상사가 자신의 업무 방식에 대해 어떻게 생각할지 걱정하는 교사는 종종 업무가 지치고 비생산적이라는 것을 알게 될 수 있습니다. 다시 말해, 업무 진행 속도가 느려질 수 있는 승인을 기다리는 것보다 용서받는 것이 낫다는 뜻입니다. 최고의 고용주는 가장 헌신적인 교사를 신뢰하는 법을 배웠으며, 교육 프로젝트가 처음에 원하는 결실을 맺지 못하더라도 그들을 지지할 준비가 되어 있습니다.

궁극적으로 교사의 전문성은 담당하는 교과의 지식, 학생과의 관계를 형성하고 신뢰 분위기를 조성하는 능력인 교육적 역량, 학생들에게 미리 준비한 내용을 설명하는 능력인 교수 역량이라는 세 가지 다리에 달려 있습니다. 우리 주변에는 엄청난 양의 지식을 가지고 있지만 명확하게 표현하지 못하거나 접근하기 어려워서 그 지식을 전달하지 못하는 사람들을 많이 알고 있을 것입니다. 전문적 교사는 자신의 지식을 학생들의 언어와 상상력으로 번역할 수 있어야 합니다. 따라서 이 세 가지 교육적 다리가 모두 없으면 전문 교육의 기반은 쉽게 무너질 것입니다.

2) 특수 교육 및 능동적 학습

특별한 도움이 필요한 학생들과 함께 일하는 교사는 통합적이고 활동적인 학습 환경에서 일하는 데 익숙한 경우가 많습니다. 이러한 교사들이 각 학생의 다양한 역량 수준에 적응하면서 각 학생의 특정 요구 사항을 충족하기 위해 교수법과 학교 의무교육 과정의 내용을 조정하는 방식은 지속가능하고 통합적인 능동적 학습 방법론을 개발하고자 하는 모든 교사에게 놀라운 영감의 원천이 될 수 있습니다. 특별한 도움이 필요한 그룹이나 학급에서 일하려면 다른 관계적, 교육적 접근 방식이 필요합니다. 이 책은 다양한 신체적 또는 지적 장애나 신경정신적 장애를 가진 학생들을 더 잘 돕기 위해 모든 것을 유연하게 적용해야 하는 방법을 다양한 실제 사례를 통해 보여줍니다.

특별한 도움이 필요한 학생을 위한 방법과 내용의 조정은 장애 유형에 관계없이 조직의 모든 학생에게 혜택을 줄 수 있는 잠재력을 가지고 있습니다. 정규 수업에서 동등하게 조정된 통합적이고 활동적인 학습 활동을 구성하려는 교사의 의지만 있다면 다른 장애물은 없으며, 이러한 유형의 조정된 학습 활동은 효과를 극대화하고 지속가능한 학습 참여를 보장하기 위해 종종 그룹 환경에서 수행될 수 있습니다. 이러한 유형의 수업에서는 특수교육이 필요한 사람들의 삶에 진정으로 오래 지속되는 영향을 미치기 위해 이론적 내용을 실제 활동으로 전환하는 것이 더욱 중요합니다.

전 세계의 특수학급 학생들은 장애가 있음에도 불구하고 다른 학생들과 마찬가지로 사실과 도형을 암기해야 하는 경우가 많습니다. 예를 들어, 구구단 같은 것을 암기해야 하는 경우도 많지만, 누구에게나 보람 있는 학습 경험이 되는 것은 습득한 지식이 실제 환경이나 실제 학습 활동에서 활용될 때입니다. 예를 들어, 가정 경제 수업에서 학생들은 한 사람을 위한 레시피를 사용하면서 구구단에서 습득한 지식을 활용하여 더 많은 사람을 위한 레시피를 만들어야 할 수 있습니다. 습득한 기본 지식을 실생활에서 유용하게 사용함으로써 기억력을 훈련하는 행위에 의미를 부여하며, 이는 모든 학습자에게 해당됩니다. 학생들이 요리나 베이킹과 같은 유용한 일을 하기 위해 곱하기나 나누기 등 기본적인 수학적 기술을 사용해야 하는 다양한 상황을 쉽게 상상할 수 있습니다.

이것은 적응형 통합 학습 활동의 가장 명백한 예일 수 있지만, 전체 학습 경험을 지속가능하게 만드는 것은 이러한 유형의 단순한 평행선을 만드는 학습 행위입니다. 그럼에도 불구하고 적응형 통합 접근법은 특수교육 수업의 다양한 학교 주제에 적용할 수 있습니다. 미적, 예술적 교과목은 지적 장애나 신경정신 장애가 있는 학생들에게 능동적인 학습 활동을 수행할 수 있는 무한한 기회를 제공합니다. 목공예, 섬유 공예, 미술, 심지어 어느 정도 체육과 같은 교과목은 이론적으로 습득한 기본 지식을 매우 실용적인 방식으로 적용하기에 이상적인 환경을 제공할 수 있습니다. 이는 의심할 여지없이 개념 습득 기술을 더 오래 지속시키고 평생 학습 경험에 기여할 것입니다. 이러한 학생들에게는 학제적이고 경험적인 방식으로 작업하지 않으면 지식이 지속되지 않습니다.

3) 다문화 교육

이동성과 국제 교류의 증가로 다양한 배경과 문화를 가진 사람들이 많아지면서 다문화 교육에 대한 이야기를 빼놓을 수 없습니다. 다문화 교육은 각 사회의 인구학적 변화를 고려하며, 학생들에게 역사 속에서 각 문화 집단이 기여한 바를 더 잘 이해할 수 있게 해줍니다. 많은 학교는 교직원과 학생들 사이에 매우 다양한 환경을 조성하여 모두에게 보다 조화로운 다문화 및 다국어 학습 환경을 조성할 수 있는 매우 큰 특권을 누리고 있습니다. 교사들이 수업계획서에 문화 콘텐츠를 통합하면서 다양한 배경과 문화를 가진 학생들과 관련된 내용을 포함함으로써 관계적 교육 접근법을 확대하고 확장하고 있습니다. 지속가능한 학습 경험에 도움이 될 수 있는 각 학생의 배경 요소를 인식하고 알려주는 것이 필수적입니다. 이러한 요소 중 일부는 일화적인 것으로 끝날 수도 있지만, 결국 특정 주제에 대해 더 깊이 분석할 수 있는 예시를 제공합니다. 이러한 요소는 더 넓고 풍부한 일반적 문화 지식을 쌓는 데 필수적인 메타역량의 일부입니다.

다문화 교육은 미래 사회가 더욱 다원주의화될 것이라는 가정에 기반하며 인류학, 민족학, 여성학 및 젠더학의 측면을 고려합니다. 포용, 다양성, 민주주의, 역량 습득, 비판적 사고의 원칙을 가르치기 위한 방법으로 다른 학문의 콘텐츠를 통합하면 내향성과 자기 성찰을 도와줄 수 있습니다. 이민자의 정체성을 없애고 다른 것으로 대체하여 순전히 동화를 시도하지 않고 환영하는 문화에 통합하기 위해서는 이러한 접근 방식을 사용하는 것이 필수적입니다. 이러한 맥락에서 통합은 동화보다 훨씬 더 유익하며, 스웨덴 정부는 모국어 수업 프로그램을 의무교육과정에 도입함으로써 적어도 이 경우에는 통합이 얼마나 유익한지 잘 이해하고 있습니다. 스웨덴 학교는 가정에서 다른 언어를 사용하는 사람들에게 추가 수업을 제공하며, 모든 학생은 이러한 유형의 통합 및 보존 과정을 수강할 자격이 있습니다.

정규 수업에서 교사는 전 세계 다양한 문화의 맥락을 강조하고 추가적인 문화 콘텐츠를 추가하여 학생들의 문화적 인식의 틀을 넓히는 동시에 다양한 편견과 일반화를 살펴봄으로써 비판적 사고력을 계발하는 데 사용할 수 있습니다. 다양한 배경을 가진 가정, 고정관념, 철학은 학생들이 각 문화가 서로 공유하는 측면에 집중하도록 요청하는 비교 분석에 활용될 수 있습니다. 이는 "남에게 대접받고 싶은 대로 남에게도 대접하라"라는 황금률의 개념을 도입하여 관용, 개방성, 공감을 키울 수 있는 좋은 방법이 될 수 있습니다. 이러한 연습의 일환으로 학생들에게 보편주의의 측면을 정의하기 위해 문화적 유사성을 토론하고 분석하도록 초대할 수 있습니다.

역할극이나 토론에서 역할을 바꿔보는 것도 훌륭한 능동적 학습 활동입니다. 예를 들어, 17세기 노예 무역에 대해 이야기할 때 교사는 일부 학생에게 노예 상인 역할을 맡기고 다른 학생에게는 노예 무역과 노예가 된 사람의 역할을 맡긴 다음 역할을 바꾸도록 요청할 수 있습니다. 이 학습 전략을 적용할 수 있는 또 다른 좋은 기회는 산업혁명과 그 역사적 맥락에서 자유주의와 사회주의와 같은 새로운 이념의 출현에 대해 이야기할 때 학급을 여러 이념 그룹으로 나누고 1800년대 중반에 중요했던 문제에 대해 보수주의자, 자유주의자, 사회주의자가 서로 논쟁하는 세 그룹으로 나누어 잠시 후 역할을 바꾸어 각 학생이 이념적 구분의 각 측면의 주장을 배우고 연습하도록 하는 것입니다. 이러한 연습을 통해 편견을 줄이고 역사상 가장 비인도적인 혐오스러운 사건의 복잡성에 대한 공감과 이해를 키우고 다양한 정치적, 사회경제적 시각에 대한 관점을 제공합니다. 학생들은 일부 문화, 정치적 견해 또는 민족 집단과 관련된 경멸적이고 부정적인 고정관념을 인식하게 되면서 이 역할극을 수행하는 동안 감정적으로 격렬한 논쟁에 노출되기 때문에 오래 지속될 수 있는 이해의 형태와 감사하는 마음을 갖게 됩니다. 학생들은 토론 중에 했던 말은 잊을 수 있지만 토론 중에 느꼈던 감정은 결코 잊지 못할 것이므로, 이 역할극에서 경험한 감정을 활용하기 위해 교사들은 지속가능한 학습의 장을 마련하고 있습니다. 또한 학생들은 자신이나 반 친구들을 이념적으로 규정하기 위해 라벨을 사용하는 데 더욱 신중해지며 당파성의 함정에 쉽게 빠지지 않을 수 있습니다.

다문화 교육은 교실 상황에만 국한되어서는 안 되며, 특히 교사 자신이 다른 문화권 출신인 경우 교사들이 계획에 협력하도록 장려해야 합니다. 교사들은 각자의 배경이 가진 긍정적인 측면을 강조할 수 있는 다양한 전략을 사용하여 수업을 계획할 수 있어야 합니다. 많은 학교에서 우리는 매우 다양한 인력을 보유하고 있다는 것을 매우 자랑스럽게 생각하며, 이는 모든 학교에 놀랍도록 다양하고 풍부한 아이디어와 방법의 용광로가 될 수 있습니다. 이를 지원하기 위해서는 각 교사가 다양한 문화의 측면과 문명 발전에 대한 기여를 통합하고 강조할 수 있어야 합니다. 각 문화는 다양한 방식으로 현대 세계에 기여해 왔으며, 예를 들어 과학, 기술, 공학, 예술 또는 수학 또는 기타 과목의 발전에 영향을 준 문화에 대한 공로를 인정하기 위해 다문화적인 측면을 강조하는 것은 매우 간단합니다. 여기에는 많은 과외 활동 콘텐츠도 포함될 수 있습니다.

용광로(Melting Pot) 또는 샐러드 보울(Salad Bowl): 동화 대 통합

이러한 유형의 퓨전 및 용광로 문화를 교육에 소개하는 좋은 방법은 '요리'라는 비유를 사용하면서 그 메커니즘을 학생들에게 설명하는 것입니다. 예를 들어, 스웨덴에 위치한 한 학교에서는 스웨덴 전역의 다양한 패스트푸드점에서 볼 수 있는 음식 문화 융합의 예를 쉽게 접할 수 있습니다. 스웨덴의 거의 모든 피자집에서 감자튀김과 마늘 소스로 덮인 케밥 피자를 주문할 수 있을 정도로 다양한 형태의 세계 각국 요리를 통합한 음식이 매우 인기 있습니다. 예를 들어, 스웨덴 룬드에 있는 한 레스토랑은 쿠르드족 출신 부부가 소유하고 운영하는 곳으로, 음식 준비에 자신의 문화적 배경을 도입했습니다. 이 부부는 피자 도우를 만들기 위해 일부 재료를 대체했는데, 예를 들어 다른 종류의 밀가루를 사용하여 해당 지역에서 흔히 볼 수 있는 플랫브레드[18]와 비슷하게 만들었습니다. 그들은 여러 나라의 요리 재료를 포함해 다양하고 이국적인 피자를 위한 독창적인 조합을 생각해 냈습니다. 이 경우 이탈리아는 스웨덴, 튀르키예, 벨기에, 프랑스, 쿠르드족과 만나 다양한 문화가 교육 안에서 통합되는 것과 비슷한 풍미 가득한 퓨전을 선보입니다.

이러한 통합적 융합의 최전선에 있는 교사는 학생 개개인의 시야를 넓혀 다문화적 개방성을 촉진하고, 나아가 사회 전체의 열린 사고에 기여함으로써 학생 개개인에게 도움이 될 수 있는 다문화적 개방성을 키워야 합니다. 그러나 융합과 용광로에 대해 이야기할 때 교사는 이를 모든 학생을 최대한 동질화하기 위한 방법으로 오해하기 쉬우므로 동화의 함정을 피해야 합니다. 권장되고 추구되는 것은 단순한 동화가 아니라

18 (역자주) '플랫브레드(flatbread)'는 납작한 빵이라는 뜻입니다. 밀가루, 물, 소금 등을 반죽하여 발효 없이 또는 약간만 발효시켜 납작하게 만든 빵을 가리킵니다. 일반적으로 두껍지 않고, 평평하며, 팬에 굽거나 화덕에서 조리하는 경우가 많습니다.

균형 잡힌 평등주의적 통합입니다. 따라서 보다 적절한 비유로, 교사는 샐러드 그릇의 비유를 사용하면서 통합을 목표로 삼아야 하는데, 샐러드 그릇은 샐러드처럼 각 재료가 고유한 특성을 유지하지만 함께 모이면 용광로가 아닌 전체를 만드는 것으로, 보다 초학문적인 접근 방식과 교실에서 학생들의 다양성을 나타냅니다. 새로운 재료가 추가되면 새로운 풍미가 생겨나 샐러드가 더욱 풍성해집니다. 이 특별한 비유에서 교사의 주된 관심사는 샐러드 그릇을 제공하고 약간의 드레싱을 추가하여 전체에 양념을 더하는 것입니다. 이 경우 드레싱은 학교의 핵심 가치, 세계인권선언 또는 크리스토퍼 히친스(Christopher Hitchens)의 새로운 계명을 나타낼 수 있습니다.[19]

교사가 수업 중에 학생들로부터 편견으로 해석될 수 있는 발언을 들었을 때, 해당 문화가 문명 발전에 어떻게 기여했는지를 예로 들어 해당 문화를 고양시키는 것이야말로 완벽한 기회이자 교사의 의무입니다. 예를 들어, 교사가 누군가 "아랍어권에서 좋은 것은 아무것도 나오지 않았다"라고 말하는 것을 들었을 때, 암흑기에 0이라는 숫자를 포함한 인도 숫자를 유럽에 도입한 아랍 상인들에게 서구 세계가 빚을 졌다는 사실을 소개하면서 미적분학 발전에 가장 큰 공헌을 했다는 점을 강조할 수 있습니다. 대수라는 단어가 9세기 바그다드에서 발명된 '알-제브르(al-djebr)'에서 유래했다는 사실도 강조할 수 있습니다.

통합적이고 다문화적인 언어 사용과 함께 보다 총체적인 접근 방식을 사용함으로써 인류의 공유 가치를 강화할 수 있으며, 공통적이고 공유된 유산에 집중함으로써 교사는 보다 관용적이고 개방적인 사회 발전에 기여할 수 있습니다. 교사가 책 밖에서 진정으로 가르치는 법을 배우

---

19 Christopher Hitchens' Alternative to the Ten Commandments, www.vanityfair.com/news/2010/04/hitchens-201004.

기 위해서는 각 수업의 강의 계획서에 외국 문화에서 비롯된 구체적인 사례를 추가해야 합니다. 이 방법론은 확실히 교사의 높은 수준의 일반적인 지식을 요구하지만, 아프리카, 아시아 또는 남미 역사의 요소를 사용하여 이러한 사고 방식을 사용하면 학생들이 글로벌 사건을 해석할 때 민족 중심주의와 유럽 중심주의를 방지하면서 더 넓은 관점을 얻는 데 도움이 될 수 있으므로 교사 협력팀이 협력적이고 연대기적으로 작업을 계획하면 서로에게 큰 도움이 될 수 있습니다.

인종 차별, 인종 학살 또는 대량 학살에 대해 논의할 때 식민주의의 역사와 르완다 또는 남아프리카의 현대사에 대한 사례 연구를 사용하여 학생들에게 아파르트헤이트와 같은 개념을 소개할 수 있습니다. 또한 학생들과 함께 테러리즘의 정의에 대한 담론을 자극할 수도 있는데, 이는 이러한 민감한 문제에 대해 이야기할 때 더 깊이 분석하는 데 매우 강력한 참고 자료가 될 수 있기 때문입니다. 사회 문제에 대한 인식을 높이기 위해 능동적 학습 접근법을 사용하면 학생들은 향후 이러한 문제를 건설적인 방식으로 해결하기 위해 행동을 취하도록 유도할 수 있는 중요한 측면을 인식하는 방법을 배울 수 있습니다. 특정 주제에 대해 더 많은 정보를 얻고 다층적으로 이해하는 것은 지속가능하고, 학제 간, 관계적인 학습의 초석입니다. 교육 방법과 다문화적 관점은 모든 유형의 분석 프레임워크의 경계를 확장할 수 있습니다. 이러한 접근 방식은 학습자에게 이러한 민감한 이슈의 복잡성을 이해하는 데 중요한 도구와 사고 메커니즘을 제공하기 때문에 편견과 인종 또는 민족 차별을 종식하는 데 거의 보장할 수 있습니다.

다문화 학습 경험의 목표는 그것이 실행되는 사회에 따라 다를 수 있으며, 일부 관리 기관은 소수 집단의 문화 보존을 선호하고 그들의 자율성을 촉진하는 반면 다른 관리 기관은 다른 민족적 배경을 가진 아이들에게 환영받는 국가의 지배적인 문화적 관행과 전통을 가르치는 것을 장려할 것입니다. 또 다른 사람들은 통합 교육이 학생들이 더 비판적으로 사고하는 데 도움이 되어 더 열린 마음을 갖도록 장려할 것이라고 주장할 것입니다. 반대로 어떤 이들은 사회적 행동을 정당화하기 위해 보다 다문화적인 교육 모델을 장려할 것입니다. 결과적으로 학생들의 기본 가치에 대한 지식은 사회 변화에 참여하는 수단으로 활용될 것입니다. 이러한 점에서 교사는 새로운 이민자나 외국 문화 또는 언어적 배경을 가진 학생의 통합과 관련된 민주적 가치를 장려함으로써 변화의 주체가 될 것입니다.

안타깝게도 많은 학교에서는 여전히 강력한 민족 중심주의가 통합의 개념을 지배하는, 틀림없이 구시대적인 생각인 통합은 동화의 행위여야 한다는 생각에 의존하고 있습니다. 이러한 개념은 무엇이 문제인지 제대로 파악하지 못하고 있으며, 너무 많은 교사들이 이 문제를 한 문화에서 다른 문화로의 모든 유형의 학습 이전을 막는 장애물로 보고 있으며, 다리가 있어야 할 곳에 벽을 보고 있거나 다리를 만들어야 한다고 생각합니다.

다국어 학습(전자 자료)

이 전자 자료에서는 다국어 및 다문화 학습과 개념 습득 능력 계발에 미치는 각각의 잠재적 영향에 대해 자세히 알아볼 수 있습니다.

eResource 8

https://routledgetextbooks.com/textbooks/9781032231952/multilingual-learning.php

4) 효과적인 학교 리더십

교장, 교감과 같은 학교의 리더는 상당한 감수성과 공감 능력, 비전과 용기를 보여준다면 이전 장에서 고려한 교육적 실천을 실현하는 중요한 노력에 있어 교사들에게 상당한 도움을 줄 수 있습니다. 아래에서는 관계적 접근 방식을 통해 지속가능한 전인적이고 능동적인 교육 을 수행하는 교사 또는 교사 그룹의 실천을 효과적으로 촉진하려는 학교 리더십의 주요 요건 네 가지를 간략하게 설명합니다. 효과적인 학교 리더십의 구성 요소에 대해 광범위하게 저술한 마이클 풀란(Michael Fullan)에 따르면, 실제로 학교에 긍정적이고 지속적인 영향을 미치는 교장은 교육적 리더로서의 책임을 다하는 교장입니다. 이러한 교장들은 어려운 시기에도 목표와 기준을 고수하지만, 모든 변화를 교사의 관점에서 바라보고 교사의 업무를 적극적으로 지원하려고 노력합니다.[20] 어떤 것을 돕거나 개선하기 위해서는 자신이 이끌고자 하는 조직의 관행에 대한 직접적인 지식을 갖추는 것이 매우 중요합니다. 효과적인 학교 리더는 교사들이 실제로 매일 실행하고 있는 방법론을 직접 눈으로 확인하는 데 많은 시간을 할애할 것입니다. 예를 들어 정기적으로 수업을 참관하고, 참관하는 동안 또는 관찰한 내용이 아직 기억에 생생할 때 바로 메모를 작성하는 방식으로 이를 수행할 수 있습니다. 관찰자는 관찰을 위해 공식적이고 미리 구조화된 스키마를 사용하거나 보다 비공식적인 방식으로 수업 중에 눈에 띄는 모든 것을 간단히 기록할 수 있습니다. 모든 학생의 요구를 충족시키면서 동시에 자신의 교육적 과정, 성공 또는 부족함을 반성하면서 수업을 가르치는 것은 실제로 매우 어렵기 때문에

20 Fullan, M., The principal, three keys to maximizing impact, San Francisco: Jossey-Bass, 2014.

관찰자에게 자신의 수업에서 특정 측면이나 세부 사항을 찾도록 요청할 수 있는 것도 관찰자에게 유용할 수 있습니다.

관찰이 실질적인 효과를 거두려면 관찰 후 관찰자와 피관찰자가 무슨 일이 있었는지 논의할 수 있는 피드백 세션을 짧게 연속해서 예약하는 것이 가장 중요하며, 이 대화를 관찰자와 피관찰자 모두가 인정받고 도전과 자극을 받는 진정한 풍성한 담론으로 발전시키는 것이 교육적 리더의 분명한 책임입니다. 여러 문헌 검토에 따르면 효과적인 전문 학습은 지속적이고, 협력적이며, 주제별, 실습 기반, 탐구 지향적이어야 한다고 제안합니다.[21] 해리스(Harris)는 전문 학습의 일부로 연구와 증거를 활용하는 것이 당연하고 본질적으로 합리적이라고 주장하면서 그것이 실제로 어떻게 이루어질 수 있는지를 묻고 있습니다. 그녀에 따르면 이 질문에 대한 짧은 대답은 협력적 탐구, 즉 교사가 일상 업무와 연계된 어떤 형태의 행동 연구에 참여하는 것입니다.[22] 메타분석 연구에 따르면 강의 관찰과 후속 토론이 교사에게 가장 효과적인 전문성 계발인 반면 강의, 시뮬레이션, 교재 준비는 훨씬 덜 효과적인 것으로 나타났습니다.[23]

전문성 계발과 학생의 성공을 갈망하는 진취적인 교사에게 도움이 되기 위해서 학교 리더는 관련 연구 및 기타 교수-학습 개발에 대한 최신 정보를 파악하고 있어야 합니다. 한 사람이 모든 주제별 연구를 모두 숙지하는 것은 불가능하지만, 일반적인 교육 및 교육학 발전을 따라가는

---

21 Timperley, H., A. Wilson, H. Barrar, and I. Fung, Teacher Professional Learning and Development: Best Evidence Synthesis Iteration, Wellington, New Zealand: Ministry of Education, 2007, http://educationcounts.edcentre.govt.nz/goto/BES.

22 Harris, A. and Jones, M, Leading professional learning with impact, School Leadership and Management, Vol. 39, No. 1, pp.1-4, January 2019, www.researchgate.net/publication/329777860_Leading_professional_learning_with_impact#fullTextFileContent.

23 Hattie, J. and Zierer, K., Visible Learning Insights, London: Routledge, 2019, p.95.

것은 불가능하지 않습니다. 개별적인 토론뿐만 아니라 보다 중요한 현직 교육 조직에서 리더는 이러한 지식을 활용하여 교사들이 더 나은 방향으로 나아갈 수 있도록 유도할 수 있습니다. 전문적인 협업과 질문의 많은 모델은 연구를 기반으로 하며, 조직의 효과성에 관한 경험적 연구 결과에서 비롯됩니다. 이러한 연구 결과는 높은 수준의 신뢰, 긍정적인 관계, 집중적인 협업이 높은 성과에 얼마나 중요한지를 강조합니다.[24] 교육 성과에 정말 중요한 것은 "교사와 그들의 열정"[25]이지만, 학교와 교실 발전의 원동력이 될 수 있는 학교 리더가 있습니다. 그러나 말 그대로 학교의 개혁 추진에 가장 강력한 제동을 거는 학교 리더도 있습니다. 결과적으로 중요한 것은 직책 자체가 아니라 그 직책을 맡은 사람의 성격과 사고 방식이 영향을 미치는 것입니다.[26] 해티와 지어(Zierer)는 모든 동료들이 편안하고, 자원이 풍부하며, 자율적이고, 인정받는다고 느끼도록 하는 한편, 동시에 도전을 설정하고 동료들을 안전지대에서 벗어나도록 강요하는 두 가지 흥미로운 사고 프레임을 결합 한 리더가 특히 성공적이라고 지적합니다. 교육적 영향을 미치는 것은 학교 리더 자체가 아니라 특정 유형의 리더입니다.

교사는 리더십 기술을 가르칠 때 모범을 보여야 하므로 거의 모든 유형의 좋은 리더십 방법은 좋은 교수법이기도 합니다. 결과적으로 행동하고 모든 학생에게 주도권을 가질 수 있는 기회를 제공함으로써 교사는 전체 커뮤니티와 그 커뮤니티에 봉사하는 전문가들을 고양시키고 있습니다. 훌륭한 리더는 경쟁자라도 상호 이익이 되는 맥락에서 협력해

24 Harris, A. and Jones, M, Leading professional learning with impact, School Leadership and Management, Vol. 39, No. 1, pp.1-4, January 2019.

25 As pointed by Hattie, J. and Zierer, K., Visible Learning Insights, London: Routledge, 2019, p.91.

26 As pointed by Hattie, J. and Zierer, K., Visible Learning Insights, London: Routledge, 2019, p.48.

야 한다는 것을 이해합니다. 훌륭한 리더는 좋은 데이터를 올바른 판단과 연결하는 방법과 단기적인 성공을 조직 내에서 장기적인 지속가능성으로 전환하는 방법을 알고 있습니다. 의사 결정 능력은 학생과 교사를 일관성 있게 연결하고 권한을 부여하여 책임을 다하고 실수를 허용하는 데 기여합니다. 앨마 해리스(Alma Harris)[27]가 주창한 분산형 리더십은 단순히 위임하는 것을 의미하는 것이 아니라, 진정한 분산형 리더십을 육성하기 위해 문자 그대로나 비유적으로 벽을 허물고, 예를 들어 협업 계획을 가능하게 하여 그 과정을 통해 자연스러운 리더가 등장하고 이는 조직에 관련된 모든 개인에게 긍정적인 영향을 미칠 수 있도록 해야 한다는 것을 의미합니다. 진정한 리더는 새로운 리더를 육성합니다.

결과적으로, 좋은 리더십 관행은 교사들이 나중에 지식을 전달하거나 전달하는 방식을 분석하기 위해 자신의 공연 모습을 오디오 또는 비디오로 녹화하도록 장려할 것이며, 이는 교사들이 자유롭게 아이디어를 공유할 수 있는 일종의 오픈 소스 공유 플랫폼의 일부가 될 수 있는 자기 평가에 도움이 될 것입니다. 개인이 조직 내에서 자신이 속한 그룹의 집단적 성공에 대해 책임을 지는 것은 교사 팀을 더 발전적인 방향으로 이끄는 가장 좋은 방법일 수 있습니다. 학교 내에서 더 큰 책임을 맡을 수 있는 기회가 주어지면 결과적으로 업무에 대한 만족도가 훨씬 높아질 수 있으며, 이러한 기여는 개인에게도 도움이 되겠지만 가장 중요한 것은 조직 전체, 더 나아가 모든 학생들에게도 도움이 될 것입니다. 그렇다면 학교 리더는 어떻게 조직 내에서 사람들이 자신의 전문성을 발휘할 수 있는 환경을 조성할 수 있을까요?

이 질문에 대한 답 중 하나는 리더의 열린 마음가짐일 수 있는데, 예

27 Harris, A., Distributed Leadership: Friend or Foe?, Educational Management Administration Leadership, September 2013, Vol. 41, No. 5, www.researchgate.net/publication/258135609_Distributed_Leadership_Friend_or_Foe.

를 들어 팀원이 어떤 제안할 때 리더는 그 제안이 실제로 마음에 들지 않더라도 그 팀원이 다음에 새로운 아이디어를 가지고 있다면 주저하지 않고 다시 공유할 수 있도록 그 제안을 전적으로 존중해 주어야 합니다. 위계질서를 무너뜨림으로써 학교 리더십은 잠재적으로 더 많은 책임감과 참여를 갈망하는 모든 개인의 잠재력을 최대한 끌어낼 수 있는 잠재력을 갖게 됩니다. 마찬가지로 교사도 학생들에게 자율성과 책임감을 부여함으로써 학생들로부터 더 많은 것을 얻을 수 있습니다.

교사는 동료와 협업할 수 있도록 항상 충분한 시간을 배정받아야 하며, 새로운 파트너십을 시작할 때는 특히 더 많은 시간을 배정받는 것이 중요합니다. 특히 협업의 초기 단계에서는 시간이 가장 중요합니다. 또한 대부분의 학교 리더가 한때 교사였던 것처럼, 리더는 프로젝트 초기 단계의 확장된 협업 계획은 학생들이 모두 귀가하고 교사들이 혁신적이고 긍정적이며 미래 지향적인 태도를 취하기에는 피곤할 수밖에 없는 근무일 후반에 하는 것이 가장 좋다는 점을 기억할 필요가 있습니다. 교사 팀 간의 공동 작업이 이미 시작된 후에는 작업에서 많은 영감을 얻어 오후 늦게 계획을 세울 수 있지만 프로젝트를 시작하려면 교사들은 새로운 마음가짐과 각오가 필요합니다.

협력적이고 혁신적인 교수법이 아직 주류가 아니기 때문에 이러한 파트너십을 시작하는 교사 그룹은 자신들만의 혁신을 이루기 위해 새롭고 값비싼 장비가 필요할 수 있습니다. 특이한 학교 프로젝트에 필요한 자금을 마련하는 것은 때때로 어려운 일이지만, 학교 리더가 교사들 간의 창의적이고 총체적이며 협력적인 팀워크에 자금을 지원한다면 상상할 수 있는 것보다 더 큰 성과를 거둘 수 있을 것입니다. 팀워크와 교사들이 서로가 최고가 될 수 있도록 영감을 주는 것은 학교 리더가 상상할 수 있는 최고의 자본입니다.

교사는 일반적으로 상당히 과중한 업무에 시달리는 직업입니다. 일반적인 생각과는 달리, 교사는 항상 집중하고 집중해야 하며, 때로는 의욕이 없는 젊은이들을 이끌고 영감을 불어넣어 최고의 잠재력을 발휘하도록 해야 하므로 지칠 수 있습니다. 따라서 교사에게 리더에게 필요한 것은 단순히 영감, 관점을 조금 더 높게 끌어올리는 영감, 참여에 대한 영감일 때가 많습니다. 동료, 심지어는 개인적으로 잘 지내지 않는 동료와도 함께 학생들을 위해 협력하는 영감, 이 모든 것이 학생을 위한 것입니다. 그리고 무엇보다도 가장 중요한 것은 교사들로 구성된 팀의 협업과 단합된 능력을 믿게 하는 영감입니다. 서로 다른 능력과 전문 분야를 가진 평범한 교사들로 구성된 팀이라도 진정으로 협력한다면 각자의 재능을 합친 것보다 더 큰 힘을 발휘할 수 있습니다. 마지막으로, 교사들은 리더십으로부터 신뢰를 제공받아야 합니다. 그들의 노력이 승리할 것이라는 믿음, 프로젝트를 완수할 수 있는 능력이 있다는 믿음, 그리고 그들이 내놓은 아이디어가 효과가 있을 것이라는 믿음이 있어야 합니다. 교사 팀 자체에서 나온 아이디어는 학교 리더십이 전적으로 생각한 아이디어보다, 또는 교육부나 교육청과 같은 더 높은 곳에서 제공한 아이디어보다 더 나은 효과를 낼 수밖에 없습니다. 교사는 인간이며, 모든 인간과 마찬가지로 자신이 하는 일에 대해 주목받고 인정받을 때 번창합니다. 따라서 이미 관찰할 수 있는 모든 성과에 대한 인정과 '다음' 개선이 가능한 영역 사이의 경계선을 걷는 것이 현명한 학교 리더의 역할입니다. 칭찬과 비판이 학업 성취도에 직접적인 영향을 미치지 않는다고 해서[28] 칭찬과 비판이 무가치한 것은 아닙니다. 칭찬은 다른 차원, 즉 관계와 신뢰의 분위기를 조성하는 데 있어서도 가치가 있습니다. 학교는 학생, 교사, 리더십 등 관련된 모든 사람을 위한 학습조직이어야 합니다.

---

28 Hattie, J. and Zierer, K., Visible Learning Insights, London: Routledge, 2019, p.68.

학교가 모든 수준의 학습을 지향하는 환경이라면, 적절한 종류의 협력적 의견과 건설적인 피드백이 주어지면 우리 모두는 자존심을 버리고 함께 학습하여 개선할 수 있는 영역을 찾을 수 있습니다. 모든 학교 리더의 의무는 전제 조건인 신뢰를 적극적으로 구축하는 것입니다.

리더는 실용적이고 조직의 세부 사항에 관여하며 일반적으로 실무적인 리더십 스타일이 필요하지만, 끊임없이 미래 지향적이고 개선을 추구하는 사고방식으로 진정으로 비전 있는 관점을 키우는 것이 무엇보다도 중요합니다. 유능한 리더는 열정적이고 지식이 풍부하며 모든 구성원들과 신뢰하면서도 도전적인 관계를 구축하는 데 집중할 것이며, "그들은 당신이 한 말은 잊을지 몰라도 당신이 어떻게 느끼게 했는지는 결코 잊지 못할 것입니다."[29] 데이(Day) 등[30]은 그들의 연구에서 리더십과 교수-학습의 성과 간의 상호작용과 상호 의존성의 핵심을 강조하고 있습니다. 이들은 리더십 분배가 교육과 학교의 변화 과정에 중요한 영향을 미치는 것으로 인식되었으며, 이는 학교 문화와 여건의 측면에 직간접적으로 영향을 미쳤다고 지적합니다. 연구진은 광범위한 연구를 통해 이러한 요인들이 학생들의 학업 성취도 향상에 간접적이지만 분명하게 영향을 미친다는 것을 보여줄 수 있었습니다. 이 연구에 따르면 가장 효과적인 교장들은 광범위하게 분산된 리더십으로 조직을 적극적이고 지속적으로 재구성하고 재구성하고 재설계했습니다.[31] 이러한 리더십은 조직 성과와 학생 성과를 향상시키는데 크게 관여하는 것으로 나타났습니다.

---

29 마야 안젤루(Maya Angelou)가 했던 말로 알려져 있으나, 실제로 그녀가 한 말인지는 확실하지 않습니다.

30 Day, C., Sammons, P., Leithwood, K., Harris, A. and Hopkins, D., The Impact of Leadership on Pupil Outcomes, Final Report, London, DCS, 2009.

31 Harris, A., Distributed Leadership: Friend or Foe?, Educational Management Administration Leadership, September 2013, Vol. 41, No. 5, www.researchgate.net/publication/258135609_Distributed_Leadership_Friend_or_Foe.

윤리와 교육에 관한 선도적인 사상가 중 한 명인 스타라트(Starratt)[32]는 교육 리더들에게 관용적인 조직을 구축하는 방법을 보여줍니다. 모든 교사가 자신의 창의력을 발휘하여 수업에 활기를 불어넣을 수 있도록 장려하는 분위기입니다. 그에 따르면 교사들은 분명히 전통적이고 지루한 수업 방식을 선택할 수 있고, 교사는 결국 쇼 비즈니스에서 일하는 것이 아니지만 학생들은 흥미롭고 즐거운 학습을 위해 엄청난 양의 환상, 유머, 모험을 갈망하고 필요로 합니다. 이러한 교사들의 주도성을 일깨우는 교육 리더에게 필요한 덕목은 책임감, 진정성, 존재감이라고 설명합니다.

비전 있는 리더가 된다는 것은 항상 더 큰 그림을 보고, 자신의 관점과 다른 사람의 관점을 높일 수 있으며, 진정한 책임 위임을 통해 미시적 관리의 함정을 피하고, 직원 개개인은 물론 조직 전체에 항상 자극을 주고 열정을 불어넣는 동시에 긍정적이고 가능한 모든 재능을 활용하여 모든 사람의 최고를 볼 수 있어야 한다는 것입니다. 분산형 리더십이 이름만 바꾼 업무 위임이 되지 않도록 근본적으로 진정한 신뢰 구축이 무엇보다 중요합니다.

누군가 자신의 모든 행동을 감시하고 있다는 느낌을 받는다면, 그것이 자신의 창의성과 '틀에서 벗어난 생각'을 하는 능력에 얼마나 도움이 되지 않는지 경험해 보셨을 것입니다. 많은 리더, 특히 경험이 많지 않은 교사들에게도 해당되는 불편한 진실은 직원(또는 학생)을 섬세하게 관리하는 것이 매우 힘들 수 있다는 것입니다. 이는 종종 리더가 되는 사람들의 유형 때문일 수 있는데, 이들은 스스로 '행동하는 사람'인 경우가 많고, 행동하는 사람은 애초에 자신의 일을 잘하기 때문에 리더가 되는 경우가 많습니다. 행동하는 사람들은 때때로 통제권을 내려놓고 다른 사람들이 행동하는 사람이 되도록 허용하는 데 어려움을 겪습니다. 일을 하

---

32 In Starratt, R., Ethical Leadership, Liber AB, 2005.

는 사람들을 관리하다 보면 어느 순간부터 일을 하는 사람들을 관리하게 되고, 결국에는 애초에 자신이 흥미를 갖고 잘했던 실제 업무에서 더 멀어지게 될 수 있습니다.

하지만 상상력이 풍부하고 창의적인 인재를 조직에 채용하는 이유는 무엇일까요? 예를 들어, 어떤 폰트 크기를 사용할지 알려주면서 그들의 영혼을 짓밟아 버린 적이 있나요? 돌이켜보면, 인생에서 가장 피곤했던 순간은 야근을 하거나 특별히 매력적인 프로젝트에 몰두하고 있을 때가 아니라 누군가 어깨 너머로 나를 지켜보며 나의 모든 행동을 통제하고 감시하는 듯한 느낌을 받았을 때였을 가능성이 훨씬 더 높습니다. 최근의 한 연구에서는 영국의 병원 직원 100명을 대상으로 설문조사를 실시하여 일정 시간 동안 움직임 추적기를 착용하도록 했습니다. 연구 결과, 가장 피곤하다고 답한 병원 근로자는 실제로 가장 많이 움직인 사람이 아니라 자신의 업무에 대한 통제력이 가장 낮다고 답한 사람이었습니다. 미시적 관리에 대한 해독제는 신뢰이며, 명백한 실패를 성공이라는 사명을 향한 이정표로 해석할 수 있는 조직 또는 교실은 훨씬 더 많은, 어쩌면 더 평범하지 않은 성공과 발전 또는 발견을 달성할 가능성이 훨씬 더 높은 조직 또는 교실입니다. 교직원이나 학생이 창의적이고 주도적으로 행동할 수 있는 자유가 주어지면, 사람들은 항상 가장 안전한 카드만 사용하거나 예상되는 대로만 행동하기보다는 놀라움과 놀라움을 시도하기 때문에 최고의 아이디어가 나올 수 있을 것입니다.

신뢰를 쌓기 위해,

1. 행동과 말에 일관성을 유지하세요.
2. 커뮤니케이션이 빈번하고 풍부하게 이루어지도록 하세요.
3. 비전을 조율하고 공통의 목표나 목적이 무엇인지 명확히 하세요.
4. 업무와 관련 없는 주제에 대해 토론하며 개인적인 친분을 쌓으세요.

그렇다면 여러분이 고용한 밝고 상상력이 풍부한 직원이나 교실의 젊고 열성적인 학생들을 믿고 맡겨보는 것은 어떨까요? 사람들에게 통제감을 부여하면 스트레스 수준을 낮추고 자신의 잠재력을 최대한 발휘할 수 있습니다. 이런 종류의 신뢰는 더 나은 성과와 더 큰 창의성을 창출합니다. 다시 한번 강조합니다. 미시적 관리에 대한 해결책은 단 하나, 담당자를 신뢰하는 것입니다.

인식론적 측면(전자 자료)

이 전자 자료에서는 혁신적 교육의 인식론적 측면을 다룹니다.

eResource 9

https://routledgetextbooks.com/textbooks/9781032231952/the-epistemological-aspect.php

5) 미래의 교실 환경

올바른 방법을 배우고 올바른 방법이 지속가능한 방법이라면 누구나 무엇이든 배울 수 있습니다. 지난 수십 년 동안 우리는 다양한 유형의 새로운 실험적인 강의실 환경의 출현을 보아왔습니다. 그중에서 흥미로운 아이디어 중에는 전통적인 교실이 기본적으로 사라진 개방형 학습 공간이 포함되어 있습니다. 실습과 협동 학습을 위한 이러한 실험적인 강의실은 종종 대규모의 다양한 워크스테이션을 설계하고 다양한 가구와 재료를 구비할 수 있는 모듈식 구획이 있는 개방형 공간입니다. 이러한 대형 개방형 강의실에는 그룹 활동이나 워크숍을 위한 여러 개의 작은 방으로 연결되는 문이 있는 경우가 많습니다. 이러한 물리적 공간에는 수업 중 활동과 온라인 원격 활동을 병행할 수 있는 디지털 기술을 의미 있게 사용할 수 있는 하드웨어와 자료가 의도적으로 구비되어 있습니다.

교실 환경의 미래에 대해 이야기할 때 학교의 책상과 의자로 가득 찬 전통적인 교실만을 말하는 것이 아니라는 점을 분명히 하는 것이 중요합니다. 미래의 교실은 기본적으로 학습이 이루어지는 모든 곳이 될 수 있습니다. 일반 교실, 작은 방, 집, 공원, 박물관 또는 학교 건물 밖의 다른 장소가 될 수 있습니다. 가장 중요한 질문 중 하나는 이러한 다양한 유형의 교실과 원격 환경에서 학생들을 지원할 수 있는 교육 시스템을 어떻게 적응하고 준비하여 동기식 및 비동기식 교육을 동시에 제공하면서 동시에 전통적인 교실 환경의 '편안함'으로 돌아가지 않도록 할 수 있는가 하는 것입니다. 이러한 유형의 개방형 작업 공간에서는 모듈식 특성으로 인해 학생들이 필요에 따라 교실 환경을 재구성하도록 초대할 수 있습니다. 각 유형의 학습 경험에 따라 학생들은 이 개방형 학습 공간에서 찾을 수 있는 다양한 모듈식 칸막이, 블록, 바퀴 달린 테이블, 자료 카트를 사용하여 교실 모양을 재설계하는 데 팀워크를 발휘할 수 있습니다. 이는 또한 기술이 보다 다양하고 적응력 있는 형태의 강의나 워크숍을 제공하는 다양하고 창의적인 학습 시나리오를 강화하는 데 기여할 것입니다. 이러한 개방형 작업 공간의 모든 구성에서 다양한 유형의 기술과 매체에 접근할 수 있게 되면 학생들은 자신의 학습 스타일에 맞게 '교실' 환경을 조정하면서 학습 경험을 실제로 향상시킬 수 있는 예상치 못한 대담한 솔루션을 생각해낼 수 있지만 가장 중요한 것은 교사와 교육자를 최대한 활용할 수 있다는 것입니다. 당면한 과제에 따라 학생이나 교사는 교사가 중심이 될 수도 있고, 교사가 진행 상황을 평가하는 동안 감독하고 피드백을 주고 격려하는 단순한 방관자가 될 수도 있습니다.

학습환경 유형에서 가장 큰 공간은 일반적으로 상호작용을 촉진하도록 설계됩니다. 그러나 이러한 개방형 공간으로 재구성할 수 있는 작업 공간의 필요성을 충족하는 것이 중요합니다. 넓은 개방형 작업 공간을 여러 구역으로 나누어 최첨단 기술과 영감을 주는 교육 자료, 다양한 종류의 재활용 및 저렴한 소모품을 구비하면 상호작용과 학습 과정에서의 학생 참여가 활발해질 수 있습니다. 물론 이러한 현대적인 실험 교실에는 막대한 투자가 필요합니다. 레이저 목재 절단기, 안전한 환기 시스템을 갖춘 3D 프린터, 완벽한 시뮬레이터를 갖춘 강력한 게임 코너, 가상 현실 및 증강 현실 장비를 갖춘 인터랙티브 스크린을 구입하려면 상당한 투자가 필요합니다. 또한 레고, 4D프레임, 마이크로비트, 아두이노 등 비교적 고가의 재료는 이런 식으로 운영하면 처음 몇 달 안에 예산이 쉽게 소진될 수 있습니다. 즉 왜 이 비싼 교구를 더 저렴한 교구로 대체해도 비슷한 학습 결과를 얻을 수 있을까요? 이런 종류의 대화형 교실의 메인 홀은 미술 공방, 섬유 공방, 목공 공방에서 흔히 볼 수 있는 재료로 채울 수 있습니다. 개방형 작업 공간에는 연습 및 개별 강좌를 위한 음악실로 활용할 수 있는 작은 방음 독서 칸막이가 있는 도서관도 포함되어야 합니다. 한편, 메인 작업 공간은 흥미와 즐거움을 제공하는 인터랙티브 및 협업 학습을 위해 개방형 아케이드와 같은 분위기를 연출할 수 있습니다. 다양한 게임이 교육적 목적과 함께 사용되며 학생들은 자신의 필요와 흥미에 맞는 과제를 지속적으로 제공받게 됩니다.

이러한 유형의 개방형 강의실 환경의 메인 홀에서 가장 흥미로운 측면 중 하나는 '브레이크스페이스' 코너입니다. 이 상설 워크스테이션은 학생들이 리버스 엔지니어링을 통해 학습할 수 있는 장소가 될 수 있습니다. 학생들은 오래된 전기 장비, 기계 및 기타 유형의 가전제품을 분해하면서 역발상의 과정을 통해 학습할 수 있습니다. 학생들은 물건을 분해하고 분해한 모든 물건에 대해 각 부품과 구성을 문서화함으로써 엔지니어링 기술을 향상시킬 뿐만 아니라 분해한 기계 및 전기 제품에 관련된 다양한 부품과 프로세스를 파악하면서 기술 어휘와 적성을 확장할 수 있습니다. 탐구적 학습 과정을 시작함으로써 각 물체의 다양한 부품을 사용하여 '고장난' 장치를 다시 조립하거나 다른 유형의 장치와 다른 부품을 병합하여 완전히 새로운 것을 만들어 다른 목적을 가진 새로운 물체를 만드는 데 사용할 수 있습니다. 물론 '브레이커스 스페이스'에 있는 재료는 결함이 있는 기기를 수리하는 데 필요한 수동 기술을 개발하는 데 사용할 수 있습니다. 이는 개인별, 비공식적, 협력적, 유연한 접근 방식을 통해 지속가능한 새로운 학습 방법의 또 다른 예일 뿐이며, 이 경우 학습은 환경주의적 의미에서도 지속가능합니다. 학생들의 자기주도적 능력을 계발할 수 있는 다양한 자료와 함께 역동적인 역량 기반 학습 환경을 제공합니다.

실제 작업 공간뿐만 아니라 앞으로 다가올 학습 환경의 인체공학적 측면도 항상 고려해야 합니다. 예를 들어, 현재 대부분의 정규 교실 환경에서는 모든 학생이 동일한 유형의 책상이나 의자에 앉도록 되어 있으며, 학생들의 해부학적 다양성은 거의 고려되지 않습니다. 과거에는 키가 2미터나 되는 13세 학생이 자신에게 맞지 않는 책상에 장시간 앉아 있다가 허리가 부러지거나 척추측만증이 생길 뻔한 사례도 있었습니다. 우리 학교에서는 이 문제를 해결하기 위해 모든 교실에 키가 큰 학생에게 적합한 의자가 있는 높은 책상을 뒷줄에 배치했습니다. 특히 키가 큰 일부 학생들은 이러한 변화 이후 신체적으로 더 나아졌을 뿐만 아니라 돌봄을 받는다는 느낌을 받았으며, 이 두 가지 측면이 모두 학생들의 학업 성취도에 긍정적인 영향을 미친 것으로 보입니다. 그렇기 때문에 우리가 설명하는 새로운 유형의 개방형 교실에는 다양한 유형의 가구를 사용할 수 있는 다양한 스테이션이 포함되어야 합니다. 해부학적 구조는 다양하지만, 인체공학적인 이유로 매일 같은 자세로 같은 가구에 앉아야 하는 사람은 없습니다.

이러한 다양한 모듈식 학습 공간에는 조절 가능한 테이블과 의자, 빈백, 소파, 러그, 해먹 등을 설치할 수 있습니다. 다양한 가변형 가구를 갖춘 작업 공간 간의 교대 가능성은 학습과 가르침의 혁신적인 영역을 육성하는 데 기여할 뿐만 아니라 교사의 역할도 재정의할 수 있을 것으로 기대합니다. 특히 학생들이 조사, 개발, 상호작용, 교환, 창작 및 발견한 내용을 반 친구들과 교사에게 발표하도록 초대할 때 학생들의 학업 능력에 새로운 차원을 더할 수 있습니다. 이러한 인체공학적 학습 허브는 또한 모든 학습 스타일에 맞게 학습 환경이 진정으로 조정되는 새로운 종류의 소셜 환경을 제공합니다. 개방형 교실은 가장 최신의 새로운 유형의 기술을 갖추고 있으면서도 학생들이 창의력을 최대한 발휘할 수 있는 다양한 학습 환경을 제공할 것입니다. 이러한 업무 환경은 교사가 영감을 주고, 다양화하고, 권한을 부여하고, 동기를 부여하고, 풍요롭게 하고, 열정을 불어넣고, 학습을 확장하고, 재정의할 수 있는 비공식적인 학습의 가능성을 제공합니다. 실제 교육 공간과 온라인 교육 공간 모두에서 공식 및 비공식 교육 방법이 모두 제공되는 혼합형 학습 공간으로 정의할 수 있는 진정한 몰입형 경험을 제공합니다.

사람들이 이커머스 웹사이트에서 음식 배달이나 상품을 주문하는 것처럼, 학교가 온라인 워크숍에 참석하는 학생의 집으로 다양한 유형의 교육 자료가 담긴 학습 키트를 배송할 수 있는 미래를 상상해 봅시다. 이러한 유형의 개방형 학습 공간은 실습 학습 경험을 어느 정도 의존적으로 만들 수 있습니다. 이와 같은 탐구적 학습 환경은 학생과 교사에게 보다 혁신적인 사고방식을 가져다줄 것입니다. 실제 물리적 교실이 학습 기관의 중심이 되지 않도록 함으로써 교사들이 교육 접근 방식을 주류화하는 방식을 재고하도록 강요하고 있습니다. 이러한 유형의 학습 환경은 학생들의 창의력, 의사소통 능력, 협업 능력, 디지털 역량을 향상시키고 개인적, 사회적 인식을 강화할 뿐만 아니라 가장 중요한 것은 모든 참여자의 비판적 사고력을 크게 향상시킬 수 있다는 점입니다. 앞서 잠깐 언급했듯이, 새로운 개방형 작업 공간에서 제공되는 학습 장비는 꼭 고가의 최첨단 기술 교육 자료일 필요는 없습니다. 오래된 중고 기기를 재활용하거나 덜 익은 파스타, 마시멜로, 이쑤시개와 같은 저렴한 재료를 사용해도 비슷한 결과를 쉽게 얻을 수 있습니다. 학생들은 교류를 통해 서로를 지원하도록 장려해야 합니다.

같은 물리적 공간을 공유하든, 같은 온라인 플랫폼을 사용하든 상관없이 학생들이 자연스럽게 창의력을 발휘하고 상상력을 자극할 수 있도록 지원해야 합니다. 또한 물리적 또는 가상 학습 환경과 관계없이 학생들은 다양한 시뮬레이션에 참여하면서 놀이를 통해 학습할 수 있습니다. 물리적 게임과 디지털 게임에 참여하면 게임과 경쟁을 통해 공동의 책임과 의사 결정을 통해 협업의 질을 높일 수 있습니다. 다시 말해, 학생들은 서로 다른 과목 영역을 동료 간 협업 팀워크에 통합하게 됩니다. 이는 학습이 대면으로 이루어지든 온라인으로 이루어지든, 학습 워크숍이 동기식이든 비동기식이든, 중요한 것은 이러한 다양한 팀워크 활동이나 경쟁이 어떻게 협업과 상호 지원을 장려하는지에 달려 있습니다.

작업 공간 자체는 다양한 강의 계획서가 서로 다른 작업 공간과 구성에 통합되고 재구성되므로 학생들이 다양한 관점에서 사물을 분석하고 이해하는 방법을 배울 수 있는 교차 교과 학습 활동을 장려할 수 있습니다. 짝을 이루거나 다양한 규모의 그룹으로 작업하면 학생들의 협업 환경 참여 능력이 향상될 것입니다. 이러한 유형의 학습 과정은 매우 탐구적입니다. 학생들이 물리적 모형을 만들고 다양한 유형의 아이디어를 테스트하도록 장려할 때 교사는 학생들이 만든 결과물을 건설적인 방식으로 지속적으로 평가하는 방법도 배울 수 있습니다. 프로젝트 기반 학습을 통해 학생들은 문제 해결력과 비판적 사고력을 향상시킬 수 있는 다양한 탐구 활동에 참여하게 됩니다. 이러한 교육적 접근 방식은 학생들의 타고난 호기심과 혁신성을 향상시킬 가능성이 높습니다.

이러한 열린 학습 공간의 개발은 지속가능한 능동적 학습을 발전시키는 데 있어 더 중요한 요소 중 하나가 될 수 있습니다. 진정으로 학생들이 평생 학습 경험을 통해 얻을 수 있도록 장려하려면 교실을 뒤집어 교사가 체계적이면서도 유연한 자기 성찰적이고 편안하며 자유로운 탐구 공간에서 학생들의 프로젝트를 지원하고 협력하는 비공식 학습의 힘을 긍정적으로 검증하고 인정해야 합니다. 자기 표현을 지원함으로써 교사는 학생들에게 동기를 부여할 수 있고, 일반 교실 환경보다 학생을 덜 감시함으로써 진정한 창의성을 발휘할 수 있는 여지를 더 많이 제공할 수 있습니다. 약간의 노력만 기울이면 학생들은 교실에서 강요된 규율을 준수하도록 훈련받는 대신 자기 규율을 개발할 수 있는 기회를 갖게 될 것입니다. 무시해서는 안 되는 학습의 한 가지 요소는 열린 공간과 다양한 워크숍이 있는 환경에서 학생들은 창의적인 과정의 일환으로 작업 공간이 극도로 지저분해질 것이므로 의심할 여지없이 평생 정돈의 기술을 배워야 할 것이며 교육자는 워크숍 후 모든 것을 다시 정리해야한다는 사실을 강조해야 한다는 것입니다. 이렇게 하면 자기 규율을 더욱 강화할 수 있습니다. 이렇게 하면 교사는 학습 활동의 일부로 학생들에게 작업 공간을 정리하는 습관을 심어줄 수 있습니다.

학교 리더십은 또한 교사 그룹을 모으는 것이 좋습니다. 학생, 학부모, 기술 제공업체가 협력적이고 혁신적인 브레인스토밍 세션을 개최하고 이러한 유형의 개방형 교실 환경의 소셜 네트워킹 차원을 확장할 수 있습니다. 개인별로 우선순위와 개선 영역을 현실적으로 평가함으로써 이러한 종류의 향상된 통합 개발 대화에 참여하는 모든 사람이 제공한 정보를 바탕으로 달성 가능한 학습 목표를 설정할 수 있습니다. 또한, 평가에 사용되는 새로운 유형의 기술과 온라인 도구는 학생들의 자료 및 교육적 요구를 더 잘 해결하는 방법에 대한 보다 적응적인 실시간 지침을 제공하여 말 그대로 이러한 새로운 유형의 열린 교실에서 또는 원격으로 창의적인 학습 목표를 달성하는 데 적합한 도구를 갖추도록 할 수 있습니다. 이러한 개방형 작업 공간에서 제공되는 다양한 유형의 교육자료는 혁신적이고 매력적인 지속가능한 능동적 학습 활동을 개발하는 데 사용될 것입니다.

과거의 수업은 대부분 교사가 이야기하고 학생들이 앞에 앉아서 강의를 듣는 방식이었습니다. 이러한 전통적인 수업 방식은 교육 혁신을 촉진하지 못합니다. 일부 국가에서는 테이블과 의자가 바닥에 나사로 고정되어 있어 매우 딱딱한 학습 환경을 조성하기도 합니다. 이러한 환경은 학습 공간의 설계 방식이 학생들의 학습 참여도에 무시할 수 없는 영향을 미치기 때문에 능동적인 학습에 적합하지 않습니다. 학생들의 능력을 지속적으로 계발하기 위해서는 실습, 참여 활동, 동료 교수법, 플립형 교실, 대화형 원격 학습 수업, 문제 기반 또는 프로젝트 기반 학습 등과 같이 단순히 듣고, 보고, 필기하는 것 이상의 활동을 해야 합니다. 이러한 다양한 교수법은 학생들을 과제에 참여시키고 자신이 하고 있는 일에 대해 성찰하게 하는 것으로, 지속가능한 학습의 핵심입니다. 지속가능하고 능동적인 학습이라는 목표를 달성하기 위해 우리는 현재와 미래의 교육적 요구를 충족하는 교실을 계속 상상해야 합니다.

기술 발전은 점점 더 빠른 속도로 가속화되고 있습니다. 가까운 미래에 디지털 도구가 얼마나 빠르게 발전할지는 아무도 확신할 수 없습니다. 과학 실험실이 증강현실(AR)이나 가상현실(VR)로 어떻게 대체되거나 강화될지 쉽게 추측할 수 있습니다. 예를 들어, 생물학 실험실에서 학생들이 실제 동물을 해부하는 대신 VR 안경을 쓰고 비슷한 작업을 수행할 수 있게 될 것입니다. 비슷한 학습 효과를 얻을 수도 있겠지만, 운동 능력 발달 측면에서 같은 종류의 훈련이 이루어지지는 않을 것이라고 말할 수 있습니다. 예를 들어, 외과의사가 되고자 하는 학생이 대학에서 수련을 받기 전에 필요한 기술을 개발하기는 어려울 것입니다.

블렌디드 러닝(전자 자료)

이 전자 자료에서는 혼합 학습의 예를 제공하고 다양한 하이브리드 교수법에 대해 설명합니다.

eResource 10

https://routledgetextbooks.com/textbooks/9781032231952/blended-learning.php

6) 미래 교육의 과제

위기의 시기에는 우리 모두가 극복하기 위해 노력하는 도전이 전례가 없고 극복할 수 없는 것처럼 보일 수 있습니다. 전 세계가 위기의 시기에 직면할 때, 교육계는 종종 교사와 학생들이 실질적인 통제권을 갖지 못하고 여러 가지 면에서 지나치게 무시당하고 잊혀진다고 느끼는 사회적 변화의 희생양이 되곤 합니다. 학생들은 일상을 박탈당하고, 평소와 같은 수준의 교육을 받지 못하며, 새로운 우정과 사회적 경험, 즉 청소년들이 기대하는 모든 열망을 잃고 있습니다. 마찬가지로, 교사들이 각 국가의 제한 수준에 따라 다양한 방식으로 적응하고 전체 교육 관행을 계속 재창조해야 한다는 요구는 연쇄 반응을 일으켜 일련의 개혁적인 교육적 노력을 압박하는 결과를 낳습니다. 그러나 이러한 글로벌 트렌드는 오래전부터 존재해 왔지만, 어려움을 직접 경험하게 되면 과거에 겪었던 그 어떤 것보다 더 어려운 것처럼 느껴지는 경우가 많습니다. 이러한 상황은 교육 분야에서도 항상 영향을 미쳤으며, 이전에는 이러한 상황이 종종 교육적 혁신과 진보를 불러일으키는 계기가 되었습니다. 2020년대의 여명기에 세계가 경험하고 있는 상황은 분명 비정형적이고 독특한 것이지만, 역사는 인간과 교육계가 격동의 역경 속에서 회복력과 적응력을 발휘하여 돌아올 수 없는 지점인 루비콘을 넘을 수밖에 없었던 사례로 가득 차 있다고 주장할 수 있습니다.

유발 하라리에 따르면 인류는 전례 없는 혁명에 직면해 있고, 우리의 모든 이야기가 무너지고 있으며, 변화만이 유일한 상수이며, 이 모든 가운데 우리는 학교에서 젊은이들을 전례 없는 변화와 급격한 불확실성의 세계에 대비해야 합니다.[33] 현재 너무 많은 학교가 정보 주입에 집중하고 있지만, 과거 정보가 부족했던 시절에는 이해가 될 수 있는 일이었습니다. 하지만 오늘날 우리는 정보의 홍수 속에서 정보를 검열하는 사람 없이 오히려 잘못된 정보에 현혹되거나 혼란에 빠지고 있습니다. 이러한 세계 질서에서 교사에게 필요한 것은 학생들에게 더 많은 정보를 제공하는 것이 아니라 정보를 이해하고, 중요한 것과 그렇지 않은 것을 구분하며, 정보를 결합하여 전체를 파악할 수 있는 능력이 필요합니다.

한국의 류희찬 교수는 2020 STEAM 발전을 위한 국제 컨퍼런스 기조 강연에서 교육은 적어도 표면적인 수준에서는 시간이 지나도 상당히 일관된 모습을 보인다는 사실을 입증했습니다. 그는 교사와 마주보고 있는 학생들의 수업 모습을 설명하며, 최근 몇 년 동안의 주요 변화는 현재 대부분의 교실에 있는 컴퓨터 스크린이라고 설명합니다. 류희찬 교수는 교육이 지금까지와는 다른 새로운 도전에 직면해 있으며, 학생들이 다양한 교과 과정 간의 연결에 초점을 맞춘 단편적인 지식을 고립된 방식이 아닌 통합적인 방식으로 이해하고 활용하도록 가르쳐야 한다고 지적합니다.[34] 여기에 코로나19 위기라는 예외적인 상황에 시행된 원격 학습을 통해 많은 학생들이 보다 유연한 학교 구조에 대한 명백한 성향을 반영할 필요가 있습니다. 전문 학습을 촉진하는 사람들, 교육 정책을 담당하는 사람들, 그리고 이 정책을 실행해야 하는 전 세계의 교사들이 자신의 업무를 뒷받침하는 전문 이론에 대해 명확히 아는 것은 매우 중요합니다.[35]

---

33 Harari, N., 21 Lessons for the 21st Century, Penguin Random House, UK, 2018, p.301.

34 Plenary Lecture from S. H. Paik, K. H. Cho, M. Ha, and Y. H. Kim (Eds.), International Conference on the Advancement of STEAM 2020: Borderless Connectivity, 2020, pp.7-14.

35 Timperley, H., Realizing the Power of Professional Learning, 2011, Open University Press, p.159.

위에서 설명한 국제적인 위기 상황으로 인해 국제 고용 시장에서 실시간 업무 흐름에 대한 수요가 계속 증가함에 따라 재택근무와 업무 내 재형 학습에 대한 수요도 장기적으로 증가할 수 있습니다. 이에 따라 통신 기술의 한계와 원격 학습의 단점을 보완하는 블렌디드 러닝, 온라인 교육과 같은 적응형 교육 방식이 더욱 가속화되고 있습니다.

코로나19를 넘어서(전자 자료)

이 전자 자료에서는 코로나19 팬데믹이 정신 건강에 미치는 영향과 새로운 일상의 도전에 대해 다룹니다. 또한 교육 자료를 재구성하는 방법에 대한 몇 가지 제안도 제공합니다.

eResource 11

https://routledgetextbooks.com/textbooks/9781032231952/beyond-covid-19.php

7) 유연한 교육 시스템의 구축

적응

적응이 생존의 열쇠라는 다윈의 진화론적 관점에서 볼 때, 새로운 현실에 가장 잘 적응하고 유연한 구조를 채택한 학교 시스템이 장기적인 관점에서 학습 전략과 교수법을 전수할 수 있을 것입니다. 가장 성공적인 교육 관행은 아마도 대부분의 국가에서 널리 퍼지고 채택되어 표준이 될 것입니다. 적응성이란 다양한 학습 속도와 다양한 학습 스타일, 주변 환경과 사회 전체에 맞춰 커리큘럼과 콘텐츠를 채택하여 학습 자료와 방법을 개별화하는 능력입니다.[36] 학생들은 자신에게 가장 적합한 시간대에 다양한 온라인 강의에 접근할 수 있고, 강의, 튜토리얼 또는 대화형 교육 자료를 다시 보거나 다시 들으며 내용을 더 잘 이해할 수 있는 기회를 가질 수 있습니다. 그러나 학습을 더욱 유연하게 만들기 위해서는 변증법적으로 의사소통능력을 계발하기 위해 라이브, 사전 녹화 또는 사전 프로그래밍된 환경에서 가상 또는 실제 급우 또는 교사와의 상호작용이 필수적인 특정 능동적 학습 경험이 필요합니다.

학교에서의 디지털 및 원격 기반 교육과 학습이 더 영구적인 환경이 된다면, 여학생들이 수업 시간에 더 자유롭게 발언할 수 있게 될 수도 있습니다. 일부 연구에 따르면 교실에서 사회적 상호 작용 스타일에 차이가 있다는 사실이 밝혀졌습니다. 평균적으로 남학생들은 학급 토론 중에, 때로는 요청을 받지 않거나 다른 학생들만큼 주제에 대해 잘 모르는 경우에도 발언할 가능성이 더 높습니다.[37] 또한 소규모 남녀공학 그룹에서 프로젝트를 진행할 때 여학생들의 의견이나 그룹에 대한 기여를 무시하는 경향을 보이기도 합니다. 이런 점에서 남녀공학 학생 그룹은 사회의 많은 부분에서 상호작용 패턴이 유사하며, 남성 또한 때때로 여성

---

36 Cristea, A., ODL Education Environments based on Adaptivity and Adaptability, In Driscoll, M. and Reeves, T., (Eds), Proceedings of E-Learn 2002, World Conference on E-Learning in Corporate, Government, Healthcare, and Higher Education (pp.232-239), Montreal, Canada: Association for the Advancement of Computing in Education (AACE), 2002, www.learntechlib.org/primary/p/15230.

37 Sadker, D., An educator's primer on the gender war, Phi Delta Kappan, Vol. 84, No. 3, 2002, pp.235-240.

의 의견과 기여를 무시하는 경향이 있습니다.[38] 학급 규모가 크지 않고 학생들이 교사가 잘 조직한 그룹이나 단순히 온라인으로 만나는 원격학습 환경에서는 이러한 차이가 결국 자연스럽게 사라질 것이라고 상상할 수 있습니다. 자존감과 자신감이 높은 여학생이 많아지면 다른 직업이나 진로를 찾거나 일반적으로 남성이 지배적인 분야에서 공부할 수 있기 때문에 이는 사회 전체에 매우 유익할 수 있습니다. 이는 사회를 보다 평등하게 만들고, 장기적으로 남성에게도 도움이 되는 많은 성 장벽을 제거하여 사회 전체가 보다 평등하게 발전할 수 있기를 바랍니다.

커리큘럼 및 수업계획서

OECD 회원국 대부분의 학교 교육과정에 대한 전반적인 목표와 지침은 많은 유사점을 공유하고 있으며, 이 책에서 우리는 지속가능하고 상호 작용적인 능동적 학습 방법으로 장려하는 지속가능하고 다원적이며 적극적이고 관계적인 계획 방법에 대한 근본적인 재평가를 제공하기 위해 공통된 측면에 초점을 맞추려고 노력했습니다. 우리가 분석에서 제시하는 권장 사항은 의무교육 학교와 학습 장애가 있는 학생이 있는 특수학교, 그리고 공교육과 사교육의 모든 학교 형태에 적용될 수 있습니다. 이들 모두는 기본적인 가치와 과제를 공유하며, 의무학교의 경우 양질의 교육을 위한 전반적인 목표와 일반 지침을 다루며, 가장 중요한 것은 이러한 커리큘럼에 모든 강의 계획서가 포함되어 있고 모든 학교 과목에 대한 지식 요구 사항과 평가 방법을 설명한다는 점 입니다.

각기 다른 정부에서 교육부 장관은 학교의 기본 가치와 과제를 결정합니다. 강의 계획서에는 각 과목의 목표와 핵심 내용이 포함되어 있지

---

38 Tannen, D., You just don't understand: Men and women in conversation, New York: Quill, 2001.

만, 대부분의 강의 계획서는 각 과목이 어떻게 겹치는지, 어떻게 학문 간 또는 초학문적 교수법으로 통합될 수 있는지 설명하지 못합니다. 교과목의 교육 목표와 장기적인 목표는 핵심 내용에 다음과 같이 명확하게 정의되어 있는 경우가 많습니다. 각 교과목에서 다루고 있지만 대부분의 커리큘럼에서 핵심 내용은 다양한 지식 요구 사항을 명확하게 정의하고 학년별로 허용되는 지식 수준을 정의하면서 교사가 더 자세히 다룰 수 있는 범위를 제공하도록 설계되어 있으며, 대부분의 경우 여러 학교 과목을 학제 간 및 학제 초월적 활동 학습 경험으로 통합하면서 핵심 내용을 심화하거나 보완하는 방법에 대한 예를 제공하지 못합니다.

글로벌 유니버설 커리큘럼

교사의 역할이 지식의 전달자가 아닌 촉진자로 변모할 수 있는 교육 분야의 새로운 표준으로 나아가면서, 우리는 대부분의 지식이 어떤 형태로든 보편적 인간 지배에 속하며 대부분의 국가교육과정의 상당 부분을 보편적 글로벌 교육과정으로 표준화하여 가르칠 수 있다고 판단하게 될 수도 있습니다.

보편적인 언어인 수학과 음악은 국제 핵심 교육과정에 포함될 수 있는 과목 영역의 예이지만, 화학, 물리, 생물학을 포함한 과학의 많은 부분도 모든 국가의 다른 언어로 채택된다면 국제 핵심 교육 과정의 일부가 될 수 있는 명확한 핵심이 있습니다. 올림픽 정신에 입각한 체육 교육도 보편성의 표현으로 가르치는 것이 매우 유리할 수 있습니다. 지역 교육과정은 여전히 자국의 문화, 역사, 전통, 그리고 문화의 주요 요소인 자국어를 중심으로 자국의 주권을 보존하는 데 초점을 맞추어야 하며, 이는 전 세계 세계 문화유산의 매우 중요한 부분을 보존하기 위한 노력입니다.

생산적인 업무 시간 및 자기 규율(전자 자료)

이 전자 자료에서는 코로나19 이후 시대의 필수 요소인 생산적인 업무 시간과 자기 훈련에 대해 설명합니다.

eResource 12

https://routledgetextbooks.com/textbooks/9781032231952/productive-work-time.php

8) 디지털 자료와 인공지능 기술의 활용

학교가 보다 유연한 수업 방식에 적응하고 교육을 분권화하려면 모든 학생이 초고속 인터넷과 컴퓨터와 같은 적절한 도구를 사용할 수 있어야 합니다. 어떤 사람들은 교사가 달성하고자 노력하는 최적의 목표는 항상 학습에 대한 직접적인 경험이라고 제안했습니다. 전 세계 수백만 명의 어린이들이 각 국가 또는 지역의 코로나19 봉쇄 조치로 인해 인터넷에 접속할 수 없거나 가정에 적절한 디지털 하드웨어가 없어 온라인 교육에서 소외되고 있습니다. "에스토니아의 학생들은 디지털 학습에 대한 발트해 연안 국가의 장기적인 투자에 대한 보상을 받았습니다. 코로나19 바이러스가 전 세계를 혼란에 빠뜨리기 훨씬 전부터 에스토니아는 디지털 기술, 초고속 인터넷, 정교한 IT 인프라 개발을 국가적 우선순위로 삼았습니다. 2001년에는 인터넷 액세스를 인권으로 분류한 세계 최초의 국가 중 하나였습니다." 에스토니아 교육 시스템은 "수년간 디지털 자료를 활용해왔기 때문에 팬데믹이 닥쳐 탈린의 학교가 문을 닫았을 때 에스토니아 아이들은 집으로 돌아가 온라인으로 원활하게 학습을 진행했습니다."[39]

힐데군 스톨레(Hildegunn Støle), 앤 망겐(Anne Mangen) 그리고 크누트 슈위퍼트(Knut Schwippert)[40] 연구원은 노르웨이 학생들의 독해력이 종이로 시험을 볼 때와 컴퓨터 화면으로 시험을 볼 때 차이가 있는지 조사했습니다. 연구 결과에 따르면, 학생들이 컴퓨터 화면으로 시험을 치를 때 독해력을 향상시킬 수 있는 전략을 더 배워야만 컴퓨터 화면에서 성공할 수 있다고 합니다. 15세 대상의 PISA 시험과 같은 대규모 시험은 종종 시험의 매체가 의미가 없다는 가정 하에 디지털화되어 왔습니다. 즉, 학생이 수학이나 독해력 시험을 종이로 치르든 디지털 방식으로 치르든 시험 결과에 차이가 없을 것이라는 제로 가설에 근거한 것입니다. 연구진은 디지털과 종이 기반 읽기 시험의 학생 결과 차이를 계산한 결과, 디지털 시험에서 학생들의 평균 성적이 현저히 떨어지는 것으로 나타났습니다. 총 599명의 학생이 두 시험에서 거의 비슷한 성적을 거둔 반면, 약 1/3의 학생은 종이 시험에서 훨씬 더 나은 성적을 거두었습니다. 디지털 시험에서 더 나은 결과를 얻은 학생은 13.6%에 불과했습니다. 이 연구 결과에 따르면 학생들은 종이로 읽을 때보다 컴퓨터로 읽은 내용을 덜 이해한 것으로 나타났습니다. 이는 부분적으로는 디지털 형식의 텍스트와 과제 모두에서 스크롤을 사용했기 때문일 수 있고, 부분적으로는 학생들이 컴퓨터 화면에서 읽을 때 부적절한 읽기 전략을 사용했기 때문일 수 있습니

39 www.theguardian.com/world/2020/oct/30/lessons-from-estonia-why-excels-digitallearning-during-covid.

40 Støle, H., Mangen, A., and Schwippert, K., Assessing children's reading comprehension on paper and screen: A mode-effect study, Tidskrift: Computers & Education, No. 151, 2020, p.103861.

다. 그 이유는 어린 독자들은 온라인에서 피상적인 검색 및 찾기 전략을 자주 사용하는 반면, 화면에서 집중해서 읽는 경우는 거의 없기 때문입니다. 따라서 교사는 앞으로 가장 보편화될 스크린 독서를 위해 학생들에게 독해력을 지원하는 전략을 가르치는 데 주의를 기울여야 합니다.

2020년 코로나19 팬데믹과 같이 제한된 자원이나 안전 문제로 인해 교사가 가상학습 환경을 선택하는 경우가 있습니다. 이 과정에서 일부 교사들은 학습 경험의 질이 저하될 수 있다는 우려를 제기하기도 합니다. 그러나 최근의 한 연구에 따르면 가상 네트워킹 시뮬레이터를 사용한 학생들은 실제 실습실을 사용한 대조군보다 훨씬 높은 성적과 동기 부여 수준을 보였습니다.[41] 이 연구는 가상 네트워킹 시뮬레이터가 학생들의 학습과 동기 부여에 미치는 영향이 실제 실습실을 사용하는 것만큼 좋을 수 있다는 전제에서 시작되었지만 놀랍게도 가상 시뮬레이터를 사용한 학생들이 실제 실습실을 사용한 학생보다 더 나은 성적과 높은 동기 부여 수준을 달성한 것으로 나타났습니다. 국가 교육 정책 입안자들은 더 이상 지니를 병 속에 넣을 수 없는 상황에 처할 수도 있습니다.

증강현실 및 가상현실 기술의 사용

가까운 미래에 교실에서 증강현실(AR, augmented reality), 가상현실(VR, virtual reality), 혼합현실(MR, mixed reality)은 체험학습과 지속가능한 대화형 학습 활동에 무한한 가능성을 제공할 것으로 예상됩니다. 이러한 기술에 투자하는 데 상당한 비용이 들지만, 미래의 학교에서는 다양한

41 Abdel-Maksoud, Nahed F. (2018) When Virtual Becomes Better than Real: Investigating the Impact of a Networking Simulation on Learning and Motivation, International Journal of Education and Practice, Vol. 6, No. 4, pp.253-270, https://eric.ed.gov/?id=EJ1210050.

종류의 증강현실 및 가상현실 기술을 갖춘 여러 교실을 번갈아 가며 사용함으로써 단기간에 더 의미 있는 학습 경험을 제공할 수 있고, 더 많은 학생들이 이러한 기술을 접할 수 있게 될 것입니다. 실험실과 홈 에코노믹스 교실의 시설이 다른 것처럼, 증강현실 또는 가상현실을 위한 다양한 유형의 작업 공간이 교실마다 설치될 수 있습니다. 그러나 이러한 새로운 유형의 기술을 통해 학생들이 적절한 유형의 장비에 접근할 수 있다면 원격 대화형 교육 측면에서 수많은 새로운 가능성을 열 수 있습니다. "몰입, 상호 작용, 환경 및 내러티브에 대한 사용자 참여는 학습 동기를 부여하고 참여를 유도하여 교육 분야에서 매우 높은 잠재력을 제공합니다. 지금까지 교육용 게임에서 몰입형 가상현실을 사용하는 것은 기기의 높은 가격과 제한된 사용성 때문에 제한적이었습니다."[42] 앞에서 제안한 것처럼 증강현실과 가상현실 기술은 원격학습에 가능성을 제공할 수 있습니다. 가상현실 표준은 5G 기술을 통해 향상될 수 있습니다.[43] 이는 또한 교사와 학생 간의 새로운 유형의 실시간 상호작용으로 이어질 수 있습니다. 그러나 "몰입형 가상현실과 달리 증강현실 인터페이스는 사용자가 실제 장소와 사물에 가상의 이미지가 부착된 현실 세계를 동시에 볼 수 있게 해줍니다. 증강현실 인터페이스에서 사용자는 주변 환경의 비디오에 그래픽을 투과하거나 오버레이할 수 있는 핸드헬드 또는 헤드 마운트 디스플레이를 통해 세상을 봅니다. 증강현실 인터페이스는 사용자를 현실 세계에서 벗어나 화면으로 끌어들이는 다른 컴

---

42 Freina, L. and Ott, M., A LITERATURE REVIEW ON IMMERSIVE VIRTUAL REALITY IN EDUCATION: STATE OF THE ART AND PERSPECTIVES, The International Scientific Conference eLearning and Software for Education, No. 1, 2015, 133.

43 See, for example, www.ericsson.com/en/blog/2020/4/how-5g-and-edge-computingcan-enhance-virtual-reality.

퓨터 인터페이스와 달리 현실 세계 경험을 향상시킵니다."[44] 또한, 학생들로 구성된 팀이 가상 그룹에서 협업하여 팀워크와 수업 토론을 할 수 있는 현대적인 기회를 제공할 수도 있습니다. 미술 교사가 집이나 교실에서 가상으로 투어에 참여하는 학생 그룹에게 파리 루브르 박물관의 가이드 투어를 제공할 수 있다고 상상해 보세요. 한 그룹의 학생들이 생물학 실험실에서 실험동물을 사용하지 않고 증강 현실 환경에서 실제 도구를 사용하여 과제를 수행하면서 해부를 한다고 상상해 보세요. 예를 들어, 위에서 설명한 것처럼 빠르게 진화하는 새로운 표준의 상황은 학생들이 현장 조사를 계획하고 데이터를 수집하거나 자기, 중력, 방사선 측정 연구를 수행하는 지질 교육 저널에 설명된 것과 같은 실습형 능동 학습 프로젝트를 수행할 수 있는 기회를 더 많이 제공할 수 있습니다.[45] 그러나 이러한 유형의 연구를 수행하기 위해 실제 장소로 이동하는 대신 빠르게 발전하는 디지털 리소스와 가상현실 기술 덕분에 학생들은 집이나 교실에서 편안하게 가상 현장 학습에 참여할 수 있습니다. 가능성은 무한하며, 이러한 새로운 기기는 말 그대로 다차원적인 학습 경험을 제공합니다.

인공지능의 발전과 휴머니티의 필요성

AI라고도 알려진 인공지능은 최근 교사와 학생 모두를 위한 교육적 도구로 떠오르기 시작했으며, 특히 최근 팬데믹 기간 동안 디지털 도구가 비약적으로 발전했습니다. AI를 간단히 정의하자면, 패턴 식별과 같

44 Billinghurst, M, Augmented reality in education, New horizons for learning, Vol. 12, No. 5, pp.1-5, 2002.

45 Klasner, J., Crockett, J., Horton, K., Poe, M. and Wollert, M., Hands–On Teaching Through a Student Field Project in Applied Geophysics, Journal of Geological Education, Vol. 40, No.1, pp.53-61, 1992, doi:10.5408/0022–1368–40.1.53.

은 특정 인지 기능을 재현할 수 있는 강력한 디지털 도구의 도움으로 인간의 마음을 모방하고 경험을 통해 학습하고 학습한 여러 가지를 연결할 수 있는 인간의 구조입니다. 인공지능이 더 구체적인 현실로 다가오면서 현재와 미래의 학교에서 인공지능이 더 많은 부분을 차지하게 될 것이며, 이로 인해 교사가 불필요해질 위험에 처하게 될 것인지에 대한 의문이 제기되고 있습니다.

AI가 학교에서 진정으로 유용하려면 윤리적이고 인류를 위한 것이어야 하며, 그 반대가 아니라 인류와 마찬가지로 우리도 AI의 목적을 소유해야 합니다. 그러나 가장 중요한 것은 교사가 시간을 절약하고 교육자로서의 역할을 더욱 효율적으로 수행할 수 있는 무한한 가능성을 제공한다는 점이며, 무엇보다도 학생 평가와 동료와의 공동 계획 수립에 AI를 활용할 수 있다는 점입니다. 이를 위해 AI는 반복적인 작업과 분석을 수행하여 교사의 학생 평가와 계획 수립에 도움을 줄 수 있습니다. AI가 지원할 수 있는 또 다른 기능은 교사가 협업하여 학생들에게 더 적합한 통합 학습 경험을 만들 수 있도록 돕는 것입니다.

현대 사회에서 인공지능은 이미 우리 주변 곳곳에 존재하고 있으며, 우리도 모르는 사이에 더 인공지능에 의존하고 있습니다. 우리가 매일 사용하는 검색 엔진의 알고리즘은 인간의 지능을 모방하려는 이러한 에뮬레이션 패턴 추구 및 적응형 디지털 도구와 동일한 사전 설정을 기반으로 합니다. 인공지능을 우리 서비스에 활용하기 위해서는 인공지능을 다루는 방법과 이러한 기기에 탑재된 알고리즘의 유형에 따라 우리가 어떤 영향을 받을 수 있는지 이해해야 합니다. 이와 관련하여, 이미 다양한 소셜 네트워크 플랫폼용으로 개발되고 있는 AI 도구의 차이로 인해 제공되는 정보의 품질을 식별하고 평가할 수 있도록 예리한 비판적 사고력을 계발해야 합니다. 빠르게 진화하는 인공지능 도구의 맥락에서 교사의 역할은 학생들의 비판적 사고 능력을 계발하여 민주주의를 수호하는 것입니다. 우리는 이미 이 책에서 비판적 사고의 중요성에 대해 심도 있게 논의했으며, 교사가 민주주의 제도의 안녕에 긍정적인 영향을 미치고 반민주적 경향으로부터 우리를 보호할 수 있는 방법을 설명하기 위해 몇 가지 사례를 제시했습니다.

인공지능에 대한 다양한 정의가 존재하지만, 그 차이점에도 불구하고 어느 정도 겹치는 부분이 있어 유사성이 우세합니다. 오늘날의 교사들은 실제로 가르치는 시간이 너무 적고 채점 및 기타 유형의 행정 업무와 같은 문서화에 너무 많은 시간을 소비한다고 쉽게 주장할 수 있습니다. 앞서 언급한 행정 업무는 AI가 훨씬 더 많은 부분을 지원함으로써 교사가 가장 잘할 수 있는 일, 즉 가르치는 일에 집중할 수 있게 해줄 수 있습니다.

교실에서 다양한 디지털 도구와 AI를 실험해 본 사람이라면 현재 빠른 속도로 진화하고 있는 혁신적인 디지털 도구로 인해 교육이 재정의되고 있는 상황에서 교사의 역할이 그 어느 때보다 중요하다는 것을 알 수 있습니다. 교실 내에서 교사의 역할은 모든 개인의 사회적 역량과 개성을 발현하는 데 중요한 응집력과 인간적 상호작용에 여전히 필수적입니다. 미래의 학교에서 계발되는 창의적 사고 능력은 아마도 구식 학교와 기존의 표준화된 시험에서 장려하던 암기력보다 더 유용할 것입니다.

가설적으로 세계 최고의 종양학자가 가장 유명한 의학 정기 간행물에 실린 수많은 학술 논문을 읽을 수 있다고 해도, 수만 개의 논문으로 구성된 데이터베이스 내에서 AI가 더 쉽고 놀라운 속도로 검색할 수 있어 올바른 진단 유형을 쉽게 식별하고 종양학자가 더 불확실한 진단을 통해 추측하는 대신 암을 치료할 시간을 확보할 수 있으므로 결국 AI에 쉽게 능가할 수 있을지도 모릅니다. 그렇기 때문에 현재와 미래의 학교는 인간의 두뇌 능력이 데이터베이스로 활용될 때 덜 유리하게 활용되고 대신 일반적이고 기초적인 지식이 많이 필요한 창의적인 마인드를 키워야 한다는 것에 초점을 맞춰야 합니다. 핵심은 다양한 유형의 정보를 연결하고 인간의 오류와 한계에 대한 이해를 바탕으로 정보의 품질을 판단할 수 있는 능력이며, 이는 오늘날의 학생들이 더 시급히 갖추어야 할 능력입니다.

창의적인 측면을 무시해서는 안 되는데, 이는 인공지능이 앞으로 당분간 어려움을 겪을 수 있는 부분 중 하나이기 때문입니다. 이 책에서 장려하는 능동적 학습 접근 방식은 직감, 상상력, 잠재의식에 의존합니다. AI는 아마도 결코 '꿈'을 꾸지 못할 것이며, 과거에 인간이 가졌던 많은 아이디어는 더 큰 그림을 보기 위해 축소하는 법을 배웠을 때 일종의 아이디어 조각 모음에서 나온 것입니다. 향후 수십 년 동안 AI의 발전 과정을 지켜보는 것은 매우 흥미로울 것이지만, 이 책의 주된 주제는 아니므로 교육에서 미래의 필요성에 대해 이야기하면서 이 매우 복잡한 문제를 너무 확장하지는 않겠습니다. 앞으로는 데이터 공식, 용어집, 문법 규칙 등을 암기하기 위한 학습의 중요성이 어느 정도 사라지고 문제 해결, 전체에 대한 총체적 이해, 창의성이 떠오르는 지속가능한 학습 및 능동 학습 교육학에서 가장 중요하다는 가설을 강조하기 위한 것입니다.

인공지능 기술의 활용

우리는 매우 긴 숫자 시퀀스, 복잡한 방정식, 악보를 사용하지 않고 피아노 협주곡을 완주하거나 2시간짜리 연극의 전체 대본을 암기하는 기억력 마법사들을 잘 알고 있습니다. 이런 사람들은 정말 다차원적인 학습 전략을 개발했습니다. 그들은 상당한 양의 데이터를 암기하도록 두뇌를 훈련하는 동시에 정보를 머릿속에 저장하여 필요할 때 특정 순서나 목적에 따라 다양한 유형의 정보를 쉽게 연결하여 데이터를 쉽게 표현할 수 있도록 했습니다. AI의 등장으로 재정적 수단을 갖춘 사람이라면 누구나 이런 종류의 더욱 향상된 기억에 접근할 수 있게 되었습니다. 뇌의 장기기억에 저장해야 하는 사실의 양을 제한한다는 것은 정상적인 인간 두뇌의 '저장' 한계가 더이상 장애물이 되지 않는다는 것을 의미할 수 있습니다. 또한 전통적인 교육 기법에 생명을 불어넣는 기술은 완전히 새로운 지식 습득 방법의 토대를 제공할 수 있습니다. 특히 시각화와 협업은 과거에는 지식을 습득하는 주된 방법이 아니라 학습의 부수적인 요소였습니다."[46] AI는 아마도 교육과 업무에 대한 현재의 정의를 완전히 재정의하는 데 도움이 될 것입니다. AI를 통제되고 책임감 있는 방식으로 사용한다면 우리는 시간과 에너지를 보다 창의적이고 즐거운 지적 노력에 투자할 수 있고, 아직 상상하기 어려운 방식으로 인간의 경험을 향상시킬 수 있습니다. 우리가 인공지능에 종속되는 대신 인공지능이 우리를 위해 봉사할 수 있다면 여가 활동 시간을 늘릴 수도 있겠지만, 무엇보다도 평생 학습 경험이 인간 활동의 중심축이 될 수 있는 보다 지속가능한 라이프 스타일을 수용하기 위해 인류가 더 많은 시간을 할애할 수 있을 것입니다. 평생 학습을 미래의 지속가능한 경제의 핵심으로 삼음으로써, 환경이나 지구의 자원에 영향을 주지 않으면서도 모든 개인에게 혜택을 주는 비물질적 상품으로 부가가치를 창출하고, AI가 인류를 지루하고 반복적이며 소외된 산업화시대 노동에서 해방시켜 경제 성장과 소비주의를 재정의하는 것처럼 말입니다. 정보의 시대가 지식 습득이 신흥 글로벌 시장에서 가장 인기 있는 상품 중 하나가 되는 교육의 시대로 진화한다면 어떨까요?

---

46 McArthur, D., Lewis, M., and Bishary, M., The Roles of Artificial Intelligence in Education: Current Progress and Future Prospects, Journal of Educational Technology, Vol. 1, No. 4, pp.42-80, 2005, www.learntechlib.org/p/161310.

평가 자동화를 위한 디지털 도구

팬데믹 기간 동안 대부분의 국가가 다양한 수준의 봉쇄 조치를 취하면서 나타난 새로운 현실에서 교사들이 그 어느 때보다 빠르게 적응하고 유연해져야 하는 상황에서 전 세계 디지털 교육 환경은 현재 빠르게 변화하고 있습니다.[47] 따라서 실시간 검토 및 수정 시스템을 갖춘 통합형 대화형 평가 소프트웨어에 의존하는 클라우드 기반 디지털 플랫폼은 아직 상상하기 어려운 방식으로 형성평가와 총괄평가를 촉진하고 개선할 수 있으며, 학생이 나중에 받은 정보를 활용하여 성과를 개선할 때만 피드백이 형성적이라고 발표한 딜런 윌리엄(Dylan Wiliam)[48]의 주장처럼 보다 개별화된 형성평가가 가능해질 수 있습니다.

교육용 디지털 플랫폼이 AI, 증강현실, 가상현실의 요소를 통합함에 따라 개별 조정의 가능성은 무한대로 보입니다. 이러한 가상 기기가 안전한 클라우드 기반 학습 환경을 제공하는 한, 교사의 역할은 완전히 혁신될 수 있습니다. 이미 몇 년 전부터 개발 중인 이러한 유형의 실시간 평가 소프트웨어[49]는 학생들이 반 친구들의 시험과 과제를 검토하고 댓글을 달면서 참여하기 때문에 분석과 더 나은 실시간 평가를 위한 새로운 가능성을 제공할 수 있으며, 디지털 플랫폼이 학생들의 작업을 자동으로 비식별화할 수 있으므로 참여자는 완전히 익명을 유지할 수 있습

---

47 For updates, see https://en.unesco.org/covid19/educationresponse.

48 William, D., Embedded Formative Assessment: (strategies for Classroom Assessment That Drives Student Engagement and Learning), Solution Tree Press, 2011.

49 See, for example, Ferster, B., Hammond, T.C., Alexander, R.C., and Lyman, H., Automated Formative Assessment as a Tool to Scaffold Student Documentary Writing, Journal of Interactive Learning Research, Vol. 23, No. 1, pp.81-99. Waynesville, NC: Association for the Advancement of Computing in Education, 2012, www.learntechlib.org/primary/p/35311.

니다. 이는 반 친구들과 교사 모두에게 보다 공정하고 편견이 없으며 객관적인 평가를 제공할 수 있으며, 기존의 평가 방식에서 나타나는 불안 요소와 주관적인 요소를 제거하여 학습 및 교수 효율성을 높이는 동시에 향상된 학습 환경을 조성할 수 있습니다. 또한 교사는 학생의 과제를 평가하고 채점하는 데 소요되는 시간이 줄어들기 때문에 반복적인 평가 업무가 줄어듭니다. 알고리즘이 각 학생에 대해 축적된 정량적, 정성적 데이터의 합계를 바탕으로 개선이 필요한 영역을 제시하기 때문에 각 학생의 강점과 약점에 대한 더 나은 통찰력을 제공할 수 있게 될 것입니다. 이렇게 하면 소프트웨어가 교사와 학생에게 각자의 개선 영역에 대한 제안을 제공하므로 교사는 학생들이 실시간으로 필요한 조정을 할 수 있도록 더 잘 준비할 수 있습니다. 교사가 이 소프트웨어를 올바르게 적용하면 학급 전체의 취약 영역을 파악할 수 있습니다. 실시간으로 그룹 통계를 수집하고 분석하면서 특정 주제에 대한 교육을 개선하는 방법에 대한 팁을 교육자에게 제공할 수 있습니다. 예를 들어, 강의가 끝난 후 학생들에게 디지털 퇴장 티켓에 답하도록 요청하면 소프트웨어는 전체 학급이 특정 주제 영역에서 어려움을 겪고 있는 것으로 보인다는 점을 지적할 수 있습니다. 이를 설명하기 위해 다음 예를 사용하겠습니다. 지리학 수업이 끝날 때 인구 통계 데이터를 분석하는 인구 피라미드 개념을 80%의 학생이 어려워하는 것을 소프트웨어가 즉시 감지하고, 다음 수업이 시작될 때 더 관련성 있는 예를 제공하면서 이 개념을 다시 살펴볼 필요가 있다고 교사에게 자동적으로 알려 전체 학생이 분석 기술을 습득할 수 있도록 한다고 상상해 보겠습니다. 적절한 지식 요구 사항. 그러나 자가 교정 디지털 플랫폼의 개발에서 정말 흥미로운 점은 평가를 위한 정량적 데이터를 생성하는 소프트웨어의 능력뿐만 아니라 동료 반응, 형성적인 교사 피드백 및 무작위 익명 동료 평가를 위한 상호 활동적인 플랫폼을 제공한다는 점입니다. 학생과 교사 모두 동료의 작업 품질을 평가하면서 자신의 개선 영역을 더 잘 인식하게 됩니다.

학생들이 학교 환경에서 강의를 듣든 원격 학습 플랫폼을 사용하든 상관없이 이러한 디지털 기기가 학생들의 업무 부담[50]과 교사의 업무량을 크게 줄이는 동시에 학습 및 교수 효율성을 엄청나게 높일 수 있다는 것은 쉽게 상상할 수 있습니다. 이러한 유형의 디지털 플랫폼에 AI를 통합하면 디지털 테스트와 대화형 협업 동료 평가가 계속 증가하는 이전 평가 데이터베이스에 지속적으로 추가되므로 소프트웨어 자체가 학습과 성장의 역량을 계발할 수 있습니다. 또한 이 소프트웨어는 데이터베이스에 저장된 모든 상호작용을 저장하고 학습하면서 수년 동안 교사와 반 친구들의 반응을 통해 학습할 수 있는 능력을 갖추게 될 것입니다. 한편, 이 소프트웨어는 실시간으로 개선을 위한 조언을 제공하는 조언자의 역할을 자동으로 수행할 수 있습니다. 물론 이러한 지능형 디지털 플랫폼은 의미 있는 학습 경험을 위해 여전히 필수적인 것으로 간주되는 전통적인 교실 교육의 교훈적인 측면을 보존해야 합니다. 몇 가지 표준화된 평가와 퀴즈, 출결표, 진단 평가 등을 통해 정확한 정량적 평가를 제공할 수 있습니다.

또한 이러한 유형의 지능형 디지털 플랫폼은 다음과 같은 이점도 제공합니다. 각 학생의 진도를 쉽게 모니터링하는 동시에 학제 간 방식으로 개선이 필요한 부분을 강조함으로써 교사 간의 협업을 강화할 수 있는 기회를 제공합니다. 이 소프트웨어는 커리큘럼에서 발견되는 학제 간 요소를 자동으로 식별하여 교과목 콘텐츠가 중복되는 부분을 파악하는 데 이상적으로 도움이 될 것입니다. 이러한 유형의 지능형 디지털 플랫

50 For a case study of Student Workload: its significance, evaluation and management, see www.tandfonline.com/doi/abs/10.1080/01587919.2015.1055059?journalCode=cdie20.

폼은 교사가 공동 협업을 강화하여 보다 통합적인 학습 경험을 계획할 수 있도록 다양한 제안을 자동으로 제공합니다. 이 소프트웨어는 다양한 학교 과목이 서로 어떻게 연결되어 있는지 파악하고 교사가 더 나은 통찰력을 얻 을 수 있는 방법을 강조함으로써 동료와의 공동 계획에 집중할 수 있도록 도울 수 있습니다. 이 소프트웨어는 키워드와 반복되는 주제를 식별하는 동시에 보다 지속가능한 학제 간 학습 경험을 제공한다는 궁극적인 목표를 가지고 협업 계획에 대한 패스트 트랙을 제공할 수 있습니다. 이 클라우드 기반 디지털 기기는 또한 교사에게 귀중한 인사이트를 제공하고 즉각적인 개선을 위한 팁을 제공할 수 있습니다. 이 플랫폼은 강의, 튜토리얼 또는 워크숍 직후 학생들의 지식 보유 및 개념 습득 능력을 측정하기 때문에 실시간 교육 품질 보증을 제공할 수 있습니다. 수집된 데이터는 교사팀이 각 수업의 교육적 내용을 과학적으로 조정하는 동시에 각 학교 과목을 학제적이고 총체적으로 더 잘 통합하는 방법에 대한 조언을 제공하는 데 사용할 수 있는 방식입니다. 또한 교사는 개인별 및 집단별 진도를 실시간으로 파악하여 뒤처지는 학생이 없도록 적시에 조치를 취하고 모든 학생이 학습 목표에 도달할 수 있도록 할 수 있습니다. 이 플랫폼은 거의 직관적으로 교육적 조언을 제공하고 학생의 강점과 관심사를 분석하여 올바른 학업 경로로 더 잘 안내하고 적합한 전문 분야로 방향을 제시할 수도 있습니다.

AI는 위에서 설명한 것과 같은 자동화된 평가 도구에 사용될 수 있으며, 소셜 네트워크 플랫폼이나 검색 엔진에서 사용되는 것과 동일한 유형의 알고리즘을 활용하여 학생 발달을 위한 데이터를 제공할 수 있습니다. 수학에서 AI를 교육적으로 활용하면 개별 학생의 요구에 완전히 부합하는 적응형 연습 문제를 만들 수 있습니다. 연습은 반복해야 할 부분만 반복할 수 있고, 과제의 추가적인 개별화에 대한 무한한 가능성을 가질 수 있으며, 제한이 없어야 합니다.

학습지원 시스템에서 높은 성취도를 보이는 학생들은 때때로 작업할 흥미로운 자료가 부족하지만, AI가 더 창의적인 방식으로 사용된다면 더 이상 그럴 필요가 없습니다. AI는 학생이 높은 성취도를 보이는 학생이든, 특별한 도움이 필요한 학생이든, 실제로 모든 수준의 학생이든 상관없이 항상 적절한 수준에서 학생을 진정으로 자극할 수 있는 더 적합한 과제를 찾아낼 수 있습니다. 이 교육 도구는 단순히 성적을 매기기 위한 것이 아니라 교육의 게임화라는 맥락에서 학생들이 비디오 게임에서처럼 자신의 속도와 인지능력에 따라 스스로 노력하여 다양한 수준에 도달할 수 있도록 합니다. AI는 어떤 학생이 다른 학생보다 더 빨리 또는 더 느리게 학습하는 경우 서열을 만들지 않고도 학생의 특정 요구에 따라 더 잘 적응하고 지원할 수 있는 교사에게 필요한 정보를 보낼 수 있습니다.

교실에서 개별화 및 개인화 수업이 증가함에 따라 학생들이 같은 교실에서 서로 다른 수준에서 학습하더라도 전체 학급에 적합한 영감을 주는 강의를 제공해야 하는 교사에게 장애물이 될 수 있다는 점이 문제입니다. 미래의 발명품이 제공할 수 있는 분석적 교육 도구를 통해 교사는 학생들 사이에 만연할 수 있는 특정 어려움이나 오해를 해소할 수 있도록 강의를 설계할 수 있으며, 더 많은 정보에 접근함으로써 더 많은 학생들에게 더 잘 적응하고 더 많은 혜택을 줄 수 있는 강의를 설계할 수 있게 될 것입니다. 또한 이러한 자동화된 평가 도구는 교사가 수업을 설계하는 데 필요한 데이터를 제공할 뿐만 아니라 학생에게도 마찬가지로 많은 양의 데이터와 정보를 제공하여 학생 스스로가 자신의 목표나 목표를 설정하고 적절한 개선 경로를 제공함으로써 전략적 자기주도학습을 할 수 있도록 안내할 수 있습니다.

향후 교육 분야에서 AI가 광범위하게 사용될 경우 가장 중요한 결과 중 하나는 학생이 과제를 수행하는 방법을 알고 있다는 것을 보여주면 같은 과제를 계속 반복할 필요가 없어진다는 점일 수 있습니다. 두 번째 중요한 차이점은 수행하도록 설정된 과제가 훨씬 더 개인화되어 AI가 학생들이 어렵다고 생각하는 것을 더 잘 이해하게 되고, 이에 따라 다음과 같은 과제를 반복할 수 있게 된다는 점일 수 있습니다. 전체 학생 그룹에 대한 이해도를 일반화하려는 교사에게 말이죠. 지속가능하고 통합적인 능동적 학습의 궁극적인 목표는 창의성과 자기 주도성을 높이는 것이기 때문에 AI가 어떤 방식으로 진화하든 모든 학생의 무결성, 개성과 개인의 자유를 보호하는 것이 필수적입니다. 만약 AI가 청소년의 마음을 통제하는 도구가 된다면, 우리는 전체 요점을 놓치고 AI가 제공할 수 있는 큰 가능성을 인식하지 못한 채 조지 오웰의 시나리오를 연상시키는 거의 디스토피아적인 방식으로 분류나 통제를 위한 도구가 되는 것에만 집중하게 될 것입니다.

기타 필요한 능력(전자 자료)

이 마지막 전자 자료에서는 학생들에게 필요한 다른 능력에 대한 개요와 이러한 중요한 역량을 계발할 수 있는 추가 방법을 제공합니다.

eResource 13

https://routledgetextbooks.com/textbooks/9781032231952/other-necessary-abilities.php

9) 트랜스휴머니즘[51]과 교육

역사적으로 인류는 기술 발전의 속도를 정확하게 예측하는 데 상당히 서툴렀습니다. 물론 불과 수십 년 전만 해도 공상과학 영화에서나 볼 수 있었던 것들이 이제는 우리 일상 생활의 일부가 되었으며, 대부분의 경우 과거 문학적 환상과 미래 영화에서 상상했던 기기보다 훨씬 더 우수하고, 더 작고, 무선이며, 훨씬 더 인체공학적인 기기들이 등장하고 있습니다. 마찬가지로, 현재 전 세계의 다양한 트랜스 휴머니즘 철학 운동의 지지자들은 현대 인간보다 훨씬 더 우수하고 더 똑똑한 생명체나 존재가 인간을 대체할 것이라는 장기적인 전망을 내놓고 있습니다. 앞서 교육 분야에서 새로운 기술의 다양한 장단점을 고려하면서 인간의 전 생애에 걸쳐 혜택을 줄 수 있는 새로운 학습 및 교육 방법의 빠른 발전 가능성을 설명했습니다. 그러나 새로운 기술이 더 빠르게 발전하는 상황에서 잠재적으로 인간 조건의 정의를 바꿀 수 있는 기술에 대해 규제되지 않은 AI 개발에 대한 비판자들이 제기하는 우려를 고려해야 합니다. 또한 인지능력 향상, 복제, 생체 공학, 사이보그 개발 등이 결국 우주 식민지 개척이나 트랜스휴머니즘의 '전문가'들이 꿈꾸는 궁극적인 목표를 달성하는 등 인류에게 다른 유익한 목적을 제공할 수 있다는 포스트휴머니즘 개념과 다른 트랜스휴머니즘 논문에서 나온 몇 가지 아이디어를 다룰 필요가 있습니다. AI가 인간의 지성을 능가하는 전능하고 전지전능한 기술적 특이점의 도래, 스스로 학습할 수 있는 능력을 갖추고 습득한 지식

51 (역자주) '트랜스휴머니즘(Transhumanism)'은 인간의 지적·신체적·심리적 능력을 과학기술을 통해 향상시키려는 철학적·사회적·과학적 운동입니다. 즉, 생명공학, 인공지능, 나노기술, 유전공학 등 첨단 기술을 활용해 인간의 한계를 극복하고, 보다 향상된 존재로 진화하려는 사상입니다.

과 노하우를 순수한 데이터로 무한히 저장하여 상상할 수 없을 정도로 강력한 메타 알고리즘의 도움으로 놀라운 속도로 즉각적으로 검색할 수 있게 될 것입니다. 이러한 가상의 상황에서 '인류가 애초에 인간을 필멸자이자 불완전한 인간으로 만드는 근본적인 한계를 극복하는 것이 목적이라면 교육의 목적은 무엇일까'라는 질문을 던져보는 것은 타당합니다.

지난 수십 년 동안 스마트폰, 태블릿, 그리고 컴퓨터는 어떻게든 사용자를 위해 인간 두뇌의 연장선이 되었으며, 미국 미시간주 그랜드 래피즈에서 열린 TEDx 강연에서 제이슨 소사(Jason Sosa)는 인터넷 발명 이후에 태어난 젊은 세대를 지구상 최초의 '디지털 원주민'으로 간주할 수 있다고 말합니다. 이는 오늘날 우리가 '생애'라고 부르는 비교적 짧은 기간 내에 일종의 포스트휴먼 시대의 첫 번째 구성원이 될 가능성이 있다는 것을 의미할까요? 이 책에서 앞서 설명한 기술의 급속한 발전으로 인해 일부 트랜스휴머니스트에 따르면 인간 종은 더 많은 새로운 기술에 적응하고 심지어 합쳐질 수 있습니다. 몇몇 미래학자들은 오늘날 급속한 발전 단계에 접어든 생명공학의 발전 덕분에 비교적 가까운 미래에 어떤 유형의 초인간이 설계 및 제작될 수 있다고 믿습니다. 이러한 기술이 불멸을 향한 인류의 영원한 탐구에서 꿈꿔왔던 '불로장생약'이 될 날이 머지않아 오지 않을까요? 예를 들어, 스티븐 호킹은 유전학의 급속한 발전을 통해 일부 부유한 사람들이 결국 자신과 자손의 DNA를 수정할 수 있는 능력을 갖게 될 것이라고 믿었습니다. 또한 사이버네틱 및 생체공학 기술은 인간과 로봇의 교잡에 기여할 수 있는 잠재력을 가지고 있습니다. 이렇게 되면 다른 수명 주기를 가진 완전히 새로운 종의 슈퍼 휴먼이 탄생할 수 있습니다. 일론 머스크(Elon Musk)는 딥러닝을 위한 메타러닝 알고리즘의 급속하고 규제되지 않은 개발이 최악의 경우 인류를 통제하거나 노예화하거나 심지어 파괴할 수도 있다는 호킹의 의견에 동의

합니다. 호킹은 또한 금세기 말 이전에 과학자들이 새로운 기술 및 생물학적 발전을 통해 인간의 지능과 본능을 변화시킬 수 있는 다양한 방법을 찾아낼 것이라고 믿었습니다. 유발 하라리는 부유하고 변형된 인간으로 구성된 엘리트 집단의 탄생을 우려하며, 이로 인해 대중은 이 소수 엘리트의 선의에 의존하게 될 것이고, 결국 인류가 다른 종으로 분화되는 일종의 '종의 분화'로 이어질 수 있다고 주장합니다.[52]

가장 열렬한 트랜스휴머니스트들의 꿈에도 불구하고 대부분의 사람들에게 이것은 악몽 같은 시나리오처럼 보입니다. 그러나 전 세계 기업과 정부가 유전공학의 잠재적 남용에 대해 어떠한 규제도 채택하지 않을 것이라고 상상하기는 어렵습니다. 기회가 주어진다면 어떤 사람들은 더 잘 배우고 더 잘 수행하기 위해 기억력과 같은 일부 인간 특성을 개선하고 싶은 유혹을 받을 수밖에 없습니다. 예를 들어, 과학자들이 이미 유전자 코드를 수정할 수 있는 Crispr-Cas9 DNA 편집 시스템 덕분에 가까운 미래에 훨씬 더 높은 IQ 잠재력과 탁월한 장기기억 유지 능력을 가진 일부 '강화된' 인간을 '설계'하는 것이 가능해지면서 지속가능한 학습의 정의가 재정의될 수 있습니다. 또한 트랜스휴머니즘 이론을 지지하는 일부 사람들은 강력한 AI 플랫폼으로 작동하는 사이보그나 로봇이 모든 종류의 복잡한 질문에 답하고 다양한 종류의 정교한 작업을 인간보다 더 빠르고 정확하게 수행할 수 있을 것이라고 믿습니다. 어떤 사람들은 1996년 유명한 체스 컴퓨터 딥 블루가 세계 챔피언 개리 카스파로프(Garry Kasparov)와의 체스 경기에서 승리했을 때 이미 이러한 이정표에 도달했다고 주장하기도 합니다.

그렇다면 트랜스휴머니스트들은 인위적인 선택이나 인간과 기술의

---

52 Harari, N., 21 Lessons for the 21st Century, Penguin Random House, UK, 2018, p.92.

교잡이라는 복잡한 과정을 통해 인간이 특별한 학습 능력을 향상시킬 수 있는 잠재력을 가진 새로운 형태의 우생학을 장려하고 있는 것일까요? 순전히 공리주의적 관점에서 일부 트랜스휴머니스트들은 새로운 형태의 기술을 통해 인간이 원할 경우 자신의 정신과 의식을 슈퍼컴퓨터에 업로드하거나 극단적인 경우 기계와 계속 상호 작용하고 더 통합하여 감각 기능을 복구하거나 강화하면서 신체에 통합함으로써 자신의 신체로부터 자유로워질 수 있기를 희망합니다. 이러한 생각은 많은 사람들에게 영원한 디지털 내세와 무한한 기술 진보의 신화로 대표되는 젊음의 샘이 더 이상 인간의 평생학습 과정에 의존하지 않는 일종의 반인간주의로 해석될 수 있으며, 이전 장에서 정의한 바와 같이 인간은 평생을 학습하는 존재가 아닙니다.

분명히 이러한 종류의 빠른 발전이 다음과 같은 도움을 받는 것이 바람직합니다. 신체적 장애로 어려움을 겪는 개인, 심박 조율기부터 인공와우에 이르기까지 다양한 기술 기기는 완벽한 시험대입니다. 스티븐 호킹 자신도 평생 동안 많은 장애를 겪으면서도 적응형 기술의 도움으로 자신의 천재성을 계속 공유할 수 있었기 때문에 인류가 혜택을 받았다고 해도 과언이 아닙니다. 점차 새로운 종류의 삶을 변화시키는 신경 보철물은 손상된 신체 또는 인지 능력을 회복하고 힘을 키우거나 기술을 향상시키는 데 사용될 것입니다. 마찬가지로, 특정 바이오 기술의 발전으로 노화를 늦추거나 멈추거나 되돌릴 수 있을 뿐만 아니라 파킨슨병, 알츠 하이머 또는 인간의 뇌에 영향을 미치는 기타 퇴행성 질환을 퇴치하는 데 기여할 수도 있을 것입니다. 물론 교육에 관한 책에서 바이오 해킹과 관련된 모든 가능한 아이디어를 열거할 수는 없지만, 학습 방법론에 기술을 지속적으로 통합하는 데 관심이 있는 만큼 다음과 같은 몇 가지를 설명하는 것이 우리의 의무입니다. 증강 및 가상현실이나 AI와 같이 이 책에서 이전에 이야기했던 계속 발전하는 기기의 잠재적 한계와 가능한 장점에 대해 설명합니다.

실제로 이 책에서 가설로 제시된 것과 같은 '교육의 시대'가 도래한다면, 트랜스휴머니즘의 아이디어는 장기적인 관점에서 지속가능하고 통합적인 능동적 학습에 대한 아이디어를 추구하는 우리의 논문을 무의미하게 만들 수도 있습니다. 이러한 미래 디스토피아 시나리오의 윤리적, 철학적 함의는 인류의 존재 자체에 대해 깊이 성찰하게 만들 것입니다. 인간 경험의 가장 중요한 측면 중 하나는 배움의 기쁨을 느끼는 것이라고 감히 단언할 수 있습니다. 물론 인간으로서 자신의 삶의 경험에 익숙한 것을 본능적으로 방어하는 것은 당연한 일입니다. 그럼에도 불구하고 트랜스휴머니스트들의 흥미로운 아이디어는 현재 인류의 미래에 대한 실행 가능한 해석으로 받아들이기에는 너무 디스토피아적인 것처럼 보입니다. 그러나 우리는 AI의 진화로 먼 미래에 일어날 수 있는 일을 예견하는 것이 아니라, 인간이 일생 동안 경험할 수 있는 가장 즐거운 경험 중 하나인 배움의 기쁨을 장려하기 위해 이 책을 썼다는 점을 다시 한 번 분명히 밝히고자 합니다. 트랜스휴머니스트들은 이 보람찬 실천에 대한 대안으로 어떤 것을 염두에 두고 있을까요? 그들 중 일부는 학습이 단순히 지식을 업로드하거나 슈퍼컴퓨터에서 다른 슈퍼컴퓨터로 원시 데이터를 전송하는 행위로 대체되어 쓸모없어질 수 있다고 주장합니다. 실제로 일부 트랜스휴머니스트들은 인간의 지식을 디지털로 다운로드하고 기록할 수 있으며, 인간의 경험이 우리가 알고 있는 학습이 무의미해지는 디지털 세계로 이동할 가능성이 있다는 생각을 발전시키고 있습니다. 인공지능, 사이버네틱스 또는 증강 인간의 발전 가능성은 이러한 관점의 잠재적 위험에 대해 논의하도록 유도합니다. 마지막으로, 우리는 또한 구체화된 인지라는 개념 자체가 위에서 열거한 트랜스휴머니즘

사상과 정반대라고 주장할 수 있습니다. 인공지능이 언젠가 일종의 합성 의식을 배양하고 정을 모방하는 능력을 개발할 수 있게 된다면, 결국 디지털 정신을 생물학적으로 구현하려는 욕구를 갖게 될 가능성도 매우 높습니다. 다시 말해, 디스토피아적 인공지능 싱귤래리티는 단순한 필멸의 인간이나 생명이라는 놀라운 나무의 가지에 상관없이 모든 불완전함 속에서도 진정으로 특별한 다른 생명체가 주는 기쁨을 질투하게 될 수도 있습니다.

CHAPTER

06

맺음말

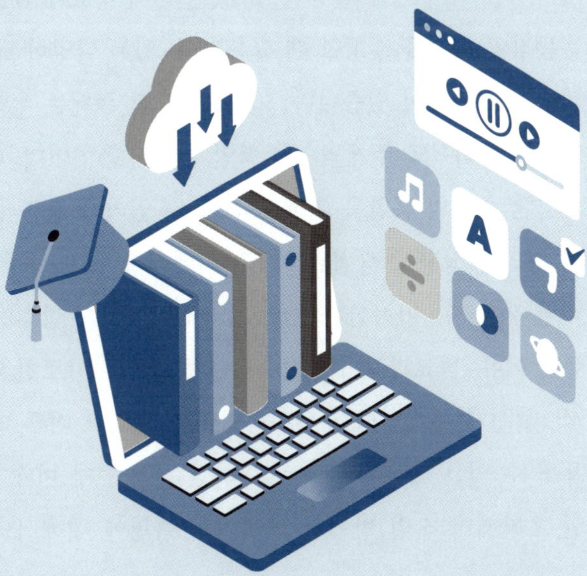

이 책을 만드는 여정을 시작하면서 우리는 설명하는 다양한 개념과 방법의 의미와 범위를 명확히 정의하는 것부터 시작하는 것이 매우 중요하다고 생각했습니다. 따라서 처음에는 다양한 정의 중 어떤 정의를 참조하고 있는지 명확히 하고, 주로 이미 잘 알려진 개념, 방법, 아이디어를 완전히 새로운 방식으로 통합하고자 제안하는 일부의 중요성을 강조하기 위해 노력했습니다. 이러한 권장 방법 중 다수는 다양한 스타일로 실행될 수 있기 때문에, 우리는 때로는 뻔한 것을 말하는 위험을 감수하면서, 그러나 항상 학생들의 근본적인 교육적 필요를 논의하고, 학교의 구성원들이 전통적인 관습이나 관행보다는 그러한 필요를 향해 암시적으로 가르치도록 도전하며, 어떻게 하면 거기에 도달할 수 있는지에 대한 매우 실질적인 방법론을 실질적인 수준에서 지속적으로 명확하게 보여주려고 노력했습니다. 초반부의 상당 부분은 체험적이고 능동적인 학습과 교수의 의미를 정의하는 데 할애되어 있으며, 학교에서 사용하기 위해 고가의 맞춤형 자료를 구할 의지나 수단이 없는 경우 저렴하거나 무료이며 쉽게 활용할 수 있는 대체 자료에 대한 논의를 포함하여 능동적인 학습을 수행할 때 활용할 수 있는 다양한 교육 자료에 대한 긴 설명도 포함되어 있습니다. 이 책의 중심 주제는 우리가 중요하다고 제안하는 교과목과 주제의 필수적인 통합적 측면이며, 따라서 이 책에서는 다양한 수준의 통합을 위해 노력할 수 있거나 노력해야 하는 과목 영역의 정의를 상당히 광범위하게 제시했습니다. 또 다른 주요 영역으로 정의된 것은 지속가능한 학습으로, 능동적이고 통합적인 학습이 더 지속가능한 이유, 범교과적이고 실습적인 방법으로 가르친 내용이 학습자 내에서 더 쉽게 구체화되고 내면화되어 기억되고 이후 다양한 방식으로 활용될 수 있는 이유에 대해 설명하였습니다. 첫 번째 섹션에서는 성공적인 초학제적 작업 방법의 연대기적 측면에 대해서도 간략하게 다루고 있으며, 통합 교육에서 협력적인 팀 노력을 위한 가장 효과적인 발판은 연대기라고 강력히 제안하며, 추후 발행되는 책에서 이 아이디어를 훨씬 더 확장할 수 있기를 희망합니다.

이 책의 두 번째 장에서는 능동적이고 부분적으로 프로젝트 기반 학습이 얼마나 지속가능한 학습 방식인지 보여주려는 분명한 의도를 가지고, 특히 12~16세 연령대의 학생들에게 효과적이라고 입증된 다양한 방법을 제시했습니다. 비판적 사고의 교육과 관련하여 좋은 의도가 많이 발견되는 것은 분명하지만, 이 영역이 국내 또는 전 세계적으로 학교에서 체계적 또는 과학적으로 가르치고 있다는 증거는 많지 않으며, 다양한 인터넷 포럼을 잠시 훑어보기만 해도 비판적 사고 능력의 세계적 결핍이 어느 정도인지 깨닫게 됩니다. 이 책이 의도하는 핵심적인 기여는 비판적 사고의 가능한 교훈, 왜, 어떻게, 무엇을 가르쳐야 하는지, 교사, 더 나아가 학생들에게 배경과 아이디어를 제공하고 이러한 좋은 의도를 현실로 만들 수 있는 모멘텀을 제공하는 것입니다. 현재와 같은 허위 정보의 시대에 비판적 사고를 교육의 전면에 내세우는 것이 더 중요해지고 있다는 사실을 인정한다면, 사실 비판적 사고는 모든 교육적 노력의 핵심 요소가 되어야 하며, 학생들의 문제 해결 능력이나 창의성을 계발하려는 모든 시도에 선행되어야 합니다. 건강한 회의주의와 잘 발달된 비판적 사고력이 없다면 창의적인 시도는 매우 잘못된 방향으로 나아갈 수 있습니다. 비판적 사고의 도움으로 학생들은 창의력을 발휘할 수 있는 실제적이고 중요한 문제를 파악하고 집중하도록 가르칠 수 있으며, 항상 과학적 탐구 방법을 장려할 수 있습니다. 방법론 섹션의 또 다른 중요한 목표는 모든 종류의 협업 또는 협동 접근 방식이 교육과 학습에 얼마나 매력적인 발전을 가져올 수 있는지 지적하는 것이었습니다. 다른 사람과의 협력이 항상 쉬운 것은 아니지만, 협업의 결과는 항상 사람들이 혼자서 생각해낼 수 있는 것보다 더 놀랍고 혁신적이며 훨씬 덜 예측 가능합니다. 우리의 노력과 비전이 합쳐지면 언제나 각 참여자의 개별적인 기여를 합친 것보다 더 큰 성과를 낼 수 있습니다. 또한 평가 관행에 대한 재평가를 시도하여 평가가 정량적인 부분에만 지나치게 집중하는 비생산적일 수 있음을 시사하고, 기존 평가의 문제점을 해결하여 몇 가지 대안을 모색하고자 노력했습니다.

이 책의 세 번째 장은 가장 실용적인 부분입니다. 때로는 뻔한 이야기를 하기도 하지만, 이 책은 일상적인 수업에서 이러한 아이디어를 실천하는 방법에 대한 영감과 아이디어를 찾는 현직 교사들을 위한 책입니다. 이 책에는 다양한 연령대 또는 다양한 문화적 환경이나 배경을 가진 학생들을 위해 쉽게 적용할 수 있는 수십 가지의 검증된 프로젝트와 수업에 대한 세심하게 설명된 예시가 담겨 있습니다. 의도는 현지 상황에 맞게 테스트하고 수정할 수 있는 다양한 사례를 제공하거나 관심 있는 교사 그룹이 영감과 프레임워크를 제공하여 재미와 학습 효과를 극대화할 수 있는 지속가능하고 통합적인 자체 활동을 만드는 데 기여하는 것이었습니다. 제안된 프로젝트와 수업 시리즈는 명백히 현실에 기반을 두고 있으며, 벤치마킹 또는 확장 가능한 효과적인 방법을 사용합니다.

네 번째 장에서는 논의를 좀 더 공식적인 수준으로 끌어올려 교사, 학교 리더, 정치인 등 다양한 역할로 교육을 관장하는 사람들뿐만 아니라 어느 정도는 사회 전체에 어떤 영향을 미칠 수 있는지에 대한 아이디어를 전면에 내세웁니다. 최고의 교사는 기본적으로 설명과 시연을 좋아하는 사람, 다른 사람의 발전과 행동을 통해 자신의 발전을 측정하는 사람, 안주하거나 만족하지 않고 학생 한 명 한 명에게 도달하기 위해 항상 가장 효과적인 방법을 모색하는 사람입니다. 최고의 학교 리더는 자신의 역할을 비전 제시자이면서 동시에 촉진자라고 생각하는 사람으로,

자신의 주된 역할은 따르고 격려하며 큰 성공뿐만 아니라 실패도 허용하고 창의적이고 협력적인 발전을 위해 조직에 긍정성을 불어넣기 위해 노력하는 사람입니다. 통합적인 교육 방식에서 중요한 다문화 및 다국어 요소를 장려하기 위한 추가적인 목표로, 우리는 학교 리더십이 조직에서 이러한 요소를 촉진하고 발전시킬 수 있는 방법과 이러한 접근 방식을 통해 조직이 어떻게 혜택을 받을 수 있는지에 대한 몇 가지 핵심 측면을 다루었습니다. 또한 교육의 미래에 대한 긴 토론을 통해 발전 방향을 모색하고 미래의 가능한 도전 과제, 특히 최근 글로벌 보건의 발전으로 인해 이미 놀라운 속도로 실행되고 있는 블렌디드, 하이브리드 학습 측면에 대해 다루었습니다. 마지막으로, 교사가 과학적이고 사실에 기반한 방식으로 비판적 사고를 가르칠 수 없거나 가르치지 않는다면 언급하고 제안한 모든 노력이 헛수고가 될 것이라는 점을 아무리 강조해도 지나치지 않으며, 그렇게 하지 않는다면 우리는 존재하지 않았던 과거에 대한 선입견을 강요하는 디지털 거품에 갇힌 저교육 대중과 지적 근친교배로 가득한 사회로 끝나게 될 것이라는 점을 간과해서는 안 됩니다. 이러한 현실적이고 가능한 위협을 막기 위해 학생들은 거짓을 인식하고 구멍을 뚫고 진정한 문제에 대응하고 참여할 수 있는 툴킷을 갖추어야 하며, 가장 중요한 것은 모든 것을 잃지 않았다는 희망의 차원, 혁신과 협업, 학제 간 융합을 통해 이전의 파괴적인 행동에 맞서고 우리가 아직 알지 못했던 완전히 새로운 가능성으로 나아갈 수 있다는 희망으로 무장해야 한다는 점입니다.

결론적으로, 이 책을 통해 미래 세대의 교육에 관여하는 모든 사람들에게 새롭고 지속가능하며 통합적이고 적극적인 교육 관행을 장려할 수 있기를 바랍니다. 단 몇 명의 교사만이라도 이러한 대담한 교육적 제안을 시도해보고 학생들이 그 혜택을 누릴 수 있다면 우리의 목표는 달성될 것입니다. 마찬가지로 독자들이 이 책을 읽고 단 하나의 아이디어만 가져간다면, 서로 다른 전문 분야에서 훈련받은 팀 내에서 실제로 깊고 의미 있는 협업을 한다는 이 기묘한 혁명적 제안은 정말 좋은 선택이 될 것입니다. 연대기적 발판의 도움을 받아 잘 준비된 파트너십을 구축하여 함께 일하는 것은 교사 그룹과 그들의 노력의 혜택을 받는 운이 좋은 학생들 모두에게 매우 보람 있는 경험입니다. 이상적으로는 모든 교사가 스스로 다양한 분야의 전문가가 될 수 있지만, 현실은 한 분야만 전문으로 하는 사람이 훨씬 더 흔하다는 것을 알고 있습니다. 따라서 서로의 전문 분야에 충분한 관심을 가지고 각 과목의 겹치는 영역을 진정으로 발전시킬 수 있는 전문 교사 그룹은 고독한 '천재' 슈퍼 선생님의 뒤를 잇는 매우 가치 있는 주자가 될 것입니다. 동료와의 긴밀하고 의미 있는 협업을 통해 얻을 수 있는 사람, 즉 자신과 전혀 다른 전문성과 전문성을 가진 다른 사람들과 협력하여 성취할 수 있는 것은 개별적으로 성취할 수 있는 것보다 훨씬 더 뛰어나다는 점을 독자들에게 남기고 싶습니다. 모두가 슈퍼 교사가 될 수는 없지만, 각자의 과목과 지식, 직업을 통합하여 함께 일한다면 거의 모든 티처 팀이 슈퍼 티처 팀이 될 수 있습니다. 이러한 아이디어를 시도해 보시는 모든 분들이 더 많은 실험에 참여해 보시고, 이러한 방법을 시도해본 후 제안된 방법의 효과에 대한 전문적인 대화에 참여하시길 바랍니다.

바쁜 업무의 종식을 제안했던 것과 유사한 방식으로 학생들에게는 불필요한 업무의 반복과 이미 해결된 기술로 설명한 바 있지만, 여기서는 교사들에게도 바쁜 업무라고 할 수 있는 업무의 중단을 제안할 수 있습니다. 교사는 학생들을 학습에 참여시키는 분야의 전문가이며, 불필요한 업무나 적어도 전문 교육자가 아니어도 할 수 있는 업무를 수행하는 관료로 이용되어서는 안 됩니다. 물론 최소한의 일만 하는 교사도 있지만, 학생의 성과를 문서화한 성공적인 교사라면 학생들에게 훨씬 더 직접적인 방식으로 혜택을 줄 수 있는 훨씬 더 중요한 일을 이미 무수히 많이 하고 있을 것이 분명합니다. 자동화된 평가 도구는 곧 교사의 시간을 절약하고, 이 시간을 관계적 접근 방식을 개발하고, 신체 활동과 참여를 늘리고, 잘 계획되고 준비된 실습 및 활동적인 학습에 훨씬 더 많은 시간을 할애하는 데 유리하게 사용할 수 있을 것입니다. 신속하고 형성적인 피드백은 필수적이지만 현실적으로 달성하기는 어렵습니다. 가까운 미래에 더 적합한 디지털 도구나 인공지능이 개발되어 교사들이 더 빠르고 건설적인 피드백을 제공할 수 있기를 바랍니다.

학교와 교육이 관련된 모든 사람들에게 훨씬 덜 정사각형적인 경험이 될 것이라는 전망은 분명 매우 긍정적이고 어쩌면 필연적인 발전이며, 이는 또한 교육의 효과성을 높일 수 있을 것입니다. 가르침의 상대적 효과성은 학생의 성공 여부로만 확실하게 측정할 수 있으며, 어떤 교사가 무엇을 했든 간에 항상 성공한 학생이 있기 때문에 모든 학생의 상대적 성취도를 고려해야만 가르침의 효과성을 비교할 수 있습니다. 말콤 글래드웰(Malcolm Gladwell)은 데이비드 엡스타인(David Epstein)과의 토론에서 "최고의 교사는 단기적으로 우리에게 불이익을 주는 교사"라는 매우 신랄한 말을 했는데, 이는 학생들에게 다음 시험에 대비하게 할 뿐만 아니라 항상 단기 기억력과 이미 잘 알려진 내용을 되새기게 하는 교사를 의미했습니다. 사실을 가르치는 것이 아니라, 시간의 시험을 통과할 수 있는 실질적이고 지속가능한 노하우를 가르치는 교사, 즉 완전한 효과를 발휘하려면 약간의 시간이 더 필요한 노력을 기울여야 합니다.

이 책에서 제안한 아이디어 중 몇 가지를 교육자들이 시도해보고, 다른 교육 상황에서 다른 아이디어로 발전하여 원래의 개념보다 더 뛰어난 새로운 아이디어가 나오기를 진심으로 바랍니다. 이 책에서 발견한 아이디어의 스핀오프 또는 발전을 더 많은 교육 커뮤니티와 공유하기 위해 우리는 성공적인 방법론의 오픈 소스 배포를 발전시켜 원래의 개념에 새로운 변형과 확장을 지속적으로 추가하는 것을 옹호합니다. 학교에서 과목의 성공적인 통합을 위해 가장 중요한 변화 중 하나는 개별 교사가 자신의 과목이 요새라는 생각, 다양한 학교 과목이 중요도, 일정 할당 또는 기타 자원을 놓고 서로 경쟁해야 한다는 생각을 버리고 대신 서로 다른 수업 계획서의 핵심 중복 영역에 모든 초점을 맞춰야 한다는 것입니다. 그래야 통합적인 측면이 지속될 수 있으며, 이를 통해 교육을 받은 학생들은 단절이나 분리가 아닌 연결을 볼 수 있는 뛰어난 분석력을 갖추게 될 것입니다. 우리는 새로운 학제 간 교육적 노력의 발전을 위해 무한한 영감의 원천이 될 수 있는 다양한 사례를 제공하고자 지속적으로 노력해 왔습니다.

나아가 학교와 학생의 미래 요구에 더 잘 부응할 수 있도록 교육의 주요 발전 방향을 제시할 수 있기를 바랍니다. 저희가 제안한 모든 방법의 효과에 대한 추가 연구가 진행되기를 바라며, 일부는 이미 학술적 연구에 의해 뒷받침되고 있지만, 일부는 통합적이고 적극적인 방법을 통해 보다 지속가능한 교육을 만들기 위해 수년 동안 시도되고 테스트된 것일 뿐입니다. 이런 의미에서 우리의 노력은 다소 논문을 추구하는 것이며, 다른 연구자가 그 특정 횃불을 들기를 바라는 마음도 담겨 있습니다. 가장 관심을 끄는 것은 정규 학교 일정이 여러 과목으로 나뉘어져 있는 것보다는 주제와 주제를 가시화하고 그 진행을 가시화하는 등 커리큘럼의 변화에 대한 추가 연구일 수 있습니다. 몬테소리나 발도르프 신봉자들에서 비롯된 대안학교 운동은 오랫동안 통합적인 교육을 위해 노력해 왔지만, 각 정부의 학교 시스템에서 적용되는 관료주의적 관습에 의해 이를 지원하지 않는 경우가 많으며, 설립자가 진정한 혁신가라 하더라도 교육학적으로 결코 억압하지 않았을 설립자의 원래 아이디어에 고착화되고 굳어지는 경우도 있습니다. 따라서 수업계획서의 초점은 과목과 주제가 겹치는 부분이 어디인지, 진정으로 설득력 있는 분석 능력의 형성을 촉진하고 유지하는 데 초점을 맞추어 학생들의 필요에 맞게, 학생들이 실제로 가장 효율적인 방식으로 학습하는 방법에 더 충실할 수 있도록 관습적인 관행을 깨뜨려야 한다고 제안합니다. 학생들이 초기 개발자이든 후기 개발자이든 자신의 잠재력을 최대한 발휘할 수 있도록 지원하기 위해서는 적어도 어린 나이에 학생들을 분류하고 라벨을 붙이는 것을 끝내기 위해 노력해야 합니다. 대신, 우리는 어린이와 청소년이 흥미와 즐거움에 따라 공부하고 조기 전문화나 능력 집단화 경향을 방지할 수 있도록 창의적인 제너럴리스트를 육성하는 데 힘써야 합니다. 미래에 필요한 것은 과학을 더 넓은 관점에서 바라볼 수 있는 문학적 소양을 갖춘 과학자와 수학자, 그리고 수학적, 과학적 틀을 통해 자신의 분야를 이해할 수 있는 예술가, 역사학자, 사회학자 등입니다. 사람들이 어떤 선택을 강요받기 전에 일반적이고 폭넓은 관심사를 발전시킬 수 있는 시간을 더 많이 주고, 적성보다는 흥미를 기준으로 고등교육을 허용한다면 우리가 미래에 꼭 필요하다고 생각하는 다학문적 성향을 가진 인재를 키울 가능성이 훨씬 더 높아질 것입니다.

우리는 비판적 사고의 중요한 기술이 학교에서 적절하게 가르치고 있는지 지속적으로 의문을 제기해 왔으며, 교사들이 학생들과 함께 이러한 기술을 개발하는 데 필요한 기술을 습득하도록 해야 한다는 의미에서 비판적 사고 교수법의 개발을 의도적으로 추진해 왔습니다. 또한, 우리는 교장 및 기타 학교 리더들이 이 책에서 제시하는 아이디어에 따라 교사들이 보다 협력적인 노력을 기울일 수 있도록 적절한 여건을 조성하거나 최소한 이를 시도하려는 교사 그룹에 방해가 되지 않도록 노력해 왔습니다. 이를 관리하는 한 가지 좋은 방법은 이니셔티브를 촉진하고 사람들이 실패할 수 있도록 허용하고 실패가 훌륭한 학습 경험이 될 수 있으므로 실패를 문제로 삼지 않도록 하기 위해 "노(no)"보다는 "예스(yes)"라고 말하는 법을 배우는 것입니다.

문해력이 매우 중요하다는 신념을 가지고 사람들이 많은 책을 읽도록 권장하는 한편, 교사들에게 책 밖에서 가르치는 법을 배워야 한다는 메시지도 소개했습니다. 책 밖에서 가르친다는 것은 체험 학습을 통해 일반 교과서의 내용을 심화시키는 것으로, 교과서는 학습의 기둥이 아니라 보완재로 사용되어야 한다는 것 입니다. 물론 이론도 중요하지만, 강의는 예술이며, 학생들이 교과서에 있는 더 자세한 정보를 읽게 하기 전에 '강의의 예술' 장에서 설명한 모든 트릭을 사용하여 필수 지식에 대한 명확한 개요를 매혹적인 방식으로 제공할 수 있는 숙련된 강사와 이야기꾼이 있다면 대부분의 학생들은 자신이 읽은 내용을 더 깊이 이해하게 될 것이라고 주장합니다. 능동적 학습의 다감각적 측면과 그것이 제공하는 인지적 구체화가 바로 책 밖에서 가르치는 학습의 의미입니다. 우리는 책에 대해 전혀 반대하는 것이 아니라 오히려 그 반대이며, 통합적이고 적극적인 접근 방식의 부가가치가 모든 면에서 학습 경험을 향상시키고 결과적으로 훨씬 더 지속가능합니다.

마지막으로, 우리는 이 책이 전 세계 교육계의 논의를 자극하고 학교교육의 미래에 대해 긍정적인 생각을 불러일으켰기를 바랍니다. 아마도 이 책이 교육의 새로운 지평을 향해 힘차게 비상할 수 있는 새로운 개발을 시험하는 데 필요한 연료를 제공하여 우리가 상상할 수 있었던 것보다 훨씬 더 큰 발전을 시작할 수 있기를 바랍니다. 앞으로 교사들이 '희망을 가르치는 용기'를 가질 수 있기를 바랍니다. 젊은이들은 자신들에게도 미래가 있다는 희망을 가질 권리가 있으며, 그 미래를 현실로 만들기 위한 창의적인 해결책을 찾는 데 적극적으로 참여할 수 있습니다. '세상을 구하러' 올 수 있는 사람, 또는 더 가능성이 높은 집단은 아마도 지금 학교에 있을 것입니다. 이러한 확률을 고려할 때, 아름답지만 취약한 이 지구에서 미래의 공존의 확률을 높이기 위해 지금 우리가 시간과 에너지, 노력을 투자하는 가장 좋은 방법은 미래의 지도자, 과학자, 그리고 사회를 위해 횃불을 드는 사람을 교육하는 것이라고 믿습니다.

참고문헌

본 QR 코드를 스캔하시면
이 책의 참고문헌을 확인하실 수 있습니다.

스웨덴의 혁신교육 이야기

초판발행 2025년 10월 20일

지은이 Charlotte Graham · Philippe Longchamps
옮긴이 정제영
펴낸이 노 현

편 집 이혜미
기획/마케팅 이선경
표지디자인 이은지
제 작 고철민 · 김원표

펴낸곳 ㈜피와이메이트
서울특별시 금천구 가산디지털2로 53, 210호(가산동, 한라시그마밸리)
등록 2014.2.12. 제2018-000080호
전 화 02)733-6771
f a x 02)736-4818
e-mail pys@pybook.co.kr
homepage www.pybook.co.kr
ISBN 979-11-7279-164-3 93370

정 가 20,000원

박영스토리는 박영사와 함께하는 브랜드입니다.